# 1부
## "무엇을 바꿀까?"

세계 성착취
현실과 논의들

# 성매매 뿌리뽑기

니토 유메노
도카
신그리나
신박진영
이하영
조안창혜
조정민
지음
황금명륜

세계의
현장에서
발견한
변화의
전략들

# 성매매 뿌리 뽑기

세계의
현장에서
발견한
변화의
전략들

봄알람

# 차례

**들어가며**
'섹스'도 아니고 '일'도 아니다
4

## 1부

### "무엇을 바꿀까?"
세계 성착취 현실과 논의들

**1장**
성매매하는 세계

신박진영
15

**부록1**
질문 있어요
27

**3장**
합법화 국가의 '실패한 약속'
—네덜란드와 독일

신박진영
57

**부록2**
"당신의 열정으로 남성들에게
기쁨을 주세요!"—파샤 이야기
100

**2장**
성착취 제국주의

신그리나
31

**4장**
반성매매운동 vs.
성 노동론의 적대적 현장
—미국

조안창혜
103

**5장**
성매매 합법화와
비범죄화, 뭐가 다를까
—독일과 뉴질랜드

조안창혜
149

## "어떻게 바꿀까?"
### 변화의 현장들

**2부**

**6장**
스웨덴과 프랑스에서 만난 미래

이하영

**181**

**7장**
한국의 『성매매방지법』, 무엇이 문제이고 어떻게 바꿔야 할까

조정민

**223**

**부록3**
이 "마지막 폭력"을 근절하라
—프랑스 당사자와 함께한 국제 심포지엄

**218**

**8장**
성구매 안 하는 남자를 만드는 교육의 가능성

황금명륜

**265**

## "성매매를 근절하라"
### 당사자 투쟁과 국제연대

**3부**

**9장**
성매매 대국 일본에서 반성매매를 외치는 사람

니토 유메노

**299**

**부록4**
일본 『AV 신법』
—사실상의 성매매 허용

**337**

**10장**
국제연대를 통한 당사자운동의 의미

지음

**343**

**부록5**
당사자 국제연대의 확장!

**375**

**11장**
전 세계에서 성구매자가 모이는 나라

나오·마쓰모토·사토미

**379**

**부록6**
여자아이 빚 만들기
—지하돌과 호스트클럽

**414**

주
**419**

참고문헌
**428**

들어가며

# '섹스'도 아니고
# '일'도 아니다[?]

---
[?] "섹스도 아니고 일도 아니다(Weder Sex noch Arbeit)!" 2019년 독일에서 열린 '여성과 소녀에 대한 성착취 반대 제3차 세계대회'의 슬로건이다.

그들은 공격받고 있다. 사회적 매장뿐 아니라 목숨의 위협을 느낀다. 이 책의 공동 저자이기도 한 일본의 반성매매 활동가 니토 유메노와 그의 동료들 이야기다. 세계적 성매매·성착취 국가인 한국에서 성매매 근절을 위해 활동해온 우리가 일본의 활동가들과 지속적으로 연대하며 해법을 논의하게 된 건 자연스러운 수순이었다. 일본 사회는 성매매·성착취 피해자를 지원하는 이들을 공격하고, 위협한다. 가해자들을 옹호하고, 그들에게 후원금을 몰아주며, 그들이 선거에 승리하고 있다. 자세한 상황은 이 책에 실린 유메노의 글을 통해 만날 수 있다. 성매매가 허용되는 것을 넘어 성착취당하는 것을 여성의 '권리'라고, 돈을 벌 수 있는 가장 유력한 수단이라고 선전하는 사회에서 어떤 일이 벌어지는가? 그 극단적 사례가 일본이다.

독일을 방문해 그곳의 '현장'을 만나자 독일 역시 하나의 상징적 사례임을 여실히 알 수 있었다. 같은 해 연이어 나시 일본을 찾아 일본 성산업의 민낯을 들여다보면서, 각 국가의 정책과 제도가 사회 전반의 분위기 그리고 여성들의 현실을 지독히도 좌지우지한다는 사실을 절감했다. 우리가 목격한 성매매·성착취 현실이 독일과 일본의 일이라는 점이 더욱 끔찍하게 다가왔다. 사회 안전망이 망가지고 테러 집단이 국가 시스템을 압도한 사회라서 벌어지는 일이 아니라, 국가가 제도적으로 용인한 결과인 것이다. 그런 의미에서 일본과 독일은 살아 있는 교과서다. 성공한 자본주의 시장에서 성매매가 허용될 때 그것이 가져올 결과를 보여주는 중요한 현장이다. 2차 세계대전에서 패전하였으나 이후 경제 대국으로 자리 잡았고 세계가 인정하는 선진국인 두 나라에서 성착취는 '시장의 자유'를 만끽하며 번창하고 있다.

독일은 2002년 "성매매 여성들의 권리 강화를 위해" 성매매를 합법화했고 이것이 대형 성매매 업소와 성산업의 폭발적 성장을 낳았다. 일본은 1956년 『매춘방지법』을 제정했으나 '일본군 위안부'는 성매매였다고 주장하는 데서도 그 사회 인식을 엿볼 수 있듯, 성매매를 '풍속의 일부'로 여기며 직접적 성기 삽입만을 금지하고 그밖의 모든 것을 허용해왔다. 이 점에서 일본은 한국에게 '성진국' 즉 모범 국가였다. 일본의 어떤 학자는 일본이 바로 '성매매 비범죄화 국가'의 전형이 아닌가 묻는다. 성매매 비범죄화 국가에서는 '성 노동론'을 주장하며 성매매할 자유를 인정해야 한다는 여성학 연구자들이 득세하고 그들의 이론은 성 노동을 여성주의의 실천으로 설명한다. 성산업 자본가와 여성주의 이론가 사이에 일견 상호보완적 관계가 형성되는 것이다.

이런 나라들에서는 성매매를 여성 대상 폭력이라 주장하는 활동가와 성매매 경험 당사자들이 여러 위협에 직면한다. 독일의 페미니스트 활동가들이 발행하는 잡지 『에마』(Emma)에서 보고되는 사례나 필자가 독일 방문 당시 만났던 당사자 활동가[2]와 성착취 인신매매 피해자 지원 단체로부터 직접 들은 이야기만 종합해봐도 이는 분명한 현실이다. 성매매를 제도화한 나라들에서 반성매매운동과 피해자 지원 사업은 거센 공격을 받으며, 성매매 시장에 대한 비판이 성매매 당사자 여성에 대한 공격으로 매도되어 활동가 개인에 대한

---

[2] 이 책에서 '당사자 활동가'는 '성매매 경험이 있는 활동가'를 의미한다.

위협마저 정당화한다. 여성 인권을 논하고 정책화할 제도와 능력을 갖춘 이 나라들에서, 성 노동론을 앞세운 이들은 자국 여성들이 성착취당하는 현장을 '여성이 주도권을 쥐는 화려한 무대'처럼 포장하고 이주 여성 대상 성착취와 인신매매를 '세계시민이 될 기회'라며 부추기는 모양새가 되고 있다.

독일과 네덜란드가 성매매를 합법화한 지 20년이 훌쩍 지났다. 현재 이 나라들은 '유럽의 성매매 할인 마트' '햄버거보다 저렴한 성매매' 같은 수사를 듣고 있으며 이주 여성 성매매 증가, 성매매 업소들의 경쟁적 대형화 현상을 돌이킬 수 없어 보인다. 이 국가들에서 인신매매와 아동·청소년성착취 문제를 풀 수 없다는 것이 이미 확실해진 지금, 유럽의 많은 나라가 스웨덴의 '성평등 모델' 일명 '노르딕 모델'로 눈을 돌리고 있다.

한국의 '성매매문제해결을위한전국연대' (전국연대)도 마찬가지로 노르딕 모델이 한국 현실을 바꿀 수 있다고 보았다. 이 책의 저자들은 성매매가 반인권적 폭력이며 이를 근절하기 위해서는 법률과 제도 정비가 선행되어야 한다는 데 동의한다. 다양한 국가의 성산업 실태, 각국의 법과 정책이 여기에 미치는 영향을 직접 듣고 눈으로 보면서 이에 더욱 확신을 갖게 되었다. 노르딕 모델이 현실과 어떻게 조우하고 실현되고 있는지를 직접 보기 위해 스웨덴을 찾은 것도 같은 이유다.

법률을 위시한 정책과 제도는 그 영향을 받는 현장에서 무슨 일이 벌어지는지, 구체적 현실을 바탕으로 평가되어야 한다. 독일과 스웨덴의 '현장'을 비교할 때, 제도가 얼마나 다른 결과를 만들어내는지는 명백해진다. 두 나라 모두 성평등 가치를 이해하고 보편 복지가 비교적 잘 갖추어졌으며 정책 집행에 신뢰도가 있는 국가다. 그러나 독일은 성매매를 허용함으로써 성착취가 거대 사업이 되었고, 스웨덴은 세계 최초로 성구매를 불법화함으로써 현재는 국민 대다수가 반성매매 활동가에 준하는 인식 수준을 갖게 되었다. 문제는 많은 이가 스웨덴의 사례를 긍정적으로 인식하는 것과 별개로 성매매를 정당화하는 체제를 굳건히 한 국가들이 끼치는 현재진행형의 악영향이다. 네덜란드 성매매 합법화에 대한 여성인신매매방지연합(CATW)의 2025년 보고서 『실패한 약속』은 한 국가의 정책과 인식이 전 세계적으로 어떻게 영향을 미치는지 보여준다. 네덜란드는 성매매를 '노동'의 한 형태로 마케팅하고 전 세계적으로 성매매 합법화를 요구하는 운동에 자금을 지원하며 국제기구에서도 이를 옹호해왔다.[1] 일본 성산업이 한국에 미쳐온 영향, 한국 성구매자들이 동남아시아에 미치고 있는 영향 등도 무시할 수 없다. 한국의 반성매매 활동가인 우리가 세계의 인식과 정치적 맥락을 중요하게 고려할 수밖에 없는 이유다.

  이 책은 그런 문제의식 속에서 지속해온 국제연대 활동의 결실이다. 전 세계의 수많은 자료를 수집하고 활동가와 단체들을 만나며, 신념과 실천 사이의 간극을 메우려 노력한 시간들이 쌓였다.

  성매매가 성행하는 다른 나라들과 마찬가지로,

한국에서도 '반성매매'는 여전히 논쟁을 일으키는 주제다. 악의적 프레임으로 논의를 축소·왜곡하는 공격을 무수히 겪으며 자주 막막해지기도 했다. 그럴 때마다 결론은 더욱 현장 속으로 들어가 함께해야 한다는 것이었다. '성 노동'이라 불리는 '성'스러운 영역에서 정당화되는 상반된 태도들이 초래하는 결과가 고스란히 '현장'에 미치기 때문이다. 나의 입장과 태도가 가져올 결과에 두려운 마음을 가지게 되는 이유다. 그래서 우리는 더 현장에 천착한다. 몽상으로 만들어지는 세계가 아니라, 우리가 부대끼고 살아내는 현장에서 미래의 비전을 찾아내야 하기 때문이다. 이러한 고민은 미국 성매매 논의 지형을 다룬 4장에 잘 녹아 있다. 성 노동론이 대세를 이루는 미국 학계에서 한국의 반성매매운동과 성매매 여성 지원 활동으로 채워진 그간의 입장을 도전받으며 성찰하는 자세로 연구하는 그의 글은 반성매매 활동가로서 분투해온 우리의 지향을 되돌아보고 다시 마음을 다잡게 한다. 그리고 앞으로 찾아내고 만들어가야 할 길, 더 나은 현실을 생각하게 한다.

성 노동론이 우세한 논의 지형에서 세계적으로 목격되는 경향성이 있다. 바로 성 노동의 정당성을 옹호하는 과정에서 인신매매를 용인하는 것이다. 성 노동론은 성착취당하는 여성이 그곳에 이른 경위를 인신매매로 볼 수 없게 하며, 그리하여 사회경제적으로 취약한 국가의 아동들이 인신매매되는 시장에 대고 '그들의 굶주림을 먼저 보라'는 주장마저 하게 된다. 착취의 조건이 오히려 착취를 옹호하는 논리가 되고 있는 것이다. 그러한 각각의 논리에는 절박함, 동정심, 선의 같은 것도 분명 존재하지만 그 결과로 만들어진 현장을 보면 결국 이를 방패 삼아 여성을 사고파는 식인자본주의[2]의 심연에 몸서리치게 된다. 도대체 어디서 끊어내야 하는가?

    프랑스의 당사자 활동가 로젠 이셰는 22년간 성매매를 경험하고 2011년 탈성매매했다. 그 이전인 2009년에는 '성매매 비범죄화'를 요구하는 책을 내기도 했으나 그것이 "자신을 속이는 일"이었으며 많은 이에게 잘못된 환상을 가지게 했다고 회고한다. 그는 탈성매매 이후 노르딕 모델 제정을 촉구하며 2014년 프랑스 남부 해안부터 수도 파리까지 약 800킬로미터를 종주했고 2016년 프랑스는 노르딕 모델을 도입했다. 이제 성매매 폐지주의를 대표하는 인물이 된 그는 세계의 당사자 활동가들과 연대하며 '생존자 행진'을 계속하고 있다. 그는 "여성과 소녀들을 파는 사회를 원하지 않는다"고 말한다.

    프랑스가 노르딕 모델을 채택한 뒤에도 로젠 이셰가 독일의 노르딕 모델 도입을 촉구하며 독일, 아일랜드, 남아프리카, 캐나다, 호주, 루마니아, 미국 등지에서 모인 당사자 활동가들과 함께 행진했던 것처럼 한국의 우리 역시 국경을 넘어, 차별과 폭력에 대응하는 연대의 걸음을 이미 걷고 있다. 전국연대는 2018년부터 독일, 네덜란드, 스웨덴, 프랑스의 당사자 활동가와 반성매매 단체들을 방문했다. 일본 당사자 활동가들과의 연대는 매해 거르지 않고 이어지고 있으며 해외 체류 활동가를 국제협력팀장으로 두어 해외 정책 동향을 꾸준히 모니터링하고 있다. 코로나로 이동이 힘들었던 2020년부터 2021년까지는 온라인 세미나와 강연을 통해 영국과 독일, 남아프리카, 스웨덴, 뉴질랜드의 당사자 활동가들을 초빙해 만났고 2022년에는 프랑스 당사자 활동가와 프랑스 노르딕 모델의 주요 정책 입안자였던 전 상원의원을 초청해 강연과 포럼, 반성매매 캠페인을 함께했다.

그러한 만남과 연대가 이 책을 기획할 수 있게 했다. 세계 실태, 정책 동향 소개뿐 아니라 현직 판사의 눈으로 본 한국의 현행법, 교육 전문가의 실천을 바탕으로 한 '인식 변화' 가능성 그리고 무엇보다 한국, 일본, 프랑스의 당사자 활동가들이 심장 가득 고인 눈물을 나누었던 밤들도 함께 담아내고자 했다. 대면하여 눈을 보고 나누었던 생생한 기운들, 절박하고 기운찬 연대의 시간을 지면에 온전히 옮기기란 불가능하겠으나 그 일부나마 전해져, 우리 사회의 변화를 만드는 데 기여할 수 있기를 바라는 마음이다.

우리가 성매매에 반대하는 이유는 그것이 명백히 반인권적인 폭력이기 때문이다. 구매와 알선이 성으로 포장되는 인간 그 자체를 거래하며, 이 거래가 쾌락의 수단으로 인신매매를 정당화하기 때문이다. 그야말로 인간을 사물화하여 사적 이윤을 추구하는 식인자본주의의 끝판이라 할 수 있다. 이러한 구조를 묵인하고 성구매를 '선택'과 '동의'라는 개개인의 주체적 행위로 축소하는 논의의 한계와 모순은 현 세계의 현실이 이미 명백히 보여주고 있다. 우리는 이제 이 모순에서 벗어나야 한다. '성매매가 가능한 세계'는 취약한 인류를 수탈하여 일부가 부를 싹쓸이하는 식인자본주의에 다름 아니다. 이에 맞선 저항이 곧 우리가 실천하는 반성매매운동이다.

# 1

# 성매매하는 세계

신박진영　반성매매 활동가, 『성매매, 상식의 블랙홀』 저자. 2002년부터 『성매매방지법』 제정운동을 시작으로 현장에서 성매매 여성 지원 활동을 했다. '성매매문제해결을위한전국연대' 대표를 역임했고 현재 정책위원장으로 성매매 근절을 위한 연구 및 현장 지원 활동을 지속하고 있다.

흔히 성매매를 범죄화(하여 근절)할 것인가, 합법화(하여 관리)할 것인가 두 노선을 이야기하지만, 당연히 전 세계의 입장들은 이분화되지 않는다. 불법과 합법의 스펙트럼 위에서 각자의 지향에 따라 입장들은 곳곳에서 부딪힌다.

페미니즘 가치 아래 '여성 인권'을 주축으로 두는 정책은 대표적으로 독일의 '합법화'와 스웨덴의 '신페지주의(노르딕 모델=성평등 모델)'로 나누어진다. 두 정책 모두 성매매 당사자 여성들의 권리를 주요 가치로 삼고 있다. 해당 정책을 통해 인신매매나 아동·청소년성착취를 방지할 수 있다는 지향점도 공유한다. 그러나 비슷한 목적에서 출발한 두 정책은 그 시행 결과에서 완전히 다른 현재를 만들어냈다.

독일은 거대 성매매 업소의 포주들이 사회적으로 성공한 CEO로 대접받고 명망과 권력을 얻는 한편 이주 여성 등 입장이 취약한 여성들의 성매매 유입을 가속화하는 결과를 가져왔다. 한편 스웨덴은 정책의 본래 목적을 달성한 것으로 평가된다. 유럽의회는 이러한 결괏값을 기반으로 신페지주의를 보다 적합한 정책으로 보며 유럽연합 소속 국가들에 노르딕 모델의 도입을 제안하고 있다.

하지만 법과 정책은 각 국가 환경에 따라 복합적 맥락이 작동하여 시행 및 정착되므로, 동일한 정책이 반드시 동일한 결과를 가져올 것이라고 기대하기는 어렵다. 때문에 논쟁은 여전히 진행 중이다. 특히 '여성 인권'을 중시하는 페미니즘 지향 자체가 구현되기 힘든 환경에서는 어떤 정책을 도입하든 긍정적 결과를 기대하기 힘들다. 세계에는 여전히 여성 종속에 기반한 낡은 가치를 고수하거나, 정치·경제 위기, 전쟁, 기후 재앙 등으로 삶을 위협당하는 지역이 많다. 더불어 국가 간 불평등의 심화로 인해 상대적으로 부유한 지역으로 인신매매되거나 이주하는 인구가 끊이지 않는 것이 현실이다. 이 요인들은 개별 국가의 정책과 개입으로 해결하기 어려운 과제를 안긴다. 하물며 극우 정치세력화와 선동이 전 세계적으로 심화되고 있어, 비교적 페미니즘적 개입이 활발했던 국가들마저 퇴행적 상황을 맞고 있다. 안티페미니즘 백래시가 여성 성착취 문제에조차 대응을 어렵게 만들고 있는 것이다.

또 다른 난점은 각 국가에서 정책을 실질적으로 집행하는 과정이다. 성매매 문제에 관한 동시대의 세계 논의 경향을 볼 때, 대부분 국가의 정책 및 학술 연구에서 '모델'에 집착하는 한편 상대적으로 그것을 어떻게 시행하고 구현할 것인가를 빠뜨리고 있다.[1] 각 사회의 맥락, 국가 역량과 대중 인식에 따라 실현 결과의 편차가 매우 클 수밖에 없기에 성매매 관련 정책을 규격화해 적용하기란 사실상 무리다. 이 책에서 우리가 각국 현장 활동가 및 정책 관련자, 지원 실무 담당자 등을 고루 만나 구체적인 현실과 실천을 비교하고자 한 것도 이 때문이다.

다만 이 장에서는 거칠게나마 세계 성매매 정책을 분류하는 큰 틀을 소개한다. 이어지는 글들에서 각국의 현장을 들여다보기에 앞서 필요한 개념들로, 상황을 거칠게나마 조망할 수 있도록 했다.

## 금지 혹은 허용

성매매 관련 정책을 실행함에 있어 성매매와 성산업을 어떻게 구분하는지는 주요한 범주가 된다. 성매매를 금지하는 한국에서 유흥주점은 일종의 상업화된 성적 서비스 영역으로 합법화·일상화되어 있다. 이와 마찬가지로 성매매를 금지하는 미국에서는 스트립쇼와 포르노그래피가 합법이며, 성매매를 합법화한 독일 같은 경우도 신체 접근을 포함한 성적 '서비스'를 제공하는 성매매 업소와 구매자의 신체 접근을 제한한 스트립쇼·핍쇼 등은 업소 형태가 구별되고, 지방정부의 규제 또한 별개로 지정된다. 그래서 시내 중심 지역에 성매매 업소를 허용하지 않는 뮌헨 같은 도시에서는 성매매 업소로 분류되지 않는 테이블쇼 같은 업장을 쉽게 볼 수 있고, 모두 허용하는 베를린은 성매매를 본격 알선하는 아파트형 업소와 거리 성매매를 도시 어디에서든 마주치게 된다. 일본은 『매춘방지법』에 의해 삽입 성교 행위만을 '성매매'로 규정해 불법화했다. 그 외의 모든 성적 서비스 제공이 '풍속업소'라는 형태로 허용되고 있고 이로 인해 일본 전역의 대도시마다 다양한 유형의 성매매 업소가 영업하고 있다.

     유럽연합의 2021년 보고서는 성매매 정책을 크게 두 개 그룹으로 분류하고 이를 다시 하위 그룹으로 나눴다.[2] 물론 세부 법률은 국가별로 상이하나, 성매매 문제에 접근하는 각국의 방식을 유럽연합 보고서를 바탕으로 큰 틀에서 분류하면 [표1]과 같다.

**표1** 세계 성매매 정책 대분류

| 성매매 금지 유형 | 금지주의<br>Prohibitionism | • 가부장적·종교적 보수주의에 기반한 성매매 금지<br>• 성매매는 성도덕의 타락으로서 사회적 해악이라 봄<br>• 성매매는 전반적으로 불법(금지/범죄화): 판매, 구매, 조직(업소, 포주 등) 및 돈을 받고 성행위를 권유하는 행위는 모두 법에 저촉됨 |
| :---: | :--- | :--- |
| | 해당 국가 | 크로아티아, 루마니아 |
| | 신폐지주의<br>(노르딕 모델)<br>Neo-abolitionism | • 성매매를 여성에 대한 폭력으로 규정<br>• 정책의 핵심은 '성매매 수요 억제'<br>• 성매매 조직, 권유 등 알선과 관련한 일체 행위와 성구매 모두 불법<br>• 성판매 당사자는 처벌되지 않으며, 탈성매매 등을 위한 복지적 지원의 권리를 가짐 |
| | 해당 국가 | 스웨덴, 캐나다, 프랑스 |
| 성매매 합법 유형 | 일부 합법[3] | • 성을 파는 것과 성을 사는 것은 합법<br>• 성판매 당사자 착취를 방지하기 위해 성매매 업소 운영과 포주, 알선, 강제 성매매와 같은 모든 '조직'의 형태는 일반적으로 금지됨 |
| | 해당 국가 | 영국, 에스파냐 |
| | 합법적<br>규제주의<br>Legalization | • 성매매업을 경제 행위로 보고 법적·제도적 규제 적용<br>• 성판매 당사자를 업소와 동등한 계약 관계의 개인사업자/노동자로 봄<br>• 성판매 당사자에게 등록을 요구하거나 특정 지역에서만 성매매를 허용하는 등의 규제 있음 |
| | 해당 국가 | 독일, 네덜란드, 뉴질랜드[4] |
| | 비범죄주의<br>Decriminalization | • 성매매 완전 비범죄화: 어떠한 규제도 없이 성매매 허용<br>• 성판매, 구매, 조직, 권유 모두 합법(혹은 법에서 전혀 다루지 않음)<br>• 어떤 규정도 적용하지 않음(혹은 최소한의 특별 규정 적용) |
| | 국제 앰네스티 주장 | |

신페지주의라 불리는 스웨덴의 노르딕 모델이 긍정적 성과를 보임으로써 유럽의회는 2014년 2월 26일 '허니볼 결의안'이라고도 불리는 『성적 착취와 성매매가 성평등에 미치는 영향에 관한 결의안』을 채택했다. "일반적으로 성산업의 비범죄화와 알선 합법화는 취약한 여성과 미성년 여성을 폭력과 착취로부터 보호하는 해결책이 아니다. 오히려 반대의 효과가 있으며 더 높은 수준의 폭력 위험에 처하게 한다. 동시에 성매매 시장을 장려하고 따라서 학대받는 여성과 미성년 여성의 수를 증가시킨다."[5]

<small>European Parliament resolution on sexual exploitation and prostitution and its impact on gender equality</small>

해당 결의안은 성매매는 그것이 강요된 것이든 자발적이든 관계없이 인간의 존엄성과 인권을 침해하는 일임을 강조하며, 유럽의회 소속 국가들이 탈성매매를 원하는 여성들의 대안적인 소득 창출 수단과 탈성매매 전략을 마련할 것을 권고하고 있다. 노르딕 모델의 효과를 근거로 성구매 행위에 대한 완전한 범죄화를 명시적으로 촉구하고 있는 셈이다. 이것이 중요한 영향력을 미쳐 많은 국가가 노르딕 모델을 채택하거나 지향하고 있다. 해당 결의안에 이어 2023년 유럽의회는 각 국가의 성매매 상황 보고서를 통해 스웨덴의 법률과 정책을 더욱 적극적으로 권고했다.[6] 『성구매금지법』으로 알려진 스웨덴의 '노르딕 모델'은 기존에 알선자, 포주 등 제3자의 성매매로 이익을 얻는 행위의 범죄화와 구매자 처벌 등의 형사법만이 아니라 사회복지·젠더평등 정책을 포함한 종합적 접근이라는 것이 핵심이다. 노르딕 모델을 도입한 대부분의 국가는 알선 등 제3자의 성매매로 이익을 얻는

행위에 대한 기존 처벌 강화와 함께 성구매자 처벌 법률 신설과 성판매자를 위한 보호·지원 정책을 병행하는 것을 주요 과제로 삼고 있다.

**표2** 신폐지주의(노르딕 모델) 국가 현황

| 국가 | 제정 연도 | 내용 |
| --- | --- | --- |
| 스웨덴 | 1999 | • 『성구매금지법(Sexköpslagen)』<br>• 세계 최초로 성구매를 불법화하고 성판매자에 대한 지원을 주요 정책으로 명시<br>• 성매매를 성별 불평등과 폭력의 한 형태로 규정 |
| 노르웨이 | 2009 | • 『성구매처벌법(Sexkjøpsloven)』<br>• 형법에 구매자 처벌 조항 삽입하여 개정<br>• 시행과 동시에 인신매매 대응 및 성판매자 보호 정책으로 여러 부처와 민간단체가 협력하는 구조를 마련<br>• 탈성매매 프로그램, 교육·취업훈련 프로그램, 주거 지원 권고 |
| 아이슬란드 | 2009 | • 형법에 '성구매 행위 처벌(Article 206 of the Penal Code)' 조항 포함 개정<br>• 2010년 '고용주가 종업원의 누드 또는 노출로부터 이익을 얻는 사업을 금지'하는 법안 통과<br>• 인신매매 대응을 위한 국가행동계획[7] 및 피해자 지원 체계 등이 포함 |
| 캐나다 | 2014 | • 『공동체 및 성착취 피해자 보호법(PCEPA, Protection of Communities and Exploited Persons Act)』<br>• 수요를 억제하고 착취 및 인신매매 방지, 성판매자의 보호 및 탈성매매 지원을 목표로 함<br>• 기존 형법에 '성 서비스의 구매, 광고, 다른 사람의 성매매로부터 이익을 얻는 행위, 알선 및 광고 행위 등'을 불법화하는 조항 신설 및 개정 |

| | | |
|---|---|---|
| 북아일랜드 | 2015 | • 『인신매매 및 착취법(Human Trafficking and Exploitation Act)』<br>• 수요를 억제하고 인신매매와 성착취의 토대를 약화시키며, 성판매자는 지원하는 것을 목적으로 함<br>• 성구매 행위 처벌을 형사법 체계에 포함<br>• 구매자 처벌과 판매자 보호 및 지원, 인신매매와 성착취 방지 연계 |
| 프랑스 | 2016 | • 『성매매 체계에서의 인권보호법(Loi n° 2016-444)』<br>• 형법의 일부 조항을 신설·개정한 독립 특별법<br>• '성구매를 억제하여 성착취·인신매매 등과 연계된 구조를 해체하고, 성판매자를 처벌 대상이 아닌 보호 대상으로 본다'는 취지<br>• 형법에 '성구매 행위 금지' 신설, 성매매 알선과 포주 행위 및 성매매 시설 운영과 이동 등을 강하게 규제, 처벌<br>• 사회복지·이민법 조항에 '탈성매매 지원' 제도 추가 |
| 아일랜드 | 2017 | • 기존 성범죄 관련 형법 개정(『Criminal Law(Sexual Offences)Act 2017』)<br>• 법 서문에 성판매자는 형사 처벌 대상이 아니라고 명시<br>• '성 서비스를 위해 금전이나 대가를 제공·제안·약속하는 행위'를 처벌하는 내용을 신설하고 기존 법을 개정하여 알선, 포주, 착취 관련 조항을 강화<br>• 법무부가 성착취 피해자 및 성판매자 대상 지원 서비스를 확대[8] |
| 이스라엘 | 2018 | • 『성구매금지법(Prohibition on Prostitution Consumption Law)』<br>• 2018년 제정, 2021년부터 시행<br>• 성구매를 민사범죄로 규정하여 벌금 부과, 상습범은 기소<br>• 성판매자를 위한 탈성매매 지원 및 재활 프로그램 포함<br>• 5년 시효의 법안으로 제정. 아직 영구법안으로 채택되지 못함 |

## 그렇다면 지금 한국은?

한국의 성매매 관련 법은 『성매매알선 등 행위의 처벌에 관한 법률』과 『성매매방지 및 피해자보호 등에 관한 법률』로 이루어져 있다.? 청소년성착취 범죄의 경우 『아동·청소년의 성보호에 관한 법률』을 우선적 근거로 삼는다.

> 『성매매 알선 등 행위의 처벌에 관한 법률』
> 제1조(목적) 이 법은 성매매, 성매매알선 등 행위 및 성매매 목적의 인신매매를 근절하고 성매매피해자의 인권을 보호함을 목적으로 한다.

> 『성매매 방지 및 피해자 보호 등에 관한 법률』
> 제1조(목적) 이 법은 성매매를 방지하고, 성매매피해자 및 성을 파는 행위를 한 사람의 보호, 피해회복 및 자립자활을 지원하는 것을 목적으로 한다.

『성매매방지법』 제정 이후 가장 큰 성과는 국민 93퍼센트가 성매매는 위법이라고 인식하게 되었다는 점이다. 뿐만 아니라 성매매 처벌에 대한 인지 후 성매매를 자제하게 되었다는 응답이 증가해왔으며 응답자의 성구매 빈도에서도 감소세가 나타난다.[9]

한편 현행법이 제정된 2004년 이래 성구매자와 알선업자들의 헌법소원이 거의 매해 거르지 않고 이어졌다.

---

?     이 책에서는 이를 통칭해 『성매매방지법』이라 부른다.

하지만 구매자들이 법에 아랑곳없이 성매매를 지속하고 거대 알선 카르텔이 건재하며 포주들이 억울함마저 토로하는 와중에도, 취약한 여성과 아동 착취라는 성매매의 본질적 폭력성을 용인하지 않음을 보여주는 판결들 또한 있었다. 이 역시 『성매매방지법』의 성과다. 그러나 한국은 여전히 세계 6위 규모의 성매매 대국이다. 사회가 사실상 성매매를 용인·방조하고 있다는 뜻이다.

현장 활동을 이어가는 동안 성매매에 대한 잘못된 통념과 여성에 대한 낙인이 그대로 재현되는 법 집행 영역의 공권력에 배신감을 느끼고 좌절할 때가 많았다. 성매매 단속 건수는 정책과 사회 변화에 의해 증가하고 또 감소한다. 성매매 문제에 사회적 관심이 증가함에 따라 단속 의지가 커지는 것은 필요한 일이지만 한국 사회에 더 시급한 변화는 성매매가 '여성 대상 폭력'임을 인지하는 일이다. 이에 대한 인식 부족의 결과 한국의 『성매매방지법』은 성구매자 남성들이 기소유예 처분을 받는 동안 여성에게 더 가혹하게 집행되고 있다. 불완전한 현행법과 착취적 사회 인식으로 인해 필요한 대응과 정책은 실종되고 법은 존재 이유를 상실한 채 표류하는 상태다. 지난 20년간 알선업자들은 더욱 번성하고 성구매는 어디에서나 이루어지며 당사자 여성들은 처벌의 두려움 때문에 피해를 호소하지 못한다.

법 제정 초기부터 성판매자에 대한 처벌은 법의 목적에 어긋난다는 점을 지적하며 개정 요구를 지속해왔으나 역부족이었다. 하지만 점점 더 악화되는 현실을 보며 이에 대응하고자 2022년 '성매매처벌법개정연대'가 발족했다. 성매매처벌법개정연대의 조사에 따르면 성매매 알선 업주는 집행유에 처분을 받는 사례가 가장 많았고 성구매자는 증거불충분, 무혐의 처분되는 사례가 많았다. 반면 성판매 여성들은 피해자로서 법률 지원을 요청한 경우에도 '행위자'로서 조사를 요구받거나 '행위자'로 처벌받은 사례, '행위자'로 처벌받을 수 있다는 우려 때문에 법률 지원이 진행되지 못한 사례들이 관찰되었으며 수사기관의 편향된 태도, 협박, 2차 피해 경험 등이 끊임없이 보고된다.

성매매 여성들의 경험 안에서 성매매는 너무 많고, 성구매자는 그 행위를 끊을 수 없는 집단으로 여겨진다. 그리고 우리 사회는 그러한 성구매자들에게 너그럽고 여성들에게 너무도, 가차없이 잔인하다. 법은 알선업자와 구매자를 위축시킬 만큼 작동하지 않는다. 이런 현장에서 생존해야 하는 당사자 여성들에게 법은 두려운 외부의 감시자일 뿐이다. 현장에서 여성들은 알선업자에게 고소 위협을 당하고, 구매자들조차 '신고하겠다'며 여성을 협박한다.

당사자 여성들에게 법은 바로 이 경험 속에서 체득된다. 한결같이 흥성한 성매매 업소보다 더 한결같은 것이 바로 여성들이 경험하는 '법' 그리고 그 법을 휘두르는 국가 권력의 메시지다.

'법은 여성들을 보호하지 않는다.'

이 메시지는 성구매자에게도 마찬가지로 전해진다. 처벌 대상이 성구매자가 되지 않으리라는, 단속될

확률은 매우 낮다는, 단속되어도 빠져나갈 방법이 있다는 법 집행 현실이 한국의 현주소다. 현행법은 알선업자와 성구매자의 행위를 차단하고 여성들이 폭력을 겪는 상황을 종식시키겠다는 당위조차 전달하지 못하고 있는 것이다.

    동시대 세계 각국은 성매매라는 전 지구적 착취 현실을 어떻게 다루어야 할지 고민하고 있다. 우리도 마찬가지다. 우리는 문자적 해석, 혹은 도덕적 당위로 '노르딕 모델'을 선택해야 한다고 주장하지 않는다. 노르딕 모델이 현장에서 어떻게 작동하는지를 소개하고, 그 길을 가야 한다고 말하려 한다. 성착취를 단속해 뿌리 뽑고자 한다면 알선업자와 구매자를 처벌하고 수요를 차단해야 한다. 노르딕 모델은 이 성과를 보여준 가장 긍정적 사례다. 이 책이 소개하는 세계의 성매매 정책과 실천이 우리가 나아갈 방향을 가늠하는 데 기여할 수 있으리라 기대한다.

# 질문 있어요

---
**?**
---

'성매매 완전 비범죄화'라는 주장이 세계적으로 유력하다는 사실을 듣고 굉장히 놀랐습니다. 이 주장의 근거와 현장 활동가들의 대응이 궁금해요.

---
**!**
---

1장의 분류표에 등장한 '국제 앰네스티' 주장인 비범죄화론은 말 그대로 성매매를 범죄로 보지 않는 입장입니다. 국제 앰네스티는 2016년 더블린 총회에서 성매매 관련한 어떤 것도 처벌하거나 규제하지 말자는 완전 비범죄화 정책을 정식으로 채택했습니다. '성노동자'를 보호하기 위해서는 성구매자와 성 노동자를 돕는 이들(주로 알선업자)은 물론 홍보 등 성매매를 위한 조직적 행위도 처벌해서는 안 된다는 것이죠. 국제 앰네스티 주장의 근거는 성매매 종사자를 법으로 처벌하는 대신 국가가 법·제도 차원에서 성매매 여성의 인권과 안전을 지켜야 한다는 것입니다. 범죄화로 인한 2차 피해를 막고 인권을 보장한다는 명분이지요.

여성인신매매반대연합과 『페이드 포』의 저자인 레이철
(CATW)
모랜 등 성매매에 반대하고 신폐지주의를 주장해온 당사자 활동가들은
이 주장에 강력히 반대했습니다. 성 노동자라는 낙인으로부터
당사자를 보호한다면서 포주와 성구매자를 처벌하지 않는다는 것은
여성 착취를 강화할 뿐이라는 주장입니다. 2016년 4월 노르딕 모델을
도입한 직후였던 프랑스 앰네스티 지부 역시 국제본부의 결정 직후
반대 성명을 냈습니다. 이들은 성매매를 비범죄화하면 성구매자와
알선업자까지 사실상 보호하는 결과를 낳을 수 있으며 성매매는
근본적으로 불평등과 착취 구조 속에서 일어나는데 이를 '노동'으로
취급하는 것은 여성 인권 보장에 역행한다고 주장합니다.

페미니스트 이론가 캐서린 매키넌의 주장도
소개하겠습니다. 성산업에 대한 미국 페미니즘 담론 내 가장 큰 입장의
분화는 1980년대 반포르노 논쟁으로 격화되었던 '섹스 워' 시기에
(Sex War)
본격적으로 촉발되었다고 볼 수 있습니다. 캐서린 매키넌은 그 시기
성매매·포르노그래피와 같은 성산업이 가부장적 젠더 관계의 전형적인
표현임을 드러낸 대표적 학자이자 활동가입니다. 그는 성산업 자체에
여성에 대한 착취·예속·폭력이 역사적 시기, 국가적 맥락, 성매매의
유형을 초월하여 내재해 있다고 보았습니다. 최근의 연구에서 그는
성매매 합법화와 비범죄화가 연속되는 개념이자 실천이라고 설명하며,
성매매가 공식적으로 합법화된 체제란 곧 "국가가 성매매를 조직하는
것"이라고 단언했습니다.

> [성매매 합법화 국가에서] 지금까지 자행된
> 반인도적 범죄가 대체로 무시되는 이유는 그
> 잔혹성이 너무나 만연하고, 미화되고, 선정적으로
> 다뤄지고, 축소되고, 성적으로 대상화된 나머지

> 정상적인, 심지어 자연적인 것이 되며 혹은 불평등
> 사회의 일상 풍경인 양 숨겨지기 때문이다. 그리고
> 대부분의 사회는 불평등하다. 합법화는, 그 잔혹성을
> 공식적으로 정당화하는 것이다. 국내 법률이 성매매를
> 합법화하거나 비범죄화하는 현실에서는 국제 체제가
> 일반적으로 따르는 상호 보완 원칙의 적용이 극히
> 어려워지거나 배제되어, 이를 근거로 국내의 반인도적
> 범죄를 고발하기 힘들어진다.[10]

성매매 비범죄화 주장에 대해서는 5장에서 더 상세히 볼 수 있습니다.

# 2. 성착취 제국주의

신그리나   여성주의 연구활동가. 2005년 반성매매운동을
           시작으로 현장에서 성매매 여성 지원 활동을 했다.
           현재 젠더교육연구소 이제(IGE) 연구원이자,
           성매매문제해결을위한전국연대 정책연구위원을 맡고 있다.

## 국경 너머, 일상이 된 성착취

호텔에서 시내까지 운영하는 셔틀 차량, 그 한편에 60-70대로 보이는 한국인 남성 몇 명이 현지인 여성들과 나란히 앉아 있었다. 여성들은 10대 후반에서 20대 초반처럼 보였지만, 화장기 없는 얼굴과 불편한 몸짓은 그들의 나이를 더 어리게 느끼게 했다. 한 남성이 여성의 치마를 들썩이며 한국어로 장난스럽게 물었다. "아이스케키 할까? 아이스케키?" 여성은 무슨 말인지 몰라 고개를 갸웃했고, 남성들 사이로 웃음이 번졌다.

그들은 함께 호텔 방으로 이동했다. 이 현장을 목격한 이들이 호텔에 항의했지만 한국인 운영자로부터 돌아온 답변은 담담하기 그지없었다. "코로나 이후 손님이 없어 이렇게라도 해야 버팁니다. 불법인 건 맞지만 현지 경찰들도 어떻게 못 합니다. 다른 손님에게 최대한 불편 드리지 않도록 조치하고 있습니다." 여기서 다른 손님의 불편을 고려한 조치란 호텔 내 공공장소 이용을 자제하게 하는 것이었다.[?]

이 사례는 라오스에서 한국인에 의한 성착취가 얼마나 만연한지 그리고 관광·숙박업계와 일부 교민 업주, 느슨한 단속과 처벌 같은 주변 요소들이 어떻게 암묵적으로 가담하며 성착취 생태계를 유지하는지를 고스란히 보여준다.

이런 장면은 더 이상 특별하지 않다. 근거리, 저렴한 비용, 풍성한 먹을거리와 볼거리 덕에 '순수한 관광지'로 소비되는 동남아시아에서 한국 남성의 성착취는 이미 일상이 된 지 오래다. 성구매 후기 사이트와 카페에서는 "OO는 아직 싸다"

---

[?] 2025년 6월, 라오스 내 한국 남성에 의한 성착취 실태를 파악하기 위해 한국 교민을 대상으로 진행한 인터뷰 내용 중 일부

라오스 현지 소재 한국식 업소들

"○○은 마인드(서비스)가 좋다" "○○은 풀옵션 가능"과 같은 정보를 쉽게 찾아볼 수 있다. 더 큰 문제는, 한국에서 익숙하게 작동하던 유흥업소·노래방·마사지숍 영업 구조가 그대로 현지로 옮겨져 교민 업주에 의해 운영되면서 '한국식 성매매 문화'가 수입·정착되고 있다는 점이다. 성구매자와 성산업의 구조가 함께 이동하며, 현지 여성들의 삶을 더 깊은 착취로 몰아넣고 있다.

나는 2021년부터 국제개발협력사업을 수행하며 라오스에 거주했다. 이 글은 그간 라오스에서 목격한 한국 남성들에 의한 성착취 현실에서 출발한다. 전문 연구나 공식 통계는 충분하지 않지만, 교민과 현지 관계자들의 인터뷰를 통해 확인한 증언들은 문제의 실체를 드러내기에 부족하지 않았다. 한국 남성의 해외 성착취는 이미 태국·필리핀·베트남 등 동남아 여러 국가에서도 반복적으로 지적되어온 문제다. 라오스에 국한하지 않고 동남아 전역에서 되풀이되는 구조적 공통성 속에서 이 현실을 바라보며, 더 늦기 전에 필요한 논의와 대응이 시작되기를 바란다.

## 개발·관광·성착취의 메커니즘

왜 이런 현상이 세계 곳곳에서, 특히 라오스 같은 개발도상국에서 확산될까? 중요한 배경 요인 가운데 하나로 국제 개발과 관광산업 전략을 꼽을 수 있다.

세계은행과 아시아개발은행은 라오스의 관광산업 전략에서 루앙프라방, 방비엥, 비엔티안 등을 중점 개발 지역으로 지정하며 '지속 가능 관광'과 '생태관광'을 권고했다.[1] 실제로 코로나 이전인 2019년 기준, 관광산업은 라오스 GDP의 약 9.1퍼센트(직·간접 효과 기준)를 차지하며 30만 명 이상을 고용했고 매년 약 470만 명의 국제 관광객이 루앙프라방·비엔티안·방비엥을 찾았다.[2] 한편, 관광을 성장 동력으로 삼는 과정에서 접대와 야간경제가 결합되며 성산업의 외피가 뚜렷해졌다. 이는 라오스만의 특수성이 아니라, 동남아 전역에서 반복적으로 관찰되는 구조다.

베트남은 도이머이 개혁[3] 이후 해안 휴양지를 중심으로 관광이 급성장했다. 이 과정에서 마사지숍·카페·야간 업종 등 일부 서비스업이 성매매와 연결되었고 농촌 지역이나 소수민족 출신 여성, 교육 기회에서 소외된 청소년 등이 성착취에 취약한 집단으로 나타났다. 여러 연구는 관광산업의 확대가 성산업의 확장과 맞물려 작동하는 구조적 위험을 보여주었다.[4]

태국 역시 방콕, 파타야, 치앙마이 같은 도시가 국제적인 성착취 관광지로 널리 인식되어왔다. 법적으로는 성매매가 불법이지만, 1960년대 베트남전쟁 시기 미군 휴양지로서 성장한 유흥·성산업이 현재까지 이어지며 관광산업 수익 구조와 긴밀히 맞물려 있다.[5] 태국 정부는 공식적으로는 성매매를 금지하면서도 실질적으로는 외화 획득과 고용 창출이라는 경제적 목표하에 일정 부분 묵인하거나 관리하는 방식을 취해왔다. 그 결과 성산업은 관광업의 '비공식 부문'으로 자리 잡아, 국제적으로 성착취 관광과 관련해 대표적으로 언급되는 국가 가운데 하나가 되었다. 국제 민간단체와 유엔 보고서는 아동과 이주 여성의 성착취가 관광업과 얽히면서 구조적 문제로 고착화되고 있음을 지속적으로 경고하고 있다.[6]

  캄보디아도 예외는 아니다. 아시아개발은행과 세계은행 등 국제개발기구는 관광을 외화 확보와 성장을 위한 핵심 전략으로 제시해왔으며, 국가 역시 관광산업 비중을 높이는 정책을 추진해왔다.[7] 그러나 이러한 관광 중심 개발 전략은 구조적 빈곤과 맞물려 성착취 위험을 높이는 요인으로 지적된다. 실제로 일부 툭툭[?] 운전기사나 소규모 여행사가 외국인 남성을 성매매 업소로 안내하는 사례가 보고되었으며, 이에 대응하기 위해 운전기사 대상 아동보호 교육 프로그램이 운영되기도 했다.[8] ECPAT 인터내셔널[??]은 캄보디아를 아시아에서 아동 성착취 관광 문제가 가장 심각하게 제기되는 국가 중 하나로 분류했다.[9] 그러나 느슨한 법 집행과 부패, 관광 수익 의존으로 인해 개선은 매우 더디게 진행되고 있다.[10]

  필리핀은 오랫동안 '섹스 관광'의 대표적 목적지로 불렸다. 클라크 공군기지와 수비크 해군기지 주변

---

| ? | 삼륜 또는 사륜 오토바이 택시. 동남아 지역에서 관광객 교통수단으로 많이 이용된다. |
|---|---|
| ?? | 전 세계 아동 대상 성착취 근절을 목표로 활동하는 국제적 민간단체 네트워크 |

앙헬레스와 올롱가포는 베트남전쟁 시기 미군 휴양·기지촌으로
(Rest & Recreation town)
형성된 유흥산업이 기지 철수 이후 상업적 성산업과
관광업으로 전환되며 국제적 성착취 관광지로 자리 잡았다.[11]
세부와 마닐라 같은 관광 거점 도시에서도 바 걸(Bar girl) 문화와
노래방·클럽 산업이 관광 수익 구조와 결합해 성산업이
고착화되었다. 더불어 1997년 아시아 금융위기 이후 대규모
여성 해외 노동 이주와 국내 성산업 확장은 송금경제와
관광산업 중심 개발 모델과 맞물려, 외국인 관광객 수요와 국내
남성 수요를 동시에 흡수하는 이중 구조를 형성했다.[12] 필리핀의
사례는 군사·경제·관광이라는 개발 경로가 성산업 확산과
어떻게 상호작용했는지를 보여주는 전형이다.

　　　　　라오스·베트남·태국·캄보디아·필리핀의
사례는 제도와 역사적 조건이 서로 다름에도, 관광산업이
개발 전략의 중심에 놓이는 순간 여성과 아동이 성산업의
최전선으로 밀려나는 공통된 메커니즘을 보여준다. 라오스는
자료 부족으로 구체적 실태가 명확히 드러나지 않았지만 인근
국가들의 사례와 비교하면 유사한 구조적 위험이 존재함을
충분히 추론할 수 있다.

## 한국인 해외 이동 확대와
## 새로운 소비 공간의 출현

1989년 해외여행 자유화 조치 이후 한국인 해외 출국자는 폭발적으로 증가했다. 한국관광공사 통계에 따르면 1988년 약 72만 명 수준이던 해외 출국자는 1995년 약 382만 명, 2000년 약 552만 명, 2024년에는 2868만 명 수준으로 급증했다.[13] 취업, 유학, 어학연수, 주재원 파견, 단기 출장까지 다양한 사유로 해외로 향하는 사람이 빠르게 늘어났고 그중에서도 동남아시아는 저렴한 비용과 지리적 근접성 덕분에 한국인들의 주요 목적지로 자리 잡았다. 값싼 항공편과 패키지 관광의 보급은 '누구나 갈 수 있는 해외여행' 시대를 열었고 이는 곧 새로운 소비 공간의 확장을 의미했다.

이처럼 해외 이동이 대중화되는 과정에서 한국인들은 단순한 방문객을 넘어 현지에서 안정적이고 지속적인 소비층으로 자리매김했다. OECD 가입 이후 급격히 높아진 한국의 경제적 위상은 한국인들에게 지불 능력을 부여했고, 동남아 현지에서는 이들을 "돈을 쓰는 손님"으로 인식하기 시작했다. 관광업과 숙박업, 교민 상권은 물론, 소규모 서비스업까지 한국인 소비자를 의식하며 구조를 재편해나갔다. 이 과정에서 패키지 관광 속 '야간 옵션 투어(마사지, 노래방, 술집 방문)'가 성매매와 연결되었고, 2000년대 이후 저비용항공사의 확대는 성착취 관광을 더욱 값싸고 손쉽게 접근 가능한 형태로 대중화시켰다.

또한 한국 교민 사회가 운영하는 노래방, 클럽,

여행사 등은 한국인 남성 관광객을 위한 안전하고 익숙한 공간으로 기능하며, 성매매 알선과 소비 구조의 일부로 편입되었다. 인터넷 후기 문화와 온라인 커뮤니티는 특정 도시·업소 정보를 공유하면서 수요를 재생산했고 '골프+밤문화 패키지'나 출장·접대 문화와 결합해 성착취 관광을 제도화된 관행처럼 고착시켰다.

결국 해외여행 자유화 이후의 이동은 단순한 문화 교류가 아니라, 경제적 위계와 성별화된 소비 문화를 재편하는 과정이었다. 한국 화폐 가치와 현지 임금 격차는 협상의 주도권을 한국인 남성에게 쥐여주었고 현지 주민들은 생계와 고용을 위해 이들의 요구를 받아들였다. 한국 기업과 교민 사회는 자본과 네트워크를 통해 현지 경제 구조 속 영향력을 확장했고, 이로써 한국 남성들은 현지 성매매 구조에서 '특권적 소비자'로 자리 잡게 되었다.

## 국경을 넘어 이동하는 성구매 문화

한국 사회에서 성구매는 오랫동안 집단적 남성 문화의 일부로 자리해왔다. 군사정권 시절 위안부 제도와 기지촌 산업은 여성을 국가·군사·경제 발전을 위한 자원으로 전락시켰고 1970-1980년대 기생관광은 한국 여성의 몸을 외화벌이 수단으로 활용했다. 이어 1997년 외환위기 이후 유흥산업이 급격히 확산하면서 "남성은 언제든 여성을 살 수 있다"는 통념이 사회 전반에 각인되었다. 이러한 역사는 한국 남성 문화 속에 두 가지 학습 효과를 남겼다. 하나는 여성을 동원하는 접대 문화이고, 다른 하나는 불법임에도 불구하고 성구매는 사회적으로 "해도 되는 일"이라는 면책성이다.

    남성성을 이론화한 래윈 코넬은 남성 권력이 일상적인 실천과 관계 속에서 재생산된다고 보았다. 이러한 관점은 한국 사회에서 성매매와 성구매 문화가 어떤 방식으로 작동하고, 또 해외로 확장되는지를 이해하는 데 유용한 틀을 제공한다.

    첫째, 여성에 대한 지배다. 성매매는 남성이 여성을 지배하는 권력 구조 속에서만 가능하다. 여성의 몸이 거래 가능한 대상으로 전락하는 순간, 여성은 더 이상 인격적 존재가 아니라 값과 조건으로 평가되는 상품이 된다. "돈만 있으면 누구나 여성을 살 수 있다"는 통념은 단순한 말이 아니라, 사회 전반에 뿌리내린 권력 감각이다. 성매매는 여성의 권리와 존엄을 지워버리고 남성의 욕망을 충족시키는 도구로 여성을 전락시킨다. 이는 남성 권력의 산물이자 동시에 그 권력을 강화하고 재생산하는 실천이다.

    둘째, 남성들 간의 위계와 연대다. 이는 남성 집단의 권력을 재생산하는 축으로, 성매매는 이러한 연대를 공고히 하는 집단 의례로 기능해왔다. 군대 외박, 직장 회식 뒤의 '2차', 출장지 업소 방문은 성적 욕구의 충족이 아니라 집단 소속감과 위계 확인의 장이었다. 실제로 2019년 『성매매 실태조사』에서도 성구매 경험이 '회식·접대' 맥락에서 빈번하게 나타난다고 보고된다.[14] 오늘날에는 온라인 후기와 커뮤니티를 통해 이러한 문화가 더욱 노골적으로 드러난다. 후기를 통해 여성의 연령, 외모, 서비스 내용을 공유하고 오픈채팅방에서 '조각'[?]과 같은 은어를 쓰며 성구매 동행자를 모집하기도 한다. 이는 단순한 정보 공유를 넘어 '진짜 남자임'을 인증하는 절차이자 남성들 간 연대 구조를 공고히 하는 장치로 작동한다.

셋째, 이성애적 성적 과시다. 남성 권력은 이성애 규범 속에서 자신의 성적 능력을 과시하는 방식으로 재생산된다. 성구매 문화에서 후기와 무용담은 바로 이러한 과시의 장이다. 온라인 커뮤니티에는 "어디까지 해봤다" "뽕뽑았다" "참교육시켰다"와 같은 표현이 넘쳐나고, 사진이나 영수증 같은 '증거'가 따라붙는다. 이는 성적 소비를 통해 자신의 남성성을 증명하려는 경쟁적 수행이다. 착취의 경험이 영웅담처럼 서술되는 이 문화는 여성을 철저히 대상화할 뿐 아니라, 남성들 사이의 지위를 다투는 수단으로 기능한다.

한국 사회의 성매매 역사는 여성 지배, 남성 연대, 성적 과시라는 세 축과 긴밀히 맞물려 있다. 위안부 제도와 기지촌, 기생관광, IMF 이후의 유흥산업은 여성을 지배와 소비의 대상으로 만들었고, 접대 문화는 남성 연대를 일상 관습으로 고착시켰으며, 후기와 무용담은 성적 과시를 통해 남성 권력을 재생산했다. 그 결과가 성인 남성의 절반 가까이가 성구매 경험을 하고 있는 현실이다.[15]

성구매는 일부 개인의 일탈이 아니라, 오랜 시간 사회에 깊이 학습되고 정상화된 집단적 실천이다. 해외 성구매

---

?         업소 테이블이나 룸을 함께 이용할 동행자를 구한다는 뜻

관광 역시 별개의 행동이 아니라 이 학습된 실천이 국경을 넘어 그대로 반복되는 연속선상에 있다. 다시 말해, 한국 남성의 해외 성구매는 성매매를 묵인·방조해온 역사 속에서 만들어진 권력 질서와 실천이 국경 밖으로 확장된 궤적이며, 국경을 넘어 반복되는 폭력이다.

### 한국식 성매매를 수출하다

라오스를 비롯한 동남아 여러 나라에서 외국인이 직접 서비스업을 운영하기는 법적으로 까다롭다. 대체로 외국인 단독 허가는 불가능하거나 제한적이며, 현지인과의 합자 형태로만 사업이 허용된다. 그러나 대사관 관계자와 교민 인터뷰에 따르면, 실제로는 한국인이 운영을 맡고 현지인 명의를 빌리는 경우가 적지 않다고 한다. 이는 라오스만의 특수성이 아니라 태국, 캄보디아, 필리핀 등 동남아 여러 지역에서 반복적으로 언급되는 특징이다. 동남아시아 성산업의 정확한 규모나 한국인이 운영하는 업소 수에 대한 공식 통계는 존재하지 않지만, 현지 언론 보도나 민간단체 조사 그리고 온라인에서 쉽게 접할 수 있는 성매매 업소 광고만 보더라도 그 규모가 작지 않음을 알 수 있다.[16] 이러한 업소들은 대체로 한국인 거리에 밀집해 있으며 간판도 대부분 한국어로 걸려 있다. 한국어 간판과 한국인 운영자 그리고 한국어로 제공되는 각종 정보가 한국인

성구매자에게 주는 효과는 분명하다. 낯선 외국 환경에서
심리적 거리감을 줄여주는 안정감 그리고 현지 당국의 단속
등 문제가 생겨도 '알아서 해결해줄 것'이라는 안전 신호다.
후기 사이트에는 "경찰에 걸려도 몇 달러면 된다" "업주가
알아서 해결한다"는 식의 문구가 종종 등장한다. 실제로 교민
인터뷰에서도 경찰과의 유착이나 뇌물이 암묵적 전제로
작동한다는 사실이 확인되었다.

    한국인 운영 업소들은 한국인만을 주요 대상으로
하며, 한국식 성매매 구조를 그대로 적용한다. 업소는 룸
단위로 운영되며 남성은 대기 중인 여성들 가운데 한 명을
'초이스'한다. 가격은 시간 단위로 책정되고 '추가 요금'이나
'풀옵션' 같은 표현이 서비스 항목을 대신한다. 여성은 업소
안에서 동석하거나 호텔·주거지로 파견되는 출장·에스코트
성매매 형태로 연결된다. 현지인들도 이를 한국식 업소로
인지한다. 한 라오스 교민은 "현지인들은 이 업소를 그냥
'코리안 가라오케'라고 부른다, 서비스 방식이 한국식이라는 걸
잘 알고 있다"고 증언했다.

    홍보와 알선 역시 다층적으로 이루어진다.
카페, 블로그, SNS와 메신저(텔레그램, 오픈채팅방 등)는 업소
광고의 주요 통로다. 최근에는 유튜버들이 교민 업주와 결탁해
실시간 라이브 방송을 하며 업소를 소개하는 경우도 있다.
후기 관리도 중요한 전략이다. 후기에는 여성의 연령, 외모,
서비스 내용이 항목별로 기록되고 다른 남성들의 권유 댓글이
따라붙는다. 이는 단순한 개인 경험의 기록이 아니라, 남성들이

업소를 선택하는 기준이자 남성 집단 내부에서 규범과 결속을 확인하는 의례로 작동한다. 후기 작성은 새로운 이용자를 유입시키는 동시에 남성 연대를 공고히 하는 도구다.

알선 과정에는 여행사와 가이드도 중요한 역할을 한다. '황제 골프' '황제 관광' 패키지에는 밤문화(성매매) 투어가 포함되기도 한다. 한때 가이드로 일했던 교민은 인터뷰에서 이렇게 말했다. "마이너스 투어 구조에서는 어쩔 수 없다. 낮에는 관광지 돌리고, 밤에는 업소로 안내해야 수지가 맞는다." 최근에는 유튜브나 온라인 카페를 통해 사전에 정보를 접한 관광객들이 "○○ 업소에 데려가달라"고 구체적으로 요구하는 경우가 늘고 있다. 그러나 여전히 알선 구조에서 여행사와 가이드가 중요한 역할을 담당하고 있음은 분명하다.[17]

여성의 모집과 관리, 단속 회피는 현지 네트워크와 긴밀히 결합해 이루어진다. 업소들은 농촌 출신 여성이나 경제적으로 취약한 여성들을 모집하기 위해 현지인 브로커를 활용한다. 단속을 피하기 위해서도 현지 경찰이나 행정 인력과의 연결이 필수적이다. 교민 사회에서는 "돈만 있으면 해결된다"는 인식이 널리 퍼져 있다. 즉, 현지 사회의 구조적 부패와 한국인 업주들의 경제력이 결합하면서 성산업을 안정적으로 유지시키는 요인으로 작동한다.

이 모든 과정의 작동 방식은 성매매가 남성의 성욕 때문에 자연스럽게 발생하는 것이 아님을 명확히 보여준다. 성매매는 룸 구조, 시간제 요금, 후기와 알선, 현지 네트워크가 얽힌 사회경제적 장치 속에서 조직되고 영업되고 확산된다. 라오스에는 원래 '코리안 가라오케'와 같은 성매매 구조가 존재하지 않았다. 그러나 한국인 업주와 구매자가 만들어낸 시스템이 현지에 이식되면서, 이제는 하나의 산업처럼 자리 잡았다. 성매매 산업은 개인의 성적 욕망 때문에 자연발생하는 것이 아니다. 제도화된 착취 구조다.

### 인종화된 성착취

성매매는 그 자체로 여성을 성적 도구로 환원하는 행위지만, 동남아시아에서의 성매매는 여기에 인종화된 상상과 고정관념이 더해진다. 한국 남성들의 후기와 온라인 담론을 살펴보면, 현지 여성들은 두 가지 극단적 이미지로 소비된다. 한 축은 순수하고 어린 데다 순종적인 여성이라는 이미지다. "라오스는 아직 순하다" "어리고 말을 잘 듣는다"는 식의 후기 표현에서 드러난다. 다른 한 축은 성적으로 개방적인 여성이라는 이미지다. "동남아는 원래 성문화가 개방적" "14세도 결혼한다" "20대 여자가 먼저 60대 남자에게 작업 건다"는 식의 왜곡된 이야기들이 반복되고 있다. 여성들을 입맛대로 상반된 틀 속에 집어넣는 여성혐오가 이들의 문화다. 실제로 업소에 유입되는 여성들의 배경은 이러한 성구매자의 상상과 무관하다. 라오스 여성연맹의 피해자 지원 사례를 통해 파악한 결과, 성착취 목적 인신매매 피해자의 다수가 18세 미만 농촌 출신이었다. 교육 기회와 정보 접근이 부족한 상황에서 "도시에 나가면 쉽게 돈을 벌 수 있다"는 브로커의 말에 속아 끌려오는 경우가 많았다. 브로커는 대개 마을에서 얼굴을 익힌 지인 또는 친척이었고 피해 여성들은 자신이 어떤 일에 동원될지 모르는 채 도시로 유입되었다.[18] 태국과 캄보디아 사례 역시 비슷하다. 국제이주기구(IOM)와 유엔마약범죄사무소(UNODC)는 인신매매 피해 아동·청소년의 다수가 농촌 지역 출신이며 '식당 아르바이트' '공장 일자리'라는 허위 제안에 속아 성산업으로 유입된다고 보고하고 있다.[19]

라오스 법 제도는 피해 여성을 보호할 장치를 갖추고 있다. 『여성 폭력 예방 및 근절법』과 『인신매매 방지법』은 법률·의료·직업훈련·사회복지 서비스 제공을 명시한다. 그러나 지원 예산이 부족해 대부분의 피해자는 충분한 서비스를 받지 못하고 집으로 돌려보내진다. 피해자 연구도 거의 이루어지지 않아, 업소 내에서 어떤 형태의 착취가 이루어지는지 그리고 피해 여성들이 어떤 조건에 놓이는지는 드러나지 않는다. 피해자의 나이를 확인해달라는 나의 요청에 쉼터 관계자가 "피해자 본인이 17세라고 한다. 출생신고가 없어 확인할 방법이 없다"고 답한 바 있다. 출생 등록과 신분 확인 체계가 취약하기 때문에 브로커가 서류를 위조해도 이를 걸러낼 방법이 없다. 일부 피해 여성은 지원받은 뒤에도 다시 태국 등 해외로 알선되어 성매매를 지속하는 경우가 많은 것으로 파악된다.

한국 남성들은 이러한 현실을 외면한 채, 문화와 연애의 언어로 착취를 포장한다. 필리핀에서는 한국인 유학생들의 연애를 가장한 성착취 사건이 언론에 보도된

적이 있고, 나이 들어 은퇴한 남성들이 "젊은 여성과 새 삶을 시작한다"며 라오스에서 착취 관계를 맺는다. 한국에 대한 호감, 한국 문화에 대한 관심은 이들에 의해 권력의 자원으로 전환된다. 해외 성구매자가 즐겨 사용하는 "가성비"라는 단어는 이들이 성매매를 경제 활동으로 합리화하는 구조를 압축해 보여준다. "라오스는 아직 싸다" "필리핀은 가격 대비 서비스가 좋다" 등의 후기는 흔하다. 저렴한 값에 만족했다는 이들의 후기는 여성이 낮은 금액으로 더 많은 착취를 당하고 있음을 의미한다. 한국 남성들은 현지 여성들도 "원해서" "돈을 벌려고" "이 나라가 원래 그런 나라"라며 자신의 행위를 정당화함으로써 폭력을 은폐하고 있다.

이는 단순히 개개인들의 경험으로 끝나지 않는다. 한국인이 이식하고 조장한 성매매 문화는 성착취 목적의 인신매매를 증가시키고, 국제기구와 민간단체 보고서가 반복해서 지적해온 아동 성착취 문제를 악화시킨다. 유니세프는 동남아시아에서만 약 10만 명의 아동이 성착취 관광에 동원된다고 추산했고, ECPAT 역시 캄보디아·필리핀·태국·라오스 등을 아동 성착취 관광의 주요 위험 지역으로 분류했다.[20] 한번 형성된 성착취 구조는 쉽게 해체되지 않는다. 캐슬린 배리는 『섹슈얼리티의 매춘화』에서 "성산업은 여성 인구의 상당수를 성매매로 끌어들이며, 그 결과 더 이상 불법 거래에 의한 강제 성매매라고만 단정하기 어려운 지점으로 나아간다"고 지적했다. 규모가 커지고 일상과 가까워질수록 일부 여성들에게는 성매매가 '빠르게 돈을 벌

젊은 라오스 여성과 새살림 차린 60대 은퇴자
조회수 40만회 · 7개월 전

인생 2막 - 라오스 / 은퇴 생활 시간 보내기
조회수 6.1만회 · 3개월 전

> 세 번째로 자랑하는 라오스 ktv의 장점은 이곳에서 일하는 친구들의 연령대가 상당히 낮다는 것에 있습니다. 순수하고 착한 이유의 연장이 되겠지만 꽃들이 보이지 않는 전쟁을 치르고 있는 이런 화류바닥에서 나이가 많다는 것은 그만큼 억세고 질겨진다는 걸 뜻한다면 연령대가 낮다는 것은 그만큼 연하고 여리다는 것입니다. 라오스 ktv 자체가 형성되어 운영된 지가 오래지 않기에 여기는 여리고 여린 꽃들이 가득합니다.

> 라오스 비엔티안 밤문화에 종사하는 여자들 성향을 조금 살펴보자면 일단 워낙 타 동남아 국가 친구들보다 나이대가 어린 친구가 많기 때문에 아직 세상 물정 모르고 있는 애들이 많습니다. 이게 옳고 그른지 잘 모르기 때문에 밤문화에 종사한다는 것 자체가 나쁜 일이라고 생각을 하지 않습니다. 오히려 돈 많이 벌고 좋은 직업이라는 생각이 강하기 때문에 손님들이 원하는 요구 조건들도 잘 들어주고 서비스 마인드가 좋습니다.

라오스 성매매 후기 사이트 내용 일부

수 있는 현실적 선택지'처럼 인식되기 때문이다. 이와 동시에 사회가 성산업을 점차 익숙한 일, 정상적인 일처럼 받아들이는 분위기가 만들어진다.

동남아시아 국가들에서 한국 남성들의 '소비'가 남기는 흔적은 단순한 성구매 경험이 아니다. 가성비라는 이름으로 여성 집단을 가격화하는 구조이며, 연애라는 이름으로 포장된 착취 관계이고, 인종화된 상상 위에 구축된 성차별적 권력 체계다. 한국이 이식한 성매매 문화와 실태는 우리가 상상하는 것 이상의 부정적 영향을 현지 사회와 일상에 남기며, 그곳에서 여성과 아동의 삶을 규정하는 새로운 착취의 틀로 작동하고 있다.

### 알면서도 묵인하는 국가

동남아 각국의 여러 정부는 "관광을 통한 경제성장"이라는 기조 아래 여성과 아동의 권리를 의도적으로 뒷자리에 놓아왔다. 라오스는 2015년 『인신매매 방지법』을 제정했고 2017년 「여성과 아동을 특히 대상으로 하는 인신매매 방지 협약」에 비준하면서 피해자 보호와 가해자 처벌에 대한 국제적 의무를 명확히 했다. 그러나 현실은 기대와 달랐다. 법과 협약은 선언적 의미에 머물렀으며, 여성과 아동을 보호하기 위한 현장의 제도적 장치는 제대로 작동하지 않았다.

공무원의 유착과 부패는 이 착취 구조를

떠받치는 보이지 않는 기둥이다. 미국 국무부의 『인신매매 보고서 2024』는 캄보디아에서 "광범위한 부패와 공직자의 공모"가 인신매매 대응을 가로막는 가장 큰 걸림돌이라고 지적한다. 태국도 다르지 않다. 성매매는 법으로 금지되어 있지만, 경찰과 관리들이 유흥·관광산업과 이익을 나누며 단속을 무력화한다. 라오스 역시 예외는 아니다. 미국 국무부는 라오스에 만연한 부패와 공직자의 공모가 피해자 보호와 가해자 처벌을 저해한다고 지적한다.[21] 실제로 성구매 후기 사이트에는 "경찰에 걸려도 100달러면 끝난다"는 글이 올라오고, 교민 사회에서도 "단속은 결국 돈으로 해결된다"는 말이 공공연히 오간다. 이는 단순한 풍문이 아니라 외국인 남성들에게 사실상의 면죄부로 작동하는 사회적 합의에 가깝다. 이렇게 얽히고설킨 공모와 묵인 속에서 성착취 구조는 방치되는 데 그치지 않고, 적극적으로 재생산된다.

    한국 정부 역시 책임에서 자유롭지 않다. 한국의 『형법』은 자국민이 국외에서 저지른 범죄를 처벌할 수 있도록 하고 있으며(제3조), 『아동·청소년의 성보호에 관한 법률』도 해외에서 발생한 아동 대상 성범죄까지 포괄하도록 규정한다(제21조). 2008년에는 정부가 '해외 성매매 근절 종합 추진 대책'을 내놓으며 국제공조, 여권 발급 제한, 여행업계 지도·점검, 인솔자 교육, 대대적인 예방 캠페인까지 담아냈다.[22] 겉으로 보기에는 제도적 장치와 정책 의지는 충분한 듯했다. 그러나 미국 국무부 『인신매매 보고서』에 따르면 2010년과 2011년 "해외 아동 성착취 관광에 가담한 한국 국민을 기소한 사례가 없"으며, 2015년에도 "경고는 했지만 한국인 성관광객에 대한 기소나 유죄 선고는 없었다".[23] 법이 없는 것이 아닌, 있는 법을 집행하지 않은 것이다.

        정부는 늘 "해외 수사 협조가 어렵다"거나 "증거 확보가 힘들다"는 설명을 내세웠다. 하지만 이는 실질적 한계에 부딪힌 것이 아닌 책임 회피다. 한국은 이미 필리핀·태국 등과 형사사법공조 체계를 맺고 있었고 『국제형사사법공조법』도 제정해두었다. 의지가 있었다면 공조를 적극적으로 활용해 성착취 관광 가해자를 기소할 수 있었고, 여행업계에 규제를 도입할 수도 있었을 것이다. 그러나 정부는 그렇게 하지 않았다. 경찰과 검찰은 성착취 관광 문제를 우선순위에 두지 않았고, 대책은 경고문과 캠페인 수준에 머물렀다. 여행업계의 아동보호 행동강령 가입도 시민사회가 주도한 것으로, 정부는 이를 의무화한 바 없다.

        결국 한국 정부의 대응은 성착취 관광의 '수요 차단'이라는 본질적 과제의 근처에도 닿지 못했다. 해외 성착취 관광에 나선 한국 남성이 단 한 명도 기소되지 않았다는 사실은 한국 정부가 이 구조를 방치한 수준을 넘어 사실상 공모해왔음을 보여준다. 국가가 책임을 다하지 않는 한, 착취는 계속해서 같은 자리에서 반복될 것이다.

## 피해국에서 가해국으로

앞에서 살펴본 것처럼, 성매매는 단순히 개인의 선택이나 일탈로 설명할 수 없다. 국경을 넘어 이동하는 남성들, 이를 묵인하는 정부, 불평등한 경제와 권력의 구조가 맞물리면서 착취는 반복된다. 이러한 현실을 가장 잘 설명해주는 개념이 바로 '성착취 제국주의'다.

손덕수는 태국·대만·필리핀에서 벌어지는 성착취 관광을 "후진국에 대한 선진국의 성 제국주의"로 규정하며, 일본 남성들의 기생관광을 제국주의적 지위와 경제적 우위를 앞세운 여성 소비라고 지적했다.[24] 박정미는 1970-1980년대 기생관광 반대운동 담론을 분석하면서 이 시기에 여성운동 내부에서 성 제국주의 개념이 등장하고 유통되었음을 밝혔다.[25] 이들의 논의는 국가·군사·경제 권력이 교차하는 구조 속에서 여성의 성이 착취되어왔음을 시사한다.

오늘날 동남아시아에서 드러나는 한국 남성들의 해외 성착취는, 피해국이었던 한국이 경제적 우위와 문화적 영향력을 등에 업고 이제는 가해국의 위치에 서 있음을 말해준다. 그렇다면 이 현상을 성착취 제국주의라는 틀에서 어떻게 이해할 수 있을까? 이를 위해 경제·젠더·인종·문화 권력이 교차하는 네 가지 축을 살펴볼 필요가 있다.

첫째는 경제적 위계다. 일본이 경제적 우위를 앞세워 한국 여성을 기생관광으로 소비했던 것처럼 오늘날 한국은 라오스, 베트남, 필리핀, 캄보디아로 향한다. 피해국이었던 한국이 가해국의 위치로 이동하게 된 것은,

언제나 경제적으로 더 취약한 여성이 착취의 대상으로 지목되어온 역사의 반복 때문이다. 결국 부유한 나라의 남성들은 성구매를 위해 이동하고, 상대적으로 가난한 나라의 여성들은 생계를 위해 성판매로 내몰린다.

     둘째는 젠더 위계다. 성착취는 언제나 남성 집단의 권력과 맞닿아 있다. 여성에 대한 지배, 남성들 사이의 위계와 연대, 성적 경험의 과시는 국경을 넘어 반복된다. 성매매는 개인적 욕망 충족이 아니라 집단적 남성성을 수행하는 의례로 기능하며 이 권력의 행사에는 국경이 없다.

     셋째는 인종 위계다. 동남아 여성들은 성구매자들의 온라인 후기와 구전 속에서 "순수하고 어리고 순종적이다" 혹은 "성에 개방적이고 돈을 밝힌다"는 상반된 고정관념 안에 배치된다. 이러한 인종화된 상상은 성매매를 정당화하는 근거로 기능한다. "원래 이 나라가 그렇다"는 성구매자들의 자기 정당화는 구조적 착취를 문화적 특성으로 치환한다. 현지의 피해 여성들은 인종 범주 속에서 대상화되고, 한국 남성은 경제적 우위를 성적 권리로 전유하게 된다.

     넷째는 문화 권력이다. 한국은 K-팝, 드라마, 화장품 등 대중문화를 통해 동남아시아에서 호감의 이미지를 구축해왔다. 일부 남성들은 이 이미지를 착취의 자원으로 활용한다. "한국에서 왔다"는 사실이 현지 여성에게 신뢰나 선망으로 받아들여지는 점을 악용해, 불평등한 관계를 연애나 친밀감의 언어로 포장하는 것이다. 다시 말해, 한국의 문화적 영향력은 남성들에게 우월감과 권력감을 부여하며 성착취를 더 쉽게 만드는 장치로 작동한다.

성착취 제국주의의 역사는 단선적이지 않다. 한국은 위안부 제도, 기지촌, 기생관광, 외환위기 이후의 유흥산업까지, 국가와 사회가 성매매를 방조하거나 활용한 긴 역사를 갖고 있다. 국가는 직접적 혹은 암묵적으로 성매매를 관리해왔고 그 결과 남성들에게 남겨진 메시지는 단 하나다. "성매매는 가능하다."

경제적 불평등 구조가 지속되는 한 성착취는 형태만 바뀌어 반복된다. 과거 일본이 한국 여성을 기생관광으로 소비했다면 오늘날에는 한국 남성들이 오히려 일본으로 성착취 관광을 떠나는 역전 현상이 나타나고 있다. 즉, 경제의 중심축이 이동하면 착취의 경로 역시 그 방향을 따라 이동한다. 착취는 언제나 더 취약한 곳을 향하기 때문이다. 때문에 성착취 문제는 개인의 도덕성이나 선택의 문제가 아니라, 각 나라와 국제사회가 어떤 방식으로 책임을 지고 이를 바로잡을 것인가에 관한 구조적 과제다. '성착취 제국주의'를 개념으로 붙드는 이유도 바로 여기에 있다.

### 국경을 넘는 반성매매 연대

이 글을 마무리하는 지금, 한국『성매매방지법』제정 21주년을 맞이했다. 그리고 최근 몇 달간 여성단체·언론과 협력해 라오스 현지 실태를 알린 끝에, 주라오스 한국대사관이 교민과 한국

관광객을 대상으로 성매매 관련 공식 경고문을 발송했고 국내 주요 매체들이 이를 잇달아 보도했다.[26] 이후 라오스 성매매 홍보·알선 채팅방에서 "패키지에 가라오케를 포함하면 문제가 될 수 있다"는 경고의 메시지와 "이제 라오스 말고 다른 데 가자"는 반응이 동시에 오고 있다.

이 한 번의 경고 메시지가 모든 것을 단번에 바꾸지는 못할 것이다. 하지만 "해외에서 발생한 성착취를 우리 책임으로 집행하겠다"는 신호가 정부 차원에서 분명히 나왔다는 점이 중요하다. 문제는 일회성으로 끝나지 않고 지속적으로 이어지느냐에 달려 있다. 그 힘은 결국 교민과 시민들의 꾸준한 관찰, 제보, 연대에서 시작될 것이다.

2025년 6월, 공식적인 실태조사가 어려운 환경에서 나는 여성단체와 함께 온라인 후기 모니터링과 교민 인터뷰를 진행했다. '과연 누가 응해줄까' 하는 걱정은 오래가지 않았다. 많은 교민이 "심각성을 알고 있었지만 방법을 몰라 주저했는데 더는 안 되겠다 싶어 나오게 됐다"며 인터뷰에 응했다. 그들의 증언은 내게 이 문제가 공동의 것이라는 확신을 더해주었고, 공론화로 잇는 계기가 되었다.

돌이켜보면, 역사는 언제나 시민들의 연대와 참여로 움직여왔다. 성착취 문제 역시 예외일 수 없다. 변화를 지속 가능하게 하는 힘은 시민들의 행동, 책임 있는 연대에서 나온다는 것을 이번 실태조사를 통해 다시 실감했다.

한국에서 익숙한 유흥업소·노래방·마사지 숍의 성착취 업소가 국경을 넘어 '수출'되었다. 그리고 교민 업주에 의해 운영되면서 이 영업 구조는 '한국식'이라며 현지에 정착했다. 이와 함께 성구매자와 성착취 방식까지 이동했고 그 결과 현지 여성들의 삶은 더 깊은 착취로 내몰리고 있다. 그렇다면 연대 역시 국경을 넘어야 한다. 해외 성착취에 대한 문제의식을 공유하고 수요 차단운동을 이어가야 한다. 피해자 지원 체계를 강화하고, 알선자를 단속·처벌하며, 관광 및 온라인 플랫폼 산업의 제재와 자정을 촉구해야 한다. 그리고 성착취를 가능하게 하는 구조 자체를 무너뜨려야 한다. 이것을 뿌리 뽑지 않고는, 더 취약한 곳으로 끝없이 이동하는 착취의 흐름을 멈출 수 없다. 이는 성착취 제국주의의 역사를 반복하지 않기 위해 지금 우리가 붙들어야 할 가장 중요한 과제다.

# 3

# 합법화 국가의 '실패한 약속'– 네덜란드와 독일

신박진영     반성매매 활동가, 『성매매, 상식의 블랙홀』 저자. 2002년부터 『성매매방지법』 제정운동을 시작으로 현장에서 성매매 여성 지원 활동을 했다. '성매매문제해결을위한 전국연대' 대표를 역임했고 현재 정책위원장으로 성매매 근절을 위한 연구 및 현장 지원 활동을 지속하고 있다.

당당하게 자신의 사회적 권리를 구가하는 성매매 여성들, 그들만으로 이루어진 우애 가득한 업소에서 그들은 자유롭다. 이는 독일과 네덜란드가 성매매를 정당한 거래로 선포한 순간 그렸을 미래다. 하지만 직접 눈으로 본 두 선진국의 현장은 이윤을 차지하려 무한 경쟁으로 달려가는 시상이 여성을 어디까지 이용하며 착취할 수 있는지 보여주는 '지옥'이었다. 그러나 그들은 여전히 이 지옥을 파라다이스²라 부르고 있다.

## 실패한 약속이 낳은 비인간화

이 장의 제목 '실패한 약속'은 여성인신매매방지연합(CATW)이 올해 발간한 보고서의 제목으로, 전체 제목은 『실패한 약속: 네덜란드 왕국의 인신매매와 성매매 합법화의 역사』다. 독일의 활동가 후슈케 마우는 2022년 독일의 상황을 '비인간화'라 요약하며 『비인간화: 왜 성매매를 폐지해야 하는가』라는 제목의 책을 출간했다. 이들은 각각의 글에서 합법화의 직접적 결과로 여성 착취가 얼마나 용이해졌는지, 그것이 어떻게 당사자 여성의 '권리'로 포장되어 강요되는지 그리고 성매매 합법화의 맥락이 오래된 제국주의적 자본주의와 어떤 식으로 이어지는지를 보여주고 있다. 성매매를 앞장서 합법화한 유럽의 두 선진국 네덜란드와 독일의 현실을 집약한 두 단어 '실패한 약속'과 '비인간화'에서 알 수 있듯, 이들 국가는 이미 돌이킬 수 없는 결과를 맞이하고 있다.

---

² "독일 사창가의 황제"라며 칭송받은 위르겐 루틀로프의 대규모 성매매 체인

독일의 1세대 여성해방 사상가 겸 작가였던 헤트비히 돔은 "남성의 일방적 지배는 성별에 대한 이중 도덕을 낳았고, 성매매의 엄청난 확장을 촉진"했으며, 성매매가 여성의 존엄을 훼손하는 사회적 구조의 일부로서 개인의 선택이나 의지의 문제가 아니라 사회적 성차별과 억압 체계를 되풀이하게 만드는 구조적 현실이라고 지적했다. 단지 여성의 존엄을 파괴하는 것을 넘어서 성구매 행위가 사회 전반에 영향을 미친다고 경고한 것이다. 페미니스트 활동가 알리스 슈바르처는 이러한 페미니즘적 가치가 성매매를 '자기 결정적 성행위'라고 주장하며 성매매 합법화를 요구하는 이들에 의해 변질된 과정을 지적한다. 그는 페미니즘과 성매매 여성들 간 연대가 이윤을 취하는 자들과의 공모로 '변질'되었으며 "여기서 논의된 것은 성매매 여성의 해방이 아니라, 해방의 성매매화"라고 주장한다.

독일과 네덜란드의 성매매 합법화는 바로 이런 '섹슈얼리티의 성매매화'로부터 '해방의 성매매화'로 이어지는 퇴행이 '성매매 여성의 권리'를 명목으로 행해지고 있음을 분명히 보여주고 있다. 성매매 합법화 이후 "유럽의 성매매 할인 마트"라는 조롱을 듣고, 또 법이 목표로 한 인권 보호와 인신매매 축소에 실패하고 있다는 현실이 드러날 때마다 독일과 네덜란드의 정책 대응은 비슷한 답보를 반복해왔다. 독일 정책보고서가 합법화로 인해 심각해진 실태를 한결같이 나타내고 있음에도 어떠한 성향의 정치인이 자리에 있는가에 따라 갈지자 횡보로 시간만 보내고 있고, 네덜란드 역시 넘쳐나는 성착취 관광객으로 몸살을 앓지만 대처는 암스테르담 시장이 누구냐로 결정된 지 오래다. 일정 기간은 여성들을 전시한 '유리창 업소'를 줄여나가며 도시를 성매매로부터 탈출시키겠다는 정책이 세워지다가 시장이 바뀌면 독일식의 대형 성매매 쇼핑몰을 외곽에 지어 시장 확장을 계획하는 식이다.

무엇보다 이들 사회는 성매매 합법화로 말미암은 사회 문제를 비판하는 이들을 '도덕주의자'라 조롱하고, 종교적 뒷배를 의심하며, 성매매 여성을 '수동적 피해자로 만들고 낙인찍는다'며 비방한다. 성매매로 이익을 취하는 자들의 로비와 이를 통해 세금과 정치자금을 확보하는 이들에 의해 정책이 수호되고 있으며 이들은 또 막대한 예산을 성매매 합법화를 지키려는 단체들에 지원하고 있다.

이 글은 2018년의 독일과 네덜란드 현장 연수 그리고 이후 수년간 이어진 국제연대 사업에서 만났던 단체와 활동가들의 이야기, 정부와 민간의 보고서, 이를 다룬 책과 기사 등 자료를 바탕으로 쓰였다. 독일과 네덜란드의 성매매 합법화가 그 첫 선언부터 어떻게 목적과 다른 방향으로 움직였는지, 또 이후 사회는 어떻게 대응하며 변화해왔는지를 가늠해볼 수 있을 것이다.

## 성매매 합법화에 이르기까지

베를린 장벽에는 헨리 키신저와 헬무트 장관이 키스하는 모습이 벽화로 남아 있다. 베를린 장벽이 무너진 상징적 사건은 소비에트 연방의 붕괴로 이어졌다. 희망과 기대를 증폭시켰던 그 시기에 동유럽권에서 부유한 서유럽으로의 이주는 성착취를 위한 인신매매의 증가로 이어졌다. 독일에서도 강제 성매매와 인신매매가 심각한 사회 문제가 되면서 제도 개선 논의가 본격화되었다. 이어 1990년대 후반 사회민주당(SPD)과 녹색당(Die Grünen)이 집권하면서 '성매매 종사자의 권리 보장과 범죄 조직의 개입 방지'가 목표가 되었다. 성매매를 직업이나 사업으로 인정하지 않음으로써 성매매 여성에 대한 낙인이 강화되고 의료 접근성이 떨어진다는 주장이 힘을 얻었고, 이 흐름에서 2002년 『성매매법』(Prostitutionsgesetz)이 제정되었다.

제정 이전 독일에서 성매매는 처벌 대상은 아니었지만 그렇다고 사회적으로 인정되지도 않았다. 독일의 합법화를 이끌어낸 결정적 계기가 된 사건은 2000년에 주거용 건물에서 성매매 업소를 운영한다는 이유로 구청이 내린 음식점 영업 허가 취소 처분에 대해 운영자가 제기한 소송이다. 베를린 행정법원이 원고의 손을 들어줬는데, 당시 판사는 사회적 가치의 변화로 인해 "자발적이고 범죄적 행위가 수반되지 않는 성매매는 오늘날 더 이상 부도덕한 것으로 분류될 수 없다"고 판결했다. 독일 녹색당은 1990년 공청회에서 이미 "육체적·정신적 노동, 아이디어, 창의성, 헌신 등 모든 것은 사고팔 수 있다. 이러한 논리에서 우리가 성 또한 사고팔 수 있다는 사실을 인정하지 못하는 이유는 무엇인가?"라는 선언을 남겼다. 녹색당만큼 '성 노동' 적극 지지 입장은 아니었던 사회민주당 또한 연립정부 파트너였던 녹색당과 함께 2002년 1월 1일 성매매에 대한 모든 처벌 및 규제를 없애는 성매매 합법화 정책을 발효했다. 당시의 명분은 "성매매 여성의 권익"이었던 만큼 이는 진보적인 변화로 여겨졌다. 이후 북아프리카, 우크라이나, 아시아권 이주 여성 인신매매가 급증하고 2004년 동유럽 지역으로 유럽연합이 확대되면서 독일 성매매 시장은 빈곤 지역 이주 여성들로 빠르게 채워졌다.

네덜란드는 17세기에서 20세기까지 서인도회사와 동인도회사라는 무역 조직을 통해 수많은 항구 도시, 해안 지역, 섬을 침략하고 지배했다. 이 과정에서 많은 원주민을 학살했고 아프리카 원주민 여성은 성폭력과 상업적 성착취의 표적이 되었다. 자원을 채취하기 위해 항구를 만들고 광산을 운영하면서 남성 노동자들을 위해 각지에 네덜란드식 성매매 집결지를 공식 지정했다. 네덜란드는 식민지인 카리브해 퀴라소에 있던 야외 대형 성매매 업소 '캄포알레그리' 운영과 상충한다는 이유로 1950년 「인신매매 및 타인 성매매 착취 억제를 위한 협약」에 서명하지 않았다. 네덜란드 정부는 해당 협약이 "성매매와 인신매매를 구분하지 못하고 동의어로 제시하고 있다"고 비판했다.

1960년대와 1970년대의 여러 보고서에 따르면 네덜란드의 많은 도시에서 성매매 사건을 기소하지 않고 성매매를 노동으로 마케팅하는 신흥 운동이 일어나기도 했다.[1] 1980년대와 1990년대에는 성매매를 지지하는 관련 로비 단체들의 활동이 활발해지고, 성매매를 '노동'으로 마케팅하는 새로운 운동의 중심지가 되었다. 결국 2000년 10월, 네덜란드는 "성매매 업소를 소유하거나 성매매를 하도록 수단을 제공하는 것"을 불법이라 명시한 형법 250조와 "유죄 판결받은 포주에 대한 처벌"을 명시한 432조를 삭제함으로써 성매매를 합법화하고 성매매 업소와 성매매 종사자가 등록 및 허가를 받도록 하는 새로운 규정을 마련했다. 정부는 이 법이 "도덕주의를 지양하고 개인의 선택과 자율성을 존중"하는 진보적 접근이라 평했다. 2000년 법의 목표는 첫째, 성매매 여성의 건강 서비스와 폭력 방지를 지원하는 것, 두 번째는 인신매매 억제, 세 번째는 아동에 대한 상업적 성착취 방지였다.

### 성매매 합법화 법률과 정책의 변화

합법화 과정의 내용을 보면 독일은 성매매 여성의 자기결정권 존중과 보호를, 네덜란드는 이들의 자유로운 경제활동을 더 중시한 차이가 있지만 결과적으로 양국 모두에서 이루어진 것은 성매매의 정상화였다. 성매매를 다른 상업 활동과 동일하게 처우한다는 방침하에 국가 개입을 최소화하고 지자체별 기준에 따라 관리하도록 했고, 그 시작으로 기존의 규제와 처벌을 삭제했다. 즉 성매매 합법화란 국가가 성매매를 정상적 거래 행위로 인정하는 매우 선언적인 분기였다. 그리고

**표1** 독일·네덜란드 성매매 관련 정책 및 조치 변화

| 연도 | 독일 | 네덜란드 | 비교·특징 |
|---|---|---|---|
| 2000 | | 성매매 업소 합법화, 지방 허가제 도입 | 네덜란드가 먼저 합법화 |
| 2002 | 성매매 계약을 합법적 노동 계약으로 인정, 사회보장 가입 가능 | | |
| 2005–2007 | 정부 평가 보고서에서 성판매자 권리 보장 효과가 제한적임을 확인 | 정부 평가 보고서에서 인신매매 증가, 불법 시장 확대를 지적 | 양국 모두 초기 기대와 달리 부정적 결과 확인 |
| 2011 | | 성매매 종사자 대상 과세 강화, 자영업으로 취급 등 | 2011년 전후로 규제 강화 흐름 |
| 2013 | 연방정부보고서에서 합법화 효과가 제한적임을 확인 | 지방정부 단속 강화 | 모두 비판적 평가, 규제 강화 필요성 제기 |
| 2017 | 『성판매자보호법』 발효: 종사자 등록·면담 의무화, 미등록 종사자 벌금 등 규제, 21세 미만 보호 조항 추가 | 청소년 보호 강화 (시기와 내용은 지자체별로 상이) | 독일, '강력한 규제'로 전환 |
| 2019 | 성매매 최소 연령 21세로 상향 | 성매매 최소 연령 21세로 상향 | 동일 조치 (청소년 보호 강화) |
| 2020 | 등록·면허 취득 시 지자체 면담 의무 | 등록 시 지자체 면담 의무, 업소 면허 강화 | 지방정부 통제 강화 |
| 2021 | 강제·인신매매 피해 여성을 알면서 구매 시, 구매자 처벌 규정 도입 | 피해 여성 착취 가능성 알면서 구매 시 처벌 규정 도입 | 동일 조치 (구매자 책임 강화) |
| 2022 | 『성판매자보호법』 집행 강화 | 무허가 업소 단속 강화 (특히 암스테르담 집중) | 방향성 유사 |

이후 양국은 정책보고서가 갱신될 때마다 부작용을 확인하며 허둥거리게 된다([표1]).

"성매매 합법화가 실패하는 것은 규제 때문"이므로 규제 없는 완전 비범죄화가 필요하다는 국제 엠네스티의 주장과 달리 네덜란드와 독일은 규제와 단속을 추가하는 선택을 해왔음을 표에서 확인할 수 있다. 이들 나라에서는 어떤 일이 일어났던 것일까?

### 포주 천하

암스테르담의 고급 섹스클럽인 '야프 윰'(Yab Yum)의 창립자이자 초기 운영자인 테오 호프트는 네덜란드에서 전설 같은 인기를 얻고 있다. 2018년 네덜란드 방문 당시 그의 자서전을 보았는데, 제목이 그의 업소명 『야프 윰』인 이 책의 부제는 '세계에서 가장 유명한 사창가(brothel)'다. 그는 이 업소를 1976년에 시작해 1999년에 매각했는데, 이후 마약범죄와 조직범죄단체와 연루되었다는 혐의로 2008년 폐쇄 판결을 받고 문을 닫았다. 그가 업소를 소유하고 있을 때에도 이 클럽은 범죄 활동의 현장임이 알려져 있었지만 폐쇄 직후인 2009년 출간된 그의 자서전은 베스트셀러가 되었으며 2012년 책을 토대로 한 뮤지컬이 만들어지기도 했다. 최근에는 그의 메모와 자서전을 바탕으로 드라마 시리즈까지 제작되었다.[2] 네덜란드의 반성매매 활동가 카린 베르크만은 이 뮤지컬이 테오 호프트를 굉장히 세련된 사업가로 재현하며 성매매 산업을 성공과 권력 획득의 기회로 선전한다고 지적한다. 테오 호프트는 네덜란드에서 아직 성매매가 합법화되기 전인 1980년대부터 업소는 "남성의 즐거움을 위한 곳"이라고 홍보하며, 성매매는 사적인 일이니 국가가 개입해서는 안 된다는 주장을 했다. 카린은 그러한 분위기가 성매매 합법화로 이어졌다고 본다.

독일 뒤셀도르프의 성매매 업소 운영자 베르트 볼러스하임은 90년대 중반 "강요된 인신매매" 혐의로 유죄 판결을 받았다. 그가 관리하던 성매매 여성이 '몸값'을 지불하지 않고 떠나자 그를 납치해서 자신의 농장에 감금했던 것이다. 이런 전과에도 불구하고 그는 1970년대부터 2016년경까지 뒤셀도르프에서 성매매 업소를 운영했으며 미디어는 그를 "화려한 홍등가의 왕"으로 미화했다. 그는 지속적으로 TV 쇼에 출연했고 그의 삶은 8부작 다큐멘터리로 방송되었다. 납치 사건이나 그가 포주라는 점은 결코 문제가 되지 않았다.[3]

쾰른에서 멀지 않은 도시 케르펜에는 유명 업소인 티니랜드가 있었다. '티니랜드'라는 이름에서도 알 수 있듯 미성년 10대 소녀의 이미지를 전면에 내세운 곳이다. 실제로는 주로 18-19세로 갓 성년이 된 여성들을 '롤리타' 등의 표현으로 홍보했고 그곳에서 남성들은 "무릎까지 오는 양말, 땋은 머리 그리고 자유로운 성적 쾌락"을 누릴 수 있다. 구매자가 "달콤한 롤리타들과의 성관계"에 빠져들도록 칠판이 달린 교실이나 분홍색 유아용 침대가 있는 "공주 방"이 마련되어 있다. "신선하고 어린 과일과 채소들"이라는 문구와 아동성애를 연상케 하는 디자인 요소를 활용해 비판을 받기도 했다.

슈투트가르트 인근 마을에는 파라다이스가 있었다. 2008년 개업한 이 대형 업소는 독일 곳곳에 체인을 두어 '파라다이스 제국'을 형성했는데 약 5800제곱미터 면적의 지상 5층, 성매매 여성만 150명 규모 업장이었고 연간 방문객이 약 5만6000명, 연매출 약 500만 유로로 추산되었다. 오너는 "독일 사창가의 황제"라는 별명으로 더 널리 알려진 위르겐 루틀로프다. 위르겐 루틀로프는 유명 토크쇼에 출연하며 성산업의 대표적 인물로 이름을 날렸다. 업주와 마케팅 책임자가 함께 TV 리얼리티 프로그램에서 업소 체험 평가자로 출연하기도 했다. 이후 해당 업소에서 성매매 강요, 인신매매, 폭행, 여성 학대, 조직적 사기 등의 범죄 행위를 한 사실이 차례로 드러나며 2020년 문을 닫았다. 실제 이 같은 기업형 성매매 업소들은 "인신매매를 동원하지 않고서는 여성을 공급하기 어려울 만큼 팽창"한 상태였다고 지적된다.[4]

네덜란드에서는 최근에도 성매매-인신매매 사건들이 연이어 발생하고 있다. 2025년 7월 루마니아 여성 대상 인신매매 조직을 국제공조 수사로 검거했다. 루마니아에서 러버보이[?] 기법을 사용해 취약한 여성을 유인하고, 네덜란드에서 성매매를 하도록 강요·감독한 조직범죄였다.

> 피해자들의 삶을 완전히 통제하기 위해 용의자들은 그들과 함께 거주했다. 일부 사례에서는 여성들이 벗어나지 못하도록

---

[?] 주로 10대 초중반 여성들에게 접근해 애인 관계 등을 맺고 성매매로 끌어들이는 젊은 남성 포주

조직원들이 신체적·정신적 폭력을 행사하기도 했다.⁵

2025년 5월에는 네덜란드에서 9명의 어린 여성을 인신매매해 강제 성매매를 시킨 조직 구성원들에게 최대 11년의 징역형이 선고되었다. 2021년부터 조직적으로 여성들을 관리·통제하면서 성매매를 시켜온 정황이 밝혀졌는데 조직원들은 여성들을 착취해 번 돈으로 "고급 차를 샀다"고 보도되었고 여성들에게 포주의 이름 또는 업소의 심벌 문신을 새기는 등의 학대와 성폭력으로 위협하고 통제했다.⁶

이것들은 가장 최근의 사건일 뿐이다. 잠시의 검색만으로 성매매 업소와 범죄 조직의 연루, 여성에게 자행된 다양한 강요와 폭력, 통제 등 유사한 사건이 빈번하게 일어나고 있음을 알 수 있다.

"성 노동자의 자유로운 선택"

뮌헨의 여성주의 단체 '코프라 뮌헨'의 사무실에서 나는
<sub>KOFRA</sub>
말로만 듣던 정액제 업소의 '모의 강간 성매매' 홍보물을 볼 수 있었다. 제목은 "임신한 10대 티나와의 집단 성행위 필름 파티 보고서"였다. 임신 상태와 미성년을 전면에 내세운 포르노
<sub>Teenie</sub>
콘텐츠를 광고하는 내용으로 이 필름을 다운로드받을 수 있고, 회원제에 대한 안내도 실려 있었다. 보통 대형 정액제 성매매

업소에서 행하던 '모의 강간 성매매'에 미성년자 임신부 '상품'을 결합하고 이를 촬영하여 포르노 필름으로 판매까지 하는 것이다. 합법화된 성착취 시장은 어디까지 더 갈 수 있을까? 분명한 건 이런 학대의 상품화가 갑자기 자연발생한 것이 아니라는 사실이다. 성매매를 '산업'으로 공인한 합법화 이후 수십 년에 걸쳐 점점 더 자극적으로 변모하며 수위를 높여간 것이고, 사회는 이에 무신경해지고 익숙해진다.

　　　　　이런 현실에서 성 노동론 단체들의 입장은 무엇이었을까? 여성이 스스로 "나는 이런 서비스를 제공하겠다"고 동의했다면, 설령 그것이 폭력적 성행위(예를 들어 강간 판타지)의 연출이라도 연극적 퍼포먼스로 간주될 수 있으며 '노동'이라고 말한다. 즉 임신부 성매매든, 모의 강간 서비스든, 여성의 자유로운 동의와 계약이 있다면 성 노동 범주에 포함할 수 있다는 것이다. 오히려 이에 대한 비판이 성매매 여성에 대한 억압이다. 여성이 스스로 판단해서 결정할 수 있는데 도덕주의 기반의 편견과 낙인으로 여성들의 자율적 선택을 방해한다는 입장이다.

　　　　　최초의 정액제 업소 기록은 2009년 개업한 베를린 인근의 푸시 클럽이다. 당시 광고 문구는 "하루 70유로로 무제한—원하는 만큼 모든 여자와 섹스"였고 사우나, 음료, 뷔페 식사가 포함되며 성매매 여성의 서비스는 횟수와 시간의 제한이 없었다. 정액제를 도입한 첫 주말에 해당 클럽에는 약 1700명의 남성이 몰려들었다. 이후 온라인 커뮤니티에 "정오쯤부터 이미 여자들 성기가 헐어서 일을 할 수 없더라"는 불만이 게시되었다는 관할 경찰서장 인터뷰도 있다.
언론에 정액제 성매매 업소에 대한 기사가 실린 뒤에는 전국적인 비판을 받았다. 그러자 성 노동 지지 단체들이 프로젝트 모임을 결성하고 2009년 7월 「총리와 여러 장관에게 보내는 공개서한」을 발표했다.[7] 이 공개서한은 정액제 서비스를 지지한다. "운영자의 선정적인 광고와 성 서비스의 인간적 현실은 동일하지 않다. 광고 메시지와 실제 경험 사이에는 무시할 수 없는 차이가 존재한다." 이어 "성 노동자가 어떤 성적 서비스를 누구에게 언제 제공할지 자유롭게 선택할 수 있다"고 그들은 적었다.[8] 최초의 정액제 업소 푸시 클럽은 열악한 위생과 강제 성매매 문제로 폐업했다. 하지만 많은 업소가 이들을 모방하면서 정액제 업소는 늘어나게 된다.

2016년 제정되고 2017년 7월부터 시행된 독일의 『성판매자보호법』은 2002년 합법화 이후 성매매 실태 관련 부정적 평가에 대한 대책으로 마련된 것이다. 해당 법 제정까지, 독일은 두 차례 중요한 선택의 분기점을 지났다. 1999년 스웨덴이 성매매 신폐지주의 정책을 채택하고 실행한 시점에 독일은 성매매 합법화로 나아갔다. 이후 2014년 유럽의회의 권고를 바탕으로 2016년 프랑스가 성매매 수요 차단과 여성 지원을 중심으로 한 노르딕 모델을 도입할 때 독일은 다시 합법화 시장을 보완하는 방향을 택했다.

『성판매자보호법』은 종사자 등록제, 건강검진 의무, 업소 허가제 등을 도입하여 "성매매 종사자 보호"를 표방했다. '성매매 허용' 구조를 그대로 두고 지엽적인 규제만을 늘리는 독일의 정책은 성 노동 지지 단체와 반성매매 단체 모두의 비판을 받았다. 하지만 양측의 비판은 프레임과 목표 자체에서 뚜렷한 차이를 보인다. 입법 이전부터 성 노동 지지 단체들은 이 법이 오히려 낙인과 통제를 강화하는 도구가 될 것이라 비판했다. 즉 이들은 보호라는 명분으로 가해지는 국가의 성 노동자 통제에 반대하며 '성매매할 권리'를 요구한다. 반성매매 단체는 성매매가 구조적 폭력이자 인권 침해이며 그 자체로 성평등을 위협한다고 비판했다. 즉 이들은 성매매 합법화를 유지하는 것 자체에 반대하며 스웨덴식 '수요 차단 모델'을 요구한다.

『성판매자보호법』 제정 과정에서는 가장 문제시되었던 정액제 성매매 업소, 성매매 유입 가능 연령 상향[?] 임신부의 성매매 가능 개월 수, '집단 강간 플레이' 등에 대한 논쟁이 벌어졌다. 이때 성매매 여성 이익단체를 표방하는 '에로틱 및 성 서비스 노동조합'[9](BesD)의 대변인들은 '성 노동의 비범죄화'를 요구하며 정액제 성매매 업소와 집단 강간 플레이 폐지, 콘돔 사용 의무, 성매매 가능 연령 상향에 반대했다.[10] 이들은 '정부 고문'을 자처하며 여러 정당·정부 인사와 관계를 맺고 조언하여 언론으로부터 "성 노동운동의 수석 로비스트"라 불렸는데, 비판자들은 이 자칭 전문가들이 "성매매 여성을 대변하는 것이 아니라 포주와 업자, 심지어 인신매매범의 이익을 대변하고 있다"고 주장했다. 실제로 성산업 업주 협회의 인물이 BesD의 입장문에 함께 이름을 올렸다.

---

[?] 기존 18세에서 21세로 상향

## 억울한 성구매자들로부터의 서신

'성매매 반대 선언'은 2013년 가을, 알리스 슈바르처와 그가 편집장인 잡지 『에마』가 성매매, 특히 주로 독일 연방 정치를 겨냥한 독일 성매매 합법화에 반대하기 위해 기획한 캠페인이다.[7] 이에 대한 반발로 2014년 1월 21일, 독일에서 자신들을 성구매자라 밝힌 남성들이 「슈바르처에게 보내는 공개서한: 열세 가지 주장과 세 가지 질문」을 작성했다.[11] 이 공개서한에는 "유료 섹스가 매력적인 이유는 명확한 합의, 동등한 위치, 권력의 부재 때문"이며 성매매는 "다양한 배경을 가진 평범한 성인 여남이 맺는 비즈니스 관계"라 언급되었다. "중요한 점: 우리는 소수가 아니라 다수이며 수백만 명에 달한다는 것" "우리의 돈으로 루마니아, 불가리아, 카리브해 지역의 온 가족이 생계를 유지한다는 것을 알고 있다. 또는 폴란드, 헝가리, 독일에서 학비를 조달하기도 한다. 우리는 자신을 좋은 사람이라고 생각하지는 않지만, 나쁜 일만은 아닐 것" "동유럽 여성들은 유럽에서 가장 성공한 경제 대국의 매춘업소에서 그들의 남편들이 독일 대형 건설 현장에서 벌어들일 수 있는 금액의 몇 배를 벌어들이고 있다." "우리가 이 세계적 경제 질서의 수혜자임을 잘 알고 있지만 우리가 원인 제공자는 아니다." 그리고는 "합법적 성매매를 지지하는 이들이 즐겨 비난하는 당신의 노력은 열성적인 범죄 수사관들과 가톨릭 교회가 내세울 수 있는 가장 반동적인 추기경들에 의해 뒷받침되고 있다"는 주장도 빼놓지 않는다. 글은 다음과 같이 마무리된다.

---

? 슈바르처는 독일 성매매 현실을 "자발성의 신화"라 비판해왔으며 2013년 『성매매: 독일의 수치(Prostitution: Ein deutscher Skandal)』를 출간하기도 했다.

> [성매매 정책 토론의 장에] 말솜씨 좋은 성구매자들도 초대해주기 바랍니다. 우리는 모든 성구매자들에게, 슈바르처 씨의 비방 선전에 적극적으로 반박할 것을 촉구합니다.[12]

독일 내 많은 젠더 연구자는 이 서신을 "성매매 현장의 권력 불균형과 구조적 강제성을 간과한 자기서사"라 평가했다. 슈바르처는 이 서한을 "성구매자 로비 활동"으로 규정하고 성매매는 여성 착취의 구조적 형태이며 성구매자가 이를 정당화하는 발언은 "불편한 진실을 은폐하는 자기합리화"라고 강하게 반박했다.[13]

반성매매 단체는 성구매자들이 "여성을 동등한 계약 파트너로 본다"는 주장은 현실과 동떨어져 있다고 지적하고, 특히 "대부분 자발적이고 존중이 존재한다"는 주장에 대해 실제 상담 현상에서는 경제적 강제, 포주·알선업자의 지배, 폭력이 빈번하다는 점을 강조했다. "성매매는 모두에게 좋은 일"이라는 서한의 논리는 착취 구조를 은폐하는 수사라 규정한 것이다.[14] 이어 "수백만 명의 성구매자"라는 이익 집단적 수사로 스스로를 '억울한 다수'로 제시한다는 비판도 이어졌다.[15]

당사자 활동가 후슈케 마우가 독일 '성구매자 포럼'의 게시글을 분석하며 지적했듯, 독일 성매매 합법화는 남성들의 사고방식에 영향을 미쳤다. 성구매자 공개서한에 적나라하게 드러난 것처럼 그들은 고객 권리 관점으로 성매매에 접근하며 "돈을 지불함으로써, 필요하다면 약간의

'힘'을 써서라도 성관계를 가질 권리를 주장할 권리를 획득한 것이다".[16]

2020년 2월 독일의 작은 마을 비넨덴에서 한 성구매자가 20대 초반의 여성을 예약한 뒤 사기 혐의로 고소했다. 그는 여성이 갑자기 성관계를 중단하고 가버려서 오르가즘에 도달하지 못했다고 주장했다. 반면 여성은 구매자 남성이 추가 서비스에 대해 지불하려 하지 않았기 때문에 시간을 단축했다고 말했다. 판사는 성구매자의 진술을 믿었고 여성이 500유로를 지불하는 조건으로 사건을 기각했다. 후슈케는 그가 설립한 여성 단체의 기부금으로 그 돈을 대신 지원했다.[17] 일부 성구매자들은 성매매 여성이 '성 서비스를 거부할' 경우 경찰에 신고하고 이를 "서비스 사기"라고 표현한다. 2017년에도 성구매자가 지불한 서비스를 충분히 받지 못했다고 여성을 고발한 사건이 있었는데 구매자 즉 신고자의 나이는 14세[?]였다.[18]

한편 이 같은 실태에 대해 합법화 찬성 측의 입장은 어떨까? 성 노동 지지 연구자인 틸라 샌더스 등은 "고객의 범죄화는 성매매만 아니면 범법 체계에 들어가지 않을 남성을 범죄화하는 것"이며, 이는 "성매매 여성을 기소하는 데만 역사적 초점을 맞추어온 상황과 짝을 이룬다"고 말한다. 성구매자 범죄화를 성매매 여성에 대한 낙인과 동일시하는 것이다.[19] 이들은 고객을 대상으로 한 심층 연구를 통해 성산업 대부분에서 고객과 성 노동자 간에 합의를 거친 상호작용이 이루어지며, 성산업의 남성 고객 다수는 도덕, 예의, 매너를

---

? 미성년 성구매자에게 서비스를 제공한 성매매 여성은 법적으로 처벌 대상이다. 이것이 여성을 협박하는 또 다른 수단이 된다.

지키고 있다는 근거를 제시했다.

이토록 큰 입장의 간극은 정말 무엇 때문일까?

### 예고된 실패

합법화되었거나 개인 간 성매매를 허용하는 유럽의 국가들에 이주 여성이 많다는 것은 여러 보고서와 실태조사에서 확인되고 있다. 보고서까지 읽지 않아도 실제 현장이나 구매자들이 올리는 게시물 등을 통해서도 쉽게 드러나는 사실이다. 유럽 내 성매매 종사 이주민을 대상으로 HIV/STD 예방 활동을 하던 네트워크이자 연구 프로젝트인 TAMPEP[??]가 작성한 성매매 이주 여성 실태에 대한 2009년 보고서에서도 이를 확인할 수 있다.[20] 이들의 연구는 24개국 유럽 국가를 대상으로 했는데 이주 여성 비율이 높은 서유럽과 북유럽 국가들 중에서도 가장 높은 나라가 네덜란드와 독일이었다. 네덜란드는 성매매 종사자의 60퍼센트 이상이 이주민으로 추산되며 이 중 동유럽 출신이 약 40퍼센트, 라틴아메리카 출신이 약 20퍼센트를 차지했다. 독일은 성매매 여성만 40만 명 이상으로 추산되는데 이 중 약 65-70퍼센트가 이주 여성이다. 주요 출신 국가는 루마니아, 불가리아, 헝가리, 폴란드로 동유럽과 중앙유럽의 국가들이며, 라틴아메리카와 북아프리카 여성도 상당수 있는 것으로 보고되었다. 보고서에 따르면 독일과 네덜란드 성매매로 유입된 이주 여성들은

---

[??] Transnational AIDS/STD Prevention among Migrant Prostitutes in Europe Project, 유럽 내 이주 성매매 여성 대상 초국적 에이즈/성병 예방 프로젝트

배경에 포주와 조직범죄의 영향이 강하며, 대부분 언어 장벽을 가지고 있다. 두 국가 모두에서 정식으로 등록하고 성매매하는 이주 여성이 적어 더 취약한 상태로 고위험 행위에 노출되는 경우가 많다고 보고서는 분석하고 있다.

### 네덜란드 정부보고서

네덜란드 법무부는 1999년 성매매 합법화 이후 2002년부터 2021년까지 총 네 차례 공식 보고서를 통해 '성매매 합법화 목표를 모두 성공적으로 달성하지는 못했다'고 진단했다. 특히 자발적 성매매와 강제적 성매매의 실태 파악이 어렵고, 비합법 성산업이 확대되었으며, 성 노동자의 사회적 지위 향상도 뚜렷하지 않다고 지적했다.

  2002년부터 2021년까지 이어진 네 차례의 평가 보고서는 공통적으로 정책 목표와 현실 사이의 간극을 드러낸다. 합법화를 통한 성매매 정상화는 제도적으로는 구현되었으나, 불법·비허가 부문의 억제와 종사자 권익 향상은 충분히 달성되지 못했다. 지자체별 정책 집행의 차이는 이러한 문제를 심화시켰고, 온라인화와 시장의 파편화는 감독을 더욱 어렵게 만들었다. 결국 네덜란드의 성매매 정책은 20년 이상 이어져왔지만 초기부터 제시된 정책 목표—착취 억제, 불법 영역 축소, 종사자 권익 보장—는 여전히 부분적으로만 달성된 상태다.

  이 장의 서두에서 언급한 CATW의 보고서 『실패한 약속』 역시 성매매 여성 대상 폭력과 인신매매는

**표2** 네덜란드 성매매 정책보고서

| 연도 | 보고서/제도 | 요약 | 평가/한계 |
| --- | --- | --- | --- |
| 2002 | 성매매 업소 금지 해제: 2000-2001년도 성매매(금지 해제 직후 첫 평가) | • 2000년 업소 금지 해제 후 현황 조사<br>• 정책 목표: 자발적 성매매 정상화, 미성년·강제 성매매 억제<br>• 지자체별 허가제·감독 초기 상황 점검 | 시행 초기라 성과 측정 제한적, 지자체별 편차·감독 미비 확인 |
| 2007 | 네덜란드 내 성매매금지법 폐지 이후의 성매매 | • 3개 하위 연구 종합<br>(1) 지자체 정책·감독<br>(2) 비허가·불법 영역<br>(3) 종사자의 사회적 지위<br>• 합법·불법 부문 공존<br>• 시장 구조 변화·사회적 취약성 분석 | 불법 영역 확장, 인신매매 징후 증가, 종사자 권익 개선 미흡, 지자체별 집행 격차 심화 |
| 2015 | 2014년도 네덜란드 성매매 | • 2014년 현황 보고<br>• 허가/비허가 업소 구분, 온라인·에스코트 시장 확대<br>• 종사자 안전·건강·노동 조건 실태조사 | 합법 영역 축소, 온라인·비공식 영역 확대, 정책 목표 달성 여전히 미흡 |
| 2021 | 네덜란드 성산업: 규모, 성격, 정책, 감독 및 집행 | • 전국 업소 분포·규모 분석<br>• 성산업 경제 규모 추산 (총수익 약 €107억, 국내 부가가치 약 €12억)<br>• 정책·감독 차이, 종사자 요구 조사 | 지역별 불균형 심화, 등록·감독 체계 차이로 권익·안전 보장 미흡, 불법·비공식 영역 확대 여전 |

줄어들지 않았음을 보여준다. 이후 수년에 걸쳐 네덜란드 의원들은 성구매자나 제3자 착취자보다는 성매매 여성에게 더 엄격한 규제를 부과하는 몇 가지 수정안을 제안했다. 네덜란드 정부는 전국적으로 업소 운영과 알선을 합법화하는 것 외에도 성매매 관련 정책을 제안 및 제정할 권리를 지방 당국에 맡겼고, 네덜란드 전역의 도시는 각기 다른 시기에 제각각의 규제를 시행하고 있다. 국가 차원에서도 성산업에 대한 감독을 개선하고 관련 범죄 활동을 줄이기 위해 여러 가지 개정안과 법률을 발표했다. 2021년 성구매자 관련 법 개정과 함께 정부에서 "책임감 있는 고객 행동"을 장려하기 위해 한 달간 미디어 캠페인을 시작했다. 하지만 2023년 9월까지도 성구매자에게 유죄 판결이 내려진 사례는 단 한 건도 없었다.

### 네덜란드 현장 실태

네덜란드에서 일어난 성매매 관련 가장 유명한 사건은 터키-독일 마피아 네트워크와 연계된 포주 그룹이 인신매매로 실형을 선고받은 '스닙 작전'이다.[21] 일명 '유리창 업소'들이
<sub>Operation Sneep</sub>
즐비한 암스테르담의 유명 성매매 집결지에서 활동하던 독일인 형제와 터키계 남성 3인이 포함된 포주 그룹이 합법적 성매매 업소를 무대로 100명 이상의 여성을 인신매매한 혐의를 받았다. 법원 판결문에 의하면 이들은 2002년부터 조직적인 인신매매와 착취 범죄를 시작했고 최초로 체포된 2007년 시점까지 이 범죄는 계속되었다. 가해자들은 계층적인 조직 구조를 구축해 업소를 운영하며 여성들에게 매일 일정 수입

강요, 24시간 감시, 폭행, 강간, 성형수술·유방 확대·낙태 등 강제 의료 시술 및 문신 강요 등을 저질렀다. 체포 시점에 이미 피해자 10명이 인신매매 피해를 신고하거나 진술했는데, 체포 이후 조사 과정에서 최대 120명의 성매매 여성이 이들의 관리하에 있었고 그들 중 78명이 인신매매 피해자인 것으로 밝혀졌다.

      피해의 정도나 피해자 수가 상당한 이러한 범죄가 이토록 오래 지속된 것은 너무 당연하게도 성매매를 합법화한 시장이 있기 때문이었다. 성매매가 정당한 산업이 되고 그 가치를 내재화한 사회는 성매매를 착취로 인지하고 다루는 데 실패한다. 그 결과 이 같은 유사 사건이 계속 이어진다. 단 한 명의 '모델 스카우터' 남성이 20년 넘게 추산 수백 명의 동유럽 여성을 모집해 불법 포르노 제작과 성매매를 지속했는데 단 한 번도 단속을 받지 않은 범죄 사건도 있었다.[22] 피해 여성들은 사진 모델을 구한다는 광고를 보고 왔다가 집단 강간을 당하고 이를 촬영한 영상이 포르노로 제작되었다. 특히 이 사건이 알려진 바로 전해인 2023년 3월 네덜란드 법무부는 포르노 산업 내 문제에 대한 탐색 보고서를 발표했는데 이 보고서에서는 "포르노 산업 내에서의 성적 착취나 다른 범죄가 일어나는 신호는 없다"고 언급했다. 정부보고서가 현장을 제대로 반영하고 있는지 의문을 가질 수밖에 없다. 그밖에도 크고 작은 학대 사례는 너무나 많은데, 범죄가 끊이지 않음에도 동유럽 출신 여성을 네덜란드로 유인하는 온라인 광고가 최소 4만5000건 이상 게시되고 있다고 2024년 보고되었다.[23]

이렇게 유입된 여성들은 여권을 압수당한 뒤 업주에게 의존된 상태로 성매매 시장에 놓인다.

유럽 평의회 인신매매 대응 기구 그레타가(GRETA) 2023년 발표한 보고서에 의하면 네덜란드는 계속해서 인신매매 피해자의 주요 목적지 국가이며, 갈수록 출신 국가가 되고 있다. 2018년부터 2022년까지 총 4732명의 인신매매 추정 피해자가 있고 그중 약 60퍼센트가 여성, 10퍼센트가 아동이고, 전체의 절반가량이 성착취 목적이었다. 추정 피해자의 약 20퍼센트만이 내국인이며 외국인 피해자 출신국 상위 5개국은 나이지리아, 폴란드, 루마니아, 불가리아, 헝가리였다. 우크라이나 전쟁 발발 이후인 2022년 2월부터 10월 사이에 8만 명 이상의 우크라이나인이 네덜란드에 도착한 것으로 조사되는데 이후 '우크라이나인 에스코트' '우크라이나 난민 포르노' 등의 검색어가 몇만 건 단위로 급증했다. 이를 통해 이들이 성매매 및 포르노 시장으로 유입되고 있음을 추측할 수 있다.[24]

또한 2025년 발표된 인터넷 감시 재단(IWF) 보고서는 2024년 기준 아동성착취물 웹페이지 호스트의 62퍼센트가 유럽연합 국가에 소재하며 그중에서도 네덜란드가 8만3037개로 전 세계에서 가장 많은 사례를 기록했다고 밝혔다.[25] 미국 국무부의 『2022 인신매매 보고서』 역시 네덜란드가 특히 아동성착취 목적 해외 관광객의 주 목적지임을 알렸다. 네덜란드는 왜 전 세계에서 아동성착취물의 가장 큰 시장이 되었을까? 성매매 합법화가 결코 인신매매와 아동·청소년성착취를 줄이지 못하며 오히려 증가시킨다는 점은 명백해 보인다.

한편 성매매 여성에 대한 낙인과 폭력은 어떨까? 2018년 네덜란드 성매매 종사자 308명을 대상으로 신체적 폭력, 성적 폭력, 경제·재정적 폭력, 사회·정서적 폭력 네 가지 분류의 폭력을 최근 두 달 동안 경험했는지 조사했다. 그 결과 64퍼센트 이상이 모든 항목의 폭력을 겪었으며 특히 93퍼센트가 사회·정서적 폭력을 경험했다고 보고했고 성구매자 외에도 동료, 파트너, 업주, 기관 직원, 경찰도 폭력 가해자로 지목되었다. 성매매 종사자들은 종종 금전적 협박이나 학대도 경험했는데 성매매 수입을 강제로 빼앗기거나 불리한 조건의 금전 거래를 강요받는 경우가 많았다. 가장 흔한 폭력 유형은 사회·정서적 폭력이었고 원치 않는 질문, 괴롭힘, 스토킹, 사생활 침해 등이었다. 낙인으로 인한 폭력도 여전히 경험하는데, 때문에 성매매 사실을 숨기고 지내며 이로 인해 필요한 도움을 요청하기 어렵다고 조사되었다.[26]

### 독일 정부보고서

독일은 초기 성매매 합법화 이후 기대와 달리 성매매 종사자 권익 개선과 불법 행위 억제에 실패했고, 이에 2017년 『성판매자보호법』을 통해 성매매 종사자 보호를 강화하려 했으나 등록제·의무 검진 중심의 규제는 오히려 낙인과 불법화를 심화시킨다는 평가가 나왔다. 이후 정책을 개선하고 새로운 규제를 추가했지만 2025년 보고서에서도 정책 목표

**표3** 독일 성매매 정책보고서

| 연도 | 보고서/제도 | 요약 | 평가/한계 |
|---|---|---|---|
| 2007 | 『성매매법』 시행 5년 평가 | • 『성매매법』 시행 5년 성과 평가<br>• 성매매 종사자의 사회보험 접근률 증가 거의 없음<br>• 업계 구조 크게 변하지 않음 | 권익 개선 효과 제한적, 제도 보완 필요성 제기 |
| 2013 | 『성매매법』 10년 종합평가 보고서 | • 『성매매법』 시행 10년 성과 평가<br>• 착취 억제 및 종사자 권익 보장에 한계 확인<br>• 규제 강화 필요성 제기 | 『성판매자보호법』 논의 촉발, 기존 법의 한계 명확화 |
| 2017 | 『성판매자보호법』 시행 | • 등록제·건강검진·상담 의무화<br>• 업소 허가제 및 감독 강화 | 종사자 보호 의도와 달리 낙인·불신 조장, 지방정부 행정 부담 가중 |
| 2020 | 『성판매자보호법』 첫 평가 착수 | • 법 시행 3년 후 평가 시작<br>• 코로나 팬데믹 영향 반영<br>• 합법 업소 폐쇄 → 온라인·불법 시장 확대 | 중간평가: 등록 회피·불법화 심화 지적 |
| 2025 | 『성판매자보호법』 최종 평가 | • 등록제 실효성 낮음, 종사자 다수 등록 회피<br>• 건강검진·상담 의무는 일부 긍정적이나 낙인을 초래<br>• 지자체 간 집행 편차 큼, 인신매매·착취 지속 | 권고 내용: 등록제 완화·지원형 전환, 집행 표준화, 범죄 대응 강화, 권익·사회보장 확대 |

달성에 실패했다는 평가를 반복하고 있다.

그런데 '실패'라는 결론을 낸 국가기관의 조사마저도 현실을 심히 축소했다고 평가된다. 2025년 독일 정부보고서에 대한 '노르딕모델연방협회'의 평가[27]를(BVNM) 살펴보겠다. 우선 합법화하에서도 여전히 성매매 종사자는 접근하기 어려운 집단이고, 많은 여성이 의존적 또는 착취적 관계에 갇혀 있어 자신의 이야기를 자유롭게 할 수 없다는 것은 주지의 사실이다. 그런데 더 문제적인 것은 정부 조사가 온라인 설문조사를 통해 이루어지며 여성들은 링크를 통해 배포된, 게다가 매우 까다롭고 긴 설문지를 작성해야 한다. 시간과 신뢰가 부족할 수밖에 없는 데다 현장을 보면 실상 성매매 여성들은 업자를 통해 온라인 설문조사 접속 링크를 받게 된다. 무엇보다 독일 성산업 내에서 절대다수를 차지하는 이주 여성 가운데 독일어를 모르는 이가 많고, 독일의 법적 상황을 충분히 알지 못한다. 게다가 그 도시에 온 지 얼마 되지 않았다면 업소의 조건이 규정에 부합하는지 아니면 강제로 내몰리고 있는지 묻는 온라인 설문지를 솔직하게 작성할 수 있을까? 즉 이런 방식의 조사에 적극적으로 참여할 수 있는 대상은 독일어를 구사하고 상대적으로 자유로운 상황에 있는 소수의 여성이다. 이런 결과로 표본은 크게 왜곡되며 특히 이주 여성 실태 파악에는 한계가 자명하다. 더구나 2025년 보고서를 위한 실태조사를 맡은 기관은 평가서의 서론에서 "인간의 존엄성에 반하지 않고, 성평등 원칙에 반하지 않으며, 성적 자기결정권에 반하지 않는 성매매"를 설명하고 있다. 이에 조사의 기본인

객관적 거리조차 두지 못한 채 성구매자, 포주, 업소 운영자들의 이익을 대변한다는 비판을 받았다.

표본 왜곡과 주관 기관의 편향적 태도에도 불구하고 불법 약물 사용 빈도, 여타 형태의 범죄 경험률 등 성매매 여성들의 취약한 상황은 드러났다. 결국 입증된 것은 "나쁜 법을 좋은 법으로 만들 수는 없다"[28]는 진실이다.

> 지난 23년간 성매매로 이익을 얻는 이들의 입지는 크게 강화되었습니다. 성매매는 정상화되었으며, 독일은 인신매매와 성착취 관광지가 되었습니다. 성매매는 성적 서비스가 아닙니다. 이는 여성에 대한 폭력의 한 형태입니다. 이를 규제하거나 관리할 수 없습니다. 대신 성매매 여성에 대한 사회적 지원, 예방 및 교육, 사법 규제로 구성된 다차원적 접근이 필요합니다. 독일의 성매매 관련 법률 개정은 새로운 방향을 모색해야 합니다![29]

### 독일 현장 실태

서두에서 소개한 독일 성매매 경험 당사자 후슈케 마우의 책 『비인간화』에는 독일의 성매매 현장이 너무나 꼼꼼히 소개되어 있다. 이 현장에서 합법화 이후 거의 10여 년을 보낸 후슈케의 경험은 내가 한국의 현장에서 만나온 당사자들의 얼굴과 닮아 있었다. 하지만 한국과 다른 점은 그가 너무나 고립되어 있다는 것이었다. 성매매 안에서도 그랬지만, 성매매를 벗어난 후 더욱.

후슈케는 10대 이전부터 계부의 가정폭력과 성적 학대에 시달리다 10대후반 가정을 탈출하고 보호소에 머문다. 그러다 18세가 되면서 보호소를 나와야 했고 독일 성산업은 그런 그를 쉽게 빨아들였다. 계기는 그를 돕겠다고 나선 경찰이었다. 그 경찰은 후슈케를 이용해 자신의 빚을 갚고 돈을 벌려 한 자였고 몇 년 만에 그에게서 벗어난 후에는 아파트형 대규모 업소를 운영하는 포주에게 붙들려 성매매를 했다. 아파트형 업소는 "마치 이웃을 방문하는 느낌"을 원하는 성구매자들이 즐겨 찾는다. 다른 대형 업장과 달리 '여성들이 자발적으로' 맞아주는 듯한 '기분'을 즐기는 구매자들 눈에 업주는 보이지 않는다.

업주는 여성들이 약물에 의존하도록 만들고 각종 벌금, 광고비, 임대료까지 부과해 빚을 지웠다. 여성들은 각종 폭력 전과를 가진 업주를 두려워했고 순종했다. 후슈케는 경찰조차 포주이며 성구매자인 상황에서 어디에 도움을 청해야 할지 알 수 없었다. 업주는 10대 여성들에게도 마약을 제공하고 성매매를 강제하며, 벗어나려는 여성들에게는 마약 사용으로 신고하겠다 협박했다. 성폭행을 했고, 임신을 시켰다. 업소에 빼곡히 달린 카메라는 고객들로부터 지켜주기 위한 것이라고 하지만, 여성들을 감시하기 위한 것임을 모두가 알 수 있었다.

후슈케는 자신이 특별히 나쁜 업주에게 걸린 것이라고 생각하지 않는다. 산부인과 의사를 상주시키고 여성들을 위한 상담 담당자를 두었다 하여 독일의 모범 업소로 꼽히는 곳에서도 인신매매 사건이 일어나며 심지어 오랫동안 지속된다. 끔찍한 폭력을 당하면서도 오히려 잡힐까 봐 숨어 있어야 했던 건 후슈케 자신이었다.

    인신매매 및 착취 피해자의 권리 옹호를 목적으로 독일 전역의 상담센터, 여성 쉼터, 복지 단체 등을 망라한 네트워크인 카오카(KOK)의 2023년 자료에 따르면 상담 사례 전체의 71퍼센트가 강제 성매매 피해자였다. 피해자의 출신 지역은 48퍼센트가 서아프리카, 그중 33퍼센트가 나이지리아 출신이었다. 나이지리아는 종교 공동체를 이용한 인신매매 조직이 여성들을 통제하고 있다고 알려졌다.[30]

    그레타에서 2024년 6월 발표한 평가 보고서 역시 독일 내 인신매매 피해자가 2019년 589명에서 2022년 1672명으로 급증했음을 보여준다. 인신매매 건수가 증가함에 따라 기소 건수도 늘고는 있지만 집행유예·선고유예 비율이 높고 절차가 과도하게 길며, 피해자에 대한 보상 청구율이 매우 낮다. 이는 독일의 연방형사경찰청(BKA)의 통계에서도 드러나는데, 2022년 기준 성착취 목적으로 분류된 인신매매 사건이 346건인데 기소율이 약 10퍼센트 수준에 그치고 평균 처벌은 1-2년 실형, 일부는 집행유예 처리되고 있다.[31] 이러한 사건의 피의자에게는 드러나지 않은 범죄가 훨씬 더 많으리라고 경찰청도 인정하는데 그럼에도 기소율이 너무 낮아 경찰도 소극적으로 임하게 된다는 분석이 가능하다.

    카오카는 반성매매 단체와 성 노동 지지 단체가

함께 소속되어 있는 연합체다. 독일 정부가 성매매 합법화의 주요한 목표로 강제 성매매와 특히 성착취 목적의 인신매매에 적극 대응을 내세웠기 때문에 인신매매 피해자 상담소와 쉼터들이 국가 지원을 받고 있는 것이다. 하지만 독일 국적 여성인 후슈케 마우도 법 집행기관에 신뢰를 갖지 못하고 어디에 도움을 요청할 수 있는지 정보가 없는 상태에서 긴 착취에 갇혀 있었다. 언어 장벽과 이주민이라는 신분상의 불안정 등을 감수해야 하는 여성들의 현실은 더 열악할 것이다. 인신매매 성착취를 신고한다 해도 기소율이 10퍼센트에 불과하고 수사마저 한정 없이 길어지는 현실에서 과연 제대로 도움을 받을 수 있는지 의심스러울 수밖에 없다.

업소에서 도망 나온 후슈케는 상담 센터에 갔다. 하지만 그 기관은 성 노동의 직업적 인정을 위해 힘쓰는 곳이었다. 후슈케는 사회복지사인 상담사에게 업주가 무섭고, 경찰을 찾아가는 것도 두렵고, 마약 중독과 트라우마에 시달리고 있으며 재정적으로 당장 혼자 살 수가 없다고 호소했다. 상담사는 참을성 있게 모든 이야기를 들어주었지만, 후슈케의 이야기가 끝나자 "그렇게 심각한 고통이었다면 왜 안 나오고 그곳에 있었느냐"고 물었다. "그 일자리가 문제가 아니야. 그건 그냥 성매매일 뿐이니까 감당할 수 없으면 성매매를 하지 마."

후슈케는 다른 복지 상담소를 찾았고, 상담사는 친절했다. 그런데 그는 성매매라는 문제에 대해 전혀 이해하지 못했다. 이 비슷한 이야기는 2018년 독일에서 만난 당사자 활동가 마리 메르클링거에게서도 들었다. 전 세계 성매매 경험 당사자 조직인 '스페이스 인터내셔널' 멤버인 마리는 자신을 당당한 페미니스트라 생각했고, 40대에 생활고를 이겨내기 위해 "스스로" 성매매를 시작했다. 하지만 극심한 트라우마를 얻었고 몇 년 후 탈성매매에 도움을 받기 위해 찾은 상담소에서 들었던 말은 "적성에 맞지 않아서 안타깝다"였다고 한다. 이전까지는 독일이 정말로 성매매 여성들을 위해 합법화를 한 것이라 믿었던 마리는 "배신당했다"고 느꼈다.

여기 소개한 후슈케의 이야기는 그의 책에 실린 내용의 극히 일부분이다. 독일의 실상과 성매매의 본질을 너무나 예리하게 후벼파듯 드러내는 후슈케의 이야기를 한국의 독자들도 빨리 만날 수 있기를 바란다. 그때 우리는 독일의 실태를 머리가 아닌 가슴으로 이해할 수 있을 것이다.

### 그럼에도 반성매매운동은 계속된다

2018년 성매매 합법화의 실상을 보겠다며 네덜란드와 독일을 방문했을 때 반성매매 활동가로서 가장 충격받은 이야기가 있다. "이곳에서는 반성매매 입장을 표명하거나 성매매 합법화로 인한 문제를 비판하는 것이 쉽지 않은 정도가 아니라 상당히 두려운 일"이라는 것이다. 연구자이자 인신매매 피해 여성 쉼터 활동가인 네덜란드의 카린 베르크만은 설명했다.

> 네덜란드의 경우에는 정부나 경찰에 집단적으로 문제 제기를 하고 행동할 수 있는 단체가 아예 없어요. 정부에서 지원을 못 받게 될 수 있기 때문에 반성매매 입장을 표명할 수 없고, 그래서 개인으로 활동할 수밖에 없는데 상당히 힘들어요.

반성매매 활동가에게 협박이나 공격이 심각한 수준으로 이뤄지다 보니 연대가 어렵다는 말이다. 그동안 성매매 합법화를 문제적으로 다룬 작가와 저널리스트들이 인신공격과 위협에 시달려 더 이상의 활동을 이어가지 못할 지경이 된 것이 네덜란드의 현실이었다. 카린은 2007년부터 문제의식을 갖고 반성매매 활동을 시작했지만 함께할 동료가 없어서 혼자 공부하고 움직여야 했다. 다행히 2014년 성매매 경험 당사자 카리나 스하프만을 만나면서 동지를 얻었다. 카리나는 탈성매매 후 노동당 소속으로 암스테르담 시의원이 되었지만 '성매매했던 여자가 정치인이 되었다'며 협박을 받은 인물이다. 카리나는 2004년 『엄마 없이』(Motherless)라는 자서전을 출간하며 자신의 경험을 당당히 밝혔고, 많은 여성의 지지를 받으며 시의원 활동을 했다. 2005년에는 아마 아산터와 함께 『보이지 않는 것을 드러내다』(Het onzichtbare zichtbaar gemaakt)라는 보고서를 작성하여 암스테르담의 합법적 성매매 업소 내에 폭력, 착취, 인신매매가 여전히 존재한다는 사실을 알렸고 2007년에는 대중을 향해 문제를 호소하는 짧은 팸플릿 『성구매는 괜찮지 않다』(Hoerenlopen is niet normaal)를 출간했다. 2010년 시의원을 그만두고 성매매의 실상을 알리는 활동을 했지만 계속되는 협박에 결국 활동을 그만두게 되었다.

미르트허 힐컨스는 기자이자 논픽션 작가 그리고 전직 정치인이다. 그는 사회 현상과 여성 문제에 대한 비판적 시각을 담은 글을 주로 써왔는데 현대 사회에 퍼진 포르노의 영향에 대해 다룬 2008년의 저서 『맥섹스: 사회의 포르노화』로 그야말로 큰 파장을 네덜란드 사회에 던졌다. 책은 (McSex, de pornoficatie van de samenleving) 성문화의 포르노화를 비판하고 맥도날드에 가서 햄버거 사듯이 성구매를 하는 현실을 비판하여 당시 성매매 합법화를 둘러싼 논쟁 속에서 중요한 참고점이 되었는데, 보수 진영뿐 아니라 진보 진영 내에서도 '과연 합법화가 진정으로 여성의 권리를 보호하는가?'라는 의문을 키우는 데 기여했다고 평가받는다. 문제는 저자의 주관적인 경험을 바탕으로 일반화했다는 비판과 함께, 책의 주제와 무관하게 저자 개인에 대한 공격이 이어졌다는 것이다. 한 잡지는 그가 사회의 성상품화 문제를 다루는 이유가 "어린 시절 학대당한 경험 때문일 수 있다"는 유언비어를 뿌렸고 TV 프로그램의 진행자가 "이 주제(성상품화)에 대해 이야기하기에 미르트허 힐컨스는 너무 예쁘다"고 공개적으로 발언하는 등 외모나 사적 경험에 초점을 맞춘 수준 낮은 인신공격이 집중되었다.

네덜란드 기자 요야네커 판덴베르허는 암스테르담 성매매 산업을 취재해 다큐멘터리 시리즈를 제작했다. 카린에 의하면 그는 처음에는 성매매 합법화에 찬성하는 입장이었고 다큐멘터리 제작을 기획할 때에도 성매매에 반대할 의도는 없었다고 한다. 그런데 실제 현장을 방문하고 실상을 보면서 생각이 바뀌었고, 다큐멘터리를 통해 성매매가 합법화된 암스테르담의 사창가에서 실제로 벌어지는 착취 현실을 다루면서 제도의 실패를 드러냈다. 네덜란드의 성매매 합법화가 여성을 보호하기보다는 포주·범죄조직의 착취 구조를 강화했고, 성매매에 대한 낭만화된 이미지와 달리 실제 여성들은 경제적 압박·인신매매·심리적 고통에 직면해 있음을 알려 성산업을 '자유로운 선택'으로 보는 시각을 문제 삼은 것이다. 그 역시 다큐멘터리 공개 이후 옷차림과 가슴 등을 언급하는 인신공격에 시달렸다. 성산업 로비스트에 맞서는 활동은 늘 위험을 동반하고, 이 거대 세력은 네덜란드에서 논쟁에 나서는 이들을 위축시키는 목적을 성공적으로 달성하고 있다.

   카린은 2011년 유럽의회에서 네덜란드의 성매매 합법화 정책을 비판하는 발표를 했었는데, 공개된 자리에서 네덜란드의 합법화 정책을 비판한 것은 그때가 처음이었다고 한다. 이후 2013년에 네덜란드의 성매매 합법화를 비판적으로 바라보는 연구자, 당사자, 정치인, 작가, 활동가 모임이 생겼지만 워낙 공격이 거세다 보니 공개적으로 활동하지 못하고, 소위 "지하 그룹으로 활동을 이어"갔다. 그래도 함께하는 이들이 생기자 2013년 국회에서 성매매 정책을 비판하는 발표를 할 수 있었고 2014년에는 콘퍼런스도 개최했다.

   독일은 어떨까. 독일에서 가장 오래된 페미니스트 단체 중 하나인 코프라 뮌헨은 1982년 설립된 여성의 자조 모임으로 회원은 교육자, 치유사, 사회복지사 등 전문가로 구성되어 있다. 여성 모임을 위한 공간 제공, 노동·심리·법적 상담 제공, 여성의 직업 및 생활 향상을 위한 조직적 지원 등을 통해 '여성이 자신의 이익을 스스로 관리'할 수 있도록 돕는다. 2018년 방문했을 당시 이 단체는 "성구매를 멈춰라" 등의 반성매매 캠페인을 진행하고 있었는데 이 캠페인은 2014년 12월에 처음으로 개최된 '성매매 문제와 반성매매운동에 관한 국제 콘퍼런스'를 계기로 시작됐다. 2014년 행사에는 200명 정도가 참여했는데, 독일에서는 1908년부터 해당 행사가 열린 2014년까지 무려 1세기 이상 반성매매 관련 대회가 없었던 만큼 기념비적인 자리였다. 성폭력 문제 전문가, 여성문제 관련 박사, 산부인과 전문의 등 다양한 전문가가 참여했고 스웨덴의 정책 전문가 구닐라 에크베리와 아일랜드의 당사자 활동가 레이철 모랜, 뉴질랜드의 당사자 활동가 사빈느 콘스타벨 등도 함께했다. 이 포럼은 큰 반향을 일으켰고 이후 매년 12월마다 개최하고 있다.

2016년 앰네스티가 성매매 비범죄화 지지를 표명한 이후 코프라는 "창피한 앰네스티 어워즈" 캠페인을 진행하기도 했는데 베를린 캠페인 당시 성 노동 지지 측에 둘러싸여 노란 페인트를 맞는 폭행을 당하기도 했다.

테레데스페메스[?]는 1981년 함부르크에서 설립되어 여성 성기 훼손을 비롯한 성적 폭력·착취, 강제혼, 인신매매, 명예살인, 아동 성매매·포르노 등을 근절하기 위한 다양한 활동을 하는 비영리단체다. 2018년 베를린의 사무실에서 정책

---

[?] Terre des Femmes, 여성의 땅

담당 연구원인 안드레아를 만났다. 그는 2002년『성매매법』
제정 당시에도 성매매에 반대하는 입장을 가지고 있었지만
합법화로 성매매가 정상화되는 편이 성매매 여성 보호에 좋은
방안이라 기대했었다고 한다. 당시 성매매 합법화는 성매매를
비윤리적인 행위로 보는 조항을 삭제하는 진보적 변화로
여겨졌고 많은 사람이 이에 흥분과 희망을 품고 있었다.
당시에도 테레데스페메스는 성매매 없는 세상을 원한다는
명확한 입장이었지만 일단 합법화가 되는 것이 현재 성매매를
하고 있는 이들을 위한 길이라 보았던 것이다. 하지만 5년이
지난 후 시행 결과를 평가해보니 등록해서 건강보험 혜택을 받는
여성은 너무나 적은 수였던 반면 업소 수는 크게 증가한 현실이
드러났다. 업주들이 여성들을 나체로 대기시키거나 어떤 식의
서비스를 할지 규칙을 교묘하게 만들어 마치 강제가 아닌 듯이
지시하며, 성매매 여성은 여성 인구 전체에 비해 폭력을 훨씬 더
많이 경험하고 있었다. 이후 테레데스페메스는 2014년 회원
총회에서 성매매에 관한 입장을 '노르딕 모델 도입'으로 정하고
2017년『성판매자보호법』이 시행되기 전까지 노력했으나
역부족이었다. 안드레아는 당장에는 어렵더라도 여성들의
상황이 조금은 나아질 수 있도록 노력하면서 노르딕 모델 도입
요구를 지속할 예정이다.

그 역시 "독일에서 폐지주의 입장을 갖고
활동하기는 쉽지 않다"고 단언했다. 우선 '섹스 혐오자'
'성 노동자 배제적 급진 페미니스트' 같은 비아냥이 따른다. 이런
SWERF, Sex Worker Exclusionary Radical Feminist
상황에서 싸움을 이어가고 있는 그는 독일의 중요한 문제로

성구매자의 사회적 지위를 언급한다.

> 독일이 스웨덴에 비해서 그리고 유럽 다른 국가들에 비해서 성구매자들 스스로가, 성구매자로서 자신감이 되게 큰 국가라고 볼 수 있어요. 그래서 고등학교 졸업을 하자마자 성매매 업소에 간다거나 아예 출장을 간다, 아니면 사업상 거래를 트러 [업소를] 간다거나 하는 걸 숨기지 않는 편이고요. 마지막으로 한마디만 하자면 저희가 가장 걱정하는 것은 지금 자라고 있는 어린 세대가 성매매라는 것을 성평등의 일부로 받아들일까 하는 겁니다. 성구매를 정부가 괜찮다고 받아들인 체제의 일부라고, 충분히 성평등과 양립 가능하다고 생각할까 봐 그래서 성매매 찬성을 진보적인 의제라고 생각할까 봐요. 성매매는 성매매를 하고 있는 사람뿐만이 아니라 그 바깥의 세상에 사는 모든 사람, 관계를 맺는 모든 과정에 영향을 미치거든요. -안드레아

20여 년 전 독일 사회민주당은 집권당으로서 성매매 합법화에 기여했다. 지금 이들은 당시 원했던 좋은 의도는 결코 실현될 수 없었으며 오히려 상황을 더 악화시켰음을 인정한다. 사회민주당의 일부 각성한 의원들은 적극적으로 독일의

합법화를 비판하고 스웨덴식 성평등 모델을 도입해야 한다고 주장한다. 사민당 소속으로 전 의원으로도 활동했던 마누엘라 숀을 프랑크푸르트에서 만났다.

그는 후슈케 마우가 설립한 당사자 조직을 후원하며, 후슈케의 발언과 활동에 지지를 보낸다. 만남 당시 마누엘라가 조직 중이던 캠페인은 살해당한 성매매 여성을 추모하고 기억하는 일이었는데, 구매자나 업주에 의한 성매매 여성 살해가 성매매 합법화 이후 오히려 공식 집계되지 않고 있어 그가 기록화 작업을 하고 있었다. 2002년 이후부터의 신문기사, 지역신문과 가십지까지 고루 살피며 살해당한 성매매 여성에 대한 정보를 모으고 있으나 대부분 사소하게 언급하거나 아예 다루지 않기 때문에 작업이 쉽지 않다. 2002년 합법화 이전에는 여성이 사라지면 사진, 이름, 출신 국가, 개인 사정 등이 기사로 나왔는데 이후에는 기사가 나더라도 정보가 간략화되고 업소 광고용 사진을 실종 기사에 쓰기도 한다. 기록을 모으며 이런 변화들을 확인하게 된 그는 사회에 "점점 공감 능력이 사라지는 게 느껴진다"고 말했다. 그 자신도 조사를 하기 전까지는 미처 알지 못했던 일이다. 그나마 2013년 이후 성매매 합법화가 만든 문제를 직접 목격하면서 사람들의 생각이 바뀌고 있어 다행이라고 덧붙였다.

마누엘라가 2021년 낸 책 『매진!–학문과 정치로 본 성매매』는 국제 전문가 인터뷰를 통해 독일 성매매 정책의 실패를 묻고, 노르딕 모델로의 전환을 주장한다. 이 책은 "예나 지금이나 가부장적 성매매 제도에 단호하게 반대했던 용감한

AUSVERKAUFT! Prostitution im
Spiegel von Wissenschaft und Politik

여성운동의 모든 활동가를 기린다"고도 소개된다.

독일은 노르딕 모델 도입 촉구 활동에서 큰 진전을 실현하고 있는 것으로 보인다. AGGB[?]는 2019년 가을 뮌헨 지방선거를 앞두고 성매매 정책 주제에 대한 후보자들의 관심을 끌기 위해 모인 전문가와 활동가 그룹이다. 앞서 소개한 코프라와 테레데스페메스도 회원 단체다. 노르딕모델연방협회도 2023년부터 노르딕 모델 도입을 촉구하며 36개의 회원 단체와 함께 목소리를 내고 있다.

## 실패를 직시하라

일상화된 성매매가 도시의 풍경을 바꾼다. 베를린 시내버스와 택시 그리고 도로 위 거대 입간판 어디에서나 성매매 광고를 만날 수 있다. 성매매 집결지에는 섹스 투어가 호황이고 "이 투어를 통해 성매매가 어둡고 위험한 게 아님을 알린다"는 목적이 설명되어 있다. 지역 규제가 없는 베를린은 업소뿐 아니라 길거리 성매매를 낮에도 쉽게 볼 수 있었다. 거리 성매매의 약진에 실내형 업소가 "경쟁을 포기"할 정도라고 한다. 이는 곧 실내와 실외, 오프라인과 온라인 모든 곳에 포주와 구매자가 있다는 의미다. 그리고 성매매적 사고방식과 행동이 도시와 삶 모두에 스며 있다는 의미다.

CATW는 『실패한 약속』에서 성매매 합법화가 일상에 미치는 영향을 우려하며 사례를 소개한다.

---

[?]  Aktionsgruppe Gleichstellung Bayern, 독일 바이에른 성평등 행동 그룹

네덜란드에서는 운전 강습과 같은 다양한 서비스 비용을 성행위와 함께 지불하는 것이 불법이지만, 서비스를 제공하는 사람(이 경우 운전 강사)이 서비스의 대가로 수강생에게 성행위를 요구하는 당사자라면 합법이다. 두 당사자 모두 18세 이상이어야 하고 콘돔을 사용해야 하며 사적인 장소에서 성행위를 수행해야 한다는 규제가 붙지만, 정부는 이 교환을 성매매로 분류하지 않는다. 성착취 및 관련 범죄 행위의 우려에 대해 법무부 장관은 "성인 간 평등한 동의"로 이루어지는 한 "대가성" 계약은 적절한 성교육을 통해 "청소년 학대를 예방할 수 있다"며 단호한 입장을 보였다. 2023년 네덜란드의 한 주요 뉴스 매체는 변호사가 여성 의뢰인에게 수임료 대신 성관계를 요구한 사례를 보도했다.

        네덜란드 정부는 의료 또는 간병 직종에 종사하는 여성들이 업무 중에 '성적인 서비스'를 제공할 수 있다는 광범위한 가정을 조상하고 있다. 최근 연구에 따르면 네덜란드에서 간호사(최대 37%)와 간병인(27%), 물리치료사(18%)가 성희롱을 겪는 비율이 높았다. 24세의 한 간호학과 수련생은 남성 환자가 자위행위를 요구했을 때 선배와 동료들이 이를 용인하는 것을 보았다. 수련생 여성이 이를 거부하자 기관은 "간병을 제공하기에 부적합하다"는 판단을 내리고 해고했다. 그는 이 사건을 4만 명 조합원을 보유한 네덜란드 의료 종사자 노조인 NU'91과 경찰에 신고했는데, 환자 대표들은 "모든 고객은 자신이 원하는 것을 요구할 자유가 있고, 모든 간병인은 이에 응할 수도 있고 응하지 않을 수도 있다"는 공개 성명을 발표했다.

성매매 로비스트들은 성매매가 장애인 남성에게 중요하다고 강조하면서 성매매를 '치유 직업'으로 홍보한다. 합법화 이전에도 성매매가 '필요한' 것으로 판단되는 남성에게 성매매를 알선하는 프로젝트가 시행되고 있었는데, 한 지역의 성매매 업소는 지역 정신병원과 제휴하여 남성 환자에게 할인 서비스를 제공했다. 이들은 제휴를 통해 "여성 환자에 대한 고질적인 성희롱과 강간을 중단할 수 있다"고 설명했다. 현재 성매매가 허가되어 관리 감독이 이루어지는 네덜란드 내 22개 지자체 중 6개 지자체에서 장애인 남성의 성매매 이용에 대해 정부로부터 환급을 받을 수 있는 제도를 시행하고 있다. '성 지원 제공자'[?] 등록 제도는 "간호사를 괴롭힘으로부터 도울 수 있다"는 명분으로 운영된다. 제도를 볼 때 네덜란드 기관들은 남성의 성착취 관행과 여성 대상화를 성별 위계로 인한 범죄로 대응하기는커녕 여성 종사자가 많은 간병 전문직과 성매매를 같은 선상에 두고 있는 듯하다.

후슈케 마우는 2021년 온라인 강연에서 말했다. "독일의 현실을 꼭 알리고 싶었던 이유는 독일의 사례가 전 세계에 모범사례로 소개되고 있기 때문입니다." 현장에서 성매매 여성이 무엇을 감당하는지 보지 않고, 돈을 내고 성적 요구를 하는 것이 당연하고 괜찮은 일이라는 사고를 퍼뜨리는 것이 독일 『성매매법』이다. 그 결과 후슈케 같은 당사자들의 발언을 두고 '저 사람들이 하는 말은 거짓말이야' '주목받으려고 하는 거야' '부끄러운 줄 알아야지'라며 비난하는 사회가 되었다.

---

?     지정 전문직으로 네덜란드에는 150여 명이 있고 이들을 '수요자 남성'과 연결해주는 자선단체가 있다.

전문 상담사조차 '제대로 적응하지 못한 성매매 여성의 탓'이라 믿는다.

후슈케 마우의 용기 있는 목소리에 연대하며 그의 글로 이 장을 마친다.

> 성구매를 합법화하고 사회적으로 받아들이는 것은 사회에 존재할 수 있는 모든 형태의 차별—성차별, 인종차별, 계급차별 등—을 강화한다. 차별을 성적 대상화와 결합해 성적 굴욕으로 페티시화하고, 실제 행위 속에서 재현하기 때문이다.[32]

# "당신의 열정으로 남성들에게 기쁨을 주세요!"

## 파샤 이야기

---

독일의 도시 쾰른에 위치한 파샤는 '유럽 최대의 성매매 업소'로 불린다. 그 규모와 대대적 홍보만큼 많은 주목과 비판을 받은 곳이기도 하다. 2006년 독일 월드컵 기간에는 업소 외부의 대형 광고 걸개에 세계의 국기를 그려넣고 '여자친구와 함께하라'고 홍보했다가 몇몇 국가에서 이를 모욕이라고 항의하여 특정 국기를 지우기도 했다. 2008년에는 파샤의 로고를 문신으로 새기는 성구매자들에게 업소와 나이트클럽에 평생 무료로 입장할 기회를 제공했고 이에 응한 40명의 남성이 업소 로고 문신을 했다. 그밖의 수많은 초대 공연, 홍보 행사 기록을 업소 공식 웹사이트 아카이브에서 확인할 수 있다.

  2013년 페미니스트 저널 『에마』의 기자가 취업 희망자로 위장해 파샤를 취재한 기사[33]에 따르면 11층의 건물에는 스트립클럽, 나이트클럽, 하드코어를 제공하는 '러프하우스', 나체주의 공간 '젠틀맨 클럽'(FKK) 등으로 영업장이 구획되어 있고 이곳에서 방을 빌려 일하는 성매매 여성이 100명이 넘는다.

1층에서는 '익스프레스 서비스'로 짧은 성관계 또는
구강성교를 제공한다. 오전 9시부터 오후 3시까지 시간대와 66세
이상 "시니어"와 생일자, "총각파티 중인 신랑"은 무료 입장이다. 그 외
모든 사람은 약간의 입장료를 내고 파샤 나이트클럽에 입장해 음주와
스트립 쇼를 제공받을 수 있었다. 주말이면 하루에 1000명 이상까지도
파샤에 방문한다. 파샤는 "유럽 최대"에 이어 "유럽에서 가장 안전한
성매매 업소"라 홍보하며 많은 돈을 벌 수 있다고, "당신이 만 18세
이상이고, 개방적이고, 성산업에 거부감이 없다면 당신의 열정이
남성들에게 기쁨을 줄 것"이라고 여성들을 회유한다.
　　하지만 여성이 이곳에서 일하려면 보증금 150유로를
내고 들어와 매일 새벽 4시까지 하루 임대료 160유로를 내야
한다. 퇴실 시에는 청소비 40유로가 부과되고, 파샤의 '환불 보장'
시스템에 따라야 하며 고객 만족을 위한 다양한 기본 서비스, 콘돔
없이 구강성교 등이 요구된다. '입주 여성'은 일이 없으면 빚을 지기도
하지만 파샤는 여성들의 임대료만 달에 50만 유로를 벌어들인다.
'파샤'와 '방'을 조합해 검색하면 몇호실의 어떤 여자가 어떻더라는
성구매자들의 후기와 음담패설을 볼 수 있다. 여성 잡지조차 성매매를
"트렌디한 직업", 대형 성매매 업소를 "특별한 공간"이라 묘사하는 독일
굴지의 업소 파샤 쾰른 지점은 도시 최대의 무역박람회가 시작되면
"북적북적해진다".
　　스러지지 않을 것 같던 파샤의 번영기는 코로나 팬데믹을
지나며 끝났다. 파산으로 소유권이 이전되었고 2024년에는 이 건물과
운영 주체가 조직범죄단과 연결된 혐의를 받으며 자산 압류 조치가
내려졌다. 투자 자금의 출처와 돈세탁·인신매매 관련 수사가 진행
중이다.

# 4

# 반성매매운동 vs. 성 노동론의 적대적 현장 —미국

조안창혜     성매매문제해결을위한전국연대 국제연대 담당. 럿거스뉴저지주립대학교 사회학 박사 수료. 유럽 각국의 성매매 관련 현장 방문을 다니면서 성매매 정책에 관심을 갖게 되었고 성매매 정책에 따라 해당 사회의 성평등 의식과 성구매 태도가 달라지는 효과에 대해 연구했다.

"왜 성 노동이라는 말을 쓰지 않니?"
sex work

미국에서 박사과정을 막 시작한 내게 한 교수가 던진 질문이다. 한국에서 성매매 생존자와 활동가를 여럿 만나며 성매매 공부를 시작한 내게는 무척이나 이상한 질문이었다. 아마 그 교수도 성적 노동, 상업적 성 및 성매매
sexual labor　　　commercial sex　　prostitution
등의 용어만을 쓰는 내가 꽤나 이상해서 물어보았을 것이다. 기억에 당시 내 대답은 대략 이랬다. 나는 지금까지 한국에서 성산업 생존자를 여럿 만났고, 과거에 했던 일을 성 노동이라 부르지 말아달라고 그들이 당부했다. 스스로의 일을 성 노동으로 보는 사람의 언어를 존중해야 한다면 이를 원하지 않는 당사자의 언어도 존중해야 한다. 그래서 성의 경제적 교환 현상 자체를 성 노동이라고 부르지 않는다.

성산업 안에서 일하는 개인의 시각으로서, 낙인을 거부하고 대신 근로자 정체성을 표현하기 위해 자신을 '성 노동자'라 부르겠다 결정한 사람의 마음은 충분히 이해 가능하다. 집결지 여성들 대면 지원을 나갔을 때도 '그들에게 대뜸 탈성매매 얘기를 꺼내면 안 된다'고 활동가 선배들이 말하곤 했다.

하지만 개인의 경험만으로 자신이 처한 구조적인 현실을 모두 설명할 수는 없다. 만약 그게 가능했다면 지금 내가 공부하고 있는 사회학이라는 학제나, '매춘은 가장 오래된 직업' 같은 관용구의 기반이 되는 구조가 무엇인지에 대한 분석 모두 시간 낭비일 뿐이다. 다시 말해 성매매에 대한 내 '입장'은 분석 단위가 미시적인지 거시적인지에 따라, 그리고 정확히 어떤

문제에 초점을 맞추는지에 따라 달라지는 편이다. 누군가는 앞으로의 대화를 위해 저 정도의 접근도 괜찮다 생각할 것이고, 또다른 누군가는 나의 대답이 양비론을 부추겨 오히려 독이 된다고 할 수도 있다. 그리고 그 사이에도 다양한 결이 있겠다.

### 너 성매매에 반대한다며?

적어도 내가 이곳 학계에서 만나온 이들, 특히 진보적인 페미니스트들은 대부분 당연하게 성 노동을 말한다. 또 성매매를 비판하는 여성주의가 잘못되었다고 서슴없이 쓴다. 동시에 성매매와 성 노동에서 어떤 용어를 선택하느냐는 명확한 입장 선언의 의미를 갖는다. 즉 "왜 성 노동이라는 말을 쓰지 않느냐"라는 물음은 대개 '너 성 노동 반대하는 잘못된 페미니스트냐'를 적대적으로 검증하는 심문이 된다. 분위기가 이렇다 보니 성매매 관련한 논의라면 산업, 시장, 업종, 업소, 개인 간 관계, 행위 등 분석 단위나 대상이 무엇인지에 관계없이 모두 성 노동이라고 부르는 광경을 목격하기도 한다.[1]

한국에서 반성매매 활동을 하다가 건너온 유학생으로 미국에 도착해 이런 반목의 환경에서 공부하며 초반 몇 년은 고립감과 답답함을 감당하기 쉽지 않았다. 수업이나 외부 활동을 통해 만난 몇몇 동료는 소통 자체를 노골적으로 피했다. 첫 학기에 듣게 된 수업에서 성매매 관련 토의를 하는 날에 성 노동자 해방과 반성매매를 외치는 학생들 사이에 고성과 욕설이 오가는 걸 보고 충격을 받기도 했다. 다툼의 중심에 있었던 두 학생 모두 페미니스트였는데, "왜 성매매의 구조적 피해를 말하는 당사자를 무시하느냐" "너는 성 노동을 직업으로 선택한 당사자의 목소리를 무시한다"라며 서로 따져 묻다 싸우게 되었다. 이런 분위기에서 성 노동 용어를 쓰지 않음으로써 이미 입장을 밝힌 셈이 된 나는 처음 만나는 사람으로부터 대뜸 이런 질문을 받기도 했다. "성매매에 반대한다며? 나는 내 몸에 일어나는 일은 내가 선택할 수 있어야 한다고 생각해."

학부생들에게 성매매에 대한 다양한 입장과 현실을 가르치지도 않은 채 '반성매매'는 일단 틀린 것이라고 선언하는 교수나 강사도 여럿 보았다. 이들 대부분은 성매매 현장의 근처에도 가본 적이 없다. 반성매매 기반의 활동을 했지만 '성 노동'이 말하는 경험에도 관심을 갖고 있던 나는 일단 기가 막혔다. 논쟁의 수준이 너무나 낮았던 것이다. 동시에 이렇게 적대적인 환경에서 앞으로 어떻게 이 공부를 해야 할지 막막했다. 물리학이나 철학을 공부한다는 사람은 그냥 두면서 유독 여성문제 연구를 한다고 하면 갑자기 모두 전문가가 되어 감과 배를 대신 놓아주겠다고 쫓아온다는 건 알고 있었지만 그중에서도 성매매라는 주제는 특히 심했다.

공부를 시작하고 몇 년이 지나면서 얻은 배움은, 반성매매 입장과 성 노동론 사이의 벽을 조금이나마 낮추고자 한다면 내가 먼저 대화를 시도해야 한다는 것이다. 현재 쓰고 있는 학위논문의 주제가 온라인 성인콘텐츠 시장인데, 그 과정에서 좀 더 적극적으로 드러낸 내 고민이 지금까지 나와 거리를 두던 사람들에게 가 닿기 시작했다. 지금은 반성매매 관점을 대놓고 적대하는 교수나 동료들과도 환대에 기반한 관계를 조금씩 쌓고 있다. '반성매매주의자'를 싫어하는 사람이 태반이기에, 나의 연구 배경을 소개할 때 고해성사를 하듯 한국에서의 운동 경험을 밝히고 국내 성매매 산업 구조를 설명하기도 했다. 그들은 이제 성매매 산업에 대한 나의 비판을 들을 때에도 나를 '성 노동자 배제적 급진 페미니스트'와 같은 멸칭[2]으로 부르지 않는다. 나 또한 공부와 대화를 지속하면서 "반성매매 입장인 페미니스트를 싫어한다"고 대놓고 말하는 성 노동주의자라 하더라도 성매매의 구조적인 모순을 모두 부정하지 않는다는 것을 알게 되었다.

    미국 내 반성매매운동을 다루는 이 장의 서두에 내 이야기를 길게 늘어놓은 것은 성매매를 둘러싼 페미니스트 정치가 나의 개인적 경험에서 명확하게 드러나기 때문이다. 성산업과 관련한 사회 문제에서 가장 해악을 끼치는 사람은 성 노동할 자유를 주장하는 페미니스트가 아니다. 여성 착취에 동참하며 성매매 여성에 대한 낙인을 정당화하거나, 성산업을 확장·낭만화하기 위해 성 노동자의 권리를 말하는 이들이 주범이다. 그런데 사회과학·여성학을 중심으로 공부하며 받은 인상은 성산업과 관련된 진보적 여성주의 담론 중 너무 많은 내용이 반성매매운동 및 연구를 비판하는 데 몰두하고 있다는 것이다. 성매매 시장에서 여성이 겪는 폭력과 고통의 원인을 찾자면 이들을 착취하고 범죄화하고 낙인찍는 가부장적 사회가 아닐까? 그런데 왜 미국 여성주의 담론은 반성매매운동 비판에 이토록 혈안이 되었을까?

한국에서 성매매 문제에 관심을 가져본 이라면 반성매매운동과 성 노동론 사이의 간극과 갈등도 들어본 적 있을 것이다. 이런 반성매매-성 노동 간 비판 담론의 역사에서 미국의 페미니스트 논쟁은 중요 기점이었고 현재도 그 중심에 있다. 때문에 이 글은 어떤 정치사회적 맥락에서 미국 반성매매운동이 이토록 비판받게 되었는지 살펴본다. 특히 여성의 기본 인권이라는 페미니즘 가치를 중심으로 하는 신폐지주의 접근[3]과 미국의 뿌리 깊은 사회 문제가 어떻게 연관되는지 소개한다. 결론 일부를 먼저 언급하면, 나는 현재 미국의 반성매매운동이 중대한 기로에 서 있으며 위기를 타개하기 위해서는 내부에서 운동 방향을 재고하는 과정이 필수적이라 본다.

## 폐지주의운동의 시작

폐지주의라는 용어가 성매매와 관련해 처음 등장한 것은 1860년대 유럽 사회에서였다. 성매매 여성이 노예제와 흡사한 폭력과 억압을 겪고 있다는 문제의식이 그 출발점이었다. 유럽 내 성매매 폐지주의운동은 특히 영국에서 크게 일어났는데, 국가 중심의 성매매 규제를 반대하는 목소리에 힘이 실린 결과였다. 노예제가 국가 규제를 통해 제도화되었던 것과 같이 성매매도 규제주의로 인해 제도화되었다고 본 것이다. 즉 성매매를 통제하고자 하는 국가 정책이 오히려 성매매를 사회에 당연히 존재하는 정상적인 산업으로 포장한다는 비판이었다. 조세핀 버틀러를 주축으로 한 빅토리아 시대의 페미니스트들은 따라서 성매매에 대한 규제 폐지를 주장했다. 이후 1877년 제네바 의회에서 '성매매 규제에 반대하는 국제 폐지주의 연합'(International Abolitionist Federation against Regulated Prostitution)이라는 국제기구가 발족했다.

이 운동은 1870년대 중반 즈음 유럽에서 미국으로 전해져 세인트루이스 내 성매매 규제 철폐라는 결과를 낳기도 했다. 그러나 영국과 달리 미국은 국가적 성매매 규제가 주·연방 정부 차원에서 포괄적으로 이루어지지 않았기 때문에 유럽에서만큼 폐지주의운동이 확장되지는 않았던 것으로 알려진다. 몇몇 저자는 도덕성 회복을 위한 성매매 근절이 폐지주의의 목표라고 주장하고자 해당 운동의 뿌리가 1830년대 도덕개혁운동(moral reform movement)에 있다고 보기도 한다. 하지만 보수적인 성도덕에 집중하여 성매매 근절을 목표로 삼은 해당 운동과 억압적인 성매매 제도를 국가 차원에서 규제하는 데 반대한 성매매 폐지운동이 역사적으로 동일한 운동이라 보기는 어렵다.

수많은 사회운동이 그렇듯 폐지주의운동에서도 도덕주의적 논의가 아예 없었던 것은 아니다. 물론 폐지주의 활동가들이 성매매 여성들을 도덕적으로 문제 있는 '윤락여성'으로 보거나 성매매 문제가 성도덕 강화를 통해 해결될 수 있다고 주장하지는 않았다. 그러나 19세기 말에서 20세기 초를 거치며 인종주의적인 편견에 기반해 유럽과 미국

양쪽에서 '백인노예제 공황'[7]에 기여한 바가 있다. 이 같은 도덕적 공황은 특히 차별적이거나 억압적인 사회 인식을 확대 및 강화함으로써 소수자 억압과 권리 침해를 정당화한다는 점에서 비판받는다. 있을 수 없고 있어서도 안 되는 백인노예제가 성매매를 통해 생산된다는 공포감을 조성하는 방식으로 폐지주의운동은 당시 인종차별주의적 담론을 재생산했다는 비판을 받았다. 그 과정에서 미국 내 『백인노예제 금지법』과 같은 법이 생기기도 했다. 한편 성매매와 관련해 최소한 지켜져야 할 보편적 인권에 대한 합의를 이끌어내기도 했는데, 그 예로 1950년 「인신매매 및 타인 성매매 착취 억제에 관한 협약」이 있다.

### 페미니스트 섹스 워
#### —신폐지주의 페미니즘과 성-긍정주의 페미니즘

이후 1960년대에 급진주의 페미니즘이 성장하면서 여성 삶의 일상적 억압에 대한 비판의식이 고양되었다. 성매매 역시 젠더정치의 일면인 섹슈얼리티 문제로 논의되곤 하였으나, 1960-1970년대 급진주의 페미니즘 담론에서 중심적 역할을 담당했다고 보기는 어렵다. 당시 이루어졌던 논의는 주로 성적 대상화라는 현상 자체를 알리고 어째서 대상화가 성평등에 해가 되는지 보여주는 데 집중되었는데, 가장 잘 알려진 예로

---

[7] White Slavery Panic. 백인 여성들을 강제로 그리고 대규모로 성매매로 몰아넣고 있다는 주장이 인기를 끌면서 '백인노예제'가 있다는 공포를 불러 일으켰고 성매매 여성을 '백인 노예'라 부르곤 했다. 이에 특정 현상의 일부를 일반화하고 이로 인해 사회적 공포를 조성하는 '도덕적 공황'이 합쳐진 표현이다.

글로리아 스타이넘의 '플레이보이 버니걸' 기사가 있다.[4] 스타이넘은 기사를 쓰기 위해 『플레이보이』 잡지사 소유주가 운영하는 나이트클럽에서 몸매를 드러내는 토끼 유니폼을 입고 몇 주간 일했다. 기사에서 그는 '성 혁명'을 말하는 성산업 측의 주장과 반대로 실제 현장에서 여성들은 돈을 벌기 위해 정형화된 여성성을 과장해야 하며 외모, 행동, 말투 등 다양하고 구체적인 통제를 받는다고 설명한다. 스타이넘은 현재까지 반성매매운동에 지지를 보내고 있는 페미니스트이기도 하다.

성매매에 대한 상반된 입장이 더 직접적으로 가시화된 것은 1980년대의 페미니스트 섹스 워를 기점으로 한다. 1970년대 말 포르노그래피에 반대하는 페미니스트들이 feminist sex wars 콘퍼런스와 대규모 행진을 주최하면서 신폐지주의운동이 크게 가시화되었다. 이들은 성적 대상화야말로 여성 억압의 메커니즘이자 젠더 기반 억압의 징후라고 보았다.[5] 포르노그래피와 성매매가 특히 성적 대상화를 통해 산업이자 제도로 정착한다는 점 그리고 해당 산업이 성장하고 유지되기 위해서는 여성 억압의 영속화가 필수적이라는 점을 강조했다.[6] 즉 상업화된 성을 비판적으로 이해하기 위해서는 산업화된 성적 대상화에 내재하는, 동시에 성적 대상화의 산업화를 가능케 하는 젠더정치를 보아야 한다는 지적이다.[7]

이러한 문제의식에 기반하여 1980년대 초중반에는 페미니스트 법학자 캐서린 매키넌과 페미니스트 작가 안드레아 드워킨을 주축으로 포르노그래피 관련 손해를 인정하는 조례안이 등장하기도 했다. 이 조례안은 강간 피해를

입은 여성 중 가해자가 포르노그래피에서 영감을 얻었다고
밝히는 경우 포르노그래피 제작자 및 유통업자에 대해
민사적으로 손해배상청구를 할 수 있도록 하는 내용을 담고
있었다. 그들의 문제의식은 포르노그래피가 여성 억압적인
섹슈얼리티를 그려냄으로써 성폭력을 성애화한다는 데 있었고,
따라서 피해 여성은 포르노그래피 시장에서 성폭력 정상화에
일조한 이들에게 책임을 물을 권리가 있다는 주장으로
이어졌다. 여기에서 여성 억압적인 섹슈얼리티 묘사에
포함되는 내용은 대상화, 사물화, 상품화, 고통과 모욕, 강간,
결박, 자상, 절단, 타박상, 부상 및 성적 종속·굴종·전시를 통한
여성에 비인격화에 해당한다.[8]

해당 조례안은 특히 두 가지 비판에 맞닥뜨렸다.
첫째, 출판업자와 자유주의를 기치로 하는 단체 등을 중심으로
해당 조례가 표현 및 언론의 자유를 침해한다는 반대가
등장했다. 포르노그래피 제작 및 유통업자들이 반박의 전면에
나서는 대신 더 폭넓은 범위의 연합이 결성된 것이다. 이들은
특히 매키넌-드워킨 조례에 대한 법적 공방에 집중했고,
결과적으로 사상의 자유에 위배된다는 입장에 힘이 실리면서
반포르노그래피 조례운동은 막을 내렸다.[9] 표현 및 사상의
자유와 사유재산에 대한 권리 중시는 미국 사회의 기반이
되는 가치에 해당하는데, 사상과 표현의 사회적 책임을 경제적
배상으로 묻고자 한 시도가 이런 권리를 침해한다고 본 것이다.

두 번째 비판이자 특히 이 글에서 주로 다루게 될
입장은 페미니스트 정치 내부에서 나온 것으로, 이후

포르노그래피와 성적 노동 전반에 대한 첨예한 대립의 한 축이 되었다. 이 비판의 중심에 선 페미니스트들은 섹슈얼리티에 대한 분석 틀이 젠더 불평등에 국한될 수 없다는 문제의식을 갖고 있었다.[10] 이 관점은 성급진주의(sex radical) 혹은 성-긍정주의(sex-positive)라 불리고, 그 명칭에서 알 수 있듯이 도덕적 비난을 받는 일탈적 섹슈얼리티가 억압받거나 주변화되어서는 안 된다고 주장했다.[11] 해당 관점의 배경에는 이미 1970년대 초중반부터 표면화된 성 노동운동이 있었다. 1970년대 초에는 코요테(COYOTE)?라는 성 노동 당사자 단체가 발족했으며, 1970년대 후반에는 캐럴 리가 성의 경제적 교환을 노동의 언어로 표현하기 위해 성 노동이라는 용어를 고안하기도 했다. 현재의 성 노동운동에서도 종종 보듯 이들 단체 및 활동가의 상당수는 성매매 산업에서 알선자로서 일한 바 있다.[12] 그러나 본인이 가끔이라도 직접 성매매를 하는 경우 스스로를 당사자로 명명할 수 있기 때문에, '고용주'에 해당하는 알선자와 '피고용자'로 일하는 성 노동자 사이의 불균등한 권력 관계가 운동에 미칠 수 있는 영향이 적극적으로 논의되지 않았던 것으로 보인다.

이후 1980년대에 접어들면서 캐럴 밴스, 게일 루빈, 웬디 맥얼로이 등의 학자·활동가를 중심으로 비규범적 섹슈얼리티와 사회적 낙인에 집중하는 페미니스트 분석이 등장했다. 이들은 성 노동 역시 주변화된 섹슈얼리티 실천의 일종이라고 보며,[13] 상업적 성을 그저 여성을 억압하는 도구가 아니라 자신의 삶을 그려나가는 행위성의 장으로 볼 수도 있다고 주장한다.[14] 따라서 포르노그래피와 성매매에 대한

---

?      Call Off Your Old Tired Ethics, 낡고 닳은 윤리관을 버려라

이론화가 여성의 성적인 선택으로서 갖는 의미 역시 고려해야
한다고 보았다.

　　　　　신폐지주의와 성-긍정주의 페미니즘은 그 결과
두 가지 상이한 성매매 정책을 지지하게 된다. 신폐지주의는
보통 노르딕 모델이라 불리는 성매매 정책을 지지한다.
1장에서 살펴보았듯 노르딕 모델은 성매매 여성이 산업 내에서
성적으로 착취당하는 피해자라 보며, 그 가해자는 성구매자와
알선자에 해당한다. 따라서 노르딕 모델은 돈이나 기타
경제적 목적으로 성을 제공하는 당사자 모두를 비범죄화하며,
대신 성구매자와 알선자를 처벌하는 접근을 취한다.[15] 반면
성-긍정주의는 합법화의 일종인 성매매 산업 전체 비범죄화를
지지한다.[16] 본인 의사에 따라 일하는 성 노동자를 피해자로
보면 안 된다는 전제에 기반하기 때문에, 성구매자와 알선자는
더 이상 가해자에 해당하지 않는다. 성구매자는 성 노동자에게
경제적 이익을 제공하고, 알선자는 성 노동자의 노동 환경과
안전을 관리하는 역할을 담당한다고 본다. 따라서 성판매뿐만
아니라 성구매와 알선 역시 비범죄화되어야 한다고 주장한다.[17]
현재 신폐지주의와 성-긍정주의 사이에서 가장 대립적인
논쟁이 촉발되는 지점 역시 성매매에 대한 정책적 접근의
차이에 있다.

　　　　　성산업 현장에서 젠더 불평등과 일탈적
섹슈얼리티에 대한 낙인 중 하나만 작동할 것이라고 말하기는
어렵다. 팔리는 사람의 압도적인 다수가 여성이라는 점에서
성산업은 젠더 불평등의 문제지만, 성적으로 상품화된 사람에

대한 낙인은 일탈적 성에 대한 억압에 의한 것이기도 하다. 어떤 수업에서 나를 포함한 몇몇 학생이 매키넌과 루빈의 글을 읽고 성산업을 둘러싼 억압 중 어떤 기제에 더 집중하는지가 다를 뿐, 두 관점 모두 유효하다고 조심스레 얘기한 적이 있었다. 사회 현상을 단 하나의 원인으로 모두 설명할 수 있다고 보는 믿음 자체가 구시대적인 것으로 여겨지는 만큼 다양한 면면을 보면서 분석해야 하기 때문이다. 그 말을 들은 교수는 초점이 다를 뿐이라는 의견에 고개를 끄덕이면서도, 상호 공존 가능성에 대해서는 반박했다. 지난 수십 년의 공방을 직접 목격하면서 대립적 구도를 통해 본인의 입장을 확립했던 학자인 만큼 그는 둘 사이 간극이 이미 극복 불가능하다는 입장이었다.

각 주장의 내용만 본다면, 특히 40여 년 전의 현장을 직접 보지 못한 채 글로 접하는 경우 두 관점이 완전히 대립한다고 느끼기 쉽다. 미국에 처음 와서 공부하기 시작했을 당시 내게도 이 대립은 아주 확고한 것으로 느껴졌다. 하지만 이후에 내가 만난 원로 학자 중에는 섹스 워를 조금 다르게 기억하는 사람도 있었다. 섹스 워의 시발점으로 알려진 1982년 버나드 학회에 들렀던 교수는 그 당시 분위기가 사람들의 상상 같지 않았다고 알려주었다. 그는 학회 즈음과 이후 수년간 칼로 자르듯 할 수 없는 고민들이 있었다고 전했다. 이 논의를 둘 중 하나만 고를 수 있는 선택지로 접하기보다는 잘 알지 못했거나 헷갈리던 면면에 대해 더 깊이 생각해볼 수 있는 기회로 받아들인 페미니스트들이 많았다는 것이다. 섹스 워 당시의 기록을 찾던 와중에 1980년대에서 2000년대를 지나면서 생각이 바뀐 학자를 발견하기도 했다. 당시 본인이 생각한 것처럼 신폐지주의 관점이 단순하지 않으며 그들의 이론화와 주장에 진보적인 세계관이 녹아 있음을 꽤 오랜 시간이 지난 후에 발견했다는 것이다.[18] 그런 이들의 수가 얼마나 되는지 알 수 없지만, 이들 몇몇과 소통을 시도하면서 활동가 및 연구자로서 내가 하고 있는 고민이 나 혼자만의 것이 아니라는 깊은 위안을 얻을 수 있었다. 교수는 "극복 불가능하다"고 말하는 그 간극은 어쩌면 이후에 담론적으로 구성되고 강화된 결과물이 아닐까? 그렇다면 둘 중 어느 관점이 더 우월한지 논증하는 데 집중하는 대신 두 관점의 현실이 어떻게 복잡하게 얽혀 있는지 논의할 수도 있지 않을까? 발걸음을 이제 떼기 시작한 연구자로서 목표를 갖게 해준 대화였다.

### 미국 내 신폐지주의운동에 대한 비판

성매매 관련 연구나 캠페인에서 가장 흔한 내용은 상대 관점에 대한 비판과 공격이다. 이분법적인 관점의 대립을 넘어서고자 하는 노력이 없는 것은 아니지만 특히 영미권 사회과학 및 여성학 내 성매매 연구는 거의 대부분 성 노동 범죄화가 미친 부정적인 영향에 집중하고 왜 신폐지주의가 틀렸는지를 반복적으로 그려낸다. 나 역시 수년 전까지 이 구도에 심취해 있었으니 물론 책임이 없지 않다.(내 경우는 반성매매 관점에서 성 노동론을 비판하는 쪽이었다.) 신폐지주의를 지지하는 연구도 가끔 학술지나 책에서 마주하곤 하지만, 성산업 비범죄화를 지지하는 연구에 비하면 그 수가 턱없이 적다. 진보 정치 담론에서도 민주당 내 주요 정치인을 중심으로 성-긍정주의 관점이 더 많은 지지를 얻고 있는 것으로 보인다.[19]

이런 학문 지형을 탐구할 목적으로 2년여 전부터 전국연대 활동가들과 함께 성매매 논문·책 읽기 모임을 하면서 성산업에 대한 영미권 페미니스트의 분석을 읽고 있다. 관련 연구를 보며 우리는 신폐지주의에 반대하는 논문이 보여주는 성 노동자의 삶이 성매매 현장에서 보는 현실과 크게 다르지 않다는 감상을 종종 나누곤 한다. 물론 경험적 자료가 비슷해도 분석은 아주 다르다. 일례로 이주 여성의 빚이나 할당제 등을 논의할 때 신폐지주의는 이주 정책이 성매매 피해의 제도화에 일조하고 있다고 보는 반면, 성-긍정주의 관점에서는 빚이 있다고 해서 성매매를 꼭 해야 하는 것은 아니기 때문에 강제라 볼 수 없으며, 개인이 성매매를 하겠다고 결정한다면 이를 존중해야 한다고 본다.[20] 성산업과 관련한 인종주의를 논의할 때에 신폐지주의는 유색인종 여성들이 성매매에서 과대대표될 수밖에 없는 구조적인 문제를 드러내고, 성-긍정주의는 유색인종 여성들이 과대대표되기 때문에 유색인종 여성에 대한 차별 철폐를 위해 산업 전체의 비범죄화가 필요하다고 본다.[21]

신폐지주의 주장을 반박하거나 관련 운동의 정치 및 종교적 성격을 문제 삼는 연구들도 있다. 예를 들어 성매매가 즐겁다거나 본인 의지로 성 노동을 시작했다는 말을 들었을 경우, 이는 해당 시장에 '반성매매주의자가 말하는 인신매매나 강제적 성매매는 없었다'와 같은 반증 논리로 이어진다.[22] 이런 주장이 문제적인 이유는 여러 가지가 있다. 첫째, 연구자가 현장에서 강제성을 보지 못했다고 해서 업종이나 시장 전체가 자발성에 기반한다고 일반화할 수 없다. 동시에 물리력을 행사하는 수준까지 갈 때에만 강제성을 인정하는 기준을 적용할 경우 빚이나 협박 등을 통한 강요는 여전히 '자발'의 영역에 묶인다.(물리력이 행사되는 곳이라면 그 자체가 범죄 현장이기 때문에 연구 허가 받기가 거의 불가능에 가깝다는 점을 차치하고라도 말이다.) 둘째, 특히 낙인을 일상적으로 경험하는 당사자들은 연구자에게 자신의 속마음을 속속들이 밝히거나 설명하지 않는 경우가 많다. 유명 학교에서 박사학위를 따고 교수가 되려고 성매매 현장에 온 엘리트에게 속사정을 아무렇지 않게 다 말할 사람이 몇이나 될까? 심지어 자신이 하는 말이 모두 기록되어 어딘가에서 출판될 수도 있는데 말이다. 상대방과 오랜 시간 교류하면서 아주 안전하고 믿을 만하다고 느끼지 않는 이상 웬만한 용기로는 내밀한 취약성을 스스로 보여주기 어렵다. 이는 실제로 한 당사자 활동가가 관련 연구에 대해 지적하며 했던 말이다.

한편, 성매매에 반대하는 단체나 행사 등을 관찰하다가 그 과정에서 보수주의 정치에 부합하는 서술이 나오거나 기독교 신앙을 지향하는 언급이 나올 경우 신폐지주의운동 전반이 보수 정치 및 보수 기독교와 깊이 연관되어 있다고 일반화하기도 한다.[23] 때로는 노르딕 모델 지지자에게 '수감주의 페미니스트'라는 이름표를 붙인다.
carceral feminists

이런 명칭을 확산시킴으로써 특정 집단에 대한 부정적 일반화가 가능해진다. 신폐지주의가 본질적으로 형사 사법 체계 및 투옥을 중심으로 사회 정의를 상상하는 양 묘사[24]하면 반성매매라는 방향성 자체를 국가 폭력과 연결하여 비판할 수 있는 길이 열리기 때문이다.

이 같은 경향은 반성매매운동 내의 다양한 결을 비가시화하고 일반화를 시도한다는 점에서 문제적이다. 이런 일반화에 따르면 '성매매는 성착취이며, 근절되어야 한다'고 주장하는 이들은 마치 '보수 정치나 기독교 윤리와 결탁'하여 '자발적으로 즐겁게 성매매하는 여성들'을 위협하는 집단인 것처럼 보인다. 더구나 이 입장이 명백한 주류이다 보니 자료의 양 자체가 다르다. 이 글의 집필을 요청받았을 당시 나는 미국 내 신폐지주의 활동가들과 소통할 필요를 고민하던 참이었다. 학술자료와 논평만 읽었을 때는 미국 폐지주의운동에 정말 큰 문제가 있는 것 아닐까 하는 걱정이 들었기 때문이다. 하지만 이 글을 쓰기 위해 신폐지주의를 지지하는 페미니스트들과 대화를 나눈 후 생각을 다잡을 수 있었다. 지금부터는 이들이 마주한 정치사회적 현실을 간단히 소개한다. 미국의 특수한 사회적 맥락이 어떻게 신폐지주의 비판의 배경이 되었는가에 관한 지식은 한국의 반성매매운동에도 시사점이 있다.

## 미국의 키워드, 인종 계급

타국에서 생활해보는 경험의 이점 중 하나는 지금까지 크게 관심 갖지 않았던, 때로는 당연하게 받아들이던 경향성을 새 맥락 속에서 다시 고민해볼 기회를 얻게 된다는 점이다. 성매매를 합법화하거나 노르딕 모델을 채택한 여러 유럽 국가 현장을 탐방하던 당시 내가 신폐지주의운동에 대해 하던 고민은 미국으로 거처를 옮긴 이후 꽤 달라졌다. 이민 인구 증가 등과 같이 서구 전반에서 논의되는 쟁점도 다수 볼 수 있었으나, 동시에 미국의 역사적 흐름에서 돋보이는 불평등과 정치적 문제도 있었다. 이 글에서는 지면의 한계를 고려하여 크게 몇 가지만 간략히 소개하고자 한다.

### 계급화된 성매매 산업

성매매 산업에 대해 정확하고 일반화 가능한 통계 자료를 만나기란 쉽지 않다. 일반화 가능한 통계 결과를 얻기 위해서는 모집단에 대한 정확한 정보가 필수적이기 때문이다. 성매매 산업은 그 형태가 수없이 다양하고, 종종 불법의 영역에 속해 있으며, 거기다 성매매 여성에 대한 차별과 낙인 역시 심각하다. 그래서 국내 반성매매 단체에서 실태 조사를 하듯 지역 및 업종별 전수 조사를 하면 경향성을 어느 정도 파악할 수 있을지 몰라도 산업 전체에 대해 신뢰성과 타당성을 모두 갖춘 통계 자료를 생산하기는 거의 불가능하다. 이 글에서 다룰 내용은 아니지만 정확한 실태 파악의 불가능성을 염두에 두는 것은 성매매 정책 관련 담론을 비판적으로 이해하는 데에 큰 도움이 된다. '정책의 결과'로 제시되는 자료에서 종종 저자가 어떤 정책을 선호하는지에 따라 완전히 다른 방향의 추측 및 집계치가 나오곤 하기 때문이다.

미국 성매매 시장에 관해 찾을 수 있는 통계 자료에도 비슷한 한계가 있다. 게다가 지역별 인구와 업종 구성 역시 크게 다르기 때문에 신뢰 가능하고 포괄적인 정보를 찾기는 특히 어렵다. 그러나 여러 통계에서 공통적으로 나타나는 경향은 성매매 산업의 성별화, 인종화, 계급화로, 특히 빈곤을 경험하는 유색인종 여성의 비율이 높다는 점이다. 아래 도표는 2006년부터 2024년 사이 뉴욕 시에서 성판매 혐의로 체포된 여성의 인구 구성과 뉴욕에 거주하는 여성의 인구 구성을 비교한 것이다.

**도표1** 뉴욕 시 인종·에스니시티별 인구 비율(2020 기준)과 성판매 혐의 체포 현황(2006-2024) 비교[25]

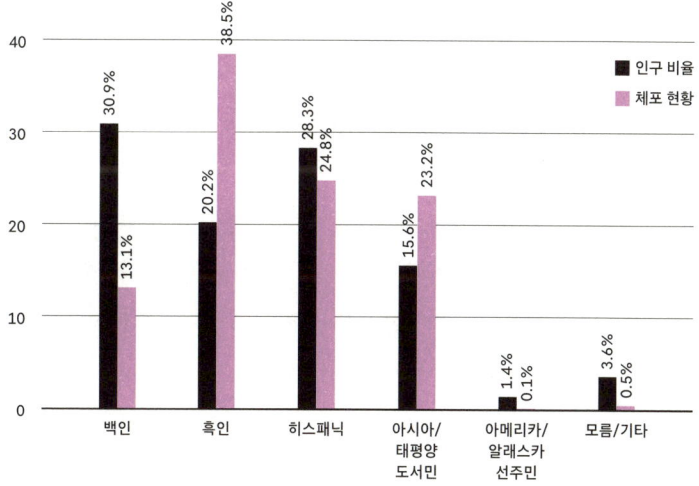

[도표1]에 따르면 뉴욕 거주자의 인종·에스니시티 비율은 백인이 가장 높고(30.9%), 그다음이 히스패닉(28.3), 흑인(20.2%), 아시안 및 태평양 도서민(15.6%) 그리고 아메리카 선주민(1.4%) 순이다. 그런데 성판매 혐의 체포 기록 내 인종·에스니시티 비율은 흑인(38.5%), 히스패닉(24.8%), 아시아 및 태평양 도서민(23.2%) 등으로, 유색인종이 백인(13.1%)에 비해 더 많이 체포된다. 즉 유색인종 여성이 백인 여성에 비해 성매매 체포 과정에서 심각하게 과대대표되고 있는 것이다. 특히 흑인은 기본 인구 비율에 비해 두 배 이상 높은 체포율을 보이는 반면 백인의 경우 체포된 비율이 인구 구성의 절반도 되지 않아, 흑인 여성은 백인 여성에 비해 체포를 4.5배 더 많이 당함을 알 수 있다. 이러한 경향이 나타나는 이유는 크게 세 가지인데, 첫째는 경찰이 백인보다는 유색인종을 검거하는 경향이 있다는 점, 둘째는 유색인종 여성 전체 중 성매매를 하는 여성의 비율이 백인여성에서 나타나는 비율보다 높을 수 있다는 점, 마지막으로 흑인이 백인에 비해 경찰 단속이 흔한 길거리 등 업종에서 성매매를 하는 경향이 있다는 점 등이다. 이 중 첫 번째 내용은 다음 단락에서 다루도록 하고 일단은 유입률 및 업종 문제를 간단히 살펴보기로 한다.

     성매매 유입의 가장 큰 원인은 빈곤이다. 그리고 미국 사회에서 빈곤은 인종 기반 억압의 한 형태로 작동한다. 2023년 기준 미국 전체의 빈곤율을 비교한 [도표2]에 따르면 전체 인종·에스니시티 중 백인의 빈곤율이 7.7퍼센트로 가장 낮았고, 선주민의 빈곤율은 백인의 약 세 배였으며(21.2%),

**도표2** 미국 내 인종·에스니시티별 빈곤율(2023)[26]

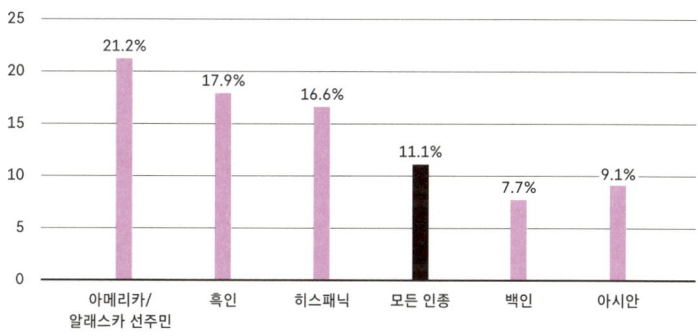

흑인(17.9%)과 히스패닉 빈곤율(16.6%)도 백인의 두 배가 훌쩍 넘었다. 백인에 비해 흑인 및 히스패닉 여성이 성매매 산업에서 과대대표되는 경향은 이들이 백인에 비해 경제난을 더 많이 겪기 때문이다. 여기에 빈곤 문제에 대한 정부 측 대안의 부족, 빈곤과 직결되는 교육 수준의 차이와 이로 인한 노동시장 내 제한 등 다양한 문제가 성매매의 인종화로 이어진다.

성매매 시장 자체의 다양화와 계층화 역시 성매매의 인종화에 영향을 미칠 수 있다. 역사적으로 성매매 여성 중 특히 과대대표되는 인구 집단은 흑인 여성이지만, 지난 20-30년간 백인 중산층 여성의 성매매 유입이 눈에 띄게 늘고 있다. 이는 성별화된 노동 구조와 여성의 고용 안정성 감소와도 관련이 있겠으나, 성관계에 더해 정서적 연결감까지 바라는 성구매자의 요구가 증가하게 된 흐름도 빼놓을 수 없다. 정서적 소통까지 포함하는 '여자친구 서비스'(girlfriend experience) 등에 대한 중산층 이상 성구매자의 욕구가 증가하면서 성매매 시장의 지형이 변화한 것이다. 즉 인종, 계급, 학력 등이 문화자본으로 활용됨으로써, 경제적으로 여유가 있는 성구매자를 상대하는 에스코트 등의 업종이 확대되었다. 이와 동시에 중산층 이상이 원하는 정서적 소통 방식을 잘 알고 있는 백인 중산층 여성의 성매매 유입도 더욱 활발하게 이루어지고 있는 것으로 보고된다.[27]

성매매 산업의 다양화 속에서 성판매 경험을 일반화하기는 정말 어렵다. 빈곤층 혹은 이주민 유색인종 여성들이 주로 길거리나 마사지 업소 등에서 성매매를 하는 반면, 백인 중산층 여성들은 친밀함을 내세운 성적 서비스로 고소득을 얻고자 한다. 동시에 전자와 달리 후자는 중산층에 특화된 '노동의식'을 갖고 있기도 하다.[28] 생존을 위한 길거리 성매매 경험은 일명 고급 업소에서 정서적 서비스를 제공하는 여성들의 성매매 경험과 크게 다르기 때문에, 각 집단은 성매매 자체에 매우 상이한 견해를 갖게 되기도 한다. 성인 콘텐츠 플랫폼에서 직접 자신의 포르노그래피를 찍어 파는 사람들에게서도 이와 같은 경향을 뚜렷이 확인할 수 있었다. 직접 인터뷰해본바, 빈곤을 경험한 적 없고 대학을 졸업했으며 백인이거나 백인 중산층 문화에 익숙한 여성의 경우 어릴 때부터 성 노동이 "재밌고 멋있어 보였다"는 이야기를 꺼내곤 한다. 나의 연구 참여자들이 말하는 성 노동의 장점에는 주로 일하는 과정에서 느끼는 재미 그리고 구독자의 긍정적인 피드백을 통해 얻는 자부심과 자신감 증진 등이 포함된다. 빈곤한 여성들이 생존을 위해 성매매에 유입되고 이후 다른 일을 하고 싶어도 타 선택지가 부족해 성매매를 지속하는 경험과는 판이하게 다르다.

한편 이와 같이 상이한 경험을 강조할 때 주의해야 할 점도 있다. 한 개인의 역사와 이에 기반한 세계관에 따라 같은 일을 겪어도 의미화가 달라질 수 있기 때문이다. 예를 들어 성매매 과정에서의 정신·신체적 스트레스나 비인간적 대우 등은 업종과 관계없이 누구나 겪을 수 있는 일이다. 그러나 이를 해석하고 자기 생애의 한 부분으로 만든 결과물이 개인의 경험으로 기억되기 때문에, 당시 발생한 사건을 의미화하는 과정에서 차이가 생기기도 한다. 빈곤에 시달리다 다른 선택지가 없어 성매매에 유입되는 여성과 이미 안정적인 직장을 갖고 생활하다 추가 수입과 성적 표현의 창구를 찾기 위해 성매매를 시작한 여성은 같은 사건을 겪는다 하더라도 다르게 해석할 수 있다. 백인 여성들이 성산업에 많이 유입되는 최근의 현상이 그저 인종 비율을 변화시킬 뿐 아니라 상업적으로 팔리는 성을 어떻게 경험하는지에 대한 지형에도 영향을 미치는 것이다. 따라서 모든 성매매 여성의 경험을 기계적으로 일직선상에 놓고 어느 당사자의 목소리가 더 큰지를 비교하지 않도록 주의해야 한다. 즉 미국 내 성매매 산업에 대한 연구는 특히 어떠한 경험들이 성별, 인종, 계급 기반의 억압과 맞물려 의미화되는지에 대한 복합적 분석을 필요로 한다.

## 계급화된 억압에 일조하는 형사 사법 체계

성매매는 네바다의 일부 지역, 성매매 여성 처벌 조항을 삭제한 메인 주 등을 제외하면 미국 대부분에서 금지되어 있다. 따라서 기술적 구분의 문제가 아니라면 미국의 성매매 정책은 한국과 같이 전반적으로 금지주의를 따른다고 볼 수 있다. 성매매에 대한 정책적 논의는 산업 내 세 가지 주요 행위(성판매, 성구매, 알선)에 대한 처벌로 좌우되기 때문에 형사 사법 체계가 어떻게 구축되어 있는지에 따라 조심스럽게 접근할 필요가 있다. 미국은 인종화된 불평등의 영속화에 형사 사법 체계가 적극적으로 일조한다는 평가를 받고 있으므로 더욱 그렇다. 역사적으로 그리고 현재도 형사 사법 체계를 중심으로 하는 국가 권력은 인종과 계급에 중립적이지 않다.

미국 초기 경찰의 주 업무가 플랜테이션 농장에서 달아난 노예 체포였다는 역사에서 이미 형사 사법 체계를 통해 작동하는 인종·계급적 억압은 분명하게 드러난다.[29] 이러한 경향은 지금까지 이어지고 있는데, 일례로 대마초는 미국 전역에서 오락적 용도로 사용될 뿐만 아니라 인종별 사용 비율이 크게 다르지 않은데도 불구하고 흑인이 대마초 관련 문제로 체포될 가능성이 백인보다 3.6배 높다.[30] 또한 흑인과 라틴아메리카 출신 주민의 범죄가 백인 범죄에 비해 더 위험하거나 문제적인 것처럼 묘사하는 등 인종적 편견을 답습 및 재생산하기도 한다.[31]

얼마 전 경검찰 관련해 한 국선변호인의 경험담을 들을 기회가 있었다. 그는 경검찰의 인종 및 계급

차별적 행태에 혀를 내두르며 피해 규모가 큰 부정부패나 배임, 사기 등의 사건보다는 빈곤 지역에서 발생하는 경범죄를 단속하는 데 혈안이라고 토로했다. 현재 내가 살고 있는 주의 인구 구성은 50퍼센트 이상이 백인, 히스패닉 약 20퍼센트, 흑인 15퍼센트 미만 그리고 아시안이 약 10퍼센트이고, 그가 일하는 지역은 히스패닉과 흑인의 비율이 좀 더 낮은 대신 아시안의 비율이 높은 편이다. 그러나 기소되는 형사사건 대부분의 피의자가 흑인과 히스패닉이고, 가장 많이 기소되는 범죄 역시 빈곤이나 정신 건강에 직간접적으로 연관된 사건이라고 한다. 한국 사회에서 경찰이 지탄을 받는 경우는 주로 소극적인 범죄 예방 및 수사에 관련해서다. 특히 여성이라면 가정 폭력이나 성범죄 사건에서 경찰의 미온적·비협조적 대응에 분노한 적이 있을 것이다. 그런데 미국의 맥락은 꽤 다르다. 국가의 주요 공권력 행사 집단으로서 경찰이 인종에 기반한 억압과 폭력의 최전선을 형성하고 있다.

앞서 성매매 단속에서 유색인종 여성 비율이 눈에 띄게 높았던 점도 이러한 이유로 나타나는 현상이다. 경찰 측이 중산층 이상의 사람들이 이용하는 고급 업소에 비해 길거리 성매매를 더 적극적으로 체포하는 경향이 있고, 길거리 성매매에서는 유색인종 여성의 비율이 높다. 이런 현상 때문에 '유색인종 여성이 이중적 피해를 입는다'는 것이 성매매 전면 비범죄화 주장의 주요 근거로 등장하기도 한다.

교도소 수감 인구 역시 심각하게 인종화된다. 1990년대 중반부터 2010년대 초반까지 국가의 범죄 강력 대응

**도표3** 거주인구 10만 명당 인종별 수감 평균[32]

정책 기조를 통해 급격하게 증가했던 수감 인구는 2010년대 중반부터 감소하는 추세에 있다. 그러나 미국의 수감률은 여전히 전 세계에서 가장 높아, 총인구는 세계 5퍼센트인 미국이 수감 인구는 세계 수감 인구의 25퍼센트를 차지한다.[33] 수감 인구에서 드러나는 인종적 불균형도 눈에 띈다. 2019년 사법통계청 및 센서스 자료 기반의 도표인 [도표3]을 보면, 인구 10만 명당 주립 교도소에 수감되는 비율이 라틴아메리카 계열은 백인의 1.3배, 흑인은 백인의 4.75배에 달한다. 전미유색인지위향상협회NAACP는 백인과 같은 수준으로 흑인 및 라틴아메리칸의 수감 수준을 맞출 경우 현재 수감인구 전체의 40퍼센트가 줄어들 것이라고 본다. 미국의 형사 사법 체계가 적극적으로 인종적 타자를 수감 타깃으로 삼고 있음을 알 수 있다.

## 국가 폭력 부추기는 반성매매운동?

노르딕 모델을 지향하는 신폐지주의운동이 성구매자와 알선자에 대한 처벌을 내세움으로써 형사 사법 체계와 공모한다는 주장은 바로 이런 맥락에서 나온다. 진보 정치를 지향하는 미국 내 활동가와 연구자의 최우선 과제 중 하나는 대규모 수감 역사의 종결이다. 내 주변에도 경찰 자체를 차별과 국가 폭력의 장치로 여기는 이들이 많고 경찰에 들어가는 예산을 끊고 경찰 집단 자체를 해체해야 한다는 주장 역시 흔히 등장한다. 노르딕 모델의 정책적 접근에 탈성매매 지원과 성평등 교육이 주요 내용으로 포함됨에도, 성구매와 알선에 대한 법적 처벌을 요구하는 대안이 형사 사법 체계 문제와 엮여 비판을 받는 것이다. 일례로 2010년 저명한 사회학자인 엘리자베스 번스틴이 이 같은 비판에 착안하여 성매매 폐지주의를 '수감주의 페미니즘'으로 개념화했고[34] 현재 이 개념은 전 세계에서 성매매뿐만 아니라 성범죄나 가정 폭력 가해자에게 처벌을 요구하는 페미니스트 전반을 지칭하는 용어로 자리 잡았다.[35]

특히 교차성 페미니즘을 고려하면 유색인종 남성이 여성에 더 억압적이라는 백인우월주의적 편견 그리고 여성 대상 폭력 담론에서 모범적 피해자로 그려지는 백인 여성의 위치성을 지적할 수밖에 없다.[36] 식민주의에 내재한 성별화된 인종주의[37]는 식민 지배를 당하는 남성과의 대비를 통해 백인 남성의 우월성을 내세우고 지배를 정당화한다. 성구매나 알선을 처벌할 경우 유색인종 남성을 감옥에 보내기 위한 장치로 노르딕 모델의 처벌 조항이 악용될 것이라는 염려도 이런 맥락에서 나온다.

뉴욕 시 성매매 기소 완화에 대한 신폐지주의 측의 반대도 비슷한 맥락에서 비판받는다. 뉴욕 맨해튼 검찰은 지난 2021년 4월에 더 이상 성매매 여성에 대한 기소를 하지 않겠다는 지침을 발표했다.[38] 당시 발표는 성매매를 처벌한다고 해서 이 산업이 더 이상 안전해지지 않으며 동시에 기소로 인해 가장 크게 영향받는 여성들이 흑인, 라틴아메리카, 동아시아 등 인종·에스니시티 기반 소수자에 해당한다는 점에 착안했다고 밝혔다. 또 성판매만 기소하지 않을 뿐 성구매, 알선, 인신매매에 대한 단속과 처벌은 전처럼 진행할 것이라 덧붙이기도 했다. 이후 뉴욕 시의 다른 지역에서도 유사한 기조 변화가 이어져 성매매 혐의 체포 건수가 크게 줄고 있는 추세다. 즉 맨해튼의 성매매 정책 기조는 기소를 기준으로는 노르딕 모델에 가까워졌다. 동시에 전에 없던 처벌 조항을 새로 만들어 구매자와 알선자를 처벌하는 게 아닌 이미 있던 성매매 처벌 조항을 성매매 여성에 한해 적용하지 않겠다는 방향인 만큼 이전에 비해 처벌을 완화한다는 의미를 가지기도 한다.

그런데 2021년 기소 중단 결정 이후 뉴욕 내에 성착취 목적의 인신매매가 급증하고 있다는 반론이 등장한다. 지난 몇 년간 뉴욕, 특히 이민자 비율이 높은 퀸스와 브루클린 지역에서 성매매가 더욱 가시화되고 있다는 주장과 함께 제기된 내용으로, 관련 기사에 따르면 경찰이 성매매 여성에 대해서만 체포를 줄이고 있는 것이 아니라 성구매자와 알선자,

인신매매 범죄자에 대한 개입까지 줄이고 있다는 것이다.[39] 퀸스 거리가 성매매 광고와 사진, 호객꾼으로 채워지고 있으며 인신매매 역시 늘고 있다는 내용을 자극적으로 다룬 언론의 보도가 있었고[40] 이후 뉴욕 시장 측에서 인신매매 적극 수사를 지시하여 해당 지역에서만 12개 이상의 업소가 폐업당했다는 소식도 들렸다.[41] 동시에 일시적 노력만으로는 인신매매를 줄일 수 없다는 지적도 여전한 상황이다.

언론에서 다룬 내용을 볼 때 뉴욕 내 성매매 논의에서 눈에 띄는 특징은 성매매 합법화 입장과 노르딕 모델 입장 모두 성매매에 대한 처벌에만 집중하고 있다는 점이다. 노르딕 모델은 사회의 성매매 수요 자체를 줄인다는 목표를 갖고 있기 때문에 탈성매매 지원, 성평등 교육 및 성매매 방지 교육에 필요한 자원 및 체계 확보가 필수적인 제도다. 그런데 관련자 처벌 여부에만 집중할 경우 '인신매매 불처벌' 등을 비판하는 신폐지주의의 주장은 다시금 수감주의 페미니즘으로 곡해된다. 이를테면 "성매매 여성을 처벌하지 않는다고 하지만 실제로는 (노르딕 모델이 아닌) 성매매 합법화로 향하는 것이 아니냐"는 신폐지주의 측의 반문에서 '성구매자와 알선자를 처벌하라'는 메시지만이 확대되고, 결국 노르딕 모델이 담고 있는 회복적·문화적 접근이 빠진 채 '인종차별적 국가 폭력을 부추긴다'는 비판 앞에 놓이는 것이다.

뉴햄프셔 주 역시 2025년 7월에 성구매자 처벌을 강화하는 법안이 통과되어 2026년 1월 1일부터 시행 예정이다. 이 법안은 성구매를 A급 경범죄[?]로 상향 조정하고 최소

---

? 경범죄 중 가장 처벌 수위가 높다.

500달러, 최대 2000달러의 벌금 혹은 1년 이하 징역을 명시했다. 또한 성구매자가 낸 벌금은 성매매 피해자 및 생존자 지원금으로 활용된다. 피해생존자 지원 과정에서 예산 확보가 필수적이기에 유럽 몇몇 국가에서 성구매 벌금을 피해생존자 지원 예산으로 활용하기도 하는데 뉴햄프셔에서 이와 유사한 접근을 취한 것이다. 다만 이번 법안에 성매매 여성에 대한 비범죄화 혹은 처벌 완화 방안은 포함되지 않았다. 과연 여성에 대한 비범죄화 없이, 성매매와 성평등에 대한 교육과 문화적 변화 없이, 그저 성구매 범죄 처벌 수위를 높이는 것을 신폐지주의의 승리라 할 수 있을까? 신폐지주의 활동가 사이에서도 관련하여 엇갈린 의견이 나오는 가운데, 뉴햄프셔의 성구매 처벌 강화가 형벌에 의존하는 정책 기조라는 비판은 피하기 어려워 보인다.

  몇 달 전 신폐지주의를 표방하는 팟캐스트 라이브 녹음 행사가 뉴욕에서 열려 구경을 간 적이 있다. 관련 운동에서 가장 유명한 당사자 활동가 중 한 명이 진행을 맡았고, 그와 함께 다른 당사자 한 명과 두 명의 남성이 패널로 참석했다. 그중 백인 남성이 자신을 전직 검사로 소개했다. 그는 성범죄 사건을 여럿 담당했고 현재 인신매매 관련 단체에서 활동한다. 나는 그들의 대화를 들으며 언제쯤 검찰의 문제적 관습에 대해 다룰까 궁금해 계속 기다렸지만, 끝까지 그런 내용은 나오지 않았다. 나중에 그의 이름을 검색했더니, "검찰이 수많은 사람의 감옥행을 바란다는 것은 오해"라며 자신을 포함해 검찰의 목표는 감옥 수감이 아니라는 인터뷰까지 한

바 있었다. 그렇다면 비정상적으로 큰 규모의 수감 인구는 검찰에서 기소도 구형도 하지 않았는데 굳이 감옥엘 가겠다는 사람들로 구성되어 있단 말인가? 마음이 착잡해졌다. 두 명의 흑인 여성 생존자 앞에 앉아 자신의 검사 경력을 자랑스레 말하고, 검찰 내 업무 및 평가 방식을 부인하며 검찰 전반의 문제를 세탁하고자 하는 백인 남성. 성매매 여성에게 경검찰은 공포의 대상이고 억압의 주체다. 그런데 자신이 몸담았던 조직의 문제점을 인지하지도 못하는 자가 신폐지주의의 가치를 실천하는 인물로서 발언한다. 상징적인 장면이다. 해당 팟캐스트는 그를 전면에 내세움으로써 이 운동이 미국의 (차별적이고 과중한) 처벌 중심 제도를 비판 없이 수용하는 그림을 그린다고 느껴졌다. 함께 갔던 친구와 행사 후 맥주잔을 기울이며 만약 신폐지주의운동이 대개 이런 식이라면 진보 정치에서 환영받는 게 이상할 일이라는 대화를 나누었던 기억이 난다.

### 반성매매운동과 보수 기독교 세력의 결탁?

또 미국 반성매매 활동가들이 받는 주요한 비판적 일반화는 '보수 기독교와 결탁해 여성들을 억압하는 도덕주의 세력'이라는 종류인데, 이에 대한 배경 역시 살펴보자. 할리우드 영화 및 기타 대중문화를 통해 우리가 접하는 미국 사회는 한국에 비해 개방적일 것 같다. 하지만 내가 이곳에서 더 흔히 만난 것은 보수적인 정치색과 문화였다. 특히 성문화의 경우, 이윤 창출 목적의 성적 표현이나 퍼포먼스는 선정성 논란이 수없이 일 만큼 자유롭지만, 가톨릭·기독교 중심 지역 커뮤니티에서 표면화되는 성 규범은 그렇지 않다. 대도시를 중심으로 퀴어 공동체와 인권운동이 확산된 역사를 반영하듯[42] 농촌 등 도시화의 정도가 낮은 지역은 성문화가 비교하기 어려울 정도로 상이하기도 하다. 내가 살고 있는 동부는 대도시 부근으로 나름대로 성에 개방적이라고 알려져 있다. 하지만 '문란하다'고 여겨지는 사람(특히 여성)에 대한 거침없는 모욕과 낙인에는 예외가 없다. 정치적으로 '깨어 있다'고 자처하는 이들도 아무렇지 않게 '걸레'나 '창녀' 등에 빗댄 농담을 한다. 성에 대한 보수적 신념과 혼전순결 선언이 지금까지도 유명인들의 이미지 홍보 전략으로 통하는 것 역시 이 때문이다.

    미국은 다른 자유주의 서구사회에 비해 유난히 성에 대한 낙인이 심한 편이다. 사회 전반적으로 성에 대한 죄책감이 큼과 동시에 관심 역시 많은 미국 성문화는 '수치심의 정치'로 개념화되기도 한다.[43] 이 같은 성문화는 보수 우파 정치와 친연성을 보이는데, 그 배경에는 기독교 기반의 도덕률을 빼놓을 수 없다.[44] 한국에서 우파 지지층 확장에 대한예수교장로회 교단을 중심으로 기독교 공동체가 기여하는 것과 유사하게 미국에서는 복음주의와 오순절 교단이 그 역할을 담당한다. 따라서 보수적인 성도덕을 논의할 때 성을 금기시하는 기독교 문화의 영향이 종종 등장한다.

    현재 미국 사회의 극우화 과정에서 보수 기독교

공동체가 생산하는 담론은 성매매, 특히 인신매매 문제와
직접적으로 얽여 있다. 미국 기독교는 역사적으로 노예제의
탄생과 폐지에 모순적으로 얽혀 있는데[45] 성매매, 특히 성착취
목적의 인신매매는 '현대판 노예'로 불리며 종교 공동체를
효과적으로 자극한다. 또한 보수 기독교가 강조하는 이분법적
젠더 정치에서 여성은 성적 순결성을 지키는 순종적인 타자로,
남성은 '지킬 가치가 있는 여성'을 보호하는 가부장으로
그려진다.[46] 이에 따라 성착취 인신매매는 기독교의 가부장적
윤리에 반하는 대표적인 죄악이 된다. '현대판 노예제'를
종결지어야 한다는 소명 의식과 고결한 성도덕을 지켜야
한다는 책임감을 모두 자극한다는 점에서 성매매는 기독교
공동체의 관심을 불러일으키기에 아주 용이한 사회 문제다.

      한편 큐어논[?] 등을 주축으로 하는 음모 이론이
보수 기독교와 갖는 친연성도 중요하다. 미국 내 음모론은
기독교 신앙에 기반한 도덕적 공황을 활용하여 우파 정치의
정당성을 주장한다. 기독교적 도덕률하에서 성은 종종
사타니즘과 연관되기에, 우파 중심의 음모론은 종종 '비규범적인
성'을 소재로 삼곤 한다.[47] 큐어논의 전신이자 음모론의 대표적인
사례로 알려진 2016년 피자게이트[??]도 도덕적 공황과
인신매매에 대한 공포가 얽혀 발생한 사건이었다. 19세기
반성매매운동 조류 가운데 도덕 개혁을 목적으로 했던 성매매
근절 활동의 역사가 현재의 보수 기독교 중심의 인신매매 반대
담론으로 연결되는 것이다.

---

| ? | QAnon, 미국 극우의 음모론적 정치운동 |
| ?? | 저명한 민주당 정치인들이 아동성착취 목적으로 인신매매 조직을 구성했으며 그들의 활동이 피자집을 중심으로 이루어진다는 음모론으로, 미 대선 직전에 퍼졌다. |

이 장을 쓰기 위해 미국 내 반성매매운동을 조사하기 전까지는 나 역시 보수 기독교가 반인신매매 및 반성매매운동에서 어느 정도의 입지를 차지하고 있는지 알기 어려웠고, 지금도 이 의문은 완전히 해결되지 않았다. 내가 읽었던 연구들은 보수 기독교, 특히 복음주의 공동체와 폐지주의 페미니스트들이 운동 과정에서 실제로 협력 관계에 있다는 결론[48]을 내리고 있었기 때문에 이 질문에 대한 답을 찾는 것은 내게 꽤 중요한 문제다.

실제로 성매매 및 인신매매 반대 활동을 하는 단체의 입장을 보면 도덕보다는 사회 정의 관련 용어와 논리를 주로 사용하고 있으나, 단체 주요 구성원이나 연혁에서 교회 기반 활동 이력이 등장하기도 한다. 신폐지주의 행사를 통해 교류하게 된 몇몇 활동가가 신앙을 언급하는 경우도 보았다. 하지만 미국 사회 내 시민단체 운영 방식을 고려해본다면 교회를 중심으로 활동하는 모두가 보수 기독교 공동체의 일부라고 단정하는 것 역시 문제적임을 알게 된다. 비영리단체 운영 기금이 국가 예산에서 나오는 경우가 드물고 대부분 기업이나 종교단체의 모금으로 충당되기 때문이다. 최근 알게 된 한 신폐지주의 페미니스트 활동가는 정부 예산을 받게 될 경우 미국 정부의 정책 기조 비판이 어려워진다고 토로했다. 변화를 위해서는 현 정책 비판과 새로운 정책 홍보가 필수적인데 이에 제동이 걸리기 쉽다는 것이다. 따라서 흔히 정부 예산 지원 대신 미국 내에 이미 활성화되어 있는 자선문화를 활용한다. 그중 특히 기업과 교회에서 나오는 기부금의 비율이 상당하기 때문에 이렇게 운영되는 비영리단체가 상대적으로 안정적·체계적으로 활동할 수 있다. 기부를 하는 교회 중에는 보수 기독교 세력이 있을 수도 있지만, 국내 기독교장로회나 성공회가 그러하듯 진보 정치에 힘을 보태고자 하는 교단도 있다. 따라서 현재 신폐지주의로 대변되는 전반의 활동이 어떤 세력을 대변한다는 단정은 당연히 불가능하다.

종교적 색채 관련 평가가 복잡해지는 사례로 2023년 메인 주 성매매 관련법 개정안이 있다. 이 법은 성판매자를 비범죄화하고 성구매와 알선에 대한 처벌만 유지한, 미국 내의 노르딕 모델 전환 사례로 회자된다. 해당 법안의 발의와 채택에서 주요 역할을 담당한 하원의원 로이스 레킷은 평생 여성주의운동과 정책 활동을 해온 것으로 유명하다. 또 이 법안 통과 당시 주지사였던 재닛 밀스 역시 취임 후 적극적으로 평등 지향 정책을 확장했다고 평가받는다. 이 둘은 모두 민주당 소속으로, 법안 통과 과정에서 민주당과 공화당 가릴 것 없이 지지를 받았으며 법안 홍보·추진 과정의 언어도 기독교적 도덕률이 아니었다. 한편, 캠페인 과정에서 주요 역할을 담당한 단체 구성원 중에는 교회 공동체에 기반을 둔 활동가도 다수 있었다. 보수 기독교에 경계심을 갖고 있는 진보적 청중은 교회 출신의 활동가가 있었다는 이유로 혹은 공화당의 지지를 받았다는 이유로 이 법안 자체가 기독교 세력에 의해 기획되고 통과되었다고 주장할 수도 있다.

메인 주의 새 성매매 정책이 성매매 여성 지원보다는 처벌 조항 개정에 집중한 것 역시 부정적인 해석에 힘을 실어준다. 새 법은 성판매자 불처벌과 성구매자 및 알선자 처벌을 명시했고 성매매 여성에 대한 지원책 역시 언급하고 있으나, 그 지원책은 성매매 관련 범죄 경력 삭제 등의 수준으로 체계적인 탈성매매 지원, 성매매 예방 및 유입 방지를 위한 전략이 부족했다. 물론 성매매 여성 비범죄화라는 긴급한 목표를 달성한 점은 인정받아야 한다. 그러나 성매매 여성이 경험하는 구조적 취약성을 상쇄할 제도적 장치 마련보다 성구매자 처벌을 강조했다는 데서 비판의 여지가 생겼다. 이는 미국에서 '보수 기독교 세력과 성매매 폐지운동의 결탁'이라는 분석이 이미 인기를 얻고 있기에 중요한 논점이 된다. 담론 환경이 이러하니, 처벌 조항 중심의 법률 개정은 또다시 '수감주의 페미니즘'이라는 비판으로 이어졌다.

최근에는 연방 차원에서 포르노그래피를 금지하는 법안도 등장했다. 현재 『주간 음란물정의법』(Interstate Obscenity Definition Act)으로 알려진 이 법안은 그 이름에서 알 수 있다시피 여성 인권 관련 문제의식에 기반한 것이 아니다. 이 법안은 성적 욕구 충족 목적으로 성행위를 묘사하는 시각 콘텐츠 및 공연을 포괄적으로 '음란물'이라 정의하고 이를 모두 금지한다는 면에서 성에 대한 도덕주의적 접근을 노골적으로 드러낸다.[49] 법안을 발의한 의원은 공화당 소속으로, 포르노그래피에 반대했던 신폐지주의의 관점이 아닌 성 보수주의를 따른다. 심지어 이 법안이 사상과 표현의 자유 전반을 축소시키기 위한 초석이라는 분석이 나오기도 한다. 우파의 관심을 자극하기 위해 성 문제를 건드리는 이런 상황들은 성산업에 대한 비판적 시각 자체가 우파 정치에 복무한다는 단순한 일반화를 부추긴다. 한편 2018년에는 성매매 광고를 게재하는 인터넷 사이트에 책임을 묻는 『성착취 목적 인신매매 허용 행위 및 온라인상 성착취 목적 인신매매 방지법』(Stop Enabling Sex Trafficking Act/Fight Online Sex Trafficking Act)이 제정되기도 했다. 트럼프 1기 행정부 기간에 제정된 이 법은 공화당과 민주당 모두의 지지를 받아 통과되었는데, 당시 (그리고 지금도) 인터넷상 표현의 자유를 침해한다는 비판이 거셌다. 즉 성매매 및 인신매매 관련 법이 이미 표현의 자유에 대한 논란을 불러일으키는 가운데 포르노그래피 금지법안까지 나오면서 성산업을 비판하는 목소리와 보수 세력의 친연성이 더욱 돋보이게 되어버린 상황이다.

## 반성매매와 성 노동

지금까지 살펴보았듯, 미국의 성매매 문제 관련 담론 지형은 정치와 사회문화가 특정 입장 자체를 일반화하고 위협하는 방식을 잘 보여준다. 미국에서 공부하며 나는 각 사회의 특수성을 고려하면서 활동에 접근할 필요를 고민하게 되었고 이를 글에 담았다. 지금까지 소개한 미국 이야기를 읽은 독자들은 '그래서 어떻게 하겠다는 건지' 하는 생각이 들 수도 있다. 나는 노르딕 모델이 성산업 전체 합법화보다 나은 방향임을 안다. 미국과 같은 골치 아픈 환경이라 해도, 심지어 정책이 성공하지 못하더라도 그렇다고 생각한다. 하지만 같은 방향의 캠페인을 위해 모였다 해도 운동 내부의 목소리는 끝없이 다양하기 마련이고, 그 사이에서 중심을 유지하기란 생각만큼 쉽지도 간단하지도 않다.

내가 노르딕 모델 실현에서 가장 중요하게 생각하는 원칙은 정책을 설계하는 과정에서 성매매 여성의 다양한 요구를 제도적으로 보장하는 데 있다. 노르딕 모델의 가장 근본적 목표가 성불평등 완화에 있기 때문이다. 성매매 유입이 복잡하게 얽힌 성차별과 이로 인한 여성의 취약성에서 비롯한다면, 성매매 문제를 해결할 열쇠 역시 여기서 찾아야 한다. 따라서 불평등 전반을 해소하는 과정에 적극적으로 참여하고 성산업에 맞닥뜨린 여성들의 취약성을 완화하는, 좀 더 복잡한 조건들이 충족되어야 한다. 그러나 폭넓게 접근할 수 있는 정보를 기준으로 신폐지주의 활동 방향을 진보 정치의 가치에서 평가해볼 때, 적어도 미국에서는 이러한 맥락적 고려가 성공적으로 표면화되지 않는다.

이러한 인상은 어쩌면 한 사회의 모순이 다른 정책과 갖는 연관성을 고려하는 데 집중하는 대신 성매매를 둘러싼 이념 싸움에서 이기기 위한 법적 선언을 우선시하기 때문인지도 모른다. 예를 들어 스웨덴에서 노르딕 모델은 이미 전반적인 복지 정책이 확보된 상황에서 등장했다. 현지에서 만났던 활동가의 말에 따르면 노동, 건강 등 경제적 어려움으로 이어질 수 있는 다양한 상황에 적용되는 복지 서비스가 이미 시행되고 있었기 때문에 성매매 여성에 대한 지원책도 일반 복지 체계에 어느 정도 흡수시키는 방향으로 마련되었다. 대조적으로 한국은 복지국가로서 역할을 충실히 하고 있지 못한 데다, 관련

운동과 연구를 통해 식민 역사와 외화벌이 정책 등 국가가 성매매를 제도화했던 책임이 드러났다. 따라서 비록 현재 국내 『성매매방지법』은 처벌법상 금지주의를 넘어서지 못했지만, 성매매 여성 지원에 있어서는 노르딕 모델을 채택한 다른 국가에 비해 훨씬 전문적인 체계를 독립적으로 갖추고 있는 편이다.

     미국은 복지국가로서 사회 안전망을 충분히 마련했다 보기도 어렵고, 제도화된 성매매에 대해 국가의 책임을 묻는 활동이 크게 전개되지도 않았다. 때문에 스웨덴이나 프랑스 등의 법률적 요소만을 따라해서는 노르딕 모델이 말하는 평등을 향하기 어렵다. 즉 노르딕 모델이 긍정적으로 작동하기 위해서는 미국 사회가 갖고 있는 모순을 해소하는 과정이 필요하다. 이에 기반한 구체적 정책 대안이 있어야 반성매매운동이 '억압적 국가 권력과 보수 정치에 복무한다'는 혐의를 벗을 수 있다.

     물론 이는 반성매매운동만의 과제는 아니다. 전면 비범죄화를 말하는 합법화운동은 현존하는 모순과 억압에 공모한다는 비판에서 자유로울까? 그렇지 않다. 성매매 산업 전반을 합법화하더라도 성매매 이외의 선택지를 보장하려면 판매자 여성 처벌 조항 삭제를 넘어서는 노력이 필수적이다. 구조적 불평등 해결을 위한 노력이 없다면 가난한 여성의 선택지가 성매매뿐이 된다 해도 문제없다고 말하는 사회로 나아갈 뿐이다. 자살, 살해, 강간, 협박 등 심각한 범죄 피해, 복합적인 정신 및 신체적 외상, 건강에의 악영향 등 다른 어떤 직업보다도 위험한 성매매 현장을 빈곤한 유색인종 및 이민자 여성들이 이미 대표하고 있다. 그럼에도 이들 개인이 자유

의지로 선택했으니 상관없다는 주장은 이들에 대한 타자화와 차별 정당화 논리에 복무한다. 불처벌이라는 한 가지 주제에만 치중하면 사회적 차원에서 해결해야 하는 구조적 문제를 논의할 명분마저 사라지기 십상이다.

비범죄화의 위험은 이뿐만이 아니다. 성 노동을 합법적 노동의 영역에 포괄하고 성매매 산업 전체를 비범죄화할 경우 성매매 여성과 성구매자 사이에는 '성적 서비스 제공자'와 '소비자'라는 관계가 성립된다. 소비자는 서비스에 만족하지 못할 경우 대가 지불을 거부하거나 환불을 요구할 권리를 갖는다. 성매매가 합법화된 국가의 사례에 따르면 경쟁이 심각해지면서 콘돔을 사용하지 않겠다는 요구나 폭행과 구분되지 않는 '서비스'를 일상적으로 받아들여야 하는 상황이 더 빈번히 발생한다. 당사자 활동가들의 다양한 경험과 현장 기록에서 볼 수 있듯 이런 피해는 합법화가 되지 않은 나라의 현장에서도 이미 심각한 수준이다. 그런데 합법화는 이러한 착취적 상황을 '소비자 권리'로 포장할 명분마저 제공한다.

현재 성산업 전면 비범죄화 담론에서 가장 흔히 발견되는 주장은 산업에 대한 아무런 제재 없이 개인의 자유를 보장해야 한다는 내용이다. 개인의 합리적 선택만을 전제한 채 시장의 작동 원리에 모든 권한을 주어야 한다는 생각은 신자유주의 논리의 극단을 달린다. 낙인만 없다면, 단속만 없다면, 경찰만 없다면, 돈만 번다면 (진짜 그 돈이 벌리는지는 차치하더라도) 지금 세계에서 여성들이 겪는 고통이 사라질까? 법령과 제도 어디에도 언급되지 않고 제 혼자 굴러가는 노동

시장과 산업이 세상에 존재하기나 할까? 근대국가의 정당성을 별로 믿어본 적이 없는 나도 이해하기 어려운 상상 속 이야기에 가깝다.

진보 정치 담론에서 긱 노동<sup>?</sup>과 개인사업자를 포함한 비정규 노동은 심각한 사회 문제로 다루어진다. 성 노동이 노동이라면 성산업 내 노동자의 권리를 보장할 수 있는 촘촘한 장치가 필요하다. 노동자 권리에 대한 규정이 전무할 때 어떤 지옥도가 펼쳐지는지는 이미 2-3세기 전에 충분히 보았고, 최소한의 제도만 마련되어 있는 성매매 합법화·비범죄화 국가인 독일, 네덜란드, 뉴질랜드 등에서도 이미 당사자들이 심화된 착취를 말하고 있기 때문이다. 불안정한 노동 구조와 노동자 권리 침해는 다른 어느 산업에서보다 성산업에서 가장 먼저 그리고 가장 심각하게 발견된다.[50] 그러나 왜 성 노동 논의만 시작하면 진보 정치를 지향하는 이들도 갑자기 노동권 보장을 위한 제도적 방안을 거부할까? 성 노동운동에 참여하는 활동가 상당수가 단지 성 노동 당사자가 아니라 알선자로서 돈을 벌고 있다는 점은 어떤가? 고용주나 사업주의 주장이 피고용자의 노동권운동을 대변하는 상황에 정말 이해 상충 지점이 없을까?[51] 자본가와 노동자 사이의 관계가 언제부터 그렇게 상호 협조적이었단 말인가? 성 노동이라는 개념이 과연 무슨 뜻이기에?[52]

어쩌면 '성 노동도 노동'이라는 말 뒤에는 그야말로 성 노동에 대한 예외주의가 작동하고 있는지도 모른다. 만약 낙인으로 인해 예외적 대우가 있어야 한다면

? 임시직·초단기계약 노동

그 낙인의 원인을 법 제도나 반성매매운동에서만 찾는 것도 모순이다. 일례로 미국에서 대마초는 오랫동안 불법이었음에도 문화적으로 큰 낙인의 대상이 되지 않는데 왜 성매매는 합법화 국가에서마저 낙인이 유지될까? 이 모든 문제를 산업 전체 합법화와 완전한 시장주의로 다 풀어낼 수 있다는 말에 설득력이 있을까? 이 장이 미국 내 반성매매운동을 다루다 보니 신폐지주의 활동 내부의 유의점을 비판적으로 다루는 데 집중했으나, 성-긍정적인 합법화 주장의 곳곳에서 나타나는 오류에 반문을 내놓자면 한이 없을 것이다.

반성매매운동이 그런 것처럼 성 노동운동에도 내부적 다양성이 있다. 국제 활동을 하는 민간단체 활동가 발언 사이에서 상충하는 주장이 나오는 것을 목격한 일도 수차례다. 따라서 신폐지주의의 다양성을 무시한 채 단순한 일반화에 기대어 하는 비판이 문제적인 것처럼, 내 질문들이 성 노동운동을 일반화한다는 반론도 가능하다. 신폐지주의와 성 노동운동에서 그렇듯 다양성은 어느 사회운동에나 있다. 하지만 가능한 저변을 넓히며 지지층을 확대하기 위해 단순화를 어느 정도 각오하고라도 대중적인 캠페인을 벌이는 것 역시 사회운동이 안고 갈 수밖에 없는 현실이다. 다시 말해 내가 던져놓은 물음표들은 성 노동운동이 미국의 어떠한 성문화, 정치 인식, 사회문화 속에서 저변을 구성해가고 있는지에 대한 것이기도 하다.

개인의 자유 확대, 시장주의, 규제 철폐, 자본 친화성 등 신자유주의적 인식은 미국에서 다른 어느 나라보다 강력하게 작동한다. 성-긍정적인 성 노동 합법화를 말하는 운동이 신폐지주의보다 이론적으로 설명력이 뛰어나거나 정치적으로 더 진보적이어서 지지를 받는 것이 아니다. 더군다나 위 반문에 적절한 답을 내놓지 못한다 해도 운동에 직격타가 되지 않는다. 노동 과정에서의 착취, 위험, 고통 등을 이미 사회 전체가 겪고 있으니 그걸 당연히 받아들여야 한다는 메시지를 신자유주의 이데올로기가 매일같이 던지고 있기 때문이다. 그러니 '그런 질문을 던지는 것 자체가 오히려 성매매 예외주의'라고 되받아치면 그만이다. 다른 어느 직종보다도 심각한 위협이 도사리는 일이라 하더라도, 구조적 억압과 불평등 속에서 다른 선택지의 부재로 한 선택이라 하더라도, 개인이 그저 알아서 이 모두를 책임지고 살아나가도록 규제를 없애버리면 된다는 주장이 별로 이상하지 않다고 여겨지는 곳이, 바로 미국이다.

### 적대를 너머 실천으로

한국 출신 반성매매 활동가이자 연구자로서 최근 몇 년간의 고민, 활동가들과의 대화 그리고 지금까지 접한 문헌 등을 중심으로, 미국 신폐지주의가 꼭 고민해보아야 할 문제를 다루었다. 이곳 대학원에서 만난 젠더와 섹슈얼리티 연구자들은 대부분 신폐지주의운동에 대한 부정적 인식을 거침없이 표현한다. 그러나 막상 물어보면 해당 운동에서 나오는 주장이 정확히 무엇인지 모른 채 그저 비판하는 경우가 많다. 그래서 이제는 그들의 비판이 항상 중요하지는 않다는 것을 잘 안다. 하지만 듣다 보면 내부적으로 더 나은 방향을 다지는 데 참조할 내용이 있었다. 인종화된 성매매 시장, 억압적인 형사 사법 체계 그리고 보수 기독교의 입김 등은 어떻게 운동의 경계를 그어나갈지에 대한 논의에서 특히 조심스럽게 풀어가야 할 문제다.

  이미 이런 고민을 하는 활동가들이 존재한다. 처벌 중심으로 정책을 설계하는 접근이 문제적이라고, 복잡한 억압의 구조를 바꾸는 과정 전반에 신폐지주의운동이 함께해야 한다고, 무엇보다 성매매 여성의 입장에서 여성주의 가치를 지키는 운동의 앞날을 그려야 한다고 느끼고 행동하는 활동가도 많다. 그러나 이들이 정부, 기업, 교회의 전폭적인 지원을 받는 단체만큼 큰 목소리를 내기가 어려운 현실이다.

  미국의 현장을 지키는 이들과 대화한 뒤, 내 질문은 다시 40여 년 전의 섹스 워로 돌아간다. 첨예한 대립구도 속에서 운동 내부의 다양성은 삭제된 채 처벌, 형사 사법 체계, 보수 기독교 등 가장 비판하기 용이한 면면이 신폐지주의운동의 헤드라인이 되어버린 현재를 본다. 박사과정을 위해 처음 이곳에 도착했을 때 내 목표는 성 노동과 반성매매운동 양쪽에서 적어도 어느 정도는 흥미로워할 만한 연구를 생산하는 것이었다. 어쩌면 그 개인적인 목표 때문에 미국 반성매매운동을 다루어달라는 제안에 신폐지주의의 활약과 인신매매 관련 국제법이 한국 및 전 세계에 미친 영향을 읊는 대신 명확한 답도 아직 찾지 못한 걱정을 써내려갔는지도 모른다. 미국 내 대학교에 적을 두고 있을 뿐 사실상 외부인인 내가 할 수 있는 일은 많지 않고, 누군가는 나의 이 글이 무척 주제넘은 소리를 담고 있다고 볼지도 모른다. 하지만 한국에서 온 페미니스트로서, 어느새 '성도덕주의자'란 딱지를 달게 되어버린 연구자로서의 고민을 기록해두고 싶었다.

물론 이 글의 가장 큰 목표는 반성매매운동이 잘못된 것이라는 주장을 읽을 때마다 헷갈려버리는 독자에게 도움 될 정보를 제공하는 것이다. 비판의 논리는 진공에서 나오는 것이 아니라 다양한 요소가 맞물린 사회적 맥락 속에서 구성된다. 미국의 사례에는 한국과 유사한 면면도 있겠지만, 너무나 판이해서 적용 불가능한 조건도 많다. 반성매매와 성노동 관련 서구 사회 논의가 글로벌 담론의 중심을 차지해오다 보니 한국 등 비서구 사회 분석에도 영미권의 분석 틀을 그대로 적용하는 경우를 종종 본다. 때로는 한국의 성산업과 운동 역사를 고려해보았을 때 설명력이 부족한 개념이나 비판을 무분별하게 수입하는 현실을 발견하기도 한다.

일례로 한국 반성매매운동의 맥락은 보수 정치 및 종교가 뒷배라는 혐의를 받는 미국의 신폐지주의운동과는 판이하다. 내가 주로 만났던, 특히 국내에서 반성매매운동의 기틀을 닦은 고참 선배들은 진보 정치, 민주화, 노동운동을 하다 여성들이 처참하게 죽어가는 성매매 현장에 대해 알게 된 후 힘을 보태겠다고 결심한 이들이지 보수 기독교회에서 성도덕을 지키겠다며 등장한 사람들이 아니다. 그리고 이는 별것 아니라 여기고 넘겨도 될 맥락 차이가 아니다. 한국의 반성매매운동은 성매매를 제도화시킨 국가의 책임을 적극적으로 묻고, 성매매 여성이 필요로 하는 자원을 제공하는 것까지 국가의 의무임을 확립하는 데 성공한, 전 세계를 찾아봐도 흔치 않을 사례다. 그리고 이것이 한국 반성매매운동의 특수성을 만들어낸 배경이다. 현재 성매매 관련 운동 지형의 복잡성으로 인해 혼란을 겪는 한국의 독자들에게, 국내에 잘 소개되지 않는 이 글의 정보들이 도움이 되기를 바란다.

# 5

# 성매매 합법화와 비범죄화, 뭐가 다를까
# —독일과 뉴질랜드

조안창혜　성매매문제해결을위한전국연대 국제연대 담당.
럿거스뉴저지주립대학교 사회학 박사 수료. 유럽 각국의
성매매 관련 현장 방문을 다니면서 성매매 정책에 관심을
갖게 되었고 성매매 정책에 따라 해당 사회의 성평등 의식과
성구매 태도가 달라지는 효과에 대해 연구했다.

## 성매매를 둘러싼 주장들

현재 세계 각국의 성매매 정책은 성판매, 성구매, 알선, 장소 제공, 광고, 호객 등 다양한 성매매 관련 행위를 어떻게 법적으로 제재하는지에 따라 크게 폐지주의 접근과 규제주의 접근으로 나뉜다.
abolitionist    regulatory

먼저 폐지주의 접근은 크게 '금지주의'와 '신폐지주의' 정책으로 나뉜다. 금지주의는 주로 도덕적·종교적 이유를 기반으로[1] 성매매 자체를 사회적으로 용인할 수 없는 현상이라 보기 때문에, 성매매와 관련된 모든 행위를 불법으로 간주하여 처벌한다.[2] 반면 1999년 스웨덴을 통해 처음 등장한 신폐지주의는 주로 남성의 성구매와 여성의 성판매로 귀결되는 성매매라는 현상이 성평등 및 인권과 양립할 수 없다는 시각을 바탕으로 한다. 따라서 신폐지주의는 성판매를 취약한 사회경제적 상황에 의한 피해로 규정하여 비범죄화하고, 대신 성구매와 알선 등 제3자의 개입은 범죄화하는 정책을 지향한다.[3]

규제주의적 접근을 구분하는 방식에는 여러 가지가 있으나, 특히 '합법화'와 '비범죄화' 정책으로 나눌 수 있다.
legalization    decriminalization
합법화와 비범죄화는 모두 성판매를 정상적인 직업의 범주에 포함시키고, 성매매를 성인들 간의 자유로운 경제적 행위로 규정한다.[4] 즉 성판매 역시 서비스노동의 일종이라고 정의한다.[5]

정리하면, 성매매 정책 담론에는 크게 성도덕 중심의 금지주의, 성판매자 인권 보호를 주장하는 신폐지주의,

성매매를 '필요악'으로 보는 합법화론 그리고 규제 철폐를 주장하는 비범죄화론이 있다. 이 중 최근 성매매 관련 논쟁의 중심을 차지하게 된 것은 신폐지주의와 비범죄화론으로, 각각은 성매매 산업 자체에 대한 인식과 성매매 문제 해결을 위한 접근 방식을 달리하며 논박을 지속하고 있다.

신폐지주의는 성매매가 젠더 기반 폭력이며, 여성 인권 전반에 영향을 미치는 문제라고 주장한다.[6] 따라서 신폐지주의의 정책적 목표는 성매매 관계에서 성판매자에 폭력을 행사하는 주체의 활동 영역(성구매 및 알선)을 범죄화함으로써 성매매 산업을 축소시키고, 성매매 산업으로의 유입을 줄일 수 있도록 사회경제적 불평등을 해소하는 것이다. 합법화와 비범죄화론에 대한 신폐지주의의 비판은 이들 주장이 성을 구매하는 사람과 판매하는 사람 사이의 사회경제적 불평등을 탈각한 채 이를 단순히 자본주의 사회의 금선거래 행위로 축소한다는 내용을 주로 한다.[7] 또한 성폭력과 마찬가지로 성구매는 성욕이 아니라 권력 행사 욕구에서 비롯되는 것이므로 이를 합법의 영역으로 포함시켜 정상화하는 것은 폭력을 심화하고 불평등을 영속화하는 결과를 낳을 수밖에 없다고 본다.

반면 성매매 비범죄화론은 사회경제적 불평등으로 인해 특정 성별·인종·계층이 성판매자의 다수를 구성하게 된다 하더라도 생존을 위한 개인의 자발적 선택은 여전히 존중되어야 한다고 주장한다.[8] 결과적으로 비범죄화론이 말하는 최우선 과제는 성판매자가 낙인과 처벌의 걱정 없이 자유롭게 성적 서비스를 판매할 수 있도록 산업 전체를 비범죄화하는 것이다. 이들은 성판매자에 대한 폭력을 발생시키는 가장 중요한 요소가 성판매자 처벌과 낙인이라고 본다. 따라서 성판매를 '노동'으로 규정하고 국가 규제를 철폐하면, 성판매자의 삶과 건강에 대한 위험 역시 방지할 수 있다고 본다. 비범죄화론은 성판매자의 생존권을 중심으로 성판매를 '노동'으로 규정한다는 점에서 합법화론과 유사하나, 비범죄화론 측이 합법화와 자신들 입장을 본질적으로 다른 정책으로 구분 짓고 '합법화론'에 강력히 반대한다는 점이 특징적이다. 즉 실패한 것으로 여겨지는 합법화 정책에 대한 신폐지주의의 비판에 맞서면서 비범죄화를 정책적 대안으로 제시한다.

    비범죄화론은 합법화 국가에서의 정책 실패가 드러난 이후부터 성매매 정책 논의에서 중요한 위치를 차지하게 된 입장으로, 그 지지도가 전 세계적으로 높아지고 있다. 2009년에 유엔 HIV/AIDS 계획이 성매매 비범죄화를 권고하고 2016년 국제앰네스티가 성매매 비범죄화 정책을 발표하면서, 비범죄화론의 막강한 영향력이 가시화되기도 했다. 이러한 흐름을 반영하듯, 한국에서도 최근 들어 성매매 산업을 전면 비범죄화해야 한다는 주장이 종종 등장한다.

    그러나 비범죄화가 전 세계적으로 화제가 되고 있는 최근의 상황과는 달리, '합법화'를 대체하는 정책적 이상향으로서 비범죄화가 적절한지에 대한 체계적 분석은 찾아보기 어렵다. 따라서 이 장에서는 합법화와 비범죄화를 본질적으로 다른 정책으로 분류하면서 후자를 전자의 대안으로 제시하는 비범죄화론의 논의를 비판적으로 검토할 것이다. 비범죄화론이 두 정책을 완전히 다른 것으로 구분하는 근거는 무엇이며 이는 사실에 기반하고 있는가? 비범죄화론이 주장하는 정책 분류 방식이 성매매 정책 논의에서 담당하는 역할은 무엇인가? 비범죄화가 합법화의 대안으로 적절한가? 즉 합법화 국가에서 나타나는 문제가 비범죄화 정책을 적용하면 나타나지 않을 것인가? 이 질문들을 검토하며, 성매매 정책 분류 방식에 대한 비판적 분석의 필요성을 시사하려 한다.

### 비범죄화론이 말하는 합법화와 비범죄화의 차이

합법화와 비범죄화가 둘 다 성판매를 노동으로 그리고 성매매를 적법한 산업이자 경제활동으로 인정하고 있지만, 후자를 지지하는 연구들은 종종 합법화와 비범죄화 정책이 본질적으로 다르다고 주장한다. 그들이 말하는 본질적인 차이란 '성매매를 국가의 규제하에 두고자 하는지'에 대한 각 정책의 응답을 기준으로 삼는다.

이들이 밝히는 합법화 정책의 가장 두드러지는 특징은 성판매자가 겪는 피해 최소화보다는 윤리적 레토릭에 국가가 더 방점을 두고 성매매 산업을 통제하고자 한다는 점이다.[9] 성매매 통제의 주요 이유로는 성매매와 연관된 범죄 감소, 공공의 질서 및 건강 보호가 제시된다고 설명한다.

관련 연구에 따르면 특정 국가가 합법화 국가인지 비범죄화 국가인지를 판단할 때 각종 등록증, 허가증, 건강검진 등 의무 규정이 있는지 여부를 기준으로 삼을 수 있다.[10] 또한 합법화 국가는 성판매를 노동의 일종으로 인정하면서 동시에 성판매자를 다른 직업으로부터 구분하는 방식을 유지하고 성매매 산업을 다른 산업과 구분하여 성매매에만 적용되는 특정한 규제들을 만들어낸다고 본다. 이러한 통제가 필연적으로 '합법 성매매'와 '불법 성매매'라는 구분을 낳고, 결과적으로 이를 어기는 성판매자는 불법으로 간주되어 처벌을 받게 된다는 논리다.

반면 비범죄화 정책의 가장 큰 특징으로는 성판매자의 인권·건강 상태·근무 조건 향상이라는 목표를 가장 중시한다는 점을 꼽는다.[11] 성판매자에게 불리할 수 있는 모든 규정을 폐지하고, 다른 산업에도 동일하게 적용되는 규정만을 두는 것이다. 그리고 이러한 비범죄화 정책이야말로 성판매자가 갖는 취약성과 낙인을 줄일 수 있다고 주장한다. 즉 '비범죄화론'이 말하는 합법화와 비범죄화 정책의 차이란 성매매 관련 정책의 목표와 접근 방식 그리고 성매매 산업에 대한 국가의 규제라고 요약할 수 있다.

이런 맥락에서 독일의 정책 접근을 합법화로, 뉴질랜드의 접근을 비범죄화로 구분하기도 하나 이런 구분 방식이 그 개념적 엄밀성을 기반으로 성매매 연구 전반에 받아들여졌다고 보기는 어렵다. 연구물이나 기사 등에서 독일의 성매매 정책이 비범죄화라는 맥락에서 설명되거나 뉴질랜드의 성매매 정책이 합법화라고 불리는 등 정책의 명칭이 호환되는 경우 역시 종종 발견된다.[12] 독일과 뉴질랜드가 모두 비범죄화 국가로 구분되는가 하면,[13] 신폐지주의 지지자들이 '합법화/비범죄화' 정책 구분 기준을 일부 받아들이는 모습 역시 볼 수 있다.

　　　　　　이 장에서는 비범죄화 정책을 옹호하기 위해 합법화와 비범죄화를 상호배타적인 것으로 구분하는 전략이 실제 독일과 뉴질랜드에서 나타나는 성매매 정책의 공통점과 차이점을 적절하게 드러내지 못하며, 결과적으로 성매매 합법화와 비범죄화에 대한 광범위한 오해를 낳는 점에 주목하고자 한다. 따라서 먼저 독일과 뉴질랜드가 성매매 정책을 전환하게 된 배경과 정책의 목표를 비교해본다. 또한 합법화 및 비범죄화 개념의 정의를 기반으로, 두 국가의 정책을 양분하는 비범죄화론의 분류 방식이 적절한지 검토한다.

## 독일과 뉴질랜드 현행법 채택의 배경

2002년 『성매매법』을 시행하기 이전에도, 독일에서 성판매 및 성구매 행위 자체는 처벌의 대상이 아니었다. 다만 정책을 전환하기 전까지 독일은 성매매가 '비풍속적' 행위 즉 사회에 해악을 초래하는 행위라는 입장을 견지했다. 이로 인해 성판매자에 대한 보호와 착취 방지가 사실상 불가능하다는 비판이 제기되었는데, 그 주요 내용은 다음과 같다.

1  '비풍속적'이라 판단되는 행위에 대한 거래는 법적 효력을 갖지 않기 때문에 성구매자가 성매매 후 비용을 지불하지 않아도 법적인 조치가 불가능하다. 그러나 성구매자가 이미 비용을 지불한 후에 성관계가 이루어지지 않을 경우 지불된 비용은 명확히 존재하므로 성판매자를 사기죄로 고발할 수 있다.

2  성매매가 비풍속적 행위이므로, 성판매자는 헌법이 보장하는 직업적 보호를 받을 수 없다. 성판매자가 포주 등으로부터 심각한 착취를 당하더라도 이를 법적으로 해결할 수 없고, 결과적으로 성판매자에 대한 알선자의 부당행위를 막기 어렵다.

3  성판매가 직업으로 인정되지 않기 때문에 성판매자가 알선자와 맺는 고용계약 역시 법적으로 효력을 인정받을 수 없고, 이로 인해 성판매자는 임금협상 및 유급휴가, 건강보험, 실업급여, 연금보험 등에서 배제된다.

4  성매매가 비풍속적 행위로 정의됨으로써, 성매매 알선 등 제3자의 활동이 금지된다. 마지막으로 성판매에 대한 법적·사회적 보호가 부재하고 성매매 알선 등에 대한 처벌 조항이 있었음에도 불구하고, 성매매를

통한 수입에 대해서는 '기타소득'이라는 명목으로 세금을 책정했다.

다시 말해 당시 독일 성매매 정책은 성매매를 비풍속적 행위로 규정하여 성판매자를 다양한 법적 보호와 사회 서비스로부터 배제하면서도 한편에서는 성매매로 얻은 소득에 대해 세금을 부과한다는 점 때문에 비판을 받았다.

결과적으로 독일의 『성매매법』 제정은 성매매가 비풍속적 행위라는 규정을 제거함으로써 성판매자가 직업적 보호와 사회 서비스를 받을 수 있도록 하는 데 집중했다. 『성매매법』은 성 서비스 제공을 조건으로 하는 계약 관계에 대해 법적 효력을 보장하고, 사회보험 등의 권리에서 성판매자가 배제되지 않음을 명시했다. 이를 통해 성판매자는 합의된 보수를 지급하지 않는 성구매자에게 소송을 제기할 자격을 갖게 되었다. 뿐만 아니라 건강보험, 연금 및 실업급여 가입 자격 역시 성판매자로서 얻을 수 있게 되었다. 즉 『성매매법』 제정을 통해 성판매자가 세금을 내면서도 각종 사회 서비스에서는 배제되던 의무와 권리의 불균형을 해소하고자 한 것이다. 이와 함께 나타난 주요 변화는 알선 등 제3자의 개입 행위 금지 규정 삭제였다. 과거 성판매자에게 장소 제공 이상의 조력을 할 경우 모두 처벌 대상으로 삼았던 조항이 삭제되었고, 따라서 '심각한 착취'[?]에 해당하지 않는 한 제3자의 개입은 적법한 것으로 인정되었다.

한편 뉴질랜드 역시, 『성매매개혁법』 시행

---

[?] 독일 현장 활동가에 따르면 '심각한 착취'의 가장 흔한 예는 성구매자가 지급한 비용의 절반 이상을 가로채는 행위다.

이전에도 성판매와 성구매 행위 자체는 처벌 대상으로 삼지
않았다. 다만 업소 운영, 성매매를 통한 수익으로 생계를
유지하는 것, 그리고 성관계 알선을 처벌하는 조항을 두어
제3자의 활동을 금지했고 『약식기소범죄법』에 호객 행위를
금지하는 조항을 두었다. 업소 운영이 불법이었기 때문에
대부분의 성판매자는 마사지 업소에서 성매매를 했고, 결국
1978년에 이를 규제하기 위해 『마사지업소법』이 제정되었다. 이
법은 모든 마사지 업소가 별도 등록증을 받도록 하고 약물 혹은
성매매와 관련된 범죄 이력이 있는 사람을 고용하지 못하도록
했다. 경찰은 이를 단속해 확인할 수 있으며 업장은 종업원
정보를 기록하여 경찰 단속 시 언제든 제공해야 한다.

    성판매자에 대한 경찰의 단속은 주로 호객
행위 금지 조항에 기반했던 것으로 파악된다. 단속을 이유로
길거리나 업소에서 일하는 성판매자 대상 잠복수사가
이루어졌고 이 상황이 이들을 더 열악한 처지로 몰아갔다.[14]
성매매와 관련한 범죄 이력이 성판매자의 신상 정보에 등록될
경우 이들은 약 10년간 마사지 업소에 취업할 수 없는데
동시에 벌금을 내려면 성매매를 지속해야 했던 것이다. 결국
호객 행위 금지와 『마사지업소법』이 실질적으로 여성들을
범죄화하는 결과를 낳음으로써 이들에 대한 착취를 지속시키고
건강을 위협한다는 비판이 뉴질랜드성판매자연합을 중심으로
NZPC, New Zealand Prostitutes' Collective
제기되었다. 이어 이들이 주도적으로 참여하여 마련된
『성매매개혁법』 역시 '성 노동'의 모든 영역을 비범죄화하는
측면을 강조하는 방향을 취했다.

요약하면 독일은 풍속 관련 조항으로 인한 성판매자의 의무(세금)와 권리(법적 권리, 착취로부터의 보호, 사회 서비스 등) 간 불균형 문제를 해결하는 데에 초점을 맞추었고, 뉴질랜드는 성판매자 처벌 가능성을 최소화해야 한다는 문제의식을 기반으로 성매매 정책을 전환했다. 양국의 정책 전환을 낳은 맥락의 차이는 성매매 관련법 제·개정 시에 각국이 방점을 둔 세부 조항의 차이에서 비롯함을 알 수 있다. 즉 독일은 '비풍속' 조항 제거와 성판매자의 권리 보장 조항을 강조하고 뉴질랜드는 호객 행위를 포함한 '성 노동의 모든 영역'을 비범죄화해야 한다는 데 초점을 맞춘 것이다.

하지만 양국의 정책이 본질적으로 다르다고 할 수 있는지는 더 신중하게 판단할 필요가 있다. 모든 국가의 정책은 상이한 맥락을 갖게 마련이며 이러한 차이를 '본질적인 것'으로 환원할 경우 정책 모델을 범주화하는 것 자체가 불가능해질 수 있기 때문이다. 일례로 한국과 일본에서 성매매 산업이 기반하고 있는 역사적·사회적 배경과 정책의 내용은 크게 다르지만, 성판매·성구매·알선을 금지하고 있기 때문에 양국은 모두 '금지주의' 국가로 분류된다. 다시 말해, 성매매 정책의 범주화는 성매매 산업을 보는 시각과 성매매 관련 행위(성판매, 성구매, 알선 등 제3자의 개입)에 대한 법적 판단을 중심으로 이루어지고 있으므로 독일과 뉴질랜드의 정책을 분류할 때도 이러한 요건에 초점을 맞추어야 한다.

## 합법화 혹은 비범죄화

이제 '합법화와 비범죄화 정책은 본질적으로 다르다'는 비범죄화론의 주장이 타당한지 검토해보겠다. 먼저 양국의 성매매 정책 전환 목표와 성매매 산업에 대한 접근 방식을 비교하고 이어 성판매·성구매·알선 등을 규제하는 양국의 세부 조항을 살펴봄으로써 두 정책이 실제로 상호배타적인지 확인할 수 있다.

### 정책 전환의 목표와 접근 방식

비범죄화론자들의 주장과 달리 독일과 뉴질랜드의 정책 목표는 전반적으로 유사한 내용을 담고 있다. 양국은 성매매 관련법을 제·개정하면서 성판매자에 대한 착취와 낙인 제거, 노동권 보장 등을 주요 목표로 제시했다. 독일은 성판매자의 법적·사회적 지위 향상, 근무 조건 개선, 성매매 관련 범죄 감소, 탈성매매 지원을 목표로 삼았고 뉴질랜드는 착취 방지, 성 노동자 인권 보호, 성 노동자의 직업적 건강과 안전 촉진, 공공건강 보호 등을 목표했다. 양국 모두 성판매자의 인권 및 근무 조건 개선을 최우선 과제로 삼았기 때문에 뉴질랜드에서만 '성판매자의 인권 증진을 목표로 삼았다'는 주장은 사실과 다르다.

비범죄화가 성판매자의 인권을 우선으로 하는 반면 독일과 같은 합법화 국가는 윤리와 통제를 목표로 한다는 주장은 특히나 잘못된 사실관계에 기초한다. 앞서 밝혔듯이 독일의 성매매 합법화 과정은 독일 사회가 성매매에 붙여왔던 '비풍속'이라는 꼬리표를 제거하는 데 방점을 두고 있었다. 일례로 성판매자와 성구매자의 연락처를 서로에게 제공하고 딸려 있는 방을 대여한 혐의로 사업자등록을 취소당한 베를린의 한 카페 사업자가 시를 상대로 제기한 소송이 있다.[15] 해당 사업자는 면허 취소가 부당하다는 소를 제기함으로써 성매매 조장과 알선을 '비풍속적' 행위로 보는 규정에 정면으로 맞섰다. 2000년 베를린 법원은 성매매에 대한 이와 같은 규정이 더 이상 시대에 맞지 않다는 판결을 내렸고, 해당 판결은 2002년 『성매매법』의 초석이 되었다. 다시 말해 성매매에 대해 '풍속'이나 '사회적 해악'을 따지는 등 사회가 옳고 그름을 판단하는 것이 더 이상 합당하지 않다는 결정에 따라 『성매매법』 제정이 이루어졌다. 이를 생각하면 독일의 합법화 정책이 '윤리를 바탕으로 성매매 산업을 규제한다'는 주장은 타당하지 않다.

한편 성판매자의 인권 증진을 위해 업소 운영 및 알선 등 제3자의 행위를 비범죄화하는 방안을 채택했다는 사실 역시 성매매에 대한 양국의 고민이 유사했음을 보여준다. 규제주의 접근은 '자발적'으로 이루어지는 성매매를 젠더 위계에 기반한 여성 대상 폭력이라 보지 않으며 따라서 성매매 산업의 축소나 성산업의 성별화된 측면보다는 성판매자에 대한 차별 해소와 성판매자의 근무 조건 개선 등을 우선으로 한다. 이러한 논리를 따를 때, 성판매자를 고용하여 업소를 운영하는 행위는 착취나 범죄가 아닌 정상적 사업 운영이자 노동자 고용 활동으로 재정의된다. 즉 '성 노동' 조직을 중심으로 알선·업소 운영 등 성매매 산업의 모든 행위를 적법한 이윤 추구 행위로 재정의했다는 점에서 양국의 정책 전환 방향은 유사하다고 볼 수 있다.

### 범주에 적용해보기─비범죄화

형법학에서 '비범죄화'의 정의는 관점에 따라 다르나 이 주제에서 적용될 수 있는 정의는 다음 두 가지를 들 수 있다. 첫째는 비범죄화의 개념을 광의와 협의로 구분하는 방식이다. 여기에서 광의의 비범죄화란 국가형벌권이 적용되는 범위 자체가 축소될 정도로 "형사제재규정의 폐지나 부적용이 일어나거나 형사제재를 보다 가볍게 하려는 모든 시도"를 뜻한다. 한편 협의의 비범죄화란 "일정한 형사규정의 완전한 폐지"를 뜻한다.[16] 둘째는 독일 형법학자인 나우케의 분류로, 선언적 비범죄화, 외견상의 비범죄화, 실질적 비범죄화로 구분된다.[17] 선언적 비범죄화란 범죄로 규정된 행위가 더 이상 일어나지 않아 불필요해진 처벌 규정을 폐지하는 것을 말한다. 외견상의 비범죄화는 기술적인 처벌 규정이 사라졌음에도 불구하고 해당 행위를 여전히 사회적으로 바람직하지 못하다 보고 원래의 형사처벌을 벌금이나 행정규제 등으로 대체하는 방식을 뜻한다. 마지막으로 실질적 비범죄화는 국가가 국민의 자유를 지키기 위해 형벌권을 축소하는 방식으로, 특히 사회에서 여전히 일어나고 있는 행위에 대해 형벌 대체 수단 없이 처벌 조항을 삭제하는 것을 의미한다.

    이러한 정의를 독일과 뉴질랜드의 사례에

적용하여 살펴보면 어떨까? 양국의 정책에 이 개념을 적용하기 위해서는 성매매 산업 내의 행위를 성판매, 성구매, 알선 등 제3자의 행위 세 가지로 구분할 필요가 있다. 양국이 각 행위에 대한 처벌 규정을 달리하고 있기 때문이다. 양국의 성매매 정책은 규제주의로 전환하기 전에도 성판매와 성구매 행위를 처벌하지 않았으므로, 성매매의 2자 관계는 이미 비범죄화되어 있었다. 다만 독일과 뉴질랜드 모두에서 제3자의 활동은 범죄로 처벌되었는데, 독일의 경우 『성매매법』이 시행되기 전까지 제3자의 성매매 알선과 조장 행위를 처벌했고 뉴질랜드는 『성매매개혁법』 이전까지 제3자의 활동에 더해 호객 행위 역시 금지했다. 따라서 독일과 뉴질랜드의 정책 전환은 성판매 행위에 대한 형벌을 폐지하는 방식으로 이루어졌다기보다는, 성매매 업소 운영자, 알선자, 포주, 광고업자 등 주로 제3자의 활동에 대한 처벌 규정을 삭제하는 방식으로 진행되었다.

앞서 언급한 비범죄화 개념을 적용할 때, 성인 성판매자의 동의하에 이루어지는 성매매 알선 행위에 대한 형사처벌 규정을 완전히 폐지했다는 점에서 양국의 사례는 협의의 비범죄화를 충족하며 여전히 횡행하는 행위를 국가의 처벌 대상에서 완전히 제외시켰다는 점에서 실질적 비범죄화 역시 충족하는 것으로 보인다. 그러나 이러한 비범죄화는 성판매 행위가 아닌 제3자의 알선 등 행위에 대한 것이다. 따라서 독일과 뉴질랜드의 성매매 정책은 모두 제3자의 알선 행위 등을 중심으로 한 비범죄화 과정을 거쳤다고 할 수 있다.

## 범주에 적용해보기—합법화

합법화에 대해 연구자들 사이에 합의된 정의나 정설은 찾아보기 어렵다. 다만 성매매 정책 연구들은 합법화가 '성매매 산업을 합법으로 인정하는 대신 국가가 적극적으로 산업을 통제하는 정책'을 의미한다고 설명한다.[18] 국가는 성매매 산업을 통제하기 위하여 세금 부과, 금지 구역 지정, 성매매 업소 등록제, 성판매자 등록제, 건강검진과 안전한 성관계 의무화 등 다양한 방법을 동원한다. 성매매 합법화 정책에 대한 위와 같은 공통된 견해에서 알 수 있는 내용은, 독일 등 합법화 국가가 다양한 기준·조건을 마련함으로써 성매매 산업을 제도화하고자 한다는 것이다.

한편 일각에서는 합법화를 의무, 엄밀성, 위임이라는 세 요소에 기반한 '제도화'라 정의했다. 이러한 제도화는 행위자에게 의무를 지우는 규정을 마련하고, 의무의 내용을 명확하게 정의하며, 규정을 시행·해석·적용할 수 있도록 제3의 기관에 그 권한을 위임하는 방식으로 작동한다. 더불어 합법화가 꼭 '강한 규제'를 의미하지는 않는다고 지적한다.[19] 즉 실질적으로 합법화는 '합법화 부재'와 '강력한 합법화'라는 관념적 양극단 사이에서 스펙트럼으로서 존재하고 있다는 것이다. 이를 성매매 정책에 적용해본다면, 성매매 합법화란 성매매 산업의 각 행위자들이 지켜야 할 의무 사항을 명확하게 규정하고 이 규정이 적절히 실행될 수 있도록 특정 기관에 관련 권한을 위임하는 것이라 볼 수 있다.

앞서 밝혔듯 연방법을 기준으로 독일과

뉴질랜드는 성판매와 성구매 행위 즉 성매매의 2자 관계를
이미 비범죄화한 상태였고, 다만 알선 등 제3자의 개입(혹은
호객 행위까지 포함)을 범죄화하고 있었다. 즉 독일의
『성매매법』과 뉴질랜드의 『성매매개혁법』 제정을 통해서
비범죄화된 영역은 알선, 업소 운영 등 제3자의 개입 및 타인의
성매매를 통한 이윤 추구 행위다. 동시에 새 법은 성판매자에
피고용자 혹은 개인사업자로서의 법적 지위를 부여하고
성구매자와 성판매자 간의 계약 관계를 인정함으로써 이들을
국가의 통제 대상으로 삼았다. 따라서 성판매 및 성구매 행위는
양국 모두에서 제도 밖의 영역에 있다가 정책 변경을 통해
제도의 내부로 포함된, 즉 합법화된 영역이라고 봐야 할 것이다.
이뿐만 아니라 앞서 언급되었던 알선 등 제3자의 행위 역시
비범죄화됨과 동시에 제도화된 성매매 산업의 일부로서 국가의
통제 대상이 되었다. 그렇다면 성판매, 성구매, 제3자의 행위가
어떻게 제도화되었는지 살펴보자.

      합법화 정책이 성매매 산업을 통제하기 위해
마련하는 규정의 예로는 주로 업소에 대한 등록증 발급과
성매매 금지 구역 지정 등이 있다. 특히 독일의 성매매
정책에서 가장 많이 논의된 문제 중 하나는 성매매 금지
구역 제도로, 이는 독일의 합법화 정책이 비범죄화 정책과
본질적으로 다르다는 주장에 정당성을 부여하기 위해 종종
등장한다. 그러나 실제로는 양국 모두 지방정부에 성매매(또는
성매매 업소) 위치를 규제할 수 있는 권한을 부여하고,
지자체에서 규정을 만들어 관리하도록 한다. 합법화 정책

비판에 자주 등장하는 성매매 업소 등록 의무화 규정 역시 마찬가지다. 2017년 『성판매자보호법』 시행 전까지 독일은 성매매 업소에만 특별히 요구되는 등록 및 허가 절차를 두고 있지 않았다, 반면 뉴질랜드의 『성매매개혁법』은 성매매 업소를 특정하여 등록 의무를 명확히 규정하고 있다. 즉 그 수준에서 세부적인 차이를 가질 뿐, 독일과 뉴질랜드 모두 합법화의 기준을 충족하고 있는 것이다.

    성판매에 대한 의무 규정 역시 마찬가지다. 독일의 정책을 비판하는 이들은 독일의 금지 구역 제도가 성판매자를 처벌한다는 점을 강조한다. 뉴질랜드의 업소 위치 규제는 성매매 업소와 성매매 관련 광고를 대상으로 하는 반면 독일은 성매매 행위 전체를 금지할 수도 있는 권한을 부여하기 때문이다. 그러나 뉴질랜드에는 없는 성판매자 의무 조항이 독일에만 존재하는 것은 아니다. 뉴질랜드는 금지 구역 제도를 기반으로 성판매자를 처벌하고 있지는 않으나, 대신 성판매자와 성구매자 모두에게 안전한 성관계를 강제하는 즉 콘돔 등의 보호 기구 착용 의무 규정을 두고 있다. 이 규정을 위반할 시 성구매자와 성판매자 모두 벌금형에 처한다. 즉 세부 항목에 차이가 있을 뿐 둘 다 성판매자에 대한 의무 규정을 명확하게 제시함으로써 이들의 활동을 제도 영역으로 끌어들여 규제한다.

    뉴질랜드에서는 또한 성판매자와 성매매 업소가 의무 사항을 준수하고 있는지 여부를 확인하기 위해 모든 업소에 건강 및 안전 관련 점검을 나가도록 규정하고, 18세

미만을 고용한다고 판단되거나 업소용 등록증 없이 성매매를 한다고 판단될 경우 경찰이 진입할 수 있다고 밝힌다. 심지어 성판매자의 자택 같은 소규모 업소라 하더라도 성매매가 이루어진다고 판단될 경우 영장을 받아 점검을 실시할 수 있고, 관련 규정을 어겼을 경우 처벌을 받게 된다. 다시 말해, 의무 규정의 적절한 집행을 위해 점검 및 단속의 형식으로 제3자에게 관리의 권한을 위임함으로써 합법화의 조건을 만족시키고 있다.

한편 외국인에 대한 성판매 및 업소 운영 제한 역시 양국에 존재하는데, 주변국 출신자에 대한 성판매 진입 장벽은 오히려 뉴질랜드보다 독일에서 더 낮은 편이다. 독일은 유럽연합에 가입되어 있어 회원국 국적 소지자라면 큰 제약 없이 성판매를 할 수 있지만 뉴질랜드는 성판매, 성매매 업소 운영, 성매매업 투자 희망자에게 비자 자체를 제공하지 않기 때문이다. 또한 임시비자 소지자가 이 세 가지 활동을 하다 적발될 경우 강제퇴거 대상이 되고, 거주비자 소지자 역시 성매매 업소를 운영하거나 업소에 투자를 했다가 적발되면 강제퇴거될 수 있다.

종합하면, 두 국가 모두 성매매 산업을 국가 통제 대상으로 제도화하는 합법화의 세 가지 조건을 충족한다는 결론이 나온다. 이는 양국의 법률이 비범죄화의 성격과 합법화의 성격을 동시에 갖고 있기 때문이다. 이 결론이 제시하는 함의는 합법화와 비범죄화가 서로 배타적인 성격의 개념이 아닌, 법이 규정하는 상이한 차원을 지칭하기 위한 개념이라는 것이다. 따라서 합법화가 이루어졌기 때문에 비범죄화가 불가능하다거나 반대로 비범죄화 정책에서는 국가의 통제를 위한 '제도화(합법화)'가 이루어지지 않는다는 논리는 적절하지 않다. 하나의 정책은 서로 합법화와 비범죄화의 특징을 동시에 가질 수 있으며 이는 지금까지 살펴본 독일과 뉴질랜드의 사례를 통해서도 확인된다. 즉 성매매 관련 규정의 세부 사항 및 규제 수준의 차이를 인정한다 하더라도, 합법화와 비범죄화를 상호배타적인 것으로 구도화하는 방식은 적절하지 않다.

### 비범죄화론의 '무리수'

그렇다면 비범죄화론자들은 합법화와 비범죄화 정책의 차이를 강조하고 전자의 대안으로 후자를 제시함으로써 어떤 효과를 보고 있을까? 이 질문을 신폐지주의 측의 규제주의 비판을 중심으로 살펴보겠다.

규제주의를 향한 신폐지주의 측 비판의 가장 주된 내용은 여성의 몸을 성욕 해소라는 이유로 활용하는 행위를 정상화한다는 점이다. 성별 기반 불평등 속에서 성매매가 정상화될 경우 여성의 성적 자기결정권 보장이 아닌 불평등 심화라는 결과로 이어지기 때문이다. 따라서 신폐지주의의 비판은 사회가 성매매를 사실상 승인함으로써 나타난 구체적 결과들을 조명하여 규제주의의 한계를 드러내는 경향을 보인다.

규제주의를 비판할 때 독일의 사례는 특히 중요하다. 다른 국가에 비해 정책 변화 이후의 결과가 신문 기사, 보고서, 논문 등 형태로 보다 활발하게 축적된 몇 안 되는 국가이기도 하고, 동시에 신폐지주의 지지자와 규제주의 지지자 모두가 합법화의 주요 사례로 꼽는 국가이기 때문이다. 독일 인구(약 8000만)는 다른 규제주의 국가인 네덜란드(약 1700만)나 뉴질랜드(약 450만)에 비해 규모가 크기 때문에, 성매매 산업의 규모 등 합법화 이후의 양적 변화를 관찰하기에 더 용이하기도 하다. 따라서 신폐지주의 담론은 규제주의를 비판하는 과정에서 독일을 대표적인 사례로 언급하며 다음과 같은 한계들을 지적했다.

먼저 이들은 독일에서 성매매가 합법화되면서 성산업 규모가 폭발적으로 확대되고 인신매매가 증가했다고 평가한다. 합법화 이후 성구매자나 포주에 의해 살해당하거나 심각한 폭력에 노출되는 성판매 여성의 숫자가 다른 국가에 비해 월등히 많다는 자료를 근거로 제시하며[20] 합법화 국가에서의 폭력 심화를 지적하기도 했다. 또한 성매매가 정상적인 직업 활동으로 정의되면서 성판매자를 위한 탈성매매 지원 서비스가 축소되었다는 점 역시 언급되었다.[21] 이와 관련해 독일 정부가 발간한 평가보고서는 정책 자체가 실패했다는 결론을 내리지는 않으나, 원래의 목표를 달성하지 못했음을 인정한다. 즉 합법화가 목표로 한 것과 달리 성판매자의 고용계약서 작성률과 사회적 서비스 이용률이 여전히 낮고,

여성 전체 인구 대비 성판매자 여성의 폭력 경험 비율이 훨씬 높으며, 성판매 여성의 정신 건강 문제 역시 심각하다는 것이다. 독일의 정책 실패를 드러내는 이러한 비판은 최종적으로 성매매의 '정상화'를 겨냥한다. 이는 성판매를 노동으로 그리고 성매매를 적법한 산업으로 정의하는 규제주의에서 나타날 수밖에 없는 결과다.

한편, 다수의 비범죄화론 지지자 역시 독일의 합법화 정책이 실패했음을 주지한다. 그러나 그들이 독일 정책의 실패 원인으로 지적하는 것은 성매매의 정상화가 아닌 성매매 산업에 대한 과한 규제다. 앞서 합법화와 비범죄화의 차이를 규제의 수준에서 찾았듯, 합법화 정책의 실패 역시 높은 수준의 규제 때문에 나타난 문제라 주장하는 것이다. 이러한 전략은 독일 및 여타 합법화 국가에서 나타나는 다양한 폐해를 비범죄화와 '무관한 것'으로 일축하는 방식으로 작동한다. 신페지주의자들이 성매매 정상화를 규제주의 전반에서 나타나는 한계로 지적하고 있음에도, 이러한 비판이 합법화와의 동일시를 거부하는 비범죄화론에 의해 논쟁의 장으로 들어서기도 전에 폐기되어버리는 것이다.

2017년부터 시행된 독일의 『성판매자보호법』은 강력한 규제에 대한 비판에 더 힘을 실어준다. 새 법이 과거의 『성매매법』에 비해 더 많은 의무 사항을 두고 있기 때문이다. 『성판매자보호법』은 단일한 합법화 모델로서의 독일 정책이 이미 실패했을 뿐만 아니라 심지어 더욱 악화되고 있다는 논리를 만들어내기 위한 근거로 이용된다. 실제로 성매매에 대한 규제 자체를 없애야 한다고 주장하는 성 노동 단체들은 "이미 강한 규제로 유명한 독일의 정책이 성 노동자의 의사에 반하여 더 심각한 규제를 들이대고 있다"는 주장을 내놓은 바 있다.[22] 이 주장은 사실에 기반하고 있을까?

### 독일 내 규제 수준의 다양성

비범죄화론은 독일 성매매 정책의 특징을 '강한 규제'로 일축하고 이것이 독일 성매매 문제의 근간이라 비판한다. 그런데 실상을 보면, 독일의 규제 수준은 지역마다 다양하다. 그리고 새 법이 제정된 배경은 이 '약한 규제' 지역을 중심으로 나타난 부정적 결과들이었다. 다시 말해 비범죄화론이 독일 합법화 정책 비판을 위해 내놓는 전제 자체가 사실과 다르다. 따라서 비범죄화 정책은 독일에서 나타난 문제들로부터 자유롭다는 주장의 타당성에도 의문의 여지가 있다.

　　　　　　독일의 『성매매법』이 어떻게 적용되는지를 파악하기 위해서는 먼저 독일 법체계에 대한 간단한 이해가 필요하다. 독일은 연방과 16개의 주로 이루어져 있으며 법률 역시 연방법과 주정부에서 자율적으로 시행하는 지방법으로 나뉜다. 입법기관 또한 연방하원과 연방상원으로 나뉘는데, 전자는 국민에 의해 직접 선출된 대표들로 구성되고 후자는 각 지자체의 권한을 위임받은 이들로 구성된다. 실질적으로 법률을 제안할 수 있는 주체는 셋으로, 연방정부, 연방하원 그리고 연방상원을 통해 법을 제안하는 지방정부다. 법안은 주로 연방하원에서 통과 여부를 결정하지만, 만약 해당 법안이 특정 주에 특히 부정적인 영향을 미칠 것으로 판단되면 연방상원에서 이를 다시 심사하고 통과 여부를 결정할 수 있다.

독일 성매매 정책 관련 기록에 따르면 성매매에 대한 인식이 지역에 따라 매우 달랐기 때문에, 『성매매법』을 상원에서 통과시키는 것은 사실상 불가능했다.[23] 따라서 연방법의 형태로 상원의 심사 절차를 거칠 필요가 없도록 법을 제정하고자 했다. 이러한 『성매매법』 제정 과정이 중요한 이유는 두 가지다. 첫째, 연방 차원에서 각 주의 이해를 반영하는 규정들은 건드리지 않았으며, 둘째, 이에 따라 주정부와 지방 당국이 성매매에 대한 통제권을 유지할 수 있었다. 즉 독일에서 연방 차원으로 이루어진 합법화는 "작은 합법화"[24]에 그쳤다는 것이다. 따라서 지역 재량에 따라 나타나는 규제 수준의 다양성은 독일 성매매 정책에서 무시할 수 없는 특징이다.

지방정부에 부여하는 권한 중 규제에 실질적으로 가장 큰 영향을 미치는 사항은 성매매 금지 구역을 지정하는 권한이다. 독일 지방정부는 지역 내 인구 규모에 따라 지역 전체 혹은 일부에 성매매 금지 구역을 설정할 권한을 갖는다. 따라서 지역의 전체 혹은 상당한 부분을 성매매 금지 구역으로 지정할 수도 혹은 금지 구역을 아예 두지 않을 수도 있다. 실제로 이 세 방침이 모두 나타나고 있는데, 예를 들자면 사실상 도시 전체가 성매매 금지 구역인 뒤셀도르프, 도시의 90퍼센트 이상이 금지 구역인 뮌헨 그리고 금지 구역을 아예 지정하지 않은 베를린이다.

비범죄화론 측의 독일 합법화 정책 비판은 '독일에서 성매매가 합법화되었지만 다수 지역에서 사실상 성매매를 금지하고 있다'는 식으로 독일 각지의 정책을 동질화하는 경향을 보인다. 그러나 독일에는 '사실상 비범죄화(베를린)'와 '합법화(뮌헨)' '사실상 금지(뒤셀도르프)' 조치가 혼재한다. 그렇다면 신폐지주의자들이 주지하는 독일 합법화 정책의 문제가 이 중 어느 지역에서 특히 눈에 띄게 나타나고 있는지 확인해보겠다.

### 베를린의 번창과 불명예

성매매를 합법화한 이후 독일에서 제기된 문제 중 하나는 경찰이 인신매매, 성매매 강요 혹은 착취 문제를 수사하거나 기소하는 데 어려움을 겪게 되었다는 것이다. 성매매 자체가 합법적 경제 활동이자 사업으로 간주되기에 결정적인 증거 없이 수사를 진행하기가 어렵다는 설명이다. 위축된 수사권 및 기소권 그리고 성매매의 정상화로 인한 관련 산업 급성장이 맞물려, 독일은 인신매매 피해자들의 도착지라는 불명예를 안게 되었다. '성판매자 인권 증진'이라는 목표와 달리 착취 및 인신매매 문제가 악화되었다는 지적이 지속적으로 나왔고 이는 독일에서 『성판매자보호법』을 추가 제정한 배경이 되었다. 『성판매자보호법』은 "성매매가 성판매자의 성적 자기결정권, 개인적 자유 및 건강 등의 기본권을 특정한 방식으로 위협하는 영역"이라고 밝히며 착취, 폭력 및 인신매매 문제에 대항하고자 새로운 법을 마련하였다는 취지를 법안에 명시한다.

인신매매 관련 범죄가 많은 것으로 알려지면서 이러한 위기의식을 낳는 데 일조한 것이 '사실상 비범죄화' 지역인 베를린이었다. 성착취 목적의 인신매매는 특히 성매매 산업의 절대적 규모와 비례해 성장한다. 성매매 산업이 존재하는 곳에서는 언제나 인신매매가 발생하고, 따라서 산업의 규모가 커질수록 인신매매 피해자 수 역시 늘어난다.[25] 이러한 연구를 증명이라도 하듯, 금지 구역 자체를 설정하지 않은 베를린은 독일에서 성매매 산업이 가장 번창한 동시에 인신매매 문제가 가장 심각하다고 알려진 도시다. 2015년 기준 자료를 보면 베를린의 인신매매 건수는 87건으로 전국에서 가장 많았는데,[26] 이는 독일 내에서 인구가 가장 많은 지역이자 베를린 인구의 5배가 넘는 노르트라인베스트팔렌 주(78건)보다도 많은 수다. 2016년 4월에는 대규모 범죄 조직이 운영하는 베를린 최대 업소를 성판매자 착취 및 인신매매 혐의로 단속하기 위해 900여 명의 경찰력이 동원되기도 했다. 이 사건을 담당했던 경찰은 업소에 있던 여성들의 상황을 "목화농장의 노예"에 비교해 화제가 되었다.[27] 베를린의 절반이 성매매 업소로 뒤덮여 있다는 비판 역시 이러한 위기의식을 높였다.

위 내용을 감안해 독일 내 지역별 규제의 다양성에 주목해야 하는 이유는 크게 두 가지다. 첫째, 베를린의 특징을 드러냄으로써 '약한 규제' 지역에서 성매매 정상화가 가장 눈에 띄게 나타나며, 결과적으로 성매매 산업 규모와 함께 착취·인신매매 역시 크게 증가한다는 사실을 확인할 수 있다. 이는 규제를 가능한 철폐하는 것이 성판매자 인권 증진에 가장 효과적이라는 주장에 정면으로 반박할 수 있는 근거가 된다. 둘째, 이러한 지역 격차를 통해 독일의 사례를 단지 '강한 규제'로 특징지어지는 합법화의 모델로서만이 아니라 규제주의 접근 전반에서 나타나는 문제를 드러내는 사례로 활용할 수 있다. 다시 말해, 독일에서 나타나는 부정적인 결과를 더 이상 '비범죄화 정책과 무관한 사례'로 일축할 수 없게 되는 것이다.

'약한 규제' 지역인 베를린에서 나타난 이와 같은 폐해는 뉴질랜드에서 서서히 축적되고 있는 성매매 문제와 닮아 있다. 성매매의 규모와 관련하여, 뉴질랜드에서는 2003년 성매매 비범죄화 이후 길거리에서 성매매를 하는 여성의 수가 적게는 두 배에서 많게는 네 배 증가했다고 알려져 있다.[28] 뉴질랜드 경찰은 성매매 산업의 여러 영역에 범죄 조직이 개입되어 있다고 증언했으며, 전 뉴질랜드 총리 존 키 역시 길거리 성매매와 미성년자 성매매가 줄어들지 않아, 성매매 개혁법이 기대했던 결과를 내지 못했다고 말한 바 있다. 또한 미국 국무부 인신매매 보고서는 2004년부터 지속적으로 뉴질랜드가 성착취 목적 인신매매 피해자의 도착 국가이며 미성년자 역시 계속해서 성매매 산업으로 유입되고 있음을 주요 문제점으로 지적한다. 그럼에도 인신매매 가담자에 대한 처벌 수위는 여전히 낮은 편이다. 경찰의 소극적 대응으로 인해 뉴질랜드 산업 전반에서 인신매매가 횡행한다는 비판도 이런 이유에서 나온다. 즉 '사실상 비범죄화' 지역인 베를린에서 나타나는 문제와 비범죄화 국가 사례로 언급되는 뉴질랜드의 정책 결과가 성매매 정상화로 인한 폐해라는 지점에서 만나고 있는 것이다.

따라서 '강한 규제' 때문에 독일 정책이 실패했다는 주장은 타당하지 않을 뿐만 아니라 규제주의에 대한 비판적 토론을 저해한다는 점에서 문제적이다. 적극적으로 성매매 산업을 규제하는 독일 내 다른 지역에서는 왜 인신매매와 착취 문제가 베를린만큼 심각하지 않은가? 베를린에서 나타나는 폐해와 뉴질랜드에서 발견되는 문제는 왜 유사한 내용을 담고 있는가? '규제 수준'을 기준으로 합법화와 비범죄화를 양분하고 전자에서 나타나는 문제의 원인을 '강한 규제'로 환원하는 논리로는 위 질문에 응답할 수 없다.

### 다르지 않다

비범죄화론은 합법화 정책과 비범죄화 정책을 구분하는 기준으로 두 가지를 제시한다. 첫째, 두 정책은 성매매에 접근하는 방식과 목표를 본질적으로 달리하며, 둘째, 전자는 강한 규제로 특징지어지는 반면 후자의 규제는 약하다는 것이다. 그리고 이 주장의 결론은 '합법화는 성판매자 인권 문제를 해결하는 데 실패했으나 비범죄화로는 해결할 수 있다'는 것이다. 즉 비범죄화론은 규제주의 접근의 대안으로서 비범죄화 정책의 '약한 규제'를 제안한다.

지금까지 독일과 뉴질랜드의 사례를 활용하여

해당 주장의 적절성을 검토했다. 먼저 독일과 뉴질랜드가 성매매 문제에 접근하는 방식과 정책 전환 시 제시했던 목표를 살펴봄으로써 두 국가의 정책이 국내 맥락에 따른 세부적 차이를 보일 뿐 그 방향성은 유사함을 확인했다. 이어 비범죄화와 합법화 개념의 정의를 살펴보고 각국의 법률이 해당 개념의 정의에 부합하는지 검토했다. 결론은 두 개념이 법률의 상이한 차원을 드러내고 있을 뿐 상호배타적인 특징을 갖는다고 보기 어렵다는 것이다. 오히려 양국의 성매매 관련 법은 비범죄화와 합법화의 특성을 동시에 가지고 있다. 마지막으로 성매매 합법화 사례에서 나타나는 문제를 비범죄화 정책과 관련 없는 것으로 일축하는 비범죄화론 측의 주장이 어떤 점에서 사실과 다르고 또 해로운지를 확인했다.

    정책의 정의 및 분류 체계는 필연적으로 해당 체계를 고안해낸 이들의 지향 및 태도를 반영한다. 그리고 이렇게 구성된 분류 체계는 정책 논의 구조에 상당한 영향을 미치게 된다. 과거 성매매 정책에 대한 규제주의 지지자들의 논의가 독일과 네덜란드의 합법화 모델을 지지했다가 이후 두 국가에서의 정책 실패가 확인되자 비범죄화를 주장하게 된 역사적 흐름 역시 성매매 정책 분류 방식이 필요에 따라 지속적으로 변화하고 있음을 보여준다. 따라서 특정 정책을 지지하는 담론을 비판적으로 읽어내기 위해서는 더 면밀한 검토 과정이 필요하다.

# 2부
## "어떻게 바꿀까?"

변화의 현장들

# 스웨덴과 프랑스에서 만난 미래

이하영　성매매문제해결을위한전국연대 공동대표. 성매매 피해
　　　　상담소에서 일하다가 성 노동자운동의 등장에 혼란을 느껴
　　　　대학원에 진학해 공부했다. 이후 여성 지원 현장으로 복귀해
　　　　본격적으로 반성매매운동에 뛰어들었고, 현장에 있는 동안
　　　　성매매 여성 비범죄화를 이루어내는 것이 소망이다.

### 최초로 '성평등 모델'을 만든 나라

1999년, 스웨덴은 세계 최초로 성구매를 금지함으로써 성매매 수요를 차단하고 성매매된 여성을 피해자로 보호하는 동시에 탈성매매를 지원하는 정책을 채택했다. 지금 '노르딕 모델'이라 불리는 이 정책을 스웨덴에서는 '성평등 모델'이라 부른다. 스웨덴이 1999년 이 정책을 도입한 이후, 이웃 나라인 노르웨이와 아이슬란드를 비롯하여 프랑스, 아일랜드, 이스라엘, 북아일랜드, 캐나다, 미국 메인 주에서 이 법을 긍정적으로 평가하고 유사한 법적 틀을 채택했다.

성매매문제해결을위한전국연대(전국연대)는 2000년 군산 대명동과 개복동에서의 두 차례 화재 참사를 겪으며 『윤락행위등방지법』이 아닌 새로운 성매매법을 요구했고 그 과정에서 스웨덴의 이러한 법 제도를 알게 되었다. 당시 전국연대는 이를 참조해 성매매된 여성을 처벌하지 않는 법을 요구했으나 성취되지 못했다. 2004년 제정된 한국의 『성매매방지법』은 국가 차원에서 성매매 수요를 차단한다는 입장은 분명히 했지만 성매매 여성을 처벌하는 기조를 유지했다. 다만 '성매매 피해자' 규정을 두어 성매매를 '강요당한' 피해자에 한해 제한적으로 처벌을 면제하도록 했다. 소위 '자발적' 성매매 여성은 계속 처벌 대상이라는 것이다.

이후 이 법이 집행되고 여성들을 지원해온 긴 시간을 지나 현재에 이르기까지, 이 법의 한계는 점점 더 명백히 드러났다. 전국연대와 성매매 여성을 지원하는 여러 현장 단체는 2012년 '성매매여성비범죄화추진위원회'를 만들어

법 개정운동을 전개했으나 법 개정의 문턱은 높았다. 성인은 물론이고 아동청소년 피해자 처벌 규정조차 개정하지 못했다. 아동·청소년일지라도 '자발적'으로 성매매했기 때문에 처벌해야 한다는 기류가 강력했다.

『성매매방지법』 제정 20년을 앞둔 시점, 전국연대는 현행법의 모순과 한계가 이미 충분히 드러났다고 판단하고 '앞으로의 20년도 지금과 같아서는 안 된다'는 결단에 이르렀다. 어떻게 하면 법 개정이라는 실질적인 변화를 만들어낼 수 있을까? 우리가 외치는 '노르딕 모델'은 믿을 만한 대안일까? 이런 고민으로부터 전국연대의 해외 답사가 시작되었다. 2018년에는 성매매를 합법화한 국가들을 방문해 현실을 보았고, 2019년에는 노르딕 모델을 채택하고 있는 스웨덴과 프랑스를 찾았다. 노르딕 모델이 성매매 여성들의 삶을 실제로 어떻게 개선하는지, 어떤 효과를 낳았는지, 어떤 식으로 성평등에 기여하는지 알아보기 위해서다.

### 노르딕 모델의 이론적 토대
#### —성매매를 보는 새로운 관점

19세기부터 성매매에 반대하는 페미니스트들의 노력과 활동은 전 세계에서 이어져왔다. 이 흐름은 흔히 '폐지주의'라고 부른다. 1860년대 영국에서 조세핀 버틀러가 성매매 여성을 관리·통제하는 『전염병방지법』 폐지를 주도한 것이 그

**표1** 전국연대 해외 답사: 접견 인물과 단체

| | | |
|---|---|---|
| 스웨덴 | 인테 딘 호라<br>Inte Din Hora | 성매매 생존자 단체, '나는 네 창녀가 아니다' 해시태그에서 출발, 교육·증언 활동 |
| | 인신매매 방지를 위한 시민사회 플랫폼<br>Swedish Platform Civil Society against Human Trafficking | 26개 반인신매매·반성매매 단체 연합네트워크, 피해자 지원·권리 옹호, 정부 감시 역할 |
| | 스웨덴 경찰청 성매매전담반 | 성매매·인신매매 수사 담당, 성구매자 처벌·여성 보호 정책 집행 |
| | 엘리세 린드크비스크<br>Elise Lindqvist | 성매매 생존자이자 지난 20년 이상 거리 성매매 아웃리치를 하고 있는 활동가 |
| | 스웨덴 여성로비<br>Swedish Women's Lobby | 여성운동 우산단체, 성구매금지법 제정 핵심 주체 |
| | 멘<br>MÄN | 남성 성평등운동 단체, 성평등 교육·폭력예방 캠페인 |
| | 안전가옥<br>Safe Homes&Care | 인신매매·폭력 피해자 보호 시설, 맞춤형 주거·복지 지원 |
| 프랑스 | 아미칼드니<br>Amicale du Nid | 프랑스 대표 반성매매단체 중 하나. 전문 사회복지사 중심의 성매매 여성 지원 활동 |
| | 캡 인터내셔널<br>CAP International | 국제 반성매매 네트워크, 30개국 회원, 유엔 로비 활동 |
| | 로랑스 로시뇰<br>Laurence Rossignol | 전 여성부 장관, 2016년 법 제정에 기여 |
| | 파리 성매매 업소 밀집 지역 | 파리 피갈 지구 |
| | 로젠 이셰<br>Rosen Hicher | 성매매 생존자, SPACE International 활동가, '폐지 2012' 주도 |
| | 무브망드니<br>Mouvement du Nid | 1937년 설립된 프랑스 대표적인 반성매매 단체. 아웃리치·상담·정책 옹호 활동 |
| | 모드 올리비에<br>Maud Olivier | 전 하원의원, 2013년 성구매금지법 법안 발의· 국회 보고서 대표 작성자 |
| | 하다사<br>Hadassah | 독일 국경지역 민간단체, 법률 차이에 따른 현장 영향 모니터링 |

출발이다. 한반도에서도 20세기 초반부터 성매매 제도를 식민지 통치 수단으로 보고 이를 없애기 위한 여성들의 투쟁이 있었다.

세계적 성매매 폐지주의의 흐름은 '인간은 상품이 될 수 없다'는 신념에 기반한다는 점에서 노예해방운동의 연장선에 있었다. 이 신념은 1950년 「인신매매 및 타인 성매매 착취 억제에 관한 협약」에서 "성매매와 이를 목적으로 한 인신매매는 인간의 존엄과 가치를 침해하며 개인·가족·사회의 복지를 위태롭게 한다"는 선언으로 이어졌다. 그러나 성매매를 실제로 어떻게 뿌리 뽑을 것인가? 그 방법이 여전히 분명치 않았다.

이어 1970년대 새롭게 부상한 페미니스트 운동은 여성의 종속을 가부장적·경제적 구조의 산물로 이해했고, 성(섹슈얼리티)을 여남 간 불평등한 권력 관계로 해석하기 시작했다. 이들에게 성매매는 남성에 의한 여성 종속을 가장 분명하게 드러내는 제도였다. 모든 여성을 잠재적 상품으로 만든다는 점에서 성매매는 여성 전체에 대한 폭력이라고 규정되었다.

이러한 이해를 바탕으로 1999년 스웨덴은 세계 최초로 성매매 여성은 처벌하지 않고, 성구매자와 알선자만을 처벌하는 법을 통과시켰다. 10년 뒤 노르웨이와 아이슬란드도 비슷한 법을 제정했다. '노르딕 모델'로 알려진 이 접근법은 스웨덴·노르웨이·덴마크 등 북유럽 페미니스트들의 투쟁 성과였다. 이들은 노르딕 모델이 성매매를 완전히 없애지는 못하더라도, 최소한 성매매에 대한 사회적 태도를 바꾸고 성구매 수요를 줄일 수 있는 규범적 방법이라고 보았다.[1] 이 접근은 세 가지 신념에 기반한다.[2]

> 1 성매매는 여성에 대한 폭력이다.
> 2 성매매는 성평등을 가로막는다.
> 3 성매매는 인간 존엄을 침해한다.

이 접근법은 무엇보다 성매매를 정치·경제적 구조의 산물로 이해한다는 점에서 중요하다. 구조는 정치적 수단을 통해 바꿀 수 있다. 성매매를 "세계에서 가장 오래된 직업"이라고 일컫는 이들은 성매매가 '본능'이며 따라서 불가피한 것임을 암시한다. 이렇게 믿는 사회에서는 할 수 있는 일이 성매매 종사자의 '작업 조건'을 개선하는 것뿐이다. 그러나 성매매를 젠더-정치적 관점에서 보면 상황은 달라진다. 불평등은 사회문화적으로 만들어진 것이므로, 관습화된 남성들의 행위를 법과 제도를 통해 제한하고 성매매 관행도 바꿀 수 있는 것이다.[3]

　　　　　　이러한 이해 속에서 페미니스트들은 성매매 종식을 위해 구체적 조치를 요구했고 그 핵심은 명확했다. 피해자가 아닌 가해자가 책임을 져야 한다는 것. 성매매 여성은 보호·지원을 받아야 하며 구매자는 범죄자로 처벌해야 한다는 것. 바로 이것이 새로운 성매매 폐지주의가 말하는 법과 정책의 방향이었다.

## 세계 최초 성구매 금지법의 탄생

스웨덴의 이 여정이 시작된 시기는 더 일렀다. 1977년 스웨덴 정부는 '성매매 문제 조사위원회'를 공식 출범했다. 당시는 제2물결 페미니즘의 흐름 속에서 섹슈얼리티와 젠더 평등 논의가 활발히 이뤄지던 시기였다. 조사위원회는 1981년 『스웨덴의 성매매, 배경과 대책』이라는 보고서를 발간하고 "성매매는 젠더 평등 및 개인의 존엄과 양립할 수 없다"는 결론을 내렸다. 또한 성매매 여성에 대한 사회적·법적 지원을 모색해야 하며, 수요를 줄이는 전략이 필요하다고 제안했다. 이 보고서는 스웨덴 사회의 성매매에 대한 인식을 전환하는 계기가 되었고 1999년 성구매 금지법 제정을 위한 이론적·정책적 기반을 마련했다.[4]

법 제정 움직임이 본격화된 것은 1990년대 후반이다. 1998년 사회민주당 정부는 남성의 여성에 대한 폭력에 관한 광범위한 연구에 기초한 입법 패키지 『여성의 평화』(Kvinnofrid)를 발의했다. 이 법의 목적은 여성과 남성 간 더 높은 수준의 평등을 달성하는 것이었으며 "여성에 대한 폭력, 성매매, 직장 내 성희롱에 맞서는 조치들을 제시한다"고 밝혔다. 이런 포괄적 접근은 효과적이었다. 그럼에도 성구매자를 범죄화하는 것은 당시로서는 매우 급진적인 조치였고, 많은 나라가 스웨덴의 행보를 이해하기 어려워했다고 한다.[5]

그러나 스웨덴에서는 여성단체뿐 아니라 의회의 모든 정당과 정부가 성매매와 성착취 목적의 인신매매를 근절해야 한다는 데 동의했다. "성매매 수요가 없다면 성매매는

**표2** 현행 스웨덴 성구매 금지법의 주요 내용

| 구분 | 처벌 내용 | 참고 |
| --- | --- | --- |
| 성구매 | 벌금(보통 2개월치 소득에 해당) 또는 최대 1년 징역형 | 성구매 미수도 처벌 대상 |
| 미성년자 성구매 (15–18세) | 벌금 또는 최대 2년 징역형 | |
| 아동 성구매 (15세 미만) | 강간죄(아동 강간)로 간주 | 훨씬 중한 처벌 적용 |
| 성매매 알선·업소 운영·장소 제공 | 최대 4년 징역형 | 포주, 업주, 광고 포함 |
| 중대한 알선(조직적· 상습적, 심각한 경우) | 2–8년 징역형 | |
| 인신매매 | 2–10년 징역형 | 국제기준(유엔인신매매 의정서)에 따라 규정 |

성립하지 않는다"는 원칙에도 의견을 같이했다. 다만 진보 세력은 성매매를 구조적 성별 권력 불균형의 표현으로 보고 여성에 대한 남성 폭력의 한 형태라고 이해한 한편 보수 세력은 성매매가 개인에게 미치는 해로운 효과를 강조했다는 차이 정도가 있었을 뿐이다. 스웨덴의 성구매 금지법은 남성의 여성에 대한 신체적·성적 폭력을 줄이고 폭력에 노출된 여성들과 가정폭력을 목격하는 아동들에게 더 강력한 법적 지위를 부여하려는 입법 흐름 속에서 제정되었다. 다시 말해, 스웨덴이 추진해온 광범위한 평등 조치의 맥락에서 통과된 것이다.[6]

1999년 1월 1일부터 시행된 이 법의 제정 취지는 네 가지로 정리할 수 있다. ① 성판매 당사자의 주체성을 확대하고 ② 성별 권력의 불균형을 바로잡으며 ③ 개인(여성)에 대한 착취를 줄이고 ④ 성매매 수요를 감소시키는 것이다. 스웨덴 정부는 대개의 경우 더 취약한 위치에 있으며 타인에 의해 착취당하는 쪽을 처벌하는 것은 정당하지 않다고 보았다. 또한 착취되는 여성들을 처벌하지 않음으로써 보다 안전하게 탈성매매 지원을 요청하도록 장려하는 목적도 가지고 있다.[7]

이 법의 첫 조항은 다음과 같다. "대가를 지급하고 일시적인 성적 관계를 맺는 자는 '성적 서비스 구매죄'로 처벌되며, 벌금 또는 최대 6개월의 징역에 처한다." 이어 "성적 서비스 구매의 미수(시도) 또한 『형법』 제23장의 규정에 따라 처벌된다"고 명시했다. 이는 "돈만 주었을 뿐 실제 성행위는 없었다" "(하려고 한 건 맞지만) 결국 안 했다"는 식의 변명으로 처벌을 피하는 일을 막기 위한 장치였다. 2005년에는 형법 개정을 통해 해당 조항을 『형법』 제6장(성범죄 관련 장)으로 통합하고, 2011년 성구매에 대한 처벌 형량을 기존 최대 6개월에서 최대 1년으로 강화했다.

## 스웨덴 성매매 대응·지원 체계

이렇게 시작된 노르딕 모델은 단순히 성구매를 금지하는 데 그치지 않는다. 스웨덴과 프랑스에서 만난 활동가와 전문가들은 하나같이 이 모델이 효과적으로 작동하기 위해서는 세 가지 요소가 같은 수준에서 맞물려야 한다고 강조했다.

1. 성구매자를 처벌하고 성매매 여성을 비범죄화하는 법
2. 성매매 여성의 탈성매매를 지원하는 제도
3. 교육을 통한 인식 개선

먼저 스웨덴의 지원 체계를 살펴보자. 스웨덴은 성평등청을 중심으로 성매매 및 인신매매 피해자 지원 시스템을 가동하고 있다. 사회복지국가 스웨덴에서는 모든 취약계층과 범죄 피해자가 지방자치단체의 사회복지국을 통해 지원을 받는다. 노르딕 모델이 시행된 초기에는 성매매 여성도 이 일반 복지 체계 안에서 지원을 받았는데, 전국연대가 현장을 방문했을 당시 이에 대한 비판이 적지 않았다. 성매매 여성은 특수한 트라우마와 상황이 있기 때문에 특화된 지원이 필요한데 실상 그렇지 못하다는 지적이었다. 성별을 구분하지 않고 쉼터에 입소해 오히려 2차 피해를 입는 경우도 보고되었다.

한편 최근 다시 살펴본 스웨덴의 지원 제도는 연수 당시인 2019년보다 훨씬 더 체계적으로 발전해 있었다. 현재 스웨덴의 성매매 방지 및 피해자 지원은 중앙정부-

**표3** 스웨덴의 성매매 대응·지원 체계[8]

| 구분 | 기관/프로그램명 | 주요 내용 | 담당/운영 주체 |
|---|---|---|---|
| 국가 조정 기구 | 국가 성매매·인신매매 대응조정기구 NSPM | 성매매·인신매매 대응 총괄 조정 | 스웨덴 성평등청 |
| | 전국 태스크포스 NMT | 정부기관 간 협력 플랫폼, 지방자치단체·민간단체 지원 | 스웨덴 성평등청 조정 |
| | 전화상담 헬프라인 | 24시간 상담 서비스 | 스웨덴 성평등청 |
| 지역 지원 체계 | 지역 복지국 | 지원의 기본적인 책임 주체 | 지방자치단체 사회복지 서비스 |
| | 지역 코디네이터 | 지역 책임자/조정자 허브 역할, 사례 조정, 지역네트워크 관리 등 | 지방자치단체 사회 서비스 (성평등청 부분 지원) |
| 전문 지원 센터 | 미카 센터(스톡홀름, 예테보리, 보르스, 우메오), 에본하우스(말뫼) 등 | 아웃리치, 피해자 상담 및 지원 서비스 | 지방자치단체 또는 보건기관에서 운영하는 상담·치료 센터 |
| 비영리 피해자 지원 단체 | 탈리타, 안전가옥 등 | 아웃리치, 상담, 프로그램 제공, 쉼터 운영 등 | 민간단체 |
| 시민사회 협력 | 인신매매 방지를 위한 시민사회플랫폼 | 정책 대응 활동 | 약 20개 비영리단체 연합 |
| 성구매자 교육 프로그램 | BOSS 프로그램 | 성구매 중단 상담, 치료, 재범 방지 | 지역 사회 서비스, 성평등청 |
| 모니터링 | 연간 인신매매 현황 보고서 | 상황분석 및 개선 영역 제시 | 국가 특별보고관 (경찰청) |
| 예방 교육 | 학교 교육 프로그램 | 성평등, 성매매 인식 교육 | 교육청 |
| | 전문가 교육 | 경찰, 사회복지사, 법조인 대상 인식 교육 | 관련 기관 |

지방자치단체-피해자 지원 단체의 협력 구조로 이루어진다. 중앙정부인 스웨덴 성평등청(우리나라의 성평등가족부에 해당)은 국가 성매매·인신매매 대응조정기구를 운영하며 전국 대응을 총괄한다. 그 산하에는 정부 기관들로 구성된 성매매·인신매매 대응 국가전담팀이 있어, 정부와 민간단체 간 협력을 강화한다. 지방자치단체 차원에서는 사회복지국을 통해 기본적인 상담과 지원을 받을 수 있으며, 일부 지역에는 미카센터나 에본하우스 같은 공적 전문 지원 센터가 있다. 탈리타, 안전가옥 등 비영리 피해자 지원 단체가 피해자 지원을 직접 맡기도 한다. 또한 성평등청은 스웨덴 21개 주에 성매매·인신매매 대응 지역 코디네이터를 두고 사회복지사, 경찰, 민간단체, 의료기관, 이민국 등에서 피해자를 발견했을 때 원활하게 지원으로 연결되도록 허브 역할을 한다.

## 세계 최초의 공창제 시행 국가가
## 노르딕 모델을 채택하기까지 – 프랑스

프랑스에서 노르딕 모델이 도입된 과정은 더욱 극적이다. 1937년 설립된 무브망드니를 비롯한 폐지주의 단체들이 거의 80년에 가까운 시간을 투쟁해온 결과였다. 프랑스는 세계 최초로 공창제를 시행한 국가로 악명이 높다. 성매매 폐지를 위한 오랜 투쟁 끝에 프랑스는 1946년 공창제를 폐지[9]했고 이 결실은 1960년에 유엔의 「인신매매 및 타인 성매매 착취 억제에 관한 협약』(1950)을 비준하는 것으로 이어졌다. 그럼에도 프랑스는 업소 운영만 규제할 뿐 개인 간 이루어지는 성매매는 금지하지 않았다. 다만 1939년부터 존재한 『호객금지법』을 통해 공공장소에서 성매매를 유도하거나 유혹하는 행위를 처벌했는데 이 법을 통해 성매매 여성을 처벌하고 있었다. 즉 2016년 노르딕 모델을 따른 새 법을 제정하기 전까지 프랑스는 다음과 같은 상황이었다.

> 1   성매매 업소 운영 금지
> 2   개인 간 성매매 허용
> 3   호객 행위를 하는 성매매 여성 처벌

특히 2003년에는 『내부안전법』이라는 법 개정을 통해 '수동적 호객 행위'까지 처벌 대상에 넣음으로써 길가에 서 있는 여성의 눈빛, 복장 등을 근거로 '호객 행위를 했다'고 간주하여 처벌할 수 있도록 했고 이는 성매매 여성 존재 자체를 범죄화했다는 점에서 큰 비판을 받았다. 이런 프랑스에서 노르딕 모델 신법은 2016년 『성매매 체제에 대한 투쟁 강화 및 성매매 여성 지원법』이라는 이름으로 제정되었다. 프랑스 활동가들은 이것을 "긴 여정의 결실"이라고 평가한다.

일찍부터 프랑스에서는 아미칼드니, 무브망드니와 같은 성매매 폐지의 입장을 가지고 성매매 여성을 지원하는 단체들이 활발히 활동하고 있었다. 그들의 싸움이 본격화된 것은 2000년대 들어서다. 2009년

무브망드니는 "성매매 없는 유럽을 위한 호소"를 시작으로
유럽의회 선거, 프랑스 의회 선거에서 성매매 반대 입법을
하도록 압력을 행사했고 2011년 국회에서 성매매를 폭력으로
규정하고 성구매 금지를 권고한 보고서를 발표했다. 같은
해 6월, 약 50개 단체가 함께하는 연대체 '폐지 2012'를
만들어 대대적인 캠페인을 펼쳤고 그해 12월 프랑스 국회는
만장일치로 "장기적으로 성매매 없는 사회를 목표"로 하는
결의안을 채택했다. 결정적으로 대중의 마음을 움직인 것은
성매매 경험 생존자의 열정이었다. 2014년, 성매매 생존자이자
활동가 로젠 이셰는 프랑스 남부에서 출발해 수도 파리까지 총
743킬로미터를 39일간 걸으며 노르딕 모델의 채택을 촉구했다.
　　　　　　여기까지 왔음에도 새 법의 제정은 쉽지 않았다.
『성매매 체제에 대한 투쟁 강화 및 성매매 여성 지원법』을,
프랑스 상원은 총 세 번에 걸쳐 거부했다. 마침내 통과된
것도 결국 프랑스 하원(국민의회)이 최종 결정권을 행사한
것이었다.[10]

### 프랑스 성매매 방지법 및 지원 체계

이렇게 제정된 『성매매 체제에 대한 투쟁 강화 및 성매매
여성 지원법』에서 중요하게 짚을 점은 다음과 같이 정리할 수
있다.[11] 새로운 법 제정으로 『호객 행위 금지법』이 사라짐으로써
프랑스는 성매매 여성을 범죄자가 아닌 피해자로 온전히

**표4** 현행 프랑스 성매매 방지법의 주요 내용

| 구분 | 주요 내용 |
|---|---|
| 호객 행위 금지법 폐지 | 성매매 여성은 범죄자가 아니라 피해자라는 원칙을 제도화 |
| 탈성매매 경로 지원 제도 신설 | • 국가-지자체-시민사회의 협력 체계를 기반으로 한 지원 시스템을 전국적으로 마련<br>• 재정 지원: 사회보장 혜택을 받지 못하는 경우 탈성매매 조건으로 월별 재통합 지원금 받을 수 있음<br>• 세금 채무 면제: 탈성매매를 결심한 피해자는 세금 부채를 면제받을 수 있음 |
| 피해자 보호 | • 외국인 피해자: 탈성매매 프로그램 참여할 경우 최소 6개월 임시 체류 허가, 프로그램 지속 기간 내 갱신 가능<br>• 신고자 및 증인 보호: 포주나 인신매매범을 고발한 외국인은 자동으로 임시 체류 자격을 얻고, 최종 판결 확정되면 '거주권'을 받을 수 있음. 피해자와 그 가족·지인까지 신변보호 프로그램 적용 가능<br>• 포주가 배상할 수 없을 때 국가가 대신 피해 보상 |
| 성구매 금지 | • 초범 1500유로 벌금<br>• 재범 3750유로 벌금<br>• 미성년자·취약자 대상 성구매일 경우 최대 징역 3년, 4만5000유로 벌금<br>• 아동 대상 성구매 징역 7년, 벌금 가중<br>• 해외 성구매도 처벌 대상<br>• 성구매자 성매매 재인식 교육 의무 부과 |
| 예방·교육 정책 | • 학교 성교육 과정에 성평등·성매매 관련 내용 포함<br>• 사회복지사, 경찰, 법조인 대상 성매매 인식 교육<br>• 국가 차원의 위험 감소 정책 |
| 포주 및 알선자 처벌 강화 | • 포주 행위 시 징역 7년, 15만 유로 벌금<br>• 미성년자·취약자 대상 10-20년 징역, 최대 300만 유로 벌금<br>• 폭력·조직범죄 결합 시 종신형까지 가능 |

바라볼 수 있게 되었고 이로써 성매매 여성을 위한 지원 제도를 마련할 수 있었다. 이후 국가와 지방자치단체, 피해자 지원 단체가 함께 협력하여 전국적으로 성매매 여성을 지원하는 체계를 구축했다. 이때 피해자의 90퍼센트 이상이 이주 여성임을 고려해 이 현실을 반영한 제도적 보완도 마련했다. 또한 성구매자 처벌 조항이 신설되어 초범은 1500유로, 재범은 3750유로(약 650만 원)의 벌금형에 처해지며 해외에서 성구매를 한 경우에도 처벌 대상이다. 포주나 알선자에 대한 처벌도 강화되어 조직범죄와 연결되었을 경우 종신형까지 가능해졌다. 성매매 예방과 사회적 인식 개선을 위해 교육이 대폭 강화된 것 역시 중요한 지점이다.

        하지만 법 개정은 시작일 뿐이다. 스웨덴 사례에서 살펴보았듯, 법 작동과 실질적 지원을 위한 행정 체계가 필요하다. 프랑스에서 국가 차원의 성매매 대응을 총괄하는 부서는 '여성과 남성의 평등 및 차별 철폐 담당부(이하 평등부)'다. 평등부는 법 집행과 예산 배분, 피해자 지원 단체의 인증 및 지원을 관리한다. 피해자 지원은 각 도 단위에서 탈성매매 프로그램으로 운영된다. 스웨덴처럼 '지역 코디네이터'가 있는 것은 아니지만, 각 행정 단위에서 지방정부와 피해자 지원 민간단체가 협약을 맺어 프로그램을 운영한다. 평등부에서 인증받은 단체(무브망드니, 아미칼드니, 셀 재단 등)는 피해자 발굴·상담·지원 등 지역에서 중심적인 역할을 맡고, 국가와 지방정부는 예산과 제도적 기반을 제공한다.

**도표1** 프랑스 지원 체계

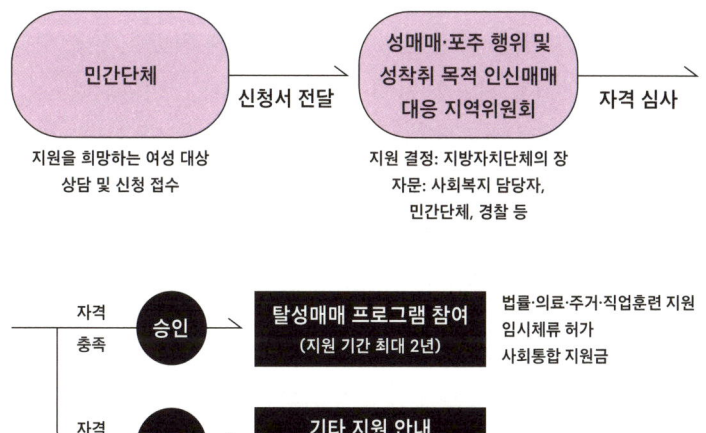

한국과 다른 점은, 피해자 지원 기관이 정부 예산을 지원받기 위해서는 각 도에 설치된 탈성매매 심의위원회 심사를 통과해야 한다는 것이다. 심의위원회에서 자격이 충족되지 않아 거절되는 경우는 다음과 같다.

1. 성매매 상황이 명확히 확인되지 않은 경우
2. 성매매를 중단할 의사가 없는 경우
3. 다른 제도로 지원받는 것이 더 적합하다고 판단되는 경우

피해자 지원 기관은 초기 상담을 통해 피해자가 심의위원회에 신청하도록 돕는다. 승인을 받으면 피해자는 최대 2년간 주거·사회복지·법률·심리 상담 등 개별 맞춤형 지원을 받을 수 있으며, 임시 체류 허가와 사회·직업 통합 수당도 지원된다. 이주 여성도 체류 허가증을 받을 수 있다.

<u>스웨덴과 프랑스에서 노르딕 모델이 가능했던 이유</u>
스웨덴을 비롯한 북유럽 국가들이 노르딕 모델을 채택하고 싸워온 과정과 집행 현황 등을 자세히 들여다볼수록, 이들 나라에서 노르딕 모델이 어떻게 가능했는지 선명해진다. 스웨덴 성평등청은 자국을 "성평등을 위해 헌신하는 국가"라고 정의한다. 실제로 스웨덴은 1972년에 국가 성평등 연구위원회를 설립했고 1976년 성평등 담당 장관을 임명했다. 1974년부터 성별에 관계없이 모부 모두에게 유급휴가를 제공했다. 또한 일찍부터 의회 내 여성의원 비율 확대에 힘써 1990년에 이미 38.4퍼센트에 이르렀고 법으로 여남동수를 의무화하지 않고도 1990년대 이후 줄곧 40퍼센트 이상을 유지하다 2022년 총선에서는 46.6퍼센트의 비율을 이루었다. 그 배경에는 1970-1980년대 활발히 전개된 여성운동과 정당 내 성평등운동의 성과로 주요 정당들이 자발적으로 채택한 '지퍼 시스템'이 있다. 후보 명단을 작성할 때 여성 후보와 남성 후보를 번갈아 배열하는 방식을 써서,
(Zipper System)

자연스럽게 비율이 1:1에 가까워질 수밖에 없도록 한 것이다. 이 방식 덕분에 스웨덴 의회의 여성 대표율은 꾸준히 40퍼센트 이상으로 유지되었고 이는 경제적 독립과 사회적 권력 배분 측면에서 여성들에게 상대적으로 높은 성취를 안겼다. 그 힘이 곧 여성의 권리를 강화하고 남성의 폭력을 억제했다. 성구매 금지법 역시 이런 여성들의 정치적 힘으로 만들어진 것이다.[12]

전국연대가 만난 활동가 단체 스웨덴 여성로비는 자국의 성구매 금지법이 "성평등에 있어 중요한 진전"이라 평가했다. 당시 대표였던 말푸리 그루트의 말이다.

> 국제적으로는 흔히 '스웨덴 모델'이라고 불리지만 우리는 제국주의적 뉘앙스를 피하고 싶어 '성평등 모델'이라고 부르고 있어요. 성평등에 핵심적인 의미를 가진 법이고, 성평등을 지향하는 사회라면 누구도 '팔리는 존재'가 되어서는 안 된다는 점을 강조하기 위해서입니다.

프랑스도 마찬가지다. 노르딕 모델이 도입되기까지, 그 지난한 배경에는 성평등을 지향해온 역사와 제도적 성과가 자리하고 있었다. 프랑스 전 하원의원 모드 올리비에는 노르딕 모델 채택을 위해 국회 안팎에서 크게 기여한 인물이다. 그는 2013년에 『성매매 시스템 퇴치를 위한 정부보고서』를 대표 작성했고 2016년에는 『성매매 체제에 대한 투쟁 강화 및 성매매 여성 지원법』을 대표 발의했다. 올리비에는 성평등

부서의 설립(1999)과 여남동수법 제정(2000)이 신법 제정 과정에서 결정적 역할을 했다고 평가했다.

특히 프랑스는 1999년 헌법 개정을 통해 "성평등을 보장하기 위해 법은 선출직과 임명직에 대한 동등한 접근을 보장한다"는 조항을 추가했다. 이를 근거로 2000년 6월, 국회에서 여남동수법이 제정되었다. 이 법은 정당이 국회의원 후보를 여남 동수로 내도록 의무화하고, 이를 지키지 않을 경우 국고 보조금을 삭감하는 강력한 제재를 두었다. 그 결과, 2000년 이전까지 약 10퍼센트에 불과했던 하원 여성 의원 비율이 2002년 총선에서 18.5퍼센트로, 2017년에는 39퍼센트까지 증가했다. 이러한 변화 속에서 프랑스 의회는 최종적으로 성매매 관련 신법을 통과시킬 수 있었다. 전 평등부 장관 로랑스 로시뇰은 이 법의 의미를 이렇게 강조했다.

"이 법은 단순히 성구매를 금지하는 데 그치지 않습니다. 여성의 인권과 존엄을 보장하는 종합적 접근이자 성평등 정책의 핵심 과제입니다."

### 성평등 입법의 '레시피'

전국연대는 2018년 성매매 합법화 국가인 네덜란드와 독일을, 이어 2019년 노르딕 모델을 시행 중인 스웨덴과 프랑스를 찾았다. 성매매 정책에서 서로 정반대의 길을 걷고 있는 국가들을 직접 방문해 현장 단체와 활동가들을 만나면서 특히 눈에 띄었던 것은 각국이 성매매 문제를 대하는 태도의 차이였다. 단순히 법과 제도의 차이 이상으로, 여성운동이 성매매 문제에 어떤 입장을 가지고 얼마나 단결되어 있느냐가 결정적인 영향을 미치고 있었다.

       스웨덴과 프랑스에서 만난 현장 단체와 활동가들은 자국의 페미니스트 및 여성운동 단체 대부분이 노르딕 모델을 지지한다고 입을 모았다. 책 『노르딕 모델』에서 강조하는 것도 이 지점이다. 이 책은 세계에서 두 번째로 노르딕 모델을 도입한 노르웨이의 페미니스트들이 쓴 것으로, "북유럽 국가의 페미니스트 운동은 성구매 금지를 요구하는 데 있어서 상당히 단결되어 있다"고 평가한다. 한편 네덜란드와 독일의 분위기는 사뭇 달랐다. 전국연대가 만난 활동가 및 단체들은 공개적으로 성매매 반대 입장을 밝히는 것이 "거의 불가능하다"고 토로했다. 심지어 전국연대와의 만남조차 조심스러워할 정도였다. 성매매에 반대하는 목소리를 내면 운동 사회에서 배제되고 정부의 지원도 끊길 수 있다는 것이다. 더 나아가 성매매 산업 관계자나 성구매 옹호자들로부터 테러 위협을 받은 사례도 있었다고 말했다.

       반면 스웨덴과 프랑스의 여성운동은 전국 곳곳에서 성매매 여성들을 만나고 지원하면서 현장에 단단하게 뿌리내리고 있었다. 또한 스웨덴 여성로비, 인신매매 방지를 위한 시민사회 플랫폼, 무브망드니, 아미칼드니 같은 우산조직[7]을 통해 정치적 활동을 조직적으로 이어가며, 이미 사회 각계에 진출해 있던 여성들과 협력해 노르딕 모델이라는

---

[7]    umbrella organization, 비슷한 역할 또는 정체성을 가진 소규모 단체가 연합하거나 협의체를 만들어 함께 활동하는 조직 방식

획기적인 전환을 만들어냈다. 스웨덴 여성로비의 말푸리 그루트는 이렇게 회상했다.

> 이 법을 만드는 과정에서 특히 중요했던 것은 여성들의 역할이었습니다. 여성단체들이 주축이 되어 노동조합을 비롯한 시민사회를 설득하고 협력을 이끌어냈어요. 게다가 당시 정부의 핵심 자리에도 여성들이 있었지요. 여성 성평등 장관이 있었고, 적극적으로 힘을 보탠 여성 국회의원과 정부 여성 관료들이 있었습니다. 이 세 명이 여성단체와 손잡고 법 제정을 주도했습니다. 저는 이것이야말로 법을 만드는 '레시피'라고 생각합니다. 여성운동은 정부와 정치인에게 법의 필요성을 끊임없이 알리고, 정부는 교육과 캠페인을 통해 법 집행자들에게 법의 취지를 강조하며, 국회는 동료 의원들을 설득해 법 제정을 이끌어내는 것이지요.

뜻있는 여성들이 힘을 갖고, 그 힘을 모으는 것. 스웨덴과 프랑스의 페미니스트들은 성매매 문제가 사회 전반의 여성 폭력과 인권 문제임을 직시하여 행동에 나섰고, 그 시도의 성공적 결실을 세계 사례로 남겼다.

## 노르딕 모델이 바꾼 것

전국연대가 스웨덴과 프랑스를 방문했을 때 만난 활동가, 단체, 정부 기관 인물들은 대부분 노르딕 모델을 긍정적으로 평가했다. 물론 "법의 세부 내용이나 집행 방식, 예산 지원은 여전히 부족하다"는 아쉬움과 앞으로의 과제도 함께 지적했지만, 그럼에도 이 제도가 성매매 문제 해결에 중요한 전환점을 마련했다는 점에는 이견이 없었다.

스웨덴의 성매매 경험 당사자 단체인 인테 딘 호라는 노르딕 모델을 "다른 여성들이 성매매를 경험하지 않도록 막아주는 중요한 제도"라고 평가했다. 특히 성매매라는 현상이 "여성의 잘못이 아니라 구매자 남성들의 잘못임을 사회가 분명하게 선언"한다는 점에서 노르딕 모델은 "반드시 필요하고 유효한 제도"라고 강조했다. 프랑스의 성매매 경험 당사자 활동가 로젠 이셰 역시 '유효한 사회적 장치'라는 점에서 비슷한 견해를 들려주었다. "법이 바뀌었다고 해도 여전히 마사지 업소는 존재한다. 하지만 과거에는 그 안에서 성매매가 이루어지더라도 여성들을 보호할 근거가 부족했다. 지금은 성구매자가 폭력을 행사하거나 여성이 성매매를 거부했을 때, 피해자가 이를 신고할 수 있는 장치가 마련된 것이 이 법의 가장 큰 변화이자 장점"이라고 그는 말했다.

책 『노르딕 모델』에서 언급되는 구체적 효과들도 있다. 대표적으로 법 시행 이후 성매매 여성들이 학대와 폭력을 신고하기가 훨씬 쉬워졌다는 점이다. '성구매자가 범죄자'라는 사회의 합의가 생기자 부당한 폭력과 경험을 고발할 수 있게 되었고, 탈성매매를 위해 도움을 요청하기도 한결 쉬워졌다. 성구매자를 처벌하고 피해 여성을 지원하는 모델은 '잘못은 피해 여성에게 있지 않다'는 명확한 메시지를 담고 있으며, 그 사회적 효과는 컸다.

분명한 것은, 노르딕 모델이 도입된 이후 성매매 여성들이 더 이상 범법자로 낙인찍히지 않고 오히려 부당한 강요나 폭력에 맞섰을 때 국가의 보호를 받을 길이 열렸다는 사실이다. 성구매자들이 일방적으로 힘을 행사하던 과거를 지나, 비로소 성매매 여성들이 최소한의 권리와 존엄을 보장받을 수 있는 기반이 마련된 것이다.

무엇보다 노르딕 모델 시행 이후 나타난 가장 중요한 변화는 성구매에 대한 사회적 인식이다. 스웨덴은 성구매 금지법 시행 이전인 1996년만 해도 국민의 70퍼센트가 성구매자 처벌에 반대했다. 그러나 법 시행 15년 뒤인 2014년에는 국민의 72퍼센트가 성구매자 처벌에 찬성한다.[13] 15년 만에 여론이 완전히 뒤바뀐 것이다.

> 지난 20년 동안 가장 큰 변화는 사회 규범 자체가 바뀌었다는 점이에요. 이제는 남자들끼리 모여도 성구매 이야기를 꺼내는 것조차 쉽지 않을 정도로 사회적으로 용인되지 않는 분위기가 됐습니다. ─말푸리 그루트(스웨덴 여성로비)

성평등 교육을 진행하는 스웨덴의 남성단체 '멘'(MÄN)도 성구매

금지법 시행 이후 사회 분위기가 일변했다는 데 이견이 없다. 성매매 경험을 공개적으로 이야기하기 어려운 분위기가 자리 잡았다고 해도 여전히 성구매 남성은 있다. "스웨덴 안에서는 성구매를 하기 어려우니 해외에 나가서 하기도 합니다. 그렇지만 친구에게조차 그 사실을 말하기 어려운 사회가 됐다는 점이 중요해요. 왜냐하면 스웨덴에서 성구매는 범죄이자 인권을 침해하는 행위이기 때문"이라고, 멘의 활동가는 힘주어 말했다.

한국 사회는 『성매매방지법』이나 비동의강간죄, 차별금지법 등 인권에 기반한 법 제정이나 개정을 요구할 때마다 '사회적 합의'가 필요하다는 말을 지겹도록 되풀이한다. 그러나 '사회적 합의'의 이러한 용례는 대개 다수 또는 기득권의 폭력을 용인하는 기능을 한다. 대중과 사회를 설득하는 과정은 분명 중요하지만 이를 방패 삼아 사회 규범을 세우고 약자를 보호하는 책임을 언제까지고 방기해서는 안 된다. 앞선 사례들에서 보이듯, 법에 의해 상식이 바뀌기도 하는 것이다.

법이 바뀌면 우선 경찰들이 바뀐다. 스웨덴에서 가장 놀라웠던 것은 경찰의 태도였다. 한국에서 반성매매 활동을 하는 동안, 경찰이 성매매 알선자나 성구매자 처벌에는 무관심하면서 성매매 여성 잡는 데만 적극적인 모습을 지겹게 보았다. 지원자이자 활동가로서는 무력감을 느끼지 않을 수 없다. 그러나 스웨덴에서는 경찰이 성구매 금지법의 가장 큰 조력자였다. 스웨덴 경찰과의 대화는 낯설면서도 감동적이었다.

> 제가 강조하고 싶은 건, 성매매 여성들이 성구매자를 적극적으로 신고할 수 있도록 하는 것이 가장 중요하다는 점입니다. 경찰이 알선자나 구매자에게 수사 정보를 받으려 한다면 여성들은 신고하지 못할 거예요. 이게 가능한 이유는 스웨덴이 세계 최초로 성구매를 처벌하는 법을 도입했고, 성매매 여성은 정부 예산으로 지원받을 수 있기 때문입니다. 경찰 내부에서도 이 법과 방식에 반대하는 사람이 있을 수는 있지만, 우리는 법을 집행해야 합니다. 동시에 왜 이런 법이 필요한지 경찰들의 이해를 높이는 것 역시 중요한 업무입니다. 성구매 자체가 여성에 대한 폭력이라는 점을 알리는 것이 핵심입니다.
> ―스웨덴 경찰청 성매매 전담부서 담당자

### 스웨덴의 경찰들

한국은 남성 두 명 중 한 명이 성구매를 한 경험이 있는 국가다. 성평등가족부는 『성매매방지법』에 따라 3년에 한 번씩 전국 성매매 실태조사를 실시한다. 조사에서는 평생 성구매 경험도 포함하는데 2013년에는 56.7퍼센트, 2016년 50.7퍼센트, 2019년 42.1퍼센트, 2022년 37.4퍼센트로 조사되었다. 비록 수치가 점차 줄어들고 있지만 여전히 놀라울 만큼 높다. 성매매가 합법인 독일은 남성 세 명 중 한 명, 노르딕 모델 시행 전 프랑스에서는 열 명 중 한 명이 성구매 경험이 있다고 조사되었다. 스웨덴의 경우 성구매 남성 비율은 1996년 13.6퍼센트였지만 2023년에는 7퍼센트로 줄어들었다. 2025년부터는 웹캠 등 온라인 성적 서비스 구매도 처벌되도록 법이 확대되었다.

노르딕 모델 시행 이후 스웨덴에서 성구매가 줄어든 데는 경찰의 적극적인 단속과 수사 의지도 한몫했을 것이다. 스웨덴 경찰청은 내부에 성매매 전담 부서와 '인신매매 국가보고관'을 두어 성매매와 인신매매 상황을 지속적으로 모니터링하고 지역 경찰의 업무를 독려, 조정하는 역할을 하도록 했다. 스톡홀름, 예테보리, 말뫼와 같은 대도시 지방경찰청에도 성매매 전담수사팀을 두어 성매매 수사를 전문적으로 할 수 있도록 했고 성매매 여성을 발견하면 피해자 지원 기관으로 연결하는 역할도 하고 있다.

> 현재 스웨덴에서 대부분의 성매매는 온라인을 통해 이뤄져요. 성구매 금지법이 처음 도입될 때 이 법에 반대하는 사람들은 이 법이 성매매를 음성화시킬 거라고 우려했어요. 그러나 성매매가 음성화되어서 찾기 어려워진다고 하더라도 성구매자가 찾을 수 있다면 우리도 충분히 찾을 수 있습니다. −스톡홀름 경찰청 성매매 담당 수사관

이러한 경찰들의 태도는 스웨덴에서 성매매가 어떤 형태로든 다시 뿌리내리지 못하게 하는 데 큰 역할을 한다. 한국과 달리 성매매와 인신매매 알선자들에게 불리한 시장인 것이다. 성매매가 합법화된 독일과 비교하면 법의 중요성은 더욱 명확해진다. 지금 독일에서 성구매되는 여성은 최소 약 40만 명으로 추산된다. 총인구 차이를 적용해 비교하면 스웨덴에 5만여 명의 성매매 여성이 있는 셈인데, 실제 스웨덴에서 성매매하는 여성은 1000명 정도로 추산된다고 한다. '합법이든 불법이든 어쨌든 성매매할 남자들은 한다'거나 '정답은 없다'고 하기에는 극명한 차이다.

        스웨덴에서는 합법적으로 성매매 업소를 운영할 수 없고, 말만 불법인 한국과 달리 실제로 알선자와 구매자를 적극 수사한다. 적발을 피해 알선자들은 개인 아파트나 호텔을 은밀히 이용하지만 호텔 측도 경찰과 긴밀히 협조하고 의심되는 정황을 신고한다. 그래서 에어비앤비로 옮겨 가자, 이번에는 주민들이 수상한 정황을 신고한다고 한다. 그러니 "스웨덴에서는 성구매하기 쉽지 않다"고 담당자는 단언했다. 피해자를 처벌하지 않는 성구매 금지법의 효과는 여기서 그치지 않는다.

> 저희는 이 법이 성매매뿐만 아니라 인신매매 시장까지 억제하는 효과가 있다고 보고 있습니다. 법의 집행에는 피해자의 협조가 꼭 필요한데, 이건 피해자를 처벌하지 않기 때문에

> 가능한 겁니다. 피해자의 증언을 통해 성매매와 인신매매가 어떤 방식으로 이루어졌는지, 누가 개입했는지, 사건의 구조가 어떤지 파악할 수 있습니다. 현재 스웨덴 국민의 75퍼센트가 이 법을 지지하고 있는데, 이건 아주 중요한 의미가 있습니다. 성구매가 줄었고 알선자들에게 불리한 시장이 만들어졌다는 뜻이니까요. ―스웨덴 경찰청 성매매 전담부서 담당자

## 지속되는 과제들

성매매 문제 해결에서 노르딕 모델은 획기적인 전환을 보여주었다. 하지만 스웨덴과 프랑스에서 전국연대가 만난 활동가와 단체들은 "아직 충분하지 않다"고 입을 모았다.

> 스웨덴에서 성구매가 범죄화된 것은 분명 의미 있는 변화예요. 하지만 여전히 성매매는 닫힌 문 뒤에서 이루어지기 때문에 입증하기가 쉽지 않아요. 더 큰 진전이 필요하다고 생각해요. 성구매자에 대해 더 강력한 처벌이 필요해요.

스웨덴 성매매 경험 당사자 활동가 엘리세 린드크비스크의

평가다. 또 다른 당사자 단체인 인테 딘 호라 역시도 성구매자에 대한 처벌이 더 강화되어야 한다고 강조했다. 노르딕 모델은 "반드시 필요"하고 좋은 제도지만, 실제 운영 방식에서는 여전히 여러 문제가 있다고 그들은 말했다. "가장 큰 문제는 가해자들이 제대로 기소되지 않는다는 점이에요."

피해자 지원에서도 보완해야 할 문제들이 남아 있었다. 스웨덴과 프랑스 모두 성매매 여성이 지원을 받으려면 지방자치단체가 구성한 심의위원회의 심의를 거쳐야 한다. 이는 두 나라 모두 복지국가 체제 안에서 피해자 지원의 일차적 책임이 정부에 있기 때문이다. 그러나 전국연대가 방문했을 당시, 이런 구조에 대한 현장 단체들의 비판도 많았다.

스웨덴의 경우 피해자 지원 단체에 직접 예산을 지원하지 않고 지자체 복지국이 피해자를 심의해 선정한 뒤 지원을 제공한다. 이 과정에서 성매매 피해 지원의 전문성이 없고 심의에서 탈락될 경우 아예 지원을 받지 못하는 문제가 발생한다. 특히 인신매매 피해자나 이주 여성은 체류 자격 문제 때문에 심의를 받기조차 어려운 상황에 놓이기도 한다.

> 스웨덴에는 정부가 운영하는 탈성매매 프로그램이 따로 있는 게 아니라 전반적인 복지 시스템 안에서 처리됩니다. 성매매만 전담하는 여성단체도 거의 없고 그나마 있는 곳들도 정부 지원이 줄어들면서 제대로 된 지원을 이어나가기가 어렵다고 들었어요. 그래서

> 미투 이후에 정부에 강하게 요구한 것이 바로
> '생존자와 탈성매매 여성을 위한 전담 프로그램을
> 만들라'는 것이었습니다. −인테 딘 호라 활동가

정부가 피해자 지원을 직접 하다 보니 성매매 여성 지원에
전문성을 가진 현장 단체는 예산과 자원의 부족으로 피해자
지원과 운영에 어려움을 겪고 있었다.

> 지원 책임을 지방자치단체에 떠넘기다 보니 (…)
> 초기에는 피해자의 다수가 스웨덴 여성이어서
> 지자체 예산으로 가능했지만, 이주 여성이
> 많아지면서 책임 소재가 불분명해졌습니다. 물론
> 잘하는 지자체도 있지만 전국 모든 지자체가
> 다 똑같을 수는 없잖아요. 편차가 큰 것이
> 현실입니다. −스웨덴 여성로비 활동가

지원 대상인 피해자 다수가 이주 여성이라는 점은
프랑스에서도 문제가 되고 있었다.

> 경찰이나 지자체가 성매매 여성을 구조하기를
> 여전히 주저합니다. 특히 피해자 다수가 이주
> 여성이다 보니, 그들이 안전하게 살아가려면
> 체류를 보장해야 하는데 이게 자칫 이민 장려
> 정책으로 보일 수 있다는 이유로 망설이는

> 거예요. 그 틈을 마피아 조직들이 파고들어요.
> '너는 불법체류자니까 성매매 말고는 할 수 있는
> 게 없고, 결국 추방될 것이다'라며 여성들을
> 협박해 묶어두는 겁니다. 저는 이게 지금
> 제도의 가장 큰 약점이고, 반드시 보완해야 할
> 부분이라고 생각합니다. —로젠 이세

다만 최근의 스웨덴과 프랑스는 2019년 당시보다 제도를 보완한 것으로 보인다. 정부와 지자체, 피해자 지원 단체가 협력 체계를 구축하고 단체가 피해자를 직접 지원할 수 있도록 예산을 배정하는 방식이 도입되었다. 특히 피해자의 90퍼센트 이상이 이주 여성인 프랑스는 이주 여성이 지원 대상이 되면 2년까지 체류를 보장한다. 그 결과 피해자 지원 단체가 지원한 이주 여성 중 96퍼센트가 체류증 미소지 상태였으나 지원 후 45퍼센트가 체류증을 받았고, 49퍼센트가 발급 대기 중이었다.

### 한국에서 노르딕 모델은 가능할까

내가 꿈꾸는 성평등한 사회는 이러하다. 어떤 여성도 성매매로 착취되거나 고통받지 않고, 아직 성매매되지 않은 여성들은 영원히 이 경험을 하지 않아도 인간답게 살아갈 수 있고, 현재 성매매를 하는 여성들은 원치 않는 상황에서 국가와 법의 보호를 받을 수 있고, 성매매에서 벗어나기를 원한다면 어떠한 비난과 낙인 없이 자유로이 성매매를 그만둘 수 있고, 성매매가 아닌 다른 대안과 선택지가 적어도 한두 개쯤은 있는 사회.

이것이 과연 불가능한 꿈일까. 많은 사람이 성매매가 너무 뿌리 깊고 너무 거대하기 때문에 없앨 수도 맞설 수도 없다고 한다. 그러나 우리는 가부장제와도 싸우는 여성들이지 않은가? 우리는 이 싸움의 여정에서 이제 막 첫발을 떼었을 뿐이다.

전국연대를 비롯해 성매매 여성을 지원하는 현장 단체들은 이 싸움의 가까운 미래는 노르딕 모델이 되어야 한다고 주장한다. 물론 노르딕 모델로 충분하지 않다. 노르딕 모델은 성평등 사회를 향한 필요조건일 뿐이다. 노르딕 모델이 불가능하다고? 아니, 그렇지 않다. 이미 많은 나라가 노르딕 모델을 채택하고 시행하고 있다. 그리고 효과를 증명하고 있다.

전국연대는 스웨덴과 프랑스에서 우리가 상상하는 미래를 잠시 엿볼 수 있었다. 가장 놀랐던 것은 성매매를 마주하지 않는 일상이 존재한다는 사실이었다. 반성매매 활동가가 되고 가장 먼저 얻은 것은 성매매 업소를 발견하는 능력이다. 사실 발견이라고 할 것도 없이 나의 일상은 성매매와 함께였다. 단지 이전에는 미처 깨닫지 못했을 뿐이었다. 출퇴근 길 곳곳에, 친구를 만나러 간 카페와 식당의 아래층과 위층에, 심지어 어린이집, 학원, 교회와 한 건물에 성매매 업소가 있다. 최근 다녀온 일본의 풍경은 말할 것도 없다. 일부러 성매매 거리를 고른 것도 아니었는데 숙소 인근에는 성구매 호객을 하는 여자아이들이 줄지어 서 있고 업소를 홍보하는 무료 안내소가 곳곳에 있었다. 독일에서도 비슷했다. 일부러 성매매 업소 가까운 숙소를 고른 것도 아니었는데 이튿날 독일 활동가와 방문한 업소 밀집 지역은 바로 길 건너편이었다. 그 규모가 너무 거대해서 압도당할 수밖에 없었다.

그러나 스웨덴의 수도 스톡홀름은 달랐다. 우리는 열혈 반성매매 활동가답게 그곳에 머무르는 일주일 동안 성매매의 흔적을 찾기 위해 분주히 도시를 돌아다녔다. 저녁, 심야, 새벽까지 시간대도 다양했다. 우리가 찾아낸 성매매 '의심' 업소는 단 두 곳뿐이었다. 믿을 수가 없어 더 분주히 돌아다녔다. 성매매 업소와 함께하지 않는 일상이라니, 이것이 가능하다니, 신기하고 놀라웠다. 스웨덴에서 우리는 똑똑히 보았다. 성매매 없는 일상은 가능하다고 말이다.

스웨덴에 성매매가 전혀 없다거나 성매매 여성이 존재하지 않는다는 의미는 아니다. 스웨덴에도 여전히 성차별과 성별 격차가 있고 취약한 사람이 성착취되는 현실이 있다. 그럼에도 사람들의 일상에 성매매와 성매매 업소가 당연하게 공존하지 않는다는 것은 매우 큰 차이다. 이 차이가 성매매에 대한 우리의 감각을 변화시키기 때문이다.

프랑스에서 만난 캡 인터내셔널의 그레고리는 한국의 상황을 듣고 무척 걱정했다. 한국의 성산업이 너무 거대하다는 것이다. 이웃 나라인 프랑스와 독일이 서로 다른 성매매 정책을 채택한 이유와 그 결과에 관해 물었을 때, 그는 "성매매에 대한 태도 차이"를 중요하게 언급했다. 독일도 과거

업소 운영이나 성매매 알선이 불법이었으나 정부나 국민들이 성매매에 허용적인 분위기가 강했고 법을 강력하게 집행하지 않았다. 한편 프랑스는 여성운동 내부에 폐지주의 흐름이 강력했고 정부의 단속도 강한 편이었다는 것이다.

> 독일과 프랑스는 애초에 사회적 상황이 달랐던 거죠. 저는 성매매에서 중요한 것은 결국 착취의 규모와 가시화의 정도라고 생각합니다. [성매매에 허용적인 분위기 때문에] 독일의 성매매 업소는 계속 늘어났고 규모도 엄청나게 커졌습니다. 지금은 독일에 성매매 여성이 약 50만 명이 있다고 합니다. 프랑스가 4만 명 정도인데 10배가 넘어요.

정확히 이 때문에 그는 한국을 우려한 것이다.

> 한국의 성매매 시장 규모를 듣고 정말 놀랐습니다. 전국연대와 만나기 전까지만 해도 '한국은 거의 다 왔다. 여성 처벌만 없애면 된다'고 생각했어요. 그런데 성산업의 규모가 너무 커서, 가장 걱정입니다. 성매매가 사회 전반적으로 가시화되어 있고 규범처럼 인정되는 문화가 있다는 건데, 이 문화를 무너뜨리는 것이 우선 필요합니다.

그레고리의 조언은 한국에서 무엇을 해야 하는지를 분명하게 해주었다. 한국에서 노르딕 모델은 가능할까? 가능하게 하려면 무엇을 어떻게 해야 할까? 스웨덴과 프랑스를 방문하며 얻은 큰 수확은 한국의 상황과 조건을 보다 객관적으로 알게 된 것이다. 첫째, 한국은 독일만큼 큰 성매매 시장을 가지고 있다. 성매매 시장이 이토록 크다는 것은 성매매를 당연하게 여기는 문화가 존재한다는 뜻이다. 이것이 가부장적 남성성과 폭력적 남성연대의 기반이 된다. 그렇기에 성매매 산업을 해체하고 성구매 수요를 줄여나가는 일이 무엇보다 중요하다. 둘째, 반면 한국에는 스웨덴과 프랑스와 같이 성매매에 맞서 싸우는 페미니스트들과 강력한 여성연대가 있다. 각성한 이들은 성매매와 싸우기를 주저하지 않고 이미 변화를 만들어가고 있다. 무엇보다 중요한 것은 현장 단체들과 연대하는 성매매 경험 당사자들의 존재다. 이들은 낙인과 침묵을 깨고 나와 성매매로 인해 여성들이 어떤 경험을 하는지 진실을 폭로하고 발설한다. 이들은 반성매매운동의 가장 큰 힘이다. 셋째, 노르딕 모델은 결국 국회와 정부를 거쳐 성매매 처벌법의 전면 개정을 통해 실현될 수 있다. 그런데 지금 한국은 성평등을 지향하는 국가인가? 국회에 더 많은 페미니스트 국회의원이 필요하고 정부도 선명하게 성평등을 지향해야 한다. 우리에게는 법과 제도, 문화를 바꾸어낼 수 있는 '성평등 민주주의'가 필요하다.

노르딕 모델로 가는 길에, 대한민국은 강점도 약점도 너무 분명하다. 막막함으로 무력해질 수 있지만 이는 오히려 우리가 무엇을 해야 하는지 분명하게 말해준다. 성매매 여성을 지원하는 현장 단체들과 여성시민단체는 2022년 '성매매처벌법개정연대: 성구매 수요차단·성매매여성 처벌조항 삭제 공동행동'을 결성하여 노르딕 모델을 향한 투쟁을 시작했다. 연대하며 싸우는 여자들이 있기에 우리는 반드시 승리할 것이다.

# 이 "마지막 폭력"을 근절하라

## 프랑스 당사자와 함께한 국제 심포지엄

부록 3

무무(성매매경험당사자네트워크 뭉치)

---

2022년 전국연대와 성매매경험당사자네트워크 뭉치는 프랑스 활동가들을 국내에 초청해 이야기를 듣는 5박 6일의 일정을 마련했다. 2016년 프랑스에서 성구매자 처벌법 및 성매매 피해 여성 보호를 위한 법안을 제안하고 통과시킨 모드 올리비에 전 하원의원과 성매매 경험 당사자 활동가 알렉신 솔리스가 한국으로 오게 되었다.

첫 만남은 간담회가 예정된 상담소 인근의 한식당에서였다. 우리는 뚝배기 불고기를 주문했는데 한국인인 나도 먹기 어려울 만큼 뜨거웠다. 다행히 뒤이어 여러 일정이 빼곡했음에도 알렉신과 모드 올리비에 의원은 느긋하게 식사를 즐겼다. 반면 총괄 매니저인 신박진영 팀장은 그 뜨거운 뚝배기의 음식을 재빠르게 비우고 다음 일정을 준비하고 있었다.

이날의 주 일정이었던 기자간담회에서, 알렉신은 노르딕 모델과 당사자운동에 대한 자신의 생각을 차분히 전했다. 한 기자가 왜 성매매에 유입되었으며, 탈성매매 계기는 무엇인지 물었다.

> 저는 19살이었고, 대학생이었습니다. 형편이
> 넉넉하지 않아 월세를 내는 것도 굉장히 벅찼습니다.
> 집 계약이 끝나고 이사를 나가기 전, 여러 가지
> 영수증과 세금 문제를 처리해야 했는데 그 비용조차
> 없었습니다. 결국 돈 문제를 해결하기 위해 인터넷의
> 만남 주선 게시판에 "돈이 필요한 학생입니다"라는
> 글을 올린 것이 시작이었습니다.

그는 2년간 성매매를 했고 성구매자 남성들이 일상적으로 가하는 폭력에 완전히 소진되었을 즈음, 한 구매자의 말을 듣고 탈성매매를 결심했다. "나 성병 걸렸어. 너도 검사해봐." 알렉신은 그 순간 스스로를 더 이상 위험에 빠뜨리지 않겠다고 결심했다. 이후 지금까지 반성매매 활동가로서 구조적 성착취와 싸우고 있다.

> 저는 성매매 근절을 위해 계속 싸워나갈 겁니다.
> 탈성매매 이후 처음에는 성매매가 강간이고
> 폭력이라고 말하지 못했습니다. 그러다 로젠 이셰가
> 등장하는 다큐멘터리를 보고 '나에게도 말할 권리가
> 있다'는 것을 깨달았습니다. 그때부터 그와 함께
> 2019년 독일에서 열린 '생존자들의 말을 들어라'
> 행진에 참여하며 본격적으로 운동을 시작했습니다.

알렉신처럼 성매매 현장에서 겪은 폭력을 처음에는 폭력이라 인식하지도 못하고, 그다음에는 말해도 된다고 생각하지 못한 채 침묵 속에 고통받는 여성은 정말 많다. 하지만 목소리를 내는 당사자 활동가들의 존재로 점차 많은 이가 목소리를 내고 싸울 수 있게 된다.

촘촘한 일정 속에서도 우리는 이동 중 차 안에서 쉬지 않고 웃고 떠들었다.

초청의 백미는 한국과 일본의 당사자 네트워크 뭉치, 도카가 모두 자리해 3개 국어가 오간 간담회였다. 간담회에서 각국의 당사자들은 서로 다른 환경에서 겪은 성매매 현장에 대해 나누었다. 언어, 문화, 연령대, 문화권의 차이가 있었지만 핵심은 분명했다. 성매매는 여성의 인권을 침해하는 폭력이라는 사실이었다. 성평등 모델을 갓 도입한 프랑스의 현재에 관한 알렉신의 보고에도 모두가 귀를 기울였다. 그는 이 법이 "여성의 권리 회복, 성구매자 고소, 피해자 인정뿐 아니라 심리·주거·재정 지원까지 명문화한 점"을 높이 평가했으나 "정부의 집행 의지가 부족"한 아쉬운 현실을 언급했다. 그와 프랑스의 동료들은 이를 개선하기 위해 활동을 이어가고 있다.

이어 9월 23일 한국『성매매방지법』시행 18주년을 맞아 보신각 앞에서 열린 기념행사에 알렉신과 모드 올리비에 의원은 무대에 올라 발언했다. 이어진 공연과 거리 행진은 마치 축제 같았다. 마지막 무대에서 꽃다지가「바위처럼」을 부를 때, 우리는 손을 맞잡고 빙글빙글 돌며 서로를 바라보았다. 그곳에는 한국과 일본, 프랑스의 당사자와 활동가들이 함께 있었다. '연대'라는 단어가 그 어느 때보다 벅차게 다가오는 광경이었다.

마지막 큰 일정인 "왜 프랑스는 성평등 모델을 선택했나?" 포럼은 알렉신과 모드 올리비에 의원이 주인공이었다. 올리비에 의원이 힘주어 말한 한 문장에 모두가 엄중히 고개를 끄덕였다.

> 성매매는 프랑스 법으로 처벌되지 않는 마지막 폭력이었습니다.

성구매자 99퍼센트는 남성이고 성매매된 85퍼센트가 여성이다. 성매매는 남성의 섹슈얼리티가 여성을 억압해도 '된다'는 최후의 보루이자 명백히 남성에 의해 여성에게 가해지는 폭력이다. 이제 성평등 모델을 지향하게 된 프랑스 사회는 이것이 프랑스 법으로 처벌되지 않는 마지막 폭력"이었다"고 과거형으로 말할 수 있게 되었다. 여러 단체와 당사자, 국회의원, 여성부 장관 등의 연대와 힘으로 이루어낸 프랑스의 변화들에 대해 자신 있게 발언하는 그들이 부러웠다.

# 7

# 한국의 『성매매방지법』, 무엇이 문제이고 어떻게 바꿔야 할까

조정민     판사. 법원 내 연구회 '현대사회와성범죄연구회'에서 활동한다.

2015년부터 2020년까지 5년간 형사재판을 담당했다. 당시는 성폭력 범죄 재판이 여론의 큰 주목을 받으면서 판결이 논란이 되기 시작한 때였다. 법 절차를 제대로 지키지 않았다는 비판, 피해자 보호에 소홀하다는 지적이나 선고 형량이 지나치게 약하다는 비판도 있었다.

성폭력 관련 법을 비롯한 한국의 젠더 관련 법제 뒤에는 여성운동계의 오랜 분투가 있다. 세간을 떠들썩하게 하는 범죄 사건이 일어나면 법률가들도 급급히 해결책을 모색하게 되는데, 이를 계기로 오랫동안 여성계에서 부르짖어온 어젠다가 일부 받아들여지는 식이다. 성폭력범죄나 성매매 관련 처벌법 모두 그런 양상이었다.

그런데 이 시기는 또 달랐다. 기존 여성운동계보다 SNS 등을 통해 연대한 시민 여성들에 의해 변화가 추동되었다. 판결 하나가 선고되었을 때의 반응이 신속하고 대규모였다. 이는 분명 사회 진전의 증거라고 여겨졌지만, 이 때문에 성폭력 범죄 재판이 부담이 되기 시작한 것도 사실이었다. 여론의 뭇매를 맞은 사건 중에는 내가 재판을 했어도 달리했을까 싶은 것들도 있었다. 법에 정해진 절차를 제대로 지키지 않았다는 비판이나 피해자 보호에 소홀하다는 지적 등은 경청할 만한 것이었다. 절차 규정들은 입법이 되어도 실제 재판에서 활용되지 않으면 금세 사문화된다. 그런데 시민들의 요청이 절차에까지 미치면서 내부에서도 절차 법규에 경각심을 갖게 되었다.

사실 이때까지 성범죄 사건은 오히려 '쉬운

사건'으로 여겨졌다. 기록도 두껍지 않고 물적증거가 적으며 증거 관계도 간단[?]하여 말 그대로 일이 적기 때문이다. 2013년 이전에는 강간죄 등이 친고죄였기 때문에 재판 중이라도 피해자와 합의가 되면 유무죄 판단을 할 필요 없이 공소기각을 선고하면 끝이었다. 이후에도 그러한 감각이 남아 있었기 때문에 합의가 된 사건에 중형을 선고하는 일이 오히려 어색하게 받아들여졌다. 그런 상황에서 시민사회의 반응은 변화를 불러왔다. 나뿐 아니라 다른 법관들도 성폭력 범죄 재판에 종전보다 신중해질 수밖에 없었다.

## 성폭행 범죄의 원형을 찾다

형사재판에서 유무죄 판단 및 적정한 양형을 위해서는 범행 동기를 잘 파악해야 한다. 그 면에서 성폭력 범죄는 내게 난제였다. 다른 범죄는 그 범죄를 추동하는 욕구 자체는 어떤 것인지 짐작할 수 있었다. 사기죄라면 돈이라는 목적, 폭행이나 상해죄라면 사건에 따라 동기를 읽기가 어렵지 않았다. 그런데 성폭력 범죄자의 욕구와 동기 즉, 다른 사람이 원치 않는데— 경우에 따라서는 원치 않을 '수록'—그 사람의 신체에 성적인 침해 행위를 하고자 하는 욕구 자체를 이해하기 어려웠다.

그런 개인적인 고민을 안은 채 성범죄 사건 기록을 자세히 살펴보는 시간이 쌓이면서 특이한 점을 발견하게 되었다. 서로 다른 시기와 장소에서 벌어진 성폭력

---

[?] 피해자의 진술이 유일한 증거인 경우가 많은 등.

범죄들이 유사성을 보였던 것이다. 예컨대 범죄자 남성이 청소년들에게 SNS로 접근해 저지르는 범행들이라면 그 학대 행위의 종류나 접근 방식이 사건마다 비슷했다. 알고 보니 이런 영상을 공유하고 매매하고 모방하는 공간이 존재했다. 성범죄 결과물이 거래되는 시장, 학습되는 구조가 광범위하게 자리하고 있었다.

사이버 공간만의 문제가 아니었다. 준강간이라는 범죄가 있다. 심신상실 또는 항거 불능의 상태에 있는 사람을 간음 또는 추행하면 성립하는 범죄로, 강간죄에 준하여 처벌된다. 클럽 등에서 술에 취한 여성을 노려 준강간을 저지르는 범행이 많이 발생한다. 약물이나 독한 술을 이용해 고의적으로 심신상실 상태에 빠뜨리기도 한다. 그런데 이 범행 과정은 실제로 매우 복잡하다. 어디로 갈지, 어떤 여성을 찾을지, 어떻게 데리고 갈지, 어떤 약물을 사용할지, 증거를 남기지 않으면서 자신에게 유리한 정황은 어떻게 만들어둘지 등을 모두 고려해야 한다. 그런데 기록을 보면 피고인들이 초범임에도 불구하고 이러한 행위에 능숙했다. 이들 사이에 이런 행위를 지칭하는 은어가 존재하며, 노하우가 공유된다는 점을 나중에야 알게 되었다. 자신이 범죄를 어떻게 '해냈는지' 자랑하기도 하고 그 과정에서 불법촬영도 빈번하게 이루어졌으며 그 촬영물이 다시 거래 품목이 되었다. 시장은 일반적으로 가치 있는 것이 거래되는 장소다. 그런데 누군가를 성착취하고 피해를 준 결과물이 거래 품목이 될 수 있다는 것이 내게는 놀라웠다.

　　　　　일부 피고인들은 범행을 계속 반복했다.
절도범들이 그러한 경우가 많다. 반복하다 보면 형량이 점점
높아져 결국 삶의 절반 이상을 교도소에서 보내기도 한다.
그런데 절도범과 성폭력범의 차이는 성폭력 범죄에서도 반복
유형이 존재하지만, 초범임에도 강간이나 준강간과 같은
강력범죄를 저지르는 사례가 더 많다는 점이다. 첫 범행으로
강력범죄자가 되기 바로 전날까지는 사회 구성원으로서
지내던 사람들이었다. 이 경우 범행 이유를 설명하기 난해하면
충동적·우발적 범행으로 정리하기도 한다. 그러나 이제
충동이나 우발이 아님을 안다. 그들의 범죄는 앞서 언급한
'시장'에서 학습된 것에 가깝다. 혹은 문화라고 부를 수도 있을
것이다.
　　　　　수많은 성폭력 범죄 재판 기록을 앞에 두고
가장 많이 한 생각은 "이러한 범행을 어떻게 하면 줄일 수
있을까"였다. 이 일이 일어나지 않았다면 모두에게 얼마나
좋았을까 하는 생각이 들곤 했다. 여기서 '모두'란 이 사건으로
고심하고 있는 법관인 필자 자신도 포함이다. 법관은 사건이
모두 발생한 후에 판단을 내리는 자리이기에, 범행 근절
같은 측면을 고민하는 일은 많지 않다. 그러나 성폭력 범죄
사건에서는 피고인의 행위 동기와 경위를 심리하는 과정에서
자연스럽게 이러한 고민이 따르게 되었다.
　　　　　해당 범죄에 대한 나의 근본적 의문으로
돌아가보자. 이 무수히 많은 성폭력 범죄의 피고인들은 왜
전혀 자연스럽지 않은 욕구 즉 '타인의 의사에 반한 성적

침해 행위를 관철할 욕구'를 가지고 또 실행할까? 이는 흔히 얘기하듯 '본능'이라기보다 학습되고 습득된 것이다. 그렇다면 그것이 학습되는 장은 어떻게 열리게 되었을까? 즉 누군가의 성을 착취하고 피해를 준 결과를 어떻게 거래할 생각을 했을까? 내가 보기에 그 원형은 타인의 성을 직접적으로 거래하는 성매매였다. 이런 경로로 나는 성매매 문제에 대한 법률적 규제를 본격적으로 공부하기로 했다. 그리고 이 법 분야의 특수성을 곧 알게 되었다.

왜 법관이 성매매 문제에 관심을 가져요?
2004년 제정된 『성매매방지법』은 성매매 관련 행위를 처벌한다.[?] 크게 성매매 알선 행위, 성을 파는 행위 그리고 성을 사는 행위 세 종류가 처벌 대상이다.

어떤 동네를 지나가다 보면, 약속 장소를 향하는 동안 몇 개의 성매매 업소 혹은 성매매 업소로 추정되는 곳을 자연스럽게 지나치게 된다. 사람들은 그런 곳이 있어도 못 본 척, 없는 척하는 습관이 되어 있다. 그 길거리에는 각종 암시적 표현을 사용하는 전단지들이 뿌려져 있다. 성매매 알선 행위가 기소되어 오더라도 기록에는 성매매 광고 사실이 증거로 붙어 있지만, 정작 광고를 하는 누리집은 단속되지 않고 계속 운영된다. 청소년 성매매를 알선하는 앱도 아무런 규제 없이 운영되어 청소년들이 쉽게 유입되고 있다.

---

[?] 『성매매알선 등 행위의 처벌에 관한 법률』(『성매매처벌법』)과 『성매매방지 및 피해자보호 등에 관한 법률』(『성매매피해자보호법』)의 통칭

법률이 쓰인 대로 100퍼센트 힘을 발휘하는 경우는 많지 않지만, 대로변에서 버젓이 위법 행위를 하는 업소가 존재하는 것은 특이한 현상이다. 예컨대 마약 판매 업소가 길에 있다고 생각해보자. 지금 성매매 업소를 보고 그리하듯이 모두가 단체로 모른 척할까? 만약 거리를 지나는 사람이 모두 문제를 제기한다면, 대로변에 지금처럼 업소가 자리 잡기는 어려울 것이다. 법을 기준으로 현실을 판단하는 일을 하는 사람에게 이러한 상황은 난감하다. 『성매매방지법』이 담아내는 법적 판단이 현실에서 힘을 발휘하지 못하니, 『성매매방지법』으로 현실을 판단하기도 어려워지는 것이다.

　　『성매매방지법』으로 단속되어 형사사건으로 이어지는 경우도 있다. 그러나 그 경우에도 법이 제대로 집행된다는 인상을 받기 어렵다. 우선 '바지 사장'이 많아 이 사람이 정말 영업을 책임질 주체인지 의심스러울 때가 많다. 또 수익이 대부분 은닉되어 처벌은 시민사회의 흔한 지적대로 '솜방망이'에 그치는 경우가 많다. 그 결과 처벌을 한다고 해도 다음 범행을 막기 어렵다.

　　『성매매방지법』이 현실에서 힘을 발휘하지 못하더라도, 사람들이 그것을 개선하기 위해 노력한다면 괜찮을 것이다. 그러나 성매매 문제는 그렇지 않다. 오히려 『성매매방지법』 자체가 잘못되었다는 주장이 더 많다. 보통 법률 문제를 연구할 때는 실정법의 내용을 기본으로 삼아 법 영역을 공부하고 그 위에서 심화된 입법을 논한다. 그런데 성매매 문제는 다르다. 실정법을 이야기하기도 전에 모두가 성매매 문제를 어떻게 해야 한다는 의견을 내놓는다. 그래서 처음에는 혼란스러웠다.

여성계 내부에서도 입장은 나뉜다. 어떤 쪽에서는 성매매를 처벌해야 한다고 주장하지만, 다른 쪽에서는 같은 이유로 성매매를 비범죄화해야 한다고 주장한다. 따라서 성매매 문제를 논하자면 매번 상대가 '어느 쪽 사람일까'를 먼저 고려하게 된다. 여성계 밖의 스펙트럼은 더욱 다양하다. 헌법재판소 결정에 포함된 반대 의견 중에는 성매매의 근거를 '성에 대한 인간의 본성'에서 찾는 견해마저 건재하다. 황당하다고 느낄 수 있으나, 헌법재판소 결정에 의견으로 포함될 정도라면 그렇게 생각하는 사람들이 결코 적지 않다는 의미다.

가장 어려운 점은, 지금까지도 많은 사람이 성매매 여성이 돈을 벌기 위해 '자발적으로' 성매매에 나서며 실제로 상당히 쉽게 큰돈을 번다고 생각한다는 것이다. 그 점에서 그들을 처벌하는 것이 정당하다고 보는 시각도 있다. 나는 다른 면에서는 존경할 만한 동료 법관이 얼마 전에도 '외국인 여성이 우리나라에서 성매매로 얼마나 많은 수입을 올리는지'를 언급하는 것을 들었다. 내가 성매매를 연구한 이래 성매매를 통해 경제적 성공을 이룬 사례에 대한 증거를 찾지 못했음에도, 자료를 충분히 보지 않은 많은 이가 여전히 이렇게 믿고 있다. 이렇게 믿는 자들에게는 성매매 여성을 처벌하느냐 마느냐가 그리 중요한 문제가 아니다. 생각하기로 이런 견해의 장점은, 성매매 문제를 아예 문제로 보지 않음으로써 쉽게

해결할 수 있다는 것이다. 단점은 그것이 현실에 부합하지
않는다는 것이다.

    법률문제로서의 성매매는 유령과도 같다.
『성매매방지법』 자체가 사람들의 인식 속에 유령처럼 존재하고,
편견이 규범을 대신하고 있다.

    "왜 법관이 성매매 문제에 관심을 가져요?"

    이런 의문에 몇 번이고 설명을 해야 했다. 심지어
스스로에게도 이 질문을 수없이 던졌다. 질문이 반복된다는
데는 그 자체로 많은 함의가 있다. 법관이 '재판과 크게 관련이
없는 문제'에 왜 관심을 가지는가 하는 의문일 수도 있고,
'중요하지 않은 문제'에 왜 굳이 관심을 쏟느냐일 수도 있다.
특히 이 경우, '이토록 비법적인 영역에 법적인 접근이 무슨
도움이 되겠느냐'는 눈초리일 수 있다.

    매체에서는 오랫동안 성매매를 자극적인 소재로
소비해왔고 보통 사람들은 이 문제를 이야기하는 것 자체를
꺼리는 경우가 많다. 나 역시 그랬다. 하지만 일단 성매매
문제를 연구하기 시작하니 이는 관련이 없는 문제도, 중요하지
않은 문제도 아니었다. 이 문제에 천착한 시간은 법관으로서
그리고 시민으로서 내가 그려야 할 우리 사회의 미래상에
다가가는 여정이었다.

## 세계의 '모델'이 된 법 제도

2021년도, 법원 내 현대사회와성범죄연구회 회원 자격으로 국제화 연수 대상자로 선발되었다. 법원 내에는 각종 법 영역의 연구회가 설립되어 있고 연구회별로 각 주제 연구를 위한 국제화 연수 기회가 주어진다. 2021년도에 스웨덴이 연수지로 선정된 데에는 당시 아동·청소년 대상 성범죄 처리에 관한 스웨덴의 제도 '바르나후스 모델'이 관심의 대상이 된 것이 크게 작용했다. 연수 법관들은 바르나후스 모델 외에도 성매매에 관한 노르딕 모델을 연구 대상으로 삼기로 했다. 성매매 문제가 성폭력 범죄 재판과 긴밀한 관련성이 있다는 데 연수 법관들 사이에 공감대가 형성되어 있었던 것이다.

우선 스웨덴 법이 어떤 과정을 거쳐 제정되었는지를 살펴본다. 그리고 현재 스웨덴 법이 어떻게 적용되고 있는지를 연수 과정에서 들은 내용을 중심으로 설명한다.

우리나라에서 『성매매방지법』의 위상이 확고하지 않다고 앞서 언급했다. 스웨덴의 노르딕 모델은 성공했다고 평가된다. 그들은 어떻게 성공했는지 그리고 그 성공이란 무엇을 의미하는지 궁금했다. 어떤 법도 현실에서 완벽하게 구현되지는 않는다. 스웨덴에서 성구매자 처벌법이 도입되었다고 해서 성매매가 소멸한 것은 아니다. 그러나 중요한 점은 이 규범이 사람들의 인식 속에 자리 잡았다는 사실이다.

법은 사회가 직면한 어려운 문제에 대한 사회적

합의의 산물이라고 생각한다. 어떤 문제에 대해 다양한 입장이 존재하지만, 입법 과정을 통해 정리된 내용이 법률에 담기게 된다. 스웨덴 성구매자 처벌법의 제정 과정을 보면 더 나은 사회를 만들기 위한 사회적 합의가 법률 속에 담기는 과정을 확인할 수 있다.

스웨덴에서는 1970-1980년대 여성운동이 사회적 이해와 반응을 이끌어냈다. 그 결과 성매매를 사회 문제이자 성차별의 한 형태로 보는 시각이 확산되었다. 1977년 스웨덴 의회에서 성매매가 본격적으로 논의되었고 1981년 정부가 첫 번째 성매매 관련 공식 조사위원회를 설치했다. 위원회는 보고서를 통해 성매매를 여성에 대한 폭력으로 규정하고 성구매 남성의 책임을 강조했다.[1]

1987년경부터 성판매자 처벌보다 성구매자 처벌이 효과적이라는 주장이 제기되었다. 1993년 스웨덴 정부가 여성 대상 폭력에 관한 위원회를 설치했는데, 위원회의 보고서는 성매매를 성폭력·성차별의 한 형태로 보고 성구매 금지를 입법 권고했다. 이 권고안을 통해 "성판매자는 범죄 피해자로 보고, 구매자만 처벌한다"는 모델이 제안되었다.[2]

정부는 1997년 여성 폭력 방지 조치, 성희롱·스토킹·강간 처벌 강화와 함께 성구매자 처벌 조항을 포함한 입법안을 제안했다.[3] 의회는 1998년 7월 1일 정부 제안안을 심의한 끝에 『여성의 평화』Kvinnofrid 패키지를 채택했고 성구매 금지 조항은 1999년 1월 1일부터 시행되었다.

스웨덴의 성구매자 처벌법은 금전 또는 기타

보상으로 성행위를 구매하는 모든 형태를 처벌한다. 벌금형 또는 최대 6개월의 징역에 처해지며, 지금은 개정을 통해 1년 이하의 징역으로 법정형이 상향되었다.

스웨덴에서는 법률이 제정되면 일정한 시간이 지난 뒤 그 법률의 효과를 평가한다. 2004년 정부가 평가 위원회를 설치해 발행한 보고서는 길거리 성매매가 절반 감소했고, 성매매 시장이 축소되었으며, 성구매자 인식이 변화했음을 보고한다.[4] 이후 성매매 알선, 온라인 성매매 등 관련 조항 보완도 이루어졌다.

어떤 제도에 대해 '모델'이라는 명칭이 붙기란 쉬운 일이 아니다. 남이 한 일을 따라하는 것은 수월하다. 그러나 전에 없던 내용을 시도하는 것은 어렵다. 미래를 예측해야 하기 때문이다. 따라서 원하는 미래상을 세우고, 그 미래를 위해 무엇을 할지를 고민해야 한다. 스웨덴은 성평등한 사회를 만들기 위해 무엇을 해야 할지를 고민했고, 성평등의 관점에서 성매매를 여성에 대한 폭력으로 규정했다. 이를 줄이기 위해 성매매 산업의 수요를 억제하는 방향이 효과적이라는 사회적 합의에 도달했다.

스웨덴에 연수를 갔을 때 성평등 부서의 성매매 담당 직원들과 스톡홀름 시 사회서비스 담당 직원들과 면담을 했다. 그들은 스웨덴이 성구매를 범죄로 규정한 '노르딕 모델'의 발상지라는 점에 자부심을 갖고 있었다. 스웨덴은 성매매를 여성에 대한 폭력으로 보고 그 구조를 해체하기 위해 구매자 처벌을 제도화한 첫 국가다. 그런데 실무자들의 시선에서 보면 상황은 단순하지 않았다. 국제적 인신매매가 증가하면서 과거보다 정책 여건이 악화되고 있다는 것이다.

최근 스웨덴에서 문제로 떠오르는 성매매 여성의 연령대는 15-17세다. 스웨덴 여성들이 성매매에 유입되는 경로는 경제적 곤궁보다는 트라우마나 약물 중독과 같은 자기 파괴적 동기가 크다. 반면 외국인 여성들은 인신매매 조직과 직접 연결되어 있으며 최근에는 난민 여성들이 성매매 시장에 편입되는 사례도 늘고 있다고 한다. 경제적 어려움으로 성매매에 유입되는 경우가 많고 외국인 성매매 여성에 대한 체계적 대책이 마련되지 않은 한국과는 다른 지점이다.

스웨덴은 일수형 제도가 있어, 성구매 행위는 통상 50일가량의 벌금형에 처해진다. 또한 스웨덴에는 인신매매 피해자를 지원하고 보호하는 '국가 연계 절차'가 마련되어 있다. 얇은 안내서 한 권이지만, 성매매와 인신매매 대응 실무자들이 즉시 활용할 수 있는 구체적 절차와 지식을 담아 사건 처리의 통일성과 신속성을 확보한다. 나도 연수 당시 이 책자를 여러 권 받아 왔다.

성평등 부서에서 일했던 한 전직 경찰은 성매매 수사 경험을 들려주며 성매매 여성을 처벌하는 것은 불합리하다고 말했다. 사람들은 흔히 '왜 성매매를 하게 되었는가'를 묻지만, 그 이면에는 수많은 사건과 범죄가 얽혀 있다는 것이다. 직접 당사자들을 만나면 피해자 보호가 우선이라는 생각이 들 때가 많고, 특히 이민자 가정의 청소년이 그루밍 범죄를 당해 성매매에 얽히게 되는 사례가 많다고 한다.

이런 실상을 접하다 보면 피해자를 처벌할 수 없다는 결론에 이르게 된다.

스웨덴에서는 성매매 문제 해결 현장에서 경찰과 사회복지부가 함께한다. 일반의 인지도는 높지 않지만, 실무에서는 두 기관이 나란히 조사에 나서 판매자와 구매자를 동시에 조사한다. 외국인 피해자에게는 유엔 국제이주기구(IOM)를 연결하여 본국 송환 시 6개월간 생활비를 지원하기도 한다.

겉으로는 스웨덴이 문제를 잘 해결하는 것처럼 보일 수 있지만, 실무상 어려움은 여전히 존재한다. 인신매매를 통한 성매매에서는 구매자와 판매자가 직접 교섭하지 않아 증거 확보가 쉽지 않고, 재판에서 판사들은 이러한 일이 실제로 벌어진다는 사실 자체를 낯설어하며 설명을 들어도 완전히 이해하지 못하는 경우가 있었다. 피해자의 트라우마 때문에 신빙성 있는 증언을 확보하기도 어려웠다. 검사들이 '왜 거짓말을 하느냐'고 묻게 되는데, 이는 피해자의 심리 상태와 깊이 관련이 있다.

성구매자 처벌법은 흔히 구매자 단죄에 초점을 맞춘 제도로 이해되지만 실제로는 여성 폭력 방지 입법 패키지의 일부로 도입된 것이다. 이 제도의 한 축에는 'KAST'가 있다. 이는 '성구매자'를 뜻하는 스웨덴어 Köpare av sexuella tjänster의 약자로, 성구매를 하거나 자신의 성적 행동에 문제가 있다고 느끼는 사람을 위한 심리 상담 서비스다. 2018년 세계 최초로 도입되었으며 다른 나라에서 유사한 서비스를 찾아보기는 힘들다. 이 제도는 형벌을 대체하는 것이 아니라 성매매 수요 자체를 줄이기 위한 사회적·심리적 개입이다. KAST 담당자들은 "자발적으로 참여하는 이용자가 많다"고 말하며 자부심을 보였다.

스웨덴의 모델은 성매매의 주된 원인을 수요에서 찾으면서도, 구매자 역시 그 행위에 이르기까지의 원인과 맥락을 가진 존재로 본다. 그리고 그들이 다시 빠져나올 수 있도록 국가가 도움을 제공한다. 다만 성구매의 배경을 심리적 문제로 보는 시각은 접대문화 같은 사회 관습이 뿌리 깊은 한국의 성구매 현실과는 괴리가 있다.

### 실증적 입법, 협력적 행정

스웨덴 법제와 작동 방식을 공부하고 느낀 점은 첫째, 스웨덴의 노르딕 모델은 미래를 위한 사회적 합의의 산물로서 법의 특징을 잘 보여준다. '노르딕 모델'이라 불리는 법제 안에 여러 복잡한 내용이 있지만, 핵심은 성구매자 처벌법이라는 법률이다. 처벌 규정 그 자체뿐만 아니라, 이를 통해 달성하고자 하는 국가와 사회의 미래에 대한 합의와 상상력이 이 법률과 제도를 '모델'로 불리게 한 것이다.

둘째, 스웨덴은 특정 문제에 대해 기관 간 협력과 소통이 잘 이루어졌다. 이는 국제화 연수를 준비하는 단계에서부터 느낄 수 있었다. 한 기관에 연락하면 유사한 업무를 하는 다른 기관에 우리가 방문하기 위해 연락했다는 사실이 정확하고 신속하게 공유되었고, 방문할 다른 기관을 먼저 제안하기도 했다. 성평등 부서와의 면담 자리에는 다섯 명의 직원이 참석했는데, 서로를 잘 알고 있는 듯한 모습이었다. 한국을 기준으로 생각하면 각 부서의 공무원들이라기보다는 오히려 친구나 가까운 지인처럼 보였다. 성평등 부서와 시청 직원은 함께 성매매 단속 현장에 나간다고 한다. 한국은 타 기관 공무원 간 지속적 소통이나 협력이 많지 않은데 이는 부패나 비리 문제 때문으로 알려진다.

연수에서 바르나후스 모델 이야기도 들었는데, 여기에서 소통과 협력에 의한 정책 구성의 대표적 예를 볼 수 있었다. 바르나후스는 스웨덴이 2005년에 도입한 아동 조사 모델로, 이전에는 아동이 여러 기관을 방문해 반복적으로 진술해야 했던 문제를 해결하기 위해 만들어졌다. 피해 아동에게 안전한 환경을 제공하기 위해 각 기관의 업무를 한 장소에서 진행하는 시스템이다. 이곳은 집처럼 꾸며져 있고, 각 기관 담당자가 방문해 아동 관련 조사를 함께 수행한다.

각 기관 담당자들은 사전 회의를 통해 조사할 내용과 자료를 공유하고, 아동에게 심문할 내용을 협의한다. 아동의 출석 일정에 맞춰 담당자들도 같은 날 바르나후스[?]에 모인다. 훈련된 조사자가 아동 진술을 응대하고, 담당자들은 옆방에서 영상 중계 장치를 통해 이를 청취한다. 녹화된 영상은 수사기관으로 이관되어 법정에서 사용된다. 아동은 이후 수사 절차 및 재판에 출석하지 않아도 된다. 관계 기관 전문가들이 같은 정보를 공유하고 같은 진술을 들으면서 의견을 교환하므로

---

?        아동의 집이라는 뜻

정확하고 신속한 판단이 가능하다.

　　　　　여러 기관이 협력하여 업무를 수행하므로 조사·치료·상담이 용이하고, 전문적 능력 향상과 교육 프로그램 마련에도 도움이 된다. 관련자들이 바르나후스를 중심으로 일이 진행된다는 사실을 인식하고 있으므로 절차가 수월하게 이루어진다. 바르나후스 시스템 도입으로 기관 사이에 네트워크가 형성되어 지식과 경험을 공유함으로써, 아동을 대하는 태도와 인식이 개선되었다. 나는 이 점에 관심이 갔다. 이 같은 소통과 협력 시스템은 이미 교육에서 멀어지고 당사자를 가까이서 볼 기회가 없게 된 전문가들에게 지속적 교육의 기회가 된다.

　　　　　스웨덴을 협력 모델이라 한다면, 한국은 절차 모델에 가깝다. 내가 오랫동안 재판을 담당하면서 답답하게 느낀 부분은 문제가 총체적으로 파악되지 않는다는 점이었다. 예를 들어, 외국인 성매매 여성이 『성매매방지법』 위반으로 기소되어 왔다고 하자. 법관은 짧은 공판기일 동안 피고인의 진술을 듣고 유무죄 판단을 내려야 한다. 만약 심리 과정에서 이 여성이 성매매 피해자라는 심증이 든다면 무엇을 할 수 있을까. 검찰에 수사를 요청할 수 있겠지만, 이는 매우 이례적인 일이다. 또한 이 여성이 트라우마를 겪고 있거나 사회적 지원이 필요해 보일 때도 마찬가지다. 사회복지기관이나 상담 기관에 연결해주면 좋겠지만, 실제로 그렇게 하는 경우는 없다. 이러한 점에서 한국의 절차는 여러 사람이 나란히 앉은 카운터와 같다고 느껴진다. 판사는 자신이 맡은 카운터에서 자기 일만 한다.

따라서 문제를 총체적으로 파악하기가 어렵다. 성매매 여성이 어려움을 이야기해도 담당 경찰은 "그것은 우리 일이 아니니 사회복지기관에 가라"고 할 수 있다. 한국 형사 절차에서는 판사가 검찰이나 경찰에 직접 연락하는 경우가 없는데, 이는 비리나 부패를 우려한 제도적 문화 때문일 수 있으나 만약 판사가 이 같은 상황에서 수사를 의뢰하거나 상담 기관과 연계할 수 있다면, 눈앞의 성매매 여성을 단순히 피고인으로만 보지는 않을 것이다. 물론 이는 각자 자기 일만 하는 한국 구조의 특징을 예로 든 것일 뿐 스웨덴 판사들이 그렇게 한다는 이야기는 아니다. 오히려 연수를 통해 접한 이야기에 의하면 스웨덴에서도 판사들은 현실을 잘 모른다는 취급을 받고 있는 것 같다.

하지만 스웨덴 기관의 협력 모델은 인상적이다. 각자의 카운터에서 자기 일만 하는 이들이 "왜 이 일을 하는가"라는 질문을 스스로 던진다면, 제도는 달라질 수 있다고 생각한다. 과거 영장심문을 하던 중, 마약 투약으로 구속영장이 청구된 피의자가 있었다. 상태가 좋지 않았는데, 이야기를 들어보니 성매매 피해자일 가능성이 있었다. 이 사람을 지금 구속하는 것이 맞는가 하는 생각이 들었지만, 보호하기 위해서는 구속 외에 다른 방법이 없다는 판단도 동시에 들었다. 그는 자신을 여기서 벗어나게 해달라고 호소했지만 우리 시스템에서는 그 요청에 응할 길이 없었다.

셋째, 협력과 소통을 위한 도구는 감정이나 편견이 아니라 지식이어야 한다. 스웨덴에서는 가능한 한 실증적 지식에 기반하여 입법이 이루어진다. 입법 후에는 유관자들 대상 홍보와 교육이 실시되고, 시행 1년 뒤에는 경과 보고가 이루어진다. 법제도가 관념적 주장보다 효과의 실증성에 근거하여 운용되는 것이다. 스웨덴어에는 'kunskap'이라는 단어가 있다. 이는 실제와 괴리된 이론적 지식이 아닌 실용적이고 수치화된 지식을 의미한다.

지식 기반 모델의 실제 적용 사례가 아동학대 입법이다. 스웨덴은 1979년 세계 최초로 아동 체벌을 법으로 금지했다. 당시 국민의 70퍼센트가 반대했지만 정부는 TV·라디오·인쇄물·우유팩 등 모든 수단을 동원하여 홍보했다. 또한 지역별로 양육 지원 센터를 설치해 어려움을 겪는 양육자에게 상담을 제공했다. 아동 체벌 폐지 후 35년을 평가한 2014년 보고서에 따르면, 2011년 시점 국민의 92퍼센트가 아동 체벌은 잘못된 행동이라는 인식을 공유하게 되었고 체벌이 이루어지는 가정의 비율도 1970년대 50퍼센트에서 1980년대 30퍼센트, 2010년대에는 10퍼센트로 떨어졌다. 이후 스웨덴은 모든 종류의 폭력으로부터 아동을 보호하기 위한 정책을 계속 도입했다. 예컨대 가정 내 보호자의 싸움에 노출된 아동의 경험에 관한 연구를 진행한 뒤 그 결과를 바탕으로 2021년 7월에는 가정 내에서 아동을 보호자 간 싸움에 노출시킨 경우 이를 아동의 완전성에 대한 침해로 보아 처벌하는 입법이 이루어졌다.
integrity

이 같은 지식 기반 모델은 입법의 제반 과정에서 필요하다. 편견이나 통념, 법 감정에 기반한 입법이 아니라 실제로 증명된 사례들과 연구, 논의에 기반하여 입법해야 한다. 어떤 입법은 어떤 사람들을 '불쾌하게' 만들 수 있기 때문이다. 성구매자 처벌법의 경우 얼핏 생각하면 습관적으로 성구매를 하는 사람들뿐만 아니라 주 구매 집단인 남성들 전체가 불쾌하다고 받아들일 수 있다. 스웨덴은 이를 처벌하지 않던 상황에서 처벌 법규를 만드는 쪽으로 나아갔기 때문에 더 그렇다. 하지만 입법 과정에서 수행된 연구와 사회적 논의를 통해 성매매 문제 해결을 위해 "성판매자 처벌보다 성구매자 처벌이 효과적"이라는 결론에 이르렀기에 입법에 이를 수 있었다.

나와 동료들이 연수 과정에서 만난 스웨덴 실무자들은, 한국에서 노르딕 모델 도입이 이루어진다면 연락해달라는 말을 잊지 않았다. 그들은 우리의 연수 결과물이 실제 입법 논의에 반영될 수 있다고 기대하는 듯했다.


### 한국의 현행법이 보호하는 것

이제 우리나라 법에 대해 생각해본다. 한국은 어떤 사회적 목표를 가지고 『성매매방지법』을 제정했는가? 성매매 문제를 논할 때 『성매매방지법』은 중요한 출발점이 된다. 다른 법률과 마찬가지로 이는 국민적 합의의 산물로서, 사회적 목표에 대한 중요한 증거이자 자료다. 그러나 실상 성매매 문제를 검토하면서 법령의 내용을 상세히 살피는 경우는 드물다. 『성매매방지법』의 법령을 펼쳐 보고 있으면 마치 고고학자가 된 듯한 느낌을 받는다. 사람들이 실제로 이 법을 찾지 않으니 『성매매방지법』은 모래에 덮여 있는 것처럼 느껴진다. 고고학자가 빗으로 모래를 쓸어내면, 유물이 드러난다.

이 법을 덮고 있는 모래는 무엇일까? 단순히 처벌되지 않는 성매매가 만연해 있다는 현실만은 아니다. 스웨덴 공무원들도 자국의 성매매 문제가 심화되고 있다고 우려하듯, 법률이 제정되거나 적절히 집행된다고 해서 문제가 완전히 사라지는 경우는 드물다. 오히려 현실을 왜곡하거나 문제를 감추는 인식과 편견이 법률의 진정한 의미를 흐린다.

법은 항상 현실보다 뒤따른다. 현실에서 어떤 문제가 생기면 이에 대응하기 위해 법이 만들어지기 때문이다. 그래서 보통 현실이 변해 법령이 더 이상 현실에 맞지 않게 되었을 때 법 개정 논의가 이루어진다. 그런데 문제는 현실을 뒤따라 『성매매방지법』이 제정된 지 20년도 더 지났음에도 우리 현실과 사람들의 인식이 여전히 이전 『윤락행위등방지법』 시절에 머물러 있는 부분이 있다는 것이다. 『성매매방지법』의 규범력 문제는 이런 점에서 비롯된다.

1961년 공식적으로 성매매를 금지하는 『윤락행위등방지법』이 제정되었다. 위 법률은 법률 명칭에서 보듯 성매매를 '윤락행위'라는 도덕적 일탈로 규정했다. 성판매자, 성구매자, 알선자를 모두 처벌했지만 성구매자에 대한 처벌은 미약했다. 법 집행 실무는 집결지 관리와 보호처분 집행에 치중했기 때문에 범죄 억제보다는 도덕 교정 목적에 가까웠다. 성매매는 억제되지 않고 법률이 오히려 여성에게 낙인을 찍는 결과가 되었다. 법이 사실상 실효성을 가지지 못한다는 비판이 계속되었다. 그럼에도 불구하고 『윤락행위등방지법』은 특별한 조치 없이 40년간 유지되었다.

　　　　　　변화의 계기는 2000년 군산시 대명동, 2002년 같은 시 개복동 성매매 집결지에서 연이어 발생한 화재였다. 불길 속에서 각 5명, 14명의 여성이 목숨을 잃었다. 언론은 이들이 입소 안에 갇혀 있었고, 강제와 폭력에 시달려왔음을 보도했다. 이를 계기로 성매매에 대한 사회적 인식 전환 촉구와 함께 법과 정책의 변화가 시도되었다. '성매매는 개인의 선택'이라는 통념이 무너졌고 성구매자와 알선자가 주도하는 구조적 착취가 문제의 핵심이라는 인식이 확산되었다. 여성단체와 인권단체는 스웨덴식 모델 채택을 요구하며 성구매자 처벌 등 수요 차단을 강화하되 여성에 대해서는 처벌이 아닌 지원 정책이 필요하다고 주장했다. 2003년 9월 법무부, 여성부, 경찰청, 법원, 여성단체, 학계가 모두 참여하는 '성매매특별법 제정 태스크포스'가 출범했다. 그리고 2004년, 『성매매알선 등 행위의 처벌에 관한 법률』(『성매매처벌법』)이 제정되었다. 새로운 법은 성매매 행위만이 아니라 성매매를 알선하는 행위에 대한 처벌을 강화하고 그로 인해 피해를 받은 여성을 보호해야 한다는 시각의 변화를 반영하여, 성매매 행위 자체에 대한 처벌은 완화하는 반면 성매매를 강요하거나 알선하는 등의 중간 알선 매개 행위를 차단하는 데 보다 중점을 두고 있다. 이어 『성매매방지 및 피해자보호 등에 관한 법률』(『성매매피해자보호법』)은 상담·의료·법률·생계 지원·보호시설 연계 등 피해자 회복을 위한 국가 책임을

명문화했다. 헌법재판소는 『성매매처벌법』의 입법 경위를
다음과 같이 요약한다.

> 1961년 공식적으로 성매매를 금지하는 내용의
> 윤락행위방지법이 제정되었고, 우리 정부는
> 1962년 '인신매매금지 및 타인의 성매매
> 행위에 의한 착취금지에 관한 유엔협약'에
> 서명하였으나, 위 윤락행위방지법이 사실상
> 실효성을 가지지 못한다는 비판이 계속되던 중
> 2000년 및 2002년 발생한 군산 화재참사를
> 계기로 성매매에 대한 인식의 전환 요구와
> 함께 법정책의 변화가 시도되어, 2002.09.11.
> 국회의원 86인은 여성단체의 의견을 적극
> 수용한 '성매매알선 등 행위의 처벌 및 방지에
> 관한 법률안'과 '성매매방지 및 피해자 보호 등에
> 관한 법률안'을 발의하였으며, 전자가 그 명칭이
> '성매매알선등행위의처벌에관한법률'로 변경되어
> 2004.03.22. 법률 제7196호로 제정된 것이 바로
> 이 사건 법률이다.[5]

건조해 보이는 문장이지만 우리 헌법재판소나 대법원이 사회적 변화와 입법의 계기를 명시적으로 설시하는 경우는 드물다. 한국 『성매매방지법』은 단일 사건의 산물이 아니다. 수십 년간 누적된 『윤락행위등방지법』의 한계와 그로 인한 비극들을

시민사회가 구조적인 문제로 인식했기에 사건을 애도하는 데
그치는 것이 아니라 법률을 바꾸기 위해 노력했고 그 결과로
제정된 것이다. 당시 상황을 기록한 문서들이 증거로 남아
이 노력들을 증언한다. 헌법재판소 결정 속 위 짧은 단락은
그 속에 농축된 세월을 상상하게 한다. 법을 해석, 적용하고
입법에 관해 논할 때는 이러한 제정 경위를 빼놓을 수 없는데
한편으로는 법률가들 사이에도 이 점이 간과되는 경우가 있어
우려스럽다.

　　　　　　입법 이후 집결지는 급속히 줄어들었고 공개적인
거리 성매매는 위축되었다. 그러나 룸살롱 등 산업형 성매매에
대한 대응은 미흡했고, 온라인을 통한 성매매와 이주 여성
성매매 등에 제대로 대처하지 못한다는 비판을 받았다.
집결지를 없애는 것만으로는 성착취 구조가 사라지지 않는다는
사실이 드러난 것이다. 그럼에도 『성매매방지법』 제정은
성매매를 단순한 '도덕 문제'가 아니라 '폭력과 착취의 문제'로
바라보았다. 성매매 문제에 관해 피해자 중심의 국가 개입이
제도적으로 확립된 사례다.

　　　　　　이러한 과정을 거쳐 제정된 『성매매처벌법』
제1조는 "이 법은 성매매, 성매매알선 등 행위 및 성매매 목적의
인신매매를 근절하고, 성매매 피해자의 인권을 보호함을
목적으로 한다"고 규정한다. 명시적으로 드러난 하나의 목적은
'성매매 피해자의 인권 보호'다.

　　　　　　제안 이유는 다음과 같이 설명된다.

> 우리 사회의 성매매 및 성매매알선 등 행위는 현행법에서 금지하고 있음에도 불구하고 계속해서 확산되고 있는 실정임. 이는 성매매를 강요하거나 성매매를 알선·유인하는 등 성매매의 공급 및 중간 매개체들이 다양화되고 있기 때문임. 따라서 성매매 공급자와 중간 매개체를 차단하기 위하여 성매매 목적의 인신매매를 처벌하고, 벌칙에 있어서 성매매 강요·알선 등 행위에 대하여 형태별로 다양화하여 형량을 강화하며, 성매매알선 등 행위로부터 취득한 금품 그 밖의 재산상 이익은 몰수·추징하고, 성매매알선 등 행위를 신고한 자에 대한 보상금을 지급하며, 성매매 강요·알선 등 행위자가 성을 파는 자에 가지는 채권을 무효화하고, 성을 파는 행위를 한 자를 보호하기 위하여 성매매 피해자 성매매의 형사처벌 제외, 수사·재판 과정에서 신뢰관계 있는 자의 동석, 신고자 등에 대한 법정 심리의 비공개를 규정함으로써 우리 사회에 만연되어 있는 성매매알선 등 행위와 성매매를 근절하려는 것임.[6]

성매매 피해자의 인권을 보호해야 한다는 내용이 목적 조항에 명시적으로 들어간 것이다. 스웨덴처럼 명확한 비전은 아니라고 하더라도, 한국의 『성매매방지법』에도 성매매 여성들이 겪은 아픈 피해를 계기로 더 이상 이런 일이 반복되어서는 안 된다는 사회적 합의가 담겨 있다고 볼 수 있다. 성매매 피해자가 무엇인지는 아래에서 규정된 '성매매 피해자' 정의에서 보다 자세히 나타난다. 그러나 생각해볼 필요가 있다. 인권은 사람에게 보편적으로 보장되는 권리다. 성매매 피해자임을 증명해야만 보호받는 것은 아니지 않은가?

    법 제정 과정이나 제안 이유 및 제정 이유 그리고 제1조를 보면 『성매매처벌법』의 목표는 비교적 분명하다. 따라서 성매매 여성을 처벌하는 것이 뜬금없어 보이기도 한다. 그러나 사안은 그렇게 단순하지 않다. 과거에는 '사회의 건전한 성풍속과 성도덕을 보호하기 위해 성매매를 처벌한다'고 보았다. 지금도 여전히 그러한지 여부가 문제다. 법률이 바뀌었다고 해서 관념이 곧바로 바뀌는 것은 아니기 때문이다.

    여기서 '보호법익'이라는 개념이 중요하다. 보호법익이 무엇인지 규정된 법률은 따로 없지만, 법이론적 개념으로서 재판 실무에서 널리 쓰인다. 단순히 말하면 "왜 이 행위를 범죄로 처벌하는가, 무엇을 보호하기 위하여 이것을 범죄로 처벌하는가"라는 질문에 대한 대답이 보호법익이다. 따라서 구성요건에 해당하는지 여부와 양형 판단에서 중요한 역할을 한다.

    성매매 관련 범죄의 보호법익을 살펴보면, 성매매 관련 범죄를 왜 처벌하는지를 알 수 있다. 성폭력 범죄와 성매매 범죄는 함께 일어나거나 구별이 불분명한 경우가 많다. 성매매 여성은 성폭력 범죄에 취약한 피해자이자 보호받기 어려운 피해자로 분류된다. 두 범죄 모두 남성 중심 가부장제와 함께 존재해왔으며 지금도 여전히 존재한다.

    과거에 성폭력 범죄의 보호법익은 '정조'였다. 정조란 '여자의 곧고 깨끗한 절개' 또는 '성적 관계의 순결'을 뜻한다. 근대법 이전의 성범죄 처벌 규정은 여성의 절개와 순결을 지키게 하고 음란함을 제거하여 미풍양속과 질서 확립이라는 사회적·국가적 법익을 보호하는 데 목적이 있었다.[7] 『윤락행위등방지법』 시절 성매매 범죄의 보호법익은 '건전한 성풍속'이었다. '윤락'의 의미는 '영락하여 타향으로 떠돌아다님' '여자가 타락하여 몸을 망치는 상태에 빠짐'(淪落)이다. 형법에도 '성풍속에 관한 죄'(제22장)가 존재한다. 여기에는 현재 위헌 결정으로 폐지된 간통죄, 음행매개죄(제242조), 음화반포죄(제243조), 음화제조등죄(제244조), 공연음란죄(제245조) 등이 포함된다. 성매매 범죄는 이러한 범죄들과 같은 맥락에서 이해되었다.

    성폭력 범죄의 보호법익인 '정조'와 성매매 범죄의 보호법익인 '성풍속'은 상관관계가 있었다. 여성은 '정조'라는 사회적 가치를 운반하는 존재로 간주되었고, 이를 강제로 빼앗기면 성폭력 범죄로 가해자를 처벌했다. 반대로 여성이 자발적으로 성을 팔면 그 여성 자신이 처벌되었다. 심지어 피해자라 하더라도 정조를 지키기 위해 자신의 의무를 다해야 했다. 그렇지 않으면 피해자로 인정받지 못했다.

    그러다 성폭력 범죄의 보호법익이 '정조'에서 '성적 자기결정권'으로 변화했다.

> 이러한 형법의 개정은 강간죄의 보호법익이 현재
> 또는 장래의 배우자인 남성을 전제로 한 관념으로
> 인식될 수 있는 '여성의 정조' 또는 '성적 순결'이
> 아니라, 자유롭고 독립된 개인으로서 여성이
> 가지는 성적 자기결정권이라는 사회 일반의 보편적
> 인식과 법감정을 반영한 것으로 볼 수 있다.[8]

이 변화로 인해 처벌 조항의 외형만 남고 그 의미는 완전히 달라졌다고 할 수 있다.[?] 그렇다면 성폭력 범죄에서와 같은 보호법익의 변화가 성매매 법제에도 일어났다고 볼 수 있을까? 성폭력 범죄의 보호법익을 바꿀 만한 사회 변화가 우리 사회에 일어났는데, 성매매 범죄의 보호법익에는 아무런 변화가 없다는 것은 이상하다.

그러나 한국 『성매매방지법』은 여전히 성매매 여성을 처벌하고 있다. 보호법익을 성풍속이나 성도덕으로 보지 않는다면 성매매 여성을 처벌할 근거를 찾기 어렵다. 그렇다면 우리는 여전히 성매매 범죄의 보호법익을 성풍속으로 보아야 할까?

헌법재판소는 성매매 여성을 성매매 범죄로 처벌하는 『성매매방지법』 조항의 위헌성을 판단하면서 성매매 범죄의 처벌 근거를 다음과 같이 보았다.

> 성매매를 단순히 인류 역사상 가장 오래된
> 직업이라거나, 인간의 성에 대한 본능을

---

[?] 물론 그 흔적은 여전히 남아 있으며 새로운 보호법익에 기초하여 재판 실무를 정비해야 하는 과제가 남아 있다.

충족하는 불가피한 수단의 하나로 보는 것은 성매매가 가진 비인간성과 폭력적·착취적인 성격을 간과한 것이다. 성매매는 경제적 대가를 매개로 하여 경제적 약자인 성판매자의 신체와 인격을 지배하는 형태를 띠므로, 대등한 당사자 사이의 자유로운 거래 행위로 볼 수 없다. 인간의 정서적 교감이 배제된 채 경제적 대가를 매개로 하여 이루어지는 성매매는 성을 상품화하고, 돈만 있으면 성도 쉽게 살 수 있다는 인식을 확대·재생산한다. 그 결과 성판매자는 하나의 상품으로 간주되며, 성구매자의 성욕을 충족시키는 과정에서 정신적·신체적 폭력에 노출될 위험을 안게 된다. 또한 성폭력이나 성매매 목적의 인신매매 등 강압적인 성범죄가 발생하기 쉬운 환경이 만들어짐에 따라 퇴폐·향락 문화가 확산되고, 종국적으로는 사회 전반의 건전한 성풍속과 성도덕을 허물어뜨리게 된다.

　　외관상 강요되지 않은 자발적인 성매매 행위도 인간의 성을 상품화함으로써 성판매자의 인격적 자율성을 침해할 수 있으며, 성매매 산업이 번창할수록 자금과 노동력의 정상적인 흐름을 왜곡하여 산업구조를 기형화시키는 점에서 사회적으로 매우 유해하다. 특히 최근의 성매매 산업이 음성적이고 기형적인 형태로 조직화·전문화되고 있고, 정보통신의 발달로 인터넷이나 스마트폰 애플리케이션을 이용한 성매매 알선업자의 영업 수법이 지능화되고 있는 현실을 감안할 때 성매매 행위를 합법화하거나 처벌하지 않게 되면 성산업으로의 거대 자금 유입, 불법체류자의 증가, 노동시장의 기형화 등을 초래하여 국민생활의 경제적·사회적 안정을 해치고 국민의 성도덕을 문란하게 하는 현상을 더욱 심화시킬 수 있다. 또한 인간의 성을 고귀한 것으로 여기고 물질로 취급하거나 도구화하지 않아야 한다는 것은 인간의 존엄과 가치를 위하여 우리 공동체가 포기할 수 없는 중요한 가치이자 기본적 토대이다. 설령 강압이 아닌 스스로의 자율적인 의사에 따라 성매매를 선택한 경우라 하더라도, 자신의 신체를 경제적 대가 또는 성구매자의 성적 만족이나 쾌락의 수단 내지 도구로 전락시키는 행위를 허용하는 것은 단순히 사적 영역의 문제를 넘어 인간의 존엄성을 자본의 위력에 양보하는 것이 된다. 따라서 성매매를 근절함으로써 건전한 성풍속 및 성도덕을 확립하고자 하는 심판대상조항의 입법 목적은 성매매의 자발성 여부와 상관없이 정당성을 인정할 수 있다.[9]

이 결정에서 헌법재판소는 성매매 관련 범죄의 보호법익을 무엇으로 본 것일까? 성풍속 문제로만 보기에는 무겁게 다루어진 논거들이 포함되어 있다. 그러나 결론적으로는 건전한 성풍속 및 성도덕 확립이 입법 목적이라고 정리되었다. 이때의 성풍속은 과거의 정조 개념과는 다르다. 그러나 동시에 성매매 여성의 인권을 포괄하는 새로운 개념이라고 보기도 어렵다.

나는 헌법재판소가 설시한 성매매의 성격에 관한 논거에는 동의하지만, 입법 목적을 성풍속과 성도덕 확립으로 정리한 부분에는 동의하기 어렵다. 위 결정은 성매매 여성을 처벌하는 『성매매방지법』 조항이 합헌이라고 판단했기에, 입법 목적을 '성매매 피해자의 인권 보호'로 규정할 수는 없었을 것이다. 성매매 피해자의 인권을 보호한다면서 형사처벌을 병행하는 것은 논리적으로 모순되기 때문이다.

다음은 헌법재판소 반대의견이 성매매의 본질에 대해 판단한 부분이다.

> 성매매는 성구매자와 성판매자 사이의 개별적인 차원의 거래의 문제가 아니다. 이는 가부장적 사회 구조와 노동 시장의 구조적 문제, 빈곤 등이 결합된 복합적인 문제이다. 즉, 성을 파는 개별적인 인간이 있는 것이 아니라 성이 상품화된 사회경제적 구조의 문제가 성판매자들을 성매매로 내몰고 있는 것이다. 10대에 성매매로 유입된 청소년들은 의존적이고 취약한 상태에서

빈곤 등의 이유로 성산업 구조에 편입되어 성인이 되어도 별다른 대안 없이 성매매에 남아 있는 경우가 많고, 성인이 된 후 빈곤 등의 이유로 성판매에 유입된 자들도 사회적 낙인과 차별로 인한 고립과 절망 상태에서 성매매에 종사하는 경우가 많다. 이들은 사회 구조 내에서 취약한 지위에 놓인 경우로 성매매 외에는 달리 생계수단이 없다고 볼 수 있는 자들이다.

성매매 가운데는 남성 성판매자와 여성 성구매자 사이의 거래 유형도 있지만 거의 대부분 성판매자는 여성, 성구매자는 남성인 경우이다. 무엇보다 성매매라고 하면 여성이 성을 팔고 남성이 돈을 지불하는 유형이 이미 문화적으로 각인되어 있다. 이와 같이 성매매는 통상 여성 성판매자가 남성 성구매자에게 성적 서비스를 제공하고, 남성 성구매자로부터 금전 기타 대가를 취득하는 형태로만 이루어지고 반대의 경우는 거의 드문 비대칭적 거래의 형태로 존재한다. 육아, 요리, 간호와 같이 주로 여성들이 종사해 온 다른 노동 역시 오늘날 상업화된 형태로 빈번하게 거래되는 것은 마찬가지지만, 이러한 노동은 설사 상업화된 거래가 아니어도 그 자체로 존재의 의미와 가치를 부여받는다. 그러나 성매매는 그렇지

> 않을뿐더러 그렇게 볼 수도 없다. 성구매
> 남성은 성판매 여성의 인격이나 감정을 전혀
> 고려하지 않고 자신의 일방적 만족을 위해
> 여성을 사용한다. 여성 성판매자는 성행위
> 자체에 동의한다고 하더라도 성구매자의 일방적
> 요구에 따라 애정이나 친밀감은커녕 일면식도
> 없는 성구매자와 성행위를 하게 된다. 이러한
> 행위는 단순한 거북함을 넘어 여성 성판매자에게
> 신체적·정신적 고통을 유발한다.
> 
>    결국 성매매는 가부장적 사회 구조에서
> 여성 억압과 성차별을 더욱 강화하고, 자본에
> 의한 성판매자의 사물화·대상화를 필연적으로
> 내포하게 된다. 본질적으로 성매매는 남성의
> 성적 지배와 여성의 성적 종속을 정당화하는
> 수단이자, 성판매자의 인격과 존엄을 침해하는
> 행위로 볼 수밖에 없다.[10]

흥미로운 점은 위 반대의견 역시 성매매 근절과 성풍속 및 성도덕 보호라는 다수의견의 입법 목적에 동의했다는 사실이다. 그러나 그 논리 전개를 보면, 단순히 성풍속이라는 개념으로 환원하기에는 지나치게 복합적인 사회 구조적 논거들이 담겨 있다. 나는 반대의견이 이 쟁점을 회피한 것이 아닌가 생각한다. 결국 침해의 최소성 등 위반을 이유로 결론적으로는 일부 위헌 판단(성매매여성을 처벌 대상에 포함하는 것은 위헌)에 이르렀기 때문이다. 왜 다수의견과 반대의견 모두 이와 같이 깊이 있는 통찰에 관한 내용을 쓰고서 그것을 '성풍속'이라고 읽었는지 의문이다.

성풍속을 근거로 본다면 성매매가 자발적이었는지가 위법성 판단의 중요한 기준이 된다. 그러나 '자발성'이라는 말은 그 의미가 너무 불확실하다. 적어도 현행 『성매매방지법』은 성매매 피해자 규정을 두어 설령 완전히 자발적인 선택이라 하더라도 보호할 필요가 있으면 제도적으로 보호하는 방식을 택했다. 그러나 성매매에 대한 사회적 인식은 여전히 과거처럼 성매매 여성에 대한 도덕적 비난에 머물러 있다. 법이 규정한 내용에 상응하는 사회적 인식 단계에 아직 이르지 못한 것이다.

성매매를 성풍속 위반으로 규율하던 시기에는 성매매 여성이 자발적으로 성매매를 저질렀다고 보아 처벌했다. 성풍속이 보호법익인 이상 자발적 행위가 아니라면 처벌의 근거가 없기 때문이다. 따라서 '자발성'은 성매매 여성을 처벌하고 도덕적·법적 비난을 부과하기 위한 요소였다. 이는 윤락행위등방지법 시절의 담론이었다.

헌법재판소 다수의견은 실제로 '자발적'인 사례를 들어 성매매 여성에 대한 형사처벌이 과도하지 않다고 판단했다.

> 다만, 사회 구조적 요인에 의해 불가피하게 성판매에 종사하는 자가 많은 상황에서 이들에

대한 형사처벌이 과도하다는 비판이 있을 수 있다. 실제로 차별적인 노동시장이나 빈곤 등 사회 구조적 요인이 성판매 종사에 큰 영향을 미칠 수 있음을 부인할 수 없다. 그러나 실제 성매매 실태를 보면 빈곤 등의 사회 구조적 요인이 아니라 쉽게 돈을 벌 수 있다는 유혹에 따라 소득 보충이나 용돈 마련을 위한 적극적·자발적 성판매자도 상당 부분 있다는 점을 부인할 수 없다. 성판매자의 정체성은 '자유로운 개인'과 '피해자'라는 양극단뿐 아니라 그 중간에 다양한 양상을 띠고 있으며, 각자의 환경에 따라 다른 모습을 보이기도 한다. 이러한 복잡성 때문에 모든 성매매의 원인을 통일적으로 규명하기는 어렵다. 또한 빈곤한 사람들이나 사회적 취약계층 모두가 성판매에 종사하는 것은 아니며, 사회 구조적 요인이 성매매에만 국한된 특수한 문제라고 볼 수도 없다. 설령 외부적 요인에 의해 성매매에 내몰렸더라도 그것이 성판매자의 자율적 판단을 완전히 박탈할 정도가 아니라면 비난 가능성이 부정되는 것은 아니다. 만약 책임을 묻기 어려운 구체적 사정이 있다면, 성매매방지법상의 '성매매 피해자'로 인정되어 형사처벌 대상에서 제외될 수 있다. 따라서 성매매 피해자에 해당하지 않는 성판매자를

> 처벌하는 것을 두고 국가의 과도한 형벌권
> 행사라고 보기는 어렵다.[11]

성매매의 정의 규정 때문에 성매매 처벌의 보호법익이 성풍속으로 보이기도 한다. 법은 "성매매란 불특정인을 상대로 금품이나 재산상 이익을 수수하거나 약속하고 성적 행위를 하거나 그 상대방이 되는 것을 말한다"고 규정한다. 여기서 '불특정인을 상대로'라는 요소는 판매자 측에 적용된다. 즉, 판매자가 불특정인을 상대로 해야 성매매로 간주된다. 이는 성풍속이나 성도덕 위반이라는 전통적 사고가 여전히 반영된 결과라고 할 수 있다.

### 법의 모순을 직시하라

이제 법 해석상 결단을 내려야 한다. 『윤락행위등방지법』 시절처럼 『성매매방지법』 역시 성풍속과 성도덕 보호를 목적으로 하는가, 아니면 성매매 피해자의 인권 보호를 목적으로 하는가? 나는 헌법재판소가 설시한 성매매의 본질에 관한 내용에 의하더라도 『성매매처벌법』 제1조에 명시한 성매매 피해자 인권 보호가 해당 법의 제정 목적이라고 생각한다. 그렇다면 현재 『성매매방지법』이 성매매 여성을 처벌하는 것은 목적과 수단이 일치하지 않는 것이다.

모든 성매매 여성이 성매매 피해자인 것은

아니라는 문제 제기가 있을 수 있다. 성매매 피해자는 처벌하지 않아야 하지만, 그렇지 않은 경우에는 사회의 건전한 성풍속을 지키기 위해 처벌해야 한다는 주장도 가능하다. 현재 『성매매방지법』이 바로 이러한 태도를 취하고 있다. 즉, '성매매 피해자에 해당하면 처벌하지 아니한다'는 조항이 존재한다. 이때 '성매매 피해자'를 법은 다음처럼 정의한다.

> 가. 위계, 위력, 그 밖에 이에 준하는 방법으로 성매매를 강요당한 사람
> 나. 업무관계, 고용관계, 그 밖의 관계로 인하여 보호 또는 감독하는 사람에 의하여 「마약류관리에 관한 법률」 제2조에 따른 마약·향정신성의약품 또는 대마(이하 "마약등"이라 한다)에 중독되어 성매매를 한 사람
> 다. 미성년자, 사물을 변별하거나 의사를 결정할 능력이 없거나 미약한 사람 또는 대통령령으로 정하는 중대한 장애가 있는 사람으로서 성매매를 하도록 알선·유인된 사람
> 라. 성매매 목적의 인신매매를 당한 사람

이러한 조항이 생겨난 배경을 생각해볼 필요가 있다. 앞서 언급했듯, 현실에 어떤 문제가 발생하면 그에 대응하기 위해

법률이 만들어진다. 그렇다면 이 같은 성매매 피해자 조항이 포함되었다는 것은 실제로 이러한 유형의 피해가 상당히 많이 발생했다는 방증이다. 법 조항에 담긴 무시무시한 사례들은 그동안 성매매 여성들이 불법 행위로 인해 성매매에 유입되었음을 보여주며, 따라서 이들을 보호 대상으로 규정한 것이라고 볼 수 있다.

특히 제2항 제1호는 "선불금 제공 등의 방법으로 대상자의 동의를 받은 경우라도 그 의사에 반하여 이탈을 제지한 경우" 위 가목에 해당하는 피해자로 규정하고 있다. 이는 자발적으로 동의한 경우라도 보호 필요성이 있으면 처벌하지 않고 성매매 피해자로서 보호한다는 의미다. 그러나 성풍속의 관점에서 본다면, 선불금을 받으려고 자발적으로 성매매를 택하고 나서 변심했으니 오히려 더 비난받아야 하는 행위가 아니냐는 반문이 가능하다.

법이 성매매 피해자의 인권은 보호하면서 동시에 '성풍속을 해치는' 성매매 여성은 처벌하는 방식으로 '두 마리 토끼'를 잡을 수 있을까? 법은 언어로 현실을 규율하지만, 언어와 현실은 일대일로 대응하지 않는다. 두 개의 명확한 언어로 구별할 수 있다고 해서 현실에서 두 집단이 실제로 구별되어 존재하는 것은 아니다. 성매매 피해자와 그렇지 않은 성매매 여성은 그렇게 뚜렷이 갈라져 존재하지 않는다. 오히려 그 구별은 제도와 절차에 의해 인위적으로 만들어지기도 한다.

상황을 상상해보자. 성매매 여성은 성매매 피해자로 판단되기 이전까지는 형사처벌의 위험에 놓인다. 이는 성매매 여성의 지위를 불안정하게 만든다. 『성매매방지법』은 성매매 피해자가 아닌 성매매 여성에게도 보호와 지원을 제공한다고 규정하지만, 형사처벌의 위험이 있는 상황에서 그 보호와 지원이 실효적일 수 있을까? 법의 도움이 필요한 성매매 여성이, 자신이 처벌될 수 있는 상황에서 수사기관을 찾을 수 있을까? 게다가 규정 방식은 사회적 인식에도 영향을 미친다. 이 같은 법규로 인해 성매매 피해자는 보호해야 하지만 그렇지 않은 성매매 여성은 자발적으로 돈을 벌기 위해 성풍속에 위반되는 부도덕한 행위를 한 것이라고 인식될 수 있다.

수사기관이나 법원의 입장에서도 문제가 있다. 눈앞의 여성이 형사처벌 대상일 수도 있고, 국가가 보호해야 할 대상일 수도 있다. 그러나 그 판단은 쉽지 않다. 성매매 피해자 규정의 적용 여부는 수사기관의 의지와 성매매 여성의 법률 지식에 좌우될 수 있다. 수사와 재판은 증거에 의해 이루어지지만, 성매매 여성은 자신의 신변 관리와 증거를 알선업자에게 맡겨두는 경우가 많다. 그 결과 피해자임에도 불구하고 국가로부터 형사처벌을 받는 경우가 발생할 수 있다.

무엇보다 현실을 직시해보자. 처음부터 성매매 여성이 되고 싶어하는 사람은 없다. 따라서 성매매 여성의 구직·구인 시장은 투명하지 않고, 제대로 된 정보도 제공되지 않는다. 이런 상황에서 '자발적 선택'이란 과연 어떤 의미가 있는가?

법은 입법 목적에서 성매매 피해자의 인권

보호를 선언하면서 동시에 성매매 여성을 처벌한다. 그러나 이 두 규정은 모순된다. 처벌 규정이 존재하는 한, 성매매 피해자 보호는 사실상 불가능하기 때문이다. 그렇다면 이러한 상반된 규정이 어떻게 함께 입법될 수 있었는지 의문이 생긴다. 성매매 피해자 규정을 유지하는 한 성매매 여성에 대한 처벌 규정은 폐지하는 것이 타당하다. 성매매 피해자 규정을 폐지하는 선택을 하고자 한다면 그러한 주장을 하는 사람들이 이 규정이 필요 없다고 주장하는 근거를 대야 할 것이다.

스웨덴이 일궈온 변화처럼, 한국도 『윤락행위등방지법』을 『성매매방지법』으로 개정하고 나아왔다. 나는 이 토대 위에서 논의를 이어가야 한다고 본다. 『성매매방지법』이 명시한 목적은 성매매 피해자의 인권 보호다. 따라서 법 집행 실무 역시 그 목적을 중심에 두고 운영되어야 하며 목적과 부합하지 않는 부분이 있다면 법 개정 또한 검토해야 한다.

스웨덴 연수를 다녀온 후 나는 성매매 여성을 처벌하는 규정은 현행법상의 목적에 타당하지 않으므로 폐지되어야 한다는 결론에 이르렀다. 이는 스웨덴 법률의 결론을 그대로 모방하자는 것이 아니다. 오히려 스웨덴 사람들이 법을 다루는 태도, 즉 법을 사회적 합의와 미래 지향적 상상력의 산물로 바라보는 태도를 배워 우리 법을 바라보자는 제안이다. 현행법을 제쳐두고 '제로베이스'에서 끊임없이 논의를 반복할 수는 없다.

## 변화를 결단하라

미성년자 성매매 사건이 많이 발생한다. 흔히 '조건만남'이라 불린다. 많은 성인 남성이 미성년자를 상대로 성매매를 시도하는데 일부 청소년은 이를 역이용하여 성구매자를 유인한 뒤 폭행하고 돈을 빼앗는 범행을 저지른다. 이러한 경우 소년들은 강도상해죄로 기소되어, 법정형이 7년 이상인 무거운 처벌을 받게 된다.

그러나 이 아이들이 단순히 부도덕해서 그런 범행을 저지른 것일까? 이들은 앱을 통해 성구매자를 쉽게 유인할 수 있다는 사실을 경험하며, 어른들이 얼마나 쉽게 성구매에 나서는지를 목격한다. 성구매자가 자신을 대하는 방식을 통해 그 과정에서 타인을 대상으로 삼는 방식을 학습하고, 그들 스스로도 성매매든 강도상해든 이를 하나의 '비즈니스 모델'로 여기게 된다.

여자아이는 성매매 대상이 되었다가 구매자를 유인하기도 하고, 때로는 또 다른 학대자가 될 수 있을 남자아이들과 함께 이를 빌미로 성인 성구매자를 상대로 폭력을 행사한다. 이 아이들이 겪는 경험은 결국 사람과 사회에 대한 인식을 왜곡된 방식으로 형성하게 만든다. 성을 거래하거나 타인을 물화하는 행위는 개인 간의 문제가 아니라, 그 주변 제3자를 통해 사회적 파생 효과를 낳는다.

강도상해죄라는 무거운 범죄 혐의를 안게 된 청소년들과, 앱을 통해 미성년자를 물색하여 성매매를 시도한 성인 남성 사이의 연결고리를 떠올리면 섬뜩하다.

성구매 남성은 강도상해 사건의 피해자로 행세하며 기소되지 않는 경우가 많다. 반면 비행 청소년들의 모부는 피해자와 합의하느라 애를 끓이는 상황이 펼쳐진다.

　　　　　이런 뒤얽힌 상황을 풀어나갈 첫 고리로서, 우리가 성매매 피해자의 인권을 보호하기로 한 『성매매방지법』의 사회적 합의를 실천해야 한다. 변화를 위한 결단을 촉구한다.

# 8

# 성구매 안 하는 남자를 만드는 교육의 가능성

| 황금명륜 | 성평등 교육활동가. 1993년부터 한국성폭력상담소, 한국여성단체연합에서 일하며 『성폭력특별법』 『가정폭력방지법』 『성매매방지법』 등 여성폭력 관련 법 제정운동과 호주제 폐지운동의 역사적 현장에 함께했다.

처음 이 책의 공동 저자로 참여해달라는 요청을 받았을 때 다소간 의아했다. 나는 전국연대 소속 단체의 활동가도 아니고 성매매된 여성들을 지원하는 기관에서 일하지도 않으며, 프리랜서 젠더트레이너일 뿐이기 때문이다. '남성 대상 교육운동'이라는 주제를 보고 아마 같은 의구심을 가진 독자들도 있을 것이다. 그런 고민으로 답을 못 하던 나에게 이 책의 기획자가 한 말은 더 이상 거절할 수 없는 이유가 되었다. "선생님이 최근 집중하고 계신 '전환의 남성성'이라는 주제가 성매매와 무관하지 않다고 생각합니다. 어쩌면 성매매 문제를 성착취의 관점에서 바라보며 해결하고자 하는 사람들이 갖는, '그래서 남자들과 어떻게 뭘 해봐야 하는 걸까'라는 질문에 대한 여러 답 중 하나가 될 수 있지 않을까요?"

그렇게 공저 참여를 수락한 뒤 몇 달간 글을 쓰고 고치는 과정에서 스스로에 대한 의구심을 해소할 수 있었다. 내가 이미 성평등과 남성성 그리고 성매매를 연결하여 활동하고 있음을 깨달은 것이다. 성폭력 문제를 다루면서 피해자를 지원·지지하는 것뿐 아니라 보호관찰소에 출강해 가해자들 대상으로 재범 방지 교육을 해온 지금까지의 실천과도 같은 맥락이다. 성매매 문제를 젠더폭력으로 바라보는 젠더 트레이너로서, 탈성매매한 여성들의 자활 사업 즉, '다른 삶을 위한 준비'에 직접 참여해 그들을 지원하는 동시에 남자들을 '성구매 안 하는 인간'으로 만드는 본질적 접근이 병행되어야 한다는 것이 나의 실천이자 신념이다. 그런 의미에서 이 장은 성매매 문제를 앞으로 설명할 전환의 남성성 개념과 함께 고민하자는 제안이기도 하다.


## 성평등을 위한 남성 행동

나는 성평등 교육활동가다. 몇 해 전 유엔여성훈련센터가 주최한 '젠더트레이너 국제 전문가과정'에 참가한 이후 스스로를 이렇게 소개하게 되었다. 사회에서는 종종 내 직업을 '폭력 예방 교육 강사'라고 부른다. 하지만 언제부턴가 '강사'라는 호칭과 내가 지향하는 활동이 어긋난다고 느꼈다. 웅변과도 같은 일방적 강의보다는 학습자의 인식에 균열을 일으키는 교육활동가로 살아가고 싶었다. 학습자에게 '보다 나은 삶을 위해 무언가 해보고 싶다는 마음'이 들도록 돕고, 이런 학습자의 의지가 자신과 주변에 영향을 끼쳐 결국 일상을 바꿔낼 수 있기를 바랐다. 성평등 교육과 젠더폭력 예방 교육을 주제로 학습자들을 만나며 '강의'라는 걸 한 지 10여 년만의 일이다. 그 계기가 유엔의 국제 트레이닝이었고, 당시의 충격이 온몸의 세포를 일깨웠다고 할 수 있다.

유엔여성훈련센터 젠더트레이너 전문가과정에서 6개월간 공부하면서 전 세계 각국의 백래시를 접했다. 안티페미니즘의 얼굴을 한 저항 즉 성평등에 대한 백래시가 세계적 현상임을, 각국에서 모인 동료 참가자들의 사례로 감각하는 시간이었다. 그들이 쏟아내는 백래시 사례들은 그간 내가 강사로서 받아온 공격들이 도도하게 흘러온 수백 년간의 가부장제 질서를 거스르는 움직임에 대한 반발이었음을 이해하게 해주었다. 그리고 자연스럽게 떠올렸다. 이런 반발이 이토록 전 세계적 현상이라면, 이에 다시 맞서는 활동들도 세계 도처에 있지 않겠는가?

그렇게 알게 된 것이 '이매진 툴키트'다. "유럽의 성평등에 대한 영감을 불러일으키는 남성 행동, 이매진"이라는 소개 문구를 처음 발견한 뒤 궁금해 미칠 것 같은 몇 달을 보냈다. 총 열아홉 가지 교육 활동을 한 페이지에 하나씩 소개하고 있었는데, 활동 목표와 준비물 그리고 진행 방법까지 간략히 기술된 일종의 교육계획서 같았다. 55쪽의 교육 자료를 번역해 읽어봤지만 잘 이해가 되지 않았다. '무엇'인지는 알겠는데, '어떻게'를 모르겠는 마음이었다고 할까? 텍스트만으로는 해당 교육 활동을 하며 일어나는 학습자들의 역동을 어떻게 예상하고 다뤄야 하는지, 다양한 학습자들의 반응에 어떤 질문으로 방향을 이끌지, 활동 목표와 멀어졌을 때는 무엇이 가능한지 등을 알기 어려웠다. 그래서 이매진을 개발한 세 단체에 모두 이메일을 보냈다. 스웨덴의 멘과 (MÄN) 네덜란드의 이만시페이터 (Emancipator) 그리고 영국의 비욘드 이퀄리티다. (Beyond Equality) 지구 반대편에 있는 개인이 보낸 문의 메일에, 감사하게도 네덜란드의 이만시페이터가 회신을 했다. "이매진에 대해 궁금한 게 있다고? 어떻게 도와주면 될까?"

그리하여 2022년, 나는 네덜란드로 자비 연수를 떠났다. 수도 암스테르담에 도착한 뒤 3일간의 특별한 트레이닝에 참여했다. 나 한 사람만을 위해 마련된 '이매진 툴키트 진행자과정'은 흥미진진했다. 전형적인 교육 방식과 다른 데다 언어 장벽까지 더해져 이해하기 어려운 부분도 있었지만, 통찰과 감동의 순간을 여러 번 마주했고 무엇보다 신이 났다.

'만약 나의 학습자도 성평등과 젠더폭력 종식이라는 학습 주제에 이렇게 즐겁게 다이빙할 수 있다면?'

가능성을 본 기쁨과 바람을 안고 한국으로 돌아왔다.

### 페미니즘 리부트부터 백래시까지의 교육 현장

그런데 왜 '세계적인 페미니즘 백래시'에 대한 실감과 자각이 남성 대상 교육열로 연결되었는지 궁금하지 않은가? 이유가 있다. 내가 성평등 교육활동가 또는 젠더 트레이너로 현장에 설 때, 교육 주제에 대해 불편감, 질문을 빙자한 수업 방해, 강사의 권위를 무너뜨려 본인이 주도권을 쥐려 하는 공격적 태도 등을 드러내는 학습자는 대체로 남성이었다. 나만이 겪은 일이 아니다. 수업 중 "메갈이에요?"라는 질문은 물론이고, 중학교 성폭력 예방 교육 시간에 시작부터 끝까지 슬라이드 한 장 넘기기도 힘들 만큼 남학생들의 항의가 이어졌다고 토로하는 교육자들도 있다. 성교육 현장에서 남자 청소년들을 중심으로 "완전 더러운 꼴페미들이네" 등의 혐오 발언을 하는 사례[1]는 이제 드물지 않다.

성평등과 페미니즘에 대한 반발이 단순히 교실 안에만 머무는 문제가 아님도 물론이다. 동시대 페미니즘과 페미니즘 백래시를 이야기할 때 빼놓을 수 없는 2016년 5월, '강남역 여성혐오 살인 사건'으로 잠시 돌아가보자. 전 세계가 「강남 스타일」이라는 K-팝에 중독된 지 얼마 지나지 않아 대한민국 수도 서울, 강남 번화가에서 젊은 남성이 일면식 없는 젊은 여성을 살해했다. 살인 장소는 개방된 공중화장실이었고 범인은 범행을 저지르기 전까지 무려 1시간 30분을 화장실에서 대기했다. 그동안 남성 여섯 명이 화장실에 출입했으나 이들에게는 어떤 물리적 행동도 하지 않았다. 마침내 피해 여성이 화장실에 들어오자 가슴 부위를 흉기로 마구 찔러 살해했다. 가해자는 체포 과정과 경찰 조사, 재판 중에 "여자들이 날 무시해서 죽였다"는 말을 반복했으나 미디어는 "정신질환자가 하는 소리"라고 보도했고, 경찰은 "국내의 모든 조현병 환자들을 전수 조사해서 행정입원 등을 강구하겠다" 따위의 어긋난 대응책을 제시하게도 했다.[2] 그러나 이 사건이 여전히 많은 이의 기억에 남아 있는 것은 피해자가 "여자라서 죽임을 당했다"는 것 즉 이 사건이 '여성혐오 살인'임을 직시한 청년 여성들의 공론과 추모 물결 때문이다. 이러한 공론은 청년 여성들이 페미니즘을 공부하는 열풍으로 확산되었고 주요 서점 사회과학 분야에 페미니즘 관련 도서들이 줄줄이 베스트셀러 상위를 등극하는 등 그야말로 '페미니즘 리부트'[3]라 명명되는 흐름을 형성했다.

2015-2016년은 여성에 대한 남성의 폭력을

조장하고 정당화하는 온라인 커뮤니티의 존재와 심각성이 세상에 드러나고, 이에 대한 여성과 시민들의 문제의식이 확장되는 시기이기도 했다. 불법 성착취물 영상의 메카라 불리던 '소라넷'에서는 100만 명이 넘는 한국 남성이 16년간 아무런 사회적 제재 없이 강간을 모의하고 재생산하고 있었다. 2015년 '소라넷' 사이트에는 강간 인증 글이 날마다 2개 이상 올라왔다. 회원끼리 불법 촬영 영상을 공유하고 초대남(공범)을 모집해 술에 취한 여성을 연쇄적으로 성폭행하는 작당을 모의하는 창구이기도 했다.[4] 당시 경찰에 무수히 많은 신고가 들어갔으나 "얼굴이 없는 성폭행 정황 사진만으로는 범죄라고 할 수 없다"며 더 명확한 증거를 가져오라고 했다. 소라넷 폐쇄를 이끈 것은 이 폭력들을 끈질기게 관찰하고, 추적하고, 피해자를 지원하고 증거를 모으고 언론사에 제보하고 경찰에 신고한 청년 여성들이었다. 디소가 아니었다면 어쩌면 소라넷은 여전히 건재할지도 모른다.[5] 페미니즘 리부트와 함께 행동에 나선 이들의 노력과 연대로 '소라넷'은 17년 만에 폐쇄되었고, 당시까지 '리벤지포르노'라고 불리던 불법 성착취물을 '디지털 성범죄'로 명명하여 문제를 정확히 가시화하고 사회적으로 대응할 수 있게 되었다.

        이런 분명한 변화와 페미니즘 인식론의 확장은 또 다른 사회 현상과 만나며 본격적인 저항, '페미니즘 백래시'로 이어졌다. 대한민국은 2013년 6월 19일부터 "공공기관 종사자 대상 젠더폭력 예방 교육" 제도를 시행했다. 이 제도는 전국의 6만8000여 개 기관(정부 부처들,

공공기관들, 지방자치단체들, 의회, 사법기관, 군, 경찰, 교육기관)에서 성폭력, 성희롱, 가정폭력, 성매매 예방을 주제로 연간 최소 1-4시간의 교육을 의무화한 국가 시책이다. 페미니즘 리부트 시기는 이 의무교육 제도 시행이 3-4년째에 이르러, 반복적인 교육에 피로감을 호소하는 공무원들 그리고 공공기관 직원들의 반감이 형성된 즈음이다. 강남역 살인 사건에 대해서도 "여성혐오인가? 조현병인가?" 하는 논쟁을 일으키며 교육 현장에서 강사들을 향한 무례한 공격과 조롱들이 본격화되었다.

각종 온라인 커뮤니티에서는 페미니즘을 공부하며 구조적 젠더폭력을 인지하고 해결을 촉구하는 여성들의 목소리와, "페미니즘이 순진한 여성들을 부추기며 젠더 갈등을 만드는 원인"이라고 떠드는 목소리가 혼재하기 시작했다. 이후 마치 구조적 성차별은 없는 듯, 젠더화된 폭력, 범죄, 성별 격차를 '갈등'이라 부르며 정치권이 반페미니즘을 부추기고 기득권 유지에 이용하는 기조가 강화되면서 지금에 이른다. 2025년 발표된 세계 성격차지수에서 148개국 중 101위, 이것이 한국의 현실임에도 성차별에 문제의식을 갖는 일조차 조롱받게 된 것이다.

때문에 이매진이 그토록 반가웠다. 전문 교육자가 성평등 수업에서 "성평등한 세상을 만들자" "젠더폭력 없는 사회, 가능할 수 있다"고 말하면 "야단맞는 느낌이 든다" "잠재적 가해자로 취급하는 것 같아 불편하다"는 남성들에게 "지금 나는 네 삶에 관한 문제를 말하는 것"이라고 되돌려주는 교육 도구라니 매력적이지 않은가? 암스테르담에서 이매진에 적힌 교육 활동들을 몸소 체험하는 동안 내가 감각한 것은, 소년과 남성을 성차별의 문제 지대로 초대하고 스스로 질문할 힘을 키우도록 도우며, 더 나은 사람이 되고 싶다는 욕구를 일상에 반영하도록 지원하는 교육이 가능하다는 확신이었다. 남성을 성평등의 주체로 교육하는 것, "페미니즘은 남성을 해로운 가부장적 남성성으로부터 해방시켜 그들의 삶 역시 개선한다"[6]는 이매진의 제안은 지금 한국의 현실에도 유효한 전략이라고 느꼈다. '유해한 남성성'이 젠더 권력관계에서 우위를 점하는 구조가 문제임을, 남성들도 제대로 알아야 하는 것이다.

### 남성들이여, 폭력을 줄이자
#### —스웨덴의 멘

이매진 툴키트를 고안한 단체 중 하나인 스웨덴의 멘을 방문한 적이 있다. 2019년 전국연대 활동가들과 함께 노르딕 모델의 작동과 발전 방향을 모색하는 연수에 동행했을 때다. 당시 멘은 '마초 팩토리'라는 캠페인을 통해 남성이 거칠고 과시적인 성격을 타고나는 게 아니라, 공장에서 찍어내듯 사회로부터 학습한다는 내용을 스웨덴 사회에 알리고 있었다.[7] 우리가 스톡홀름의 멘 사무실을 방문했을 때 만난 전 회장에게 단체를 소개해달라고 하자 그는 "남성들이여! 책임을 늘리고, 폭력은 줄이자!" 하는 운동을 하는 단체라고 말했다. 멘의 웹사이트는 이런 문구로 방문자를 맞이한다.

> 우리는 남성과 소년들에게 고정관념적인 남성성에 도전하는 활동을 장려합니다. 멘은 스웨덴 회원 기반 비영리 단체입니다. 1993년부터 성평등을 증진하고, 남성들의 폭력에 맞서 싸우며 남성성을 재정의하기 위해 노력해왔습니다. 우리는 페미니스트의 시각으로 세상을 바라봅니다.

멘은 보스니아 내전 중 일어난 집단 강간 전쟁범죄를 규탄하기 위해 설립되었다. 이후 점차 '우리 스웨덴 내부의 폭력 문제 또한 돌아보자'는 목소리가 나오며 조직을 유지했고, 시간이 흐르며 활동 범위를 넓혀왔다. 우리가 방문했을 당시 멘의 사무실에는 30명 가까운 상근 활동가와 스웨덴 전역에서 매달 회비를 내는 1500여 명의 남성 회원이 있는 실로 굳건한 시민단체의 면모를 갖추고 있었다. 2025년 현재 홈페이지에서 확인할 수 있는 활동가의 수만 40명이니 회원 수나 예산 규모는 더 늘어났을 것으로 추정된다.

이제 멘은 마초팩토리 외에도 남자 청소년에게 지지적 대화를 제공하는 핫라인 운영, 이매진 툴키트를 활용한 청년 대상 프로그램, 남성 폭력의 근절 및 예방을 목표로 하는 학교 프로그램으로 폭력예방멘토 진행, 성폭력 가해

행위를 한 청(소)년 남성 대상 심리학자·상담가의 치료실 운영 등으로 남성성에 대해 다채로운 젠더 변혁적 접근을 이어가고 있다. 특히 멘의 대표적 브랜드 프로그램이 된 마초팩토리는 교사, 청소년 지도자, 청소년 관련 전문가들을 위한 시청각 자료로서 13-25세 사이의 젊은 남성을 대상으로 제작되었다. 이 교육 도구는 남성성, 젠더, 섹슈얼리티에 대한 사회 규범을 비판적으로 조명하며 짧은 영상, 상호작용적인 연습, 토론을 통해 우정과 관계, 성희롱, 동의, 폭력 그리고 온라인에서 청소년들이 겪는 취약성과 같은 주제들을 성찰해볼 기회를 제공한다. 이는 청소년들이 파괴적인 규범에 의문을 제기할 수 있도록 돕는 데 유효하다는 평가를 받고 있다. 한편 교차적 접근 방식을 차용해 남성성 규범과 폭력과의 연관성은 모두에게 영향을 미치지만, 그 방식은 각기 다르다고 설명한다. 소년과 남성은 서로 다른 생활 환경과 행동 공간을 가지고 있으며, 권력의 크기도 다르기 때문이다.

최근 멘에서 진행하는 프로젝트 '남성, 신화 그 자체'라는 캠페인은 남성성의 난점을 민족 및 계급과 연결함으로써 이전에 페미니즘 논의에 참여해본 적이 없는 젊은 남성들에게도 다가가고 있음을 확인할 수 있다. 이러한 노력의 일환으로 '다른 사람의 입장에서'라는 카드 게임을 출시했는데 이는 게임을 통해 다양한 권력 구조가 자신의 행동 기회에 어떤 영향을 미치는지 탐구할 수 있는 청(소)년 교육 도구다.

2019년 멘의 사무실을 방문했을 때 우리 일행을 맞이한 스하하브 아마디안은 현재 멘의 의장으로

(Mannen Myten)

일하고 있다. 당시 그는 한국에서 온 탐방단이 한국의 '성매매문제해결을위한전국연대' 소속임을 밝히자 "멘은 성매매에 반대한다"고 밝히며 성매매 근절을 향한 스웨덴의 국가적 의지를 설명했다. 그의 말처럼 스웨덴은 남성에 의한 여성 대상 폭력의 예방·근절을 목표로 하고, 그를 위한 주요 정책으로서 성매매 금지를 국가 전략으로 실행하고 있다. 스하하브는 성매매 목적의 인신매매는 "남성이 여성에게 가하는 가장 악랄한 폭력"으로 간주해야 하며 이 모든 폭력은 수요로 인해 존재하는 것이므로 그들은 '수요 감소'에 초점을 맞춘 예방 교육 활동에 주목한다고 피력했다. 유럽의 많은 국가에서 성매매 합법화 정책이 실행 중이거나 시도되고 있으며 해당국의 페미니스트들 사이에서 성 노동론 지지 입장이 우세한 정황을 우려하던 중, 참으로 반가운 만남이었다.

## 남자들을 식탁에 앉혀보자
### ─네덜란드의 이만시페이터

이번에는 네덜란드로 가보자. 여기서 소개할 이만시페이터에 관한 내용은 단체를 설립하고 현재까지 대표로 활동하는 엔스 판트리흐트와의 인터뷰를 바탕으로 기록했다.

이만시페이터는 젠더 정의를 위해 일하는 네덜란드 단체로 2013년에 설립해, 2014년 단체 등록을 마쳤다. 이들은 젠더 정의 촉진 행동에 남성을 참여시킴으로써 세계적 사회 정의에 기여하고자 한다. 사회적 정의는 젠더 정의가 있어야만 존재할 수 있고, 젠더 정의 달성을 위해서는 남성 참여가 필요하다고 믿는다. 무엇보다도 이들은 남성이 이 과정에서 얻을 수 있는 것이 많다고 생각한다. 남성들이 남성성에 대한 생각을 변화시키고 이른바 "여성적 측면을 통합"한다면 남성이 더욱 인간다워질 것이라고 믿는다.

이만시페이터의 주요 활동은 폭력적인 남성성의 전환이다. 이로써 종래에는 젠더 기반 폭력에 대항하는 실천을 촉진하고자 한다. 이 '해결책'의 일부가 되고 싶은 남성들을 위해 매년 주말 워크숍을 조직하고 있다. 또한 남성성, 폭력, 성, 경계와 동의 문제를 다루는 '이매진 트레이너'를 양성해 학교 교육 현장에서 청소년 대상 이매진 워크숍을 추진한다. 이 관점에서 소년과 청소년들을 만나며 각자가 바라는 인간적 성장에 대해 질문한다.

20여 년 전 네덜란드의 성평등부 장관이 말했다. "이제 성평등은 달성되어 여성과 남성은 평등하니, 남은 문제가 있다면 이는 식탁에서 해결해야 하는 개인적인 문제다." 전 대통령이 "한국에 구조적 성차별은 없다"(2022)고 말하고 현 대통령이 "남성 역차별 점검을 여러 차례 지시"(2025)하는 한국 사회의 페미니스트에게도 낯설지 않은 소리다. 당연히 당시 네덜란드 사회는 결코 성평등하지 않았고, 성차별 문제를 해결하기 위해 남성들이 식탁으로 모이지도 않았다. 그래서 옌스와 그의 남성 동료들은 '키친 테이블'이라는 모임을 결성해
The Kitchen Table
네덜란드 전국에서 다양한 남성, 때로는 여남을 함께 모아 토론

릴레이를 이어갔다.

첫 번째 의제는 "어떻게 남성이 성평등에 기여할 수 있을까?"였다. 그 토론은 베이징행동강령[?]의 의제만큼 광범위했다. 사회의 모든 부정의가 젠더, 여성과 관련이 있었고 그래서 당연히 남성과도 관련이 있다는 것이 매 토론의 결론이 되었다. 남성은 더 많은 안전에 기여하고 폭력에 반대해야 하며 교육, 의료, 평화, 갈등, 기후, 빈곤 등 성평등과 관련된 모든 분야에 연관되어 있다는 걸 파악할 수 있었다. 두 번째 토론 의제는 "성평등으로부터 남성이 얻는 이득은 무엇인가?"였다. 토론 결과 답은 자명했다고 한다. "모든 면에서 남성들이 더 인간적이 될 것임이 분명했습니다." 그들은 수년간 키친 테이블 활동을 했고 식탁을 통해 남성들이 연결될 수 있도록 노력했다. 그러던 중 2009년 리우데자네이루에서 열린 멘인게이지[??] (MenEngage)의 첫 번째 국제 대회에서 키친 테이블 사례를 소개했고, 이후 멘인게이지 국제연대 창립에 참여하면서 네덜란드 시민단체 이만시페이터 창립으로 이어졌다. 이만시페이터는 스스로를 "성평등을 위해 소년과 남성을 참여시키는 데 초점을 맞춘 젠더 정의 단체"라고 표현한다.

이만시페이터로부터 이매진을 전수받고 한국에 돌아와 수십 차례, 수백여 명의 동료에게 전파했다. 동료들이 자신의 교육 현장에 이매진을 적용해본 뒤 긍정적 경험을 공유하면서 입소문이 났기에 가능했던 규모다. 이어 이만시페이터 대표 옌스 판트리흐트의 저서 『남성 해방』[???]의 한국어 출간을 도왔고 2023년 한국에 온 그와 함께 서울, 부산,

---

[?] 폭력·빈곤·건강·의사결정 등 12개 분야에서 여성 인권을 증진하기 위한 국제적 행동 지침으로 1995년 189개국 만장일치로 채택되었다.

제주, 광주로 이어진 북토크의 진행자로 동행했다. 『남성 해방』은 어째서 페미니즘이 남성의 삶에 꼭 필요한 가치인지를 피력하며, "소년은 소년으로 자라는 것이 아니라 우리가 가르친 대로 자란다"는 그들의 신념을 고스란히 녹여낸 책이다. 2025년 7월에는 전주에서 트레이너를 위한 특별한 트레이닝 '비욘드 이매진'을 공동 진행했다.

지난 3년간 때로는 진행자와 학습자로, 때로는 연대하는 동료로, 때로는 공동진행자로 함께 일하면서 성매매 문제와 관련해서도 여러 대화를 나눴다. 한국의 폭력 예방 교육에서 성매매라는 이슈는 학습자들에게 전달하기 쉽지 않은 주제다. 이런 고민을 바탕으로 스웨덴, 프랑스, 독일 성매매 현장을 탐방한 경험을 말했을 때 옌스 역시 네덜란드의 성평등 활동가로서 그의 경험을 들려주었다. 우선 이매진을 공동 개발한 3개국 단체들 간에도 "성매매에 대한 입장은 단일하지 않다"고 밝혔다. 스웨덴의 멘은 구매자와 알선자 처벌 정책에 전적으로 동의하지만 이 책 3장에 상술된 실태에서 볼 수 있듯 네덜란드는 스웨덴과 환경이 상당히 다르다. 옌스는 "상황이 복잡하다"고 표현했다. 그의 요지는 다음과 같았다.

> 우리는 여성운동을 지지하고자 하고, 이미 성매매 현장에서 일하고 있는 여성들이 안전하게 일할 노동 조건을 만들어야 한다는 [네덜란드의] 다수 페미니스트의 의견에 동의한다. 동시에 우리는 세계에서 남성과 남성성이 수행하는 역할,

| ?? | 남성의 성평등 과업 참여를 북돋우는 국제연대 단체 |
| ??? | 원제는 "왜 페미니즘은 남성에게 좋은가"다. |

> 특히 불평등과 권력 문제, 성, 폭력의 문제에 비판적이고자 한다. 남성은 성욕이 왕성해야만 남자답고 언제든 성욕을 분출해도 되는 존재라는, 이를 위해 성구매가 유용한 수단이라고 여기는 고정관념은 명백히 해로운 남성성이다.

때문에 그는 남성들이 스스로의 섹슈얼리티를 잘 살펴볼 기회를 갖도록 하고, 다른 사람과 상호작용하는 평화롭고 평등한 섹슈얼리티의 실천이 어떻게 가능한지 탐색하고 배우는 과정이 중요하다고 본다. 한국 성매매 현장에서 가장 비싼 값에 팔리는 여성의 나이가 14-15세다. 그의 말처럼 "비자발적 성매매 여성과 미성년자의 성을 구매하지 않는 남성을 늘리는 과제"가 성공한다면 있을 수 없는 일이다. 옌스는 성매매 문제에 대해 "두 가지 접근의 결합"을 말했다. 남성들의 성구매 수요에 비판적인 동시에 "자발적으로 성 노동을 택한 사람들에게는 자유롭고 지지적인 태도를 취해야 한다"는 것이다. 성매매 합법화 이후 25년, 커질 대로 커진 성착취 시장을 끌어안은 나라에서 전환의 남성성과 젠더 정의를 고민하는 활동가의 복잡함을 느낄 수 있는 대화였다. 나는 그의 입장에 동의하지 않지만 다행히 우리는 대화를 끝내지 않았으며 앞으로 더 자주 더 깊이 토론하기로 했다.

## 학습자를 변화시키는 교육

이매진을 만나고 실제 성평등 교육과 젠더폭력 예방 교육에 활용한 지도 어느덧 3년이 지났다. 그간의 경험으로 볼 때 이 도구는 학습자의 흥미를 유발하고, 토론을 이끌며, 스스로 문제의식을 갖도록 하는 데 유용하다. 때문에 이매진을 전수받고 돌아온 후 전국의 여러 도시에서 서른 번가량 '이매진 툴키트 진행자과정'을 운영했고 그 결과 550여 명의 동료가 이매진을 자신의 교육 현장에 적용하고 있는 가슴 뻐근한 현실을 마주하고 있다.

내가 이매진에 열심인 이유는 동료들과 이매진을 함께 활용하고 그 과정에서 다양한 교육 후기를 모으고, 그래서 한국에도 '전환의 남성성 교육 도구'를 만들고 싶어졌기 때문이다. 다음은 이매진 수업에 참여한 학습자들의 교육 소감과 이매진을 적용한 교육자 동료들의 피드백 중 빈도가 높았던 종류의 응답들이다.

> '닮은 꼴 찾기' 게임 중에, 다른 참가자가 "살면서 성폭력 피해를 입은 사람"이라고 말씀하셨는데 그 순간 차마 일어서지 못하는 남성인 저를 발견했습니다. 무엇이 나를, 피해자로 밝히지 못하게 하는 걸까 생각해보고 싶어졌습니다.
> −일반인 학습자

> 열세 살 소년 참가자가 '맨박스'에 붙은

> 남자다움의 포스트잇을 하나씩 떼어내는 걸
> 보면서, 내가 10년 전에만 저 허구의 남성성
> 포장지를 떼어냈다면 10년간은 덜 힘들었을 텐데
> 하는 생각이 들었습니다.
> ─일반인 학습자

> 여섯 시간의 이매진 수업이 끝나고 페미니즘
> 동아리의 여학생들이 저를 찾아왔어요. 이번
> 여름방학에 성평등 캠프를 열어달라고
> 건의하더라고요. 그래서 제가 평소에 남자애들이
> 성차별 문제를 알아보려고 노력하지도 않는다고
> 단세포 아메바라면서 말도 섞기 싫다더니 어떻게
> 캠프를 같이 하고 싶은 마음이 들었냐고
> 물어봤어요. 그랬더니 남자애들하고 이야기를
> 나누고 싶어졌대요. 오늘 이매진 수업 때 콜라주[?]
> 활동을 하면서 남학생들이 한 덩어리로 똑같은
> 생각을 하는 건 아니라고 알게 됐대요. ─교육자

> '○○를 지키지 않으면 가해자가 됩니다'
> 같은 교육은 학습자들의 변화를 만들기
> 어려운데, 지금까지 그런 교육을 해왔다는
> 생각을 하게 됐어요. 지금의 제 강의안을 전부
> 뒤집어야겠어요. 그 어려운 걸 하고 싶은 마음이
> 생기네요. ─교육자

---

?     곧 뒤에서 설명할 아주 흥미로운 교육 프로그램이다.

> 이매진을 사용한 수업에서는 남학생들의 반발이
> 사라졌어요. 수업 동안 게임이 많으니 너무
> 바빠서 저항을 못 하고, 재미있으니까 토론도
> 토론이라 느끼지 못한 채 참여하는 것 같아요.
> ―교육자

물론 이매진 툴키트가 마술은 아니므로, 모든 학습자가 전부 깨달음을 얻고 성평등 인식이 고양된다거나 모든 강사에게 성공적 경험을 쥐여줄 수는 없다. 그러나 성평등 교육 현장에서 점점 거세어지는 저항과 여성혐오 백래시로 지쳐가던 나와 동료 다수에게 다시 부딪혀보고 싶은 마음과 전진할 에너지를 주었다. 조금은 다른 수업의 역동, 희망적 사례들이 쌓여간다는 것은 분명하다. 이매진을 처음 한국에 전한 만큼 아마도 이매진 툴키트를 가장 많이 사용하는 사람일 나는 여러 수업에 이매진을 광범위하게 적용 중이다. 그중 특히 애정이 가는 몇 가지 활동을 소개한다.

### 맨박스

'맨박스'는 질문에 단어를 적는 활동이다. 예를 들어 "이 교실에 지금 소년, 남자 청소년이 있다고 상상해보세요. 그 소년과 남자 청소년의 외모가 어떨 때, 어떤 성격일 때, 어떤 복장을 할 때, 어떤 행동을 할 때, 학교나 가정에서 어떤 모습을 보일 때 우리는 칭찬으로 '남자답다'고 말하나요? 또는 남자다우려면 무엇을 하지 말라고 권장하는지 그 특징이나 지침을 적어보세요." 개인 활동이 아닌 공동 작업이며, 오답은 없고, 더 많은 단어를 적은 팀이 우승이라는 규칙을 제시하면, 학습자들은 최대한 많은 단어를 쓰기 위해 모둠원들과 협동심을 발휘해 불과 2-3분 안에 수십 가지 어휘를 금세 적어 내려간다. 그동안의 수업에서 학습자들이 포스트잇에 적었던 단어 중 빈도가 높았던 어휘들은 대략 이렇다.

여기서 끝이 아니다. "아직 단어 수를 세기에는 이르다"고 잠시 진정시킨 뒤 다음 단계로 간다. "적힌 단어 중 남성 대부분에게 해당하는 특징은 남깁니다. 하지만 그런 특징을 가진 여성이나 다른 성별의 사람도 있다면 지워주세요." 즉 오직 남성만이 가질 수 있으며 남자라면 다 가지고 있는 특성을 표현한 단어만 남기는 것이다.

"지워지지 않고 남은 단어가 있다면 말해주세요."
결과는? 대부분의 단어가 지워진다. 여럿이서 이 작업을 하는 동안 학습자 스스로가 알게 된다. '남성성'이라고 말하는 특징의 정체가 무엇인지 말이다. 그다음 단계는 토론이다. 남성성이라 불리는 모든 지표는 남성만의 것이 아님을, '남자답지 못한 남자' 같은 조롱과 배제가 아주 우스운 일임을 인식한다. 같은 활동을 여성성, 여자다움으로 진행할 수도 있다. 결과는 비슷하다.

### 나도 예술가

다음으로 소개할 활동은 '나도 예술가'다. '맨박스'와 주제 의식은 같다. 다만 남자다움의 특성을 단어로 적는 대신 몸으로 표현하는 방식이다. 2인 1조를 구성해, 두 사람 중 한 명은 예술가를 다른 한 명은 조각상을 맡는다. 예술가에게 일정 시간을 주고, 자신의 짝인 동상을 '아주 남자답게' 보이는 조각상으로 표현해달라고 요청한다. 그동안의 이매진 수업에서 학습자들이 가장 많이 만든 작품은 쩍벌남, 팔의 알통을 자랑하는 근육남, 손가락으로 어딘가를 가리키며 지시하는 사장님, '정복하라!'를 외치는 탐험가, 운동선수, 누워서 TV를 보는 휴일의 아빠 등이었다.

바로 이어서 예술가와 동상의 역할을 바꾸고 '매우 여자다운' 작품을 표현해달라고 청한다. 이 활동을 해보면, 남자다움과 여자다움의 특성이 공간을 어떻게 사용하는지 한눈에 알 수 있게 된다. 대체로 남성성 작품들은 공간을 크게 점유하고 확장형으로 거침없이 표현된다. 여성성 작품들은 최소화된 몸짓, 그마저도 누군가의 허락이 있어서 잠시 쓰는 것 같은 느낌, 팔과 다리를 뻗는 경우는 드물다. '학습자들은 스스로 창조한 남자다움 동상과 여자다움 동상의 모습을 비교하면서, 폭력을 행사하기 용이하거나 권장되는 특성이 '남자다움'에 있다는 것을 발견한다. 남자로 태어나 폭력적인 것이 아니라 남성성이라는 젠더 규범이 원인이라고 알아차리게 되는 것! 많은 교육자가 젠더폭력 예방 교육에서 그토록 전달하고 싶었던 '성차별과 젠더폭력은 사회 구조적인 문제'라는 주제가 학습자에게 도달하는 순간이다.

### 남성성 콜라주

마지막으로 흥미진진한 활동, '남성성 콜라주'가 있다. 남성의 사진 수십 장을 주고 그룹 토론을 요청한다. 주제는 단 하나. "가장 남자다운 모습부터 가장 덜 남자다운 모습까지 순서대로 배치하라, 그룹 내 합의를 통해 배치하되, 합의가 안 되는 이미지는 한쪽에 따로 두어도 된다." 학습자들이 수십 장의 사진으로 하나의 순서도를 만들기 위해 열띤 대화를 나누는 장면은 내가 가장 사랑하는 이매진 교육 풍경이다. 생각해보라. '가장 남자다움'과 '가장 덜 남자다움'이라는 것이 합의가 되겠는가? 실행을 해보면 사람마다 생각과 경험, 가치관과 선호도가 매우 다르다는 것이 드러난다. 애초에 합의가 불가능한 주제인 것이다.

   이 활동에서 학습자들은 그들이 하는 것이

토론인지도 모른 채 열띤 토론에 진입한다. '무엇이 가장 남성적이냐'에 관해 각자의 생각을 피력하면서 말이다. 이 활동을 더 효과적으로 운영하기 위해 나는 종종, 같은 사진 뭉치를 복수의 그룹에 주고 정해진 시간 안에 순서도를 배치하라고 제안한다. 그렇게 되면, 한 그룹 안에서도 하나의 순서도를 만들기가 어렵다는 걸 넘어서 같은 사진을 가진 다른 그룹 간에 상이한 배치를 한 결과를 마주하게 된다.

'남성성'이라는 만들어진 관념조차 하나의 위계로 줄 세워지지 않는다. 하지만 우리는 종종 그럴 것이라고 쉽게 믿는다. "강한 남성성, 약한 남성성의 기준이 무엇인가요?" "그것은 남성인 당신에게도 적용되는 기준일텐데 흔쾌히 동의가 되던가요?" "그동안 우리 사회가 소년들에게 말해왔던 남자다움은 어디쯤에 있는 것이었을까요?" 등등을 질문한다.

### 그래서 전환의 남성성이 대체 무엇인가?

유해한 남성성과 전환의 남성성 그리고 젠더 변혁적 접근, 이는 이매진 툴키트의 주요 단어다. 원작자들이 정확히 어떤 목적과 정의로 이 표현들을 배치했는지를 듣지는 못했다. 하지만 8000킬로를 날아 네덜란드까지 가서 그들의 교육에 참여하고, 나의 수업에 적용하고, 다른 동료들과 국내 학습 사례를 쌓으면서 내가 내린 결론은 다음과 같다. 예를 들어 '적극적인' '진취적인' '능동적인' '문제 해결 능력이 뛰어난' 등 이른바 긍정적인 평가로 널리 이해되는 '남성성'이 있다고 하자. 하지만 유익한 남성성이라 평가되는 특성이라 해도 그것이 외성기 모양이나 염색체에 준거해 묶인 특정 집단에게만 나타날 리가 있는가. 게다가 아무리 '좋은' 특성이라 해도 누군가를 '남자답지 못한 찌질남'이라 부를 근거가 된다면 그게 좋은 것인지, 애초에 이런 특성이 없어서 조롱을 받는 남성들이 있는데 이를 남성성이라 부르는 게 맞는 것인지를 질문할 수 있다. 백번 양보해, 진취적 기질이 농후한 남성이 있다고 치자. 그가 사는 내내 모든 순간 진취적일 수가(필요가) 있을까? 그런데 그가 무력감이나 좌절을 경험하는 순간에 스스로 '나는 남자답지 못해'라며 더 큰 압박을 느낀다면? 즉 긍정적이라고 인식되는 어떠한 특성도 긍정적이지 않다. 그래서 남성성이라는 틀은 남성 자신에게도 유해하다. 이 맥락에서 '유해한 남성성'에 대한 전환적 사고가 이어져야 이 틀을 벗어날 수 있다.

여성성과 여자다움도 물론이다. 여성의 경우 남성성과 마찬가지로 작동하는 성별 고정관념 문제에 여성혐오 문화가 더해져 더욱 다층적 차별과 억압이 작동한다. 결국 이런 젠더 규범을 해체하기 위해서 젠더 변혁적 접근이 필요하다. 이를 제대로 이해하고 학습자 자신이 각자의 일상에 연결할 방법을 고민하게 된다면 성평등 교육의 소중한 성과가 될 것이다.

앞서 제시한 '맨박스'에 학습자가 나열한 단어 가운데 '섹스를 많이 함'이 있었다. 함께 나열된 '힘이 셈' '명령' '마초맨' 등도 보았을 것이다. 실제 교육 현장에서는 '성욕이 왕성한' '파트너가 많은 능력남' 같은 다양한 변주가 잔뜩 더 적힌다. 섹스를 마다하는 것은 남자답지 못하다는 규범이 작동하고 있다. 이 현실이 세계적 성매매·성착취 실태와 연결되는 지점은 분명하다.

성매매는 평등한 섹슈얼리티 실현에 위배된다. 돈을 지불하면서 맺는 지배-종속 관계는 이미 평등이 불가능한 조건을 형성한다. 따라서 설령 성매매 여성이 동의했더라도 진짜 동의가 될 수 없다. 성구매는 돈을 주고 하는 강간이다. 그러므로 성착취이자 인권 침해이자 젠더 기반 폭력이다. 남성성은 젠더 기반 폭력의 근원이 되고 있으며 때문에 전환의 남성성이 필요하다. 허구적인 남성성 규범을 마주하고, 파헤치고, 그 비논리적 규범을 자신의 일상에서 들어내고 전환할 기회를 갖도록 한다면 어쩌면 '성구매 하지 않는 남성을 만드는 성평등 교육'은 가능하지 않을까?

이매진 프로그램을 만들고 세계에 소개하고 있는 엔스는 "남성은 더 나은 일상을 위해 페미니즘이 필요하고, 페미니즘은 더 나은 세상을 위해 남성이 필요하다"[8]고 말한다. 그런 의미에서 이매진 툴키트는 남성들에게 촉구한다.

> 성폭력 등 젠더폭력에 있어 남성 다수는 가해자가 아니다. 그러나 일어난 사건을 살펴보면 피해자 다수는 여성이고 가해자 대부분은 남성이다. 이러한 여성과 아동, 다른 남성에 대한 남성의 폭력은 '남성성'을 돌봄과 평등 대신

> 권력, 경쟁, 지배 우위에 결부시키는 사회 규범이
> 끊이지 않고 강력한 우위를 점함으로써 보다
> 심화된다. 이것이 바로 젠더폭력이 우리 남성의
> 문제인 이유다.

그러므로 "책임지고 폭력을 예방하는 일에 모든 남성이 참여"해야 한다.

### 가장 마지막 소녀가 가장 먼저

젠더폭력이 종식된 세상을 꿈꾸는 나에게 노르딕 모델은 일종의 이상향이었다. 그래서 스웨덴이라는 나라에 꼭 한 번은 가보고 싶었다. 2019년 전국연대 활동가들의 유럽 탐방에 동행해 스웨덴의 스톡홀름, 프랑스의 파리, 독일의 자르브뤼켄을 찾은 기회는 내 안에 있던 이상을 뜨거운 교육 실천으로 이어주었다.

전국연대 활동가들보다 하루 먼저 스톡홀름에 도착해 게스트하우스 예약을 마친 뒤 시내로 산책을 나갔다. "남성 양육자들의 육아휴직 이용률이 90퍼센트에 육박하는 라테파파[?]의 나라에 왔으니, 지금부터 거리의 라테파파 수를 세어볼게요~"라며 개인 SNS 계정에 들뜬 포스팅을 한 지 30여 분 만에 "그만 세겠다" 중단했다. 거리에 라테파파가 너무 많아서, 셈할 필요성을 못 느끼게 되었기 때문이다.

---

[?] 라테를 들고 유아차를 끄는 남성 양육자를 지칭하는 조어로 이 모습이 흔한 스웨덴에서 유래했다.

집계를 포기하고 쇼핑몰 앞 벤치에 털썩 앉아 잠깐 쉬려는데, 라테파파가 자는 아이의 유아차를 벤치 앞에 세우고 원피스를 입은 소녀와 함께 내 옆에 앉았다. 내가 눈인사를 보내자 그는 화답하며 물었다. "어디에서 왔니?" 나는 한국에서 왔고, 스톡홀름에 오늘 도착했고, 1주일쯤 머물 예정이라고 답했다. 그러자 "스톡홀름에는 왜 왔어? 여행 왔니?"라고 묻길래, 성평등 정책을 잘 펼치고 있다고 해서 탐방하러 왔는데 역시 너처럼 아이 돌보는 라테파파가 거리에 많은 걸 보니 한국과는 다르다고 답했다. 그러자 그는 "그래. 성평등 면에서 스웨덴은 몹시 부러운 나라야" 했다. 자기 나라를 부러워한다니? 무슨 뜻인지 묻자 그는 자신이 스웨덴 여성과 결혼해 이곳에 왔고 국적은 터키라고 설명했다. "처음에는 양 국가를 왔다 갔다 했거든. 그런데 아이가 태어나고, 우리 딸이 자라는 동안 터키를 방문하면 여간 불편한 게 아니더라고. 내가 유아차를 밀거나 아이에게 젖병을 물리거나, 안고만 있어도 다들 놀리거나 지적을 많이 했어." 그들 부부는 그런 일을 몇 년 겪다가 둘째 아이를 갖게 되면서 스웨덴에 정착하기로 결론을 내렸다고 한다. "아이들 미래를 위해서는 이 사회가 더 안전하고 가능성이 많은 것 같아서. 그런데 너는 어떤 성평등 정책을 조사하려고 온 건데?"

나는 성매매를 젠더폭력의 관점에서 바라보고 있고, 그런 측면에서 성 구매자를 처벌하고 성매매에 유입된 여성은 사회보장제도 안에서 지원받도록 하는 노르딕 모델을 자세히 알아보고 싶어 왔다고 답했다. 나의 짧은 설명 끝에 그가

했던 이 말, 벌써 몇 년 전의 일인데 아직도 잊지 못한다.

"사람은 돈으로 살 수 없는 거야. 또 다른 존엄한 존재인 타인을 돈으로 살 수 있다고 믿게 되면, 인간다움을 유지하는 사회는 사라지고 말 거야. 나는 우리 아이들을 그런 사회에서 자라게 하고 싶지는 않아."

나는 그의 이 대답을 바로 휴대전화에 메모해두었지만 적지 않았어도 잊지 않았을 것이다. 그 순간을 떠올릴 때면 온몸의 세포가 함께 그때의 기분을 다시 느끼는 듯하다. 교육활동가로서 그날 내가 감각한 것은, 어떤 법이, 정책이, 캠페인이, 교육이 실행되면 거리에서 우연히 만난 시민이 반성매매 교육자가 할 법한 말을 아무렇지 않게 공기처럼 내뱉게 되는가 하는 것이었다.

이어진 탐방 기간 중 여러 방향으로 놀라움은 계속되었다. '구매자와 알선자만 처벌하는 노르딕 모델에서 성매매 여성은 어디로 가는가?' 또한 나의 관심사였는데, 사회보장제도의 수혜자로 편입될 뿐 탈성매매를 지원하는 맞춤형 프로그램이나 자활 사업이 없다는 것이 충격이었다. 그에 비하면 한국의 여성자활센터 활동은 전 세계에 내어놓아도 손색이 없는 수준이다. 탈성매매 여성들이 성매매에 유입된 환경과 경로 등을 고려해, 선불금 등 각종 재무적 난제에 대한 법률 지원 연계, 여성들의 현재 상황과 선호 직종, 동원 가능한 사회적 자원 연계가 이루어진다. 학업·직업 훈련 등 이들이 성매매하지 않고 살아갈 수 있도록 돕기 위한 전인적 상담과 자활사업이 전국 28개 성매매피해상담소와

13개 자활지원센터를 통해 이루어지고 있다. 2013년부터 2023년까지, 만 20년간 이 기관들을 통해 이루어진 반성매매운동의 성과 중 4만8615명의 여성과 46만7588건의 상담이라는 기록은 그저 숫자가 아니다. 성매매가 이루어지는 현장을 아웃리치로 꾸준히 방문하고, 탈성매매를 원하는 여성들을 상담하고, 구타와 감금, 위협과 매매, 법률문제와 채무를 해결하도록 지원하고, 건강·의료와 진로·취업 그리고 거주와 심리·정서적 지원을 아끼지 않은 활동가들이 없었다면 5만 명에 가까운 여성들의 20년간 삶이 어떠했을지, 또한 성매매를 범죄라고 인식하는 여론이 지금처럼 주류로 형성될 수 있었을지 생각만 해도 아득해진다.

    나는 성매매 문제 해결에 조금은 특별한 꿈을 꾸고 있다. 노르딕 모델과 한국의 탈성매매 지원 활동의 연계 그리고 자국민의 범죄에 대해서는 범죄가 발생한 장소를 불문하고 본국의 법을 적용해야 한다는 속인주의 원칙을 가진 한국의 모델이 융합된 '성평등 모델 정착'이 그것이다. 그런 상상을 하게 된 것은 2019년 탐방 당시 방문했던 '캡 인터내셔널[?]'(CAP)의 활동을 알게 되면서부터이다. 캡은 전 세계 국가가 노르딕 모델을 채택하도록 활동하는 국제 네트워크라고 스스로를 소개했다. 속지주의[??]를 채택하고 있는 대부분의 유럽 국가에서는 스웨덴 정부가 노르딕 모델을 집행해도, 스웨덴 사람이 네덜란드에서 성구매를 하면 처벌하지 못한다. 이에 캡은 인근 국가가 모두 노르딕 모델을 채택해야만 궁극적으로 성매매의 고리를 끊어낼

---

[?] Coalition for the Abolition of Prostitution International, 성매매 폐지를 위한 국제연대

[??] 출생 지역에 따라 국적을 정하는 주의로, 법의 적용을 국가 영토에 제한한다.

수 있게 된다는 문제의식하에 주변국들이 노르딕 모델을 채택할 수 있도록 로비하고, 캠페인을 진행한다. 이들의 슬로건이 "가장 마지막 소녀가 가장 먼저"다(Last girl First). 한 국가 안에서는 가장 가난한 여성이, 선주민과 이주민 중에서는 이주 여성이, 여러 국가 사이에서는 더 가난한 나라의 여성이. 즉 가장 취약한 여성이 성매매에 가장 먼저 놓인다는 그들의 활동 방점을 표현한다. 따라서 그 취약한 여성을 가장 먼저 구제하고 지원해야 한다는 역설이기도 하다.

여러 만남, 토론, 생존자들의 증언, 활동가와 연구자들의 저서, 캠페인, 토론회, 탐방, 『성매매방지법』 개정운동 등을 지나오는 동안 나는 이 문제 해결의 책임을 남성들에게 묻는 방식을 고민해왔다. 비인간적이고 불평등한 폭력적 시소 게임의 한쪽에 있는 남성 집단의 자각과 문제의식을 높이는 것, 남성들을 실천의 장에 초대하는 일이 성매매 종식을 위해 필수불가결한 과정이라고 본다. 이 여정에서 멘인게이지 국제연대를 만나고 케이멘(K-MEN) 발족을 추동했다.

멘인게이지는 2025년 현재, 전 세계 92개국에서 1100여 개 단체가 가입해 함께 교류하고 토론하는 국제 네트워크다. 아프리카, 유럽, 남아시아, 중미, 남미, 북미에 걸쳐 지역 내 국가별로도 연결된 느슨한 연대체로 남성을 성평등의 주체로 인식하게 하는 활동을 한다.

케이멘은 멘인게이지의 국가 네트워크로 2025년 7월 발족한 한국멘인게이지네트워크다. 성평등 관점에서의 포괄적 성교육, 젠더폭력 예방 교육, 성인지 교육, 성평등 교육에 "잠재적 가해자론"을 들먹이며 교육에 비협조적이거나 저항감을 드러내는 학습자들을 '성평등의 주체'로 인식하도록 하려면 다양한 연령, 직군, 계층의 소년과 남성들을 촘촘하게 만나야 한다. 의무교육의 대상자가 아닌 훨씬 더 많은 시민과 만나 "성평등한 사회를 위한 새로운 남성성"을 이야기하고 토론해야 한다. 이는 강사 몇 사람 혹은 특정 단체가 단독으로 해낼 수 있는 일이 아니다. 그래서 케이멘이 필요했다. 성매매문제해결을위한전국연대를 포함한 열세 개 단체가 함께 만든 케이멘은 존중과 평등, 투명성과 자기 성찰, 변화와 연대의 가치를 강조하는 멘인게이지의 행동강령을 준수한다. 남성을 성평등의 주체로 초대하는 활동과 프로그램을 개발하고, 전환의 남성성 정립을 통한 젠더 정의 실현을 목표한다.

    세계의 연대는 절실하고 중요하다. 2025년, 세계가 여성 차별 해결을 위해 국제적 가이드라인인 베이징행동강령을 채택한 지 30주년이 되었다. 그러나 여전히 여성은 남성이 누리는 법적 권리의 64퍼센트만을 갖고 있으며 전 세계 많은 나라에서 '성평등 백래시가 강령 이행을 방해하고 있다'고 보고했다.[9] 유엔 사무총장은 "전 세계에서 여성 인권이 공격받고 있다. 동등한 권리가 아닌 여성혐오가 주류화되고 있다"고 증언한다. 그리고 이 전 세계적 백래시와 싸우는 이들 역시 전 세계에 있다.

    백래시는 반작용이다. 전진하는 에너지가 없다면, 애초에 생길 수가 없다. 따라서 한국 사회의 백래시는 젠더 정의를 향해 나아가는 우리의 연구, 교육, 캠페인, 활동, 운동에 의해 기존의 가부장적 질서가 흔들리고 있다는, 균열이 생기고 있다는 증거다. 때문에 나아가는 우리는 나아감을 믿고 연대해야 한다. 그러므로 나는 연대하고, 외친다. 노르딕 모델에 그치지 않고 한국형 탈성매매 자활 지원 체제를 결합한 성평등 모델을 확산하자고 외친다. 여성들이 성착취 없는 세계에서 살아갈 수 있도록 구조를 변혁하고 성구매자 남성이 용인받지 못하는 문화를 만들자고 외친다. 누구도 매매되거나 억압받지 않는 세상으로 가자고 외친다. 그 시작으로, 한국 『성매매방지법』 개정운동에 동참하자고 외친다.

# 3부
"성매매를 근절하라"

당사자 투쟁과 국제연대

# 9

# 성매매 대국 일본에서 반성매매를 외치는 사람

| | |
|---|---|
| 니토 유메노<br>仁藤夢乃 | 반성매매 활동가, 사단법인 '콜라보(Colabo)' 대표. 중고등학생 시절 거리를 떠돌며 생활한 경험을 바탕으로 2011년 10대 여성 지원 단체 콜라보를 만들었다. 콜라보를 통해 성착취 시장에 유입된 여성들과 함께 일본 내 성착취 실태를 알리는 활동을 하고 있다. |

## 성착취를 여전히 매춘이라 부르는 나라

일본의 성매매 관련 법률은『매춘방지법』이라는 이름을 갖고 있는데, 이 법은 '매춘하는 여성'을 사회 풍속을 어지럽히는 존재로 규정한다. 2024년 개정법이 시행되기 전까지 거의 70년 동안 개정되지 않았던 이 법은, 한때 성매매 여성들을 시설에 수용해 가사, 원예, 수예 등 '신부 수업'을 시키는 처분을 내리기도 했다. 개정 이후 이 같은 처분은 사라졌지만 여전히 일본에서는 법률 용어로 '매춘'이 사용되고 있으며 여성은 처벌의 대상으로 남아 있다. 반면 성구매 행위 자체는 처벌 대상이 아니고, '성매매'나 '성착취'라는 용어도 일본 법률상 존재하지 않는다.

매춘이라는 표현은 여성 성착취 구조를 마치 여성이 따뜻하고 기분 좋은 봄을 파는 것처럼 묘사한다. 대개의 일본인은 이 용어의 문제점조차 인식하지 못한다. 해외에서 일본의『매춘방지법』을 언급할 때는 종종 '성매매방지법'이나 '매수방지법'으로 번역되기도 하는데, 그럴 때마다 일본에서는 이것이 '여성만을 단속하는 법'이라는 점을 덧붙여 설명할 필요가 있다.

일본은『매춘방지법』으로 표면적으로는 성매매를 금지하면서도,『풍속영업 등의 규제 및 업무의 적정화 등에 관한 법률(풍영법)』에 따라 사실상 성매매를 제도적으로 허용하고 있다. 풍영법은『매춘방지법』이 정의하는 '본행위(삽입)'를 제외한 모든 유사 성행위를 오락 사업으로 규정하고 있으며, 경찰에 신고만 하면 합법적으로 영업이 가능하다. 풍영법의 영어 표기가 'Act on Control and Improvement of Amusement Business(오락 사업 개선 및 규제에 관한 법률)'라는 점은 일본에서 성매매가 오락 산업으로 인식되고 있음을 보여준다. 걸즈 바, 캬바쿠라 같은 음식점형 유흥업소는 물론 파칭코와 마작점 같은 업종은 허가가 필요한 반면, '성풍속 관련 특수영업'은 신고만으로 훨씬 더 쉽게 합법적 영업이 가능하다.

### 세계적 성착취 관광지, 신주쿠 가부키초

나는 연대단체 '콜라보'를 통해 이런 환경에서 성착취 카르텔에 유인된 10대 여성을 지원하고 있다. 콜라보가 활동 거점을 두고 있는 도쿄 신주쿠 가부키초의 최근 상황은 내가 이 거리를 지켜본 20년 중 가장 심각하다. 학내받거나 가출하여 전국 각지에서 모여든 여자아이들이 '도요코'라 불리는 장소에 모여든다. 그러면 이들을 노리는 어른들이 줄줄이 들어와 순식간에 여자아이들을 성매매 구조로 끌어다 넣는다. 가부키초의 중심가를 걷다 보면 간호사·메이드·악마 등 다양한 콘셉트의 의상을 입은 여자아이들이 '1시간 2000엔' 같은 가격표를 목에 걸고 서 있는 모습을 쉽게 볼 수 있다. 남자들은 이곳을 돌아다니며 여자아이를 고르고, 교복 차림의 여성을 고른 남성이 곧장 그의 허리를 감싼 채 가게로 향하는 장면도 흔히 목격된다. 이런 가게들은 성행위를 직접 판매하는 대신 음식점으로 등록해 영업하기 때문에 일본에서는 성매매 업소로 취급되지 않는다.

　　　　　　가부키초 인근의 오쿠보 공원은 이미 세계적으로 악명 높은 성매매 장소다. 이곳에는 여성들이 약 1미터 간격으로 줄지어 서 있고 남성들이 이 공원을 여러 바퀴 돌며 상대를 물색하고 흥정을 벌인다. 학생, 직장인, 고령자까지 전연령대의 남자들이 전국 각지에서 찾아와 여자들을 산다. 17세 남학생이 '경험 삼아' 여성을 사러 온 사례도 있다. 여기에 서 있는 여성들은 대부분 조직적 관리하에 있는 이들이다. 가출 과정에서 교류하게 된 지인이나 남자친구 또는 업자에게 관리되는 경우도 많고, 빚을 갚기 위해 거리로 내몰린 여성도 있다. 현장에는 이들을 감시하는 남성들이 항상 지켜보고 있다.

　　　　　　오쿠보 공원은 일본에서 『매춘방지법』 위반으로 여성이 가장 많이 체포되는 곳으로, 이곳에서 성매매는 수십 년 전부터 이어져왔다. 2023년 한 해 동안만 140명 이상이 여기서 체포되었고 2024년 1월부터 11월까지 88명, 2025년 1월부터 6월까지 75명의 여성이 체포되었다. 코로나 사태 이후 거리로 내몰린 여성들은 점점 더 저연령화되고 있으며, 그중에는 초등학생과 중학생도 있다. 최근 몇 년간 엔저의 영향으로 외국인 관광객까지 성구매를 목적으로 몰려들고 있으며 스웨덴·프랑스 등 북·서유럽이나 미국, 아시아 국가에서 온 성구매자들도 번역 앱을 이용해 소녀들을 사고 있다. 그들은 "여기가 낙원이다" "우리 나라에서는 불가능한 신기한 광경"이라고 당당하게 발언한다.

성착취 피해를 입는 여성들 가운데는 성병에 걸리거나 임신하는 경우도 많고, 미성년 상태에서 중년 성구매자와 결혼하는 일도 늘고 있다. 가족에게 의지할 수 없는 상황에서 출산하는 어린 여성도 많아, 영유아나 초등학생 아이를 데리고 콜라보를 찾는 경우까지 생겨나고 있다. 가부키초 길거리에 서 있는 여성들의 배경에는 가정 내 학대, 가출, 생활고, 학비 부담, 연인으로부터의 폭력, 그리고 호스트 빚이나 업자에게 진 빚이 얽혀 있다. 가부키초에서는 14세나 17세 소녀가 중년 남성과 호텔로 들어가는 장면을 목격하는 것이 일상이다. 성매매는 낮과 밤을 가리지 않고 이어진다.

그러나 이 모든 과정에서 단속되고 처벌받는 것은 여성뿐이다. 성매매 과정에서 폭력을 당하거나 돈을 빼앗겨도, 법적으로 여성만이 처벌 대상이기 때문에 피해를 호소할 길이 없다. 미성년자를 상대하지 않는 한 성구매 남성은 처벌받지 않는다.

### 여성만 처벌하는 『매춘방지법』

일본의 『매춘방지법』은 "누구도 매춘을 하거나 그 상대가 되어서는 안 된다"라고 규정해 매매춘을 금지하고 있다. 하지만 실제로는 여성의 '손님 기다리기'나 '권유'가 체포와 처벌의 대상이 될 뿐 정작 성구매 행위 자체에 대해서는 처벌 규정이 없다. 사는 쪽은 전혀 처벌받지 않으며, 구매자는 '상대방'이라

칭하여 법적으로도 수동적 존재로 규정한다. 이런 여성 차별적인 규정은 1956년 법 제정 이후 70년 동안 개정되지 않았다.

『매춘방지법』은 "매춘은 인간으로서의 존엄을 해치고, 성도덕에 반하며, 사회의 선량한 풍속을 어지럽히는 것"이라고 말하면서도 성매매를 여성에 대한 인권 침해로 보지 않는다. 오히려 성매매 여성을 처벌 대상으로 삼음으로써 성착취의 구조를 가려왔다. 아동 성매매의 경우에는 구매자에 대한 처벌 규정이 있지만 실제로 삽입이 있었는지, 그것이 금전과 교환된 것인지 입증하기가 쉽지 않으며 경찰들도 제대로 대응하지 않는다. 오히려 성폭력을 당한 여성이 가부키초 파출소에 달려가면 경찰에게 "왜 그런 곳에 있었어?" "어차피 돈이 필요했겠지" 같은 말을 듣고 외면당하는 경우가 흔하다. 가출이나 성매매 경험이 있는 여자아이들은 물론, 성폭력 피해를 입은 이들조차 복지나 교육 현장에서는 '비행 청소년'으로 취급된다. 많은 여자아이가 피해 사실을 드러냈다가 양친의 학대가 심해지거나, 학교에서 퇴학당하거나, '커서 범행을 저지를 수 있다'며 소년원에 보내질까 두려워 경찰에 신고조차 하지 못한다. 결국 성착취의 덫에 잡힌 여자아이들은 "어른은 믿을 수 없다" "스스로 해결해야 한다"는 생각에서 성매매 시장으로 내몰린다.

## 탈성매매 그리고 전환점

이런 여성들을 지원하는 콜라보의 활동은 나 자신의 청소년 시절 경험에서 출발했다. 중고등학교 시절, 내게도 집은 전혀 안전한 공간이 아니었다. 그때 손을 내밀어오는 건 성매매 업자나 성구매자뿐이었다. 고등학교 2학년 여름에 학교를 중퇴한 뒤 번화가에서 지냈는데, 그곳에는 나처럼 머무를 곳도, 의지할 어른도 없는 여자아이가 많았다. 하루하루 먹을 것과 잘 곳을 구하는 데 온 힘을 쏟아야 했고, 건물 옥상에 골판지를 깔고 밤을 지새우는 일도 잦았다. 그런 우리에게 다가오는 업자와 성구매 남성은 끊임이 없었고 우리 주변에서는 성폭력 피해나 원치 않는 임신이 매일같이 일어났다.

이후 나는 인권운동가를 만나 앞을 향해 나아갈 수 있었다. 열여덟 살에 처음 간 필리핀 마닐라에서 일본인을 대상으로 또래 여자아이들이 팔리고 있는 모습을 목격했다. 그들은 '꿈의 집'이라는 가게에 있었는데, 가게에 내 이름 '유메노(꿈의)'가 적힌 것을 보고 놀라 달려가보니 필리핀 여자아이들이 일본식 가명이 붙여진 채 팔리고 있었다. 그들은 일본인 성구매자들을 상대하기 위해 일본어를 공부하고 있었다. 이야기를 나눠보니 학교에 가서 교사가 되고 싶지만 돈이 없고, 고향에는 일자리가 없어 도시에 나왔다고 한다. 그들은 고향에 생활비를 보내고 있다고 했다.

그 가게에 일본인 남성들이 들어와 여자아이들을 사는 모습을 봤을 때 나는 충격을 받았다. 그들의 눈빛은 매일 시부야와 신주쿠 거리에서 나에게 "얼마야?" "호텔 안 갈래?"

"배고프지 않아? 밥이라도 먹자" "돈 필요하지?"라며 말을 걸던 남자들과 똑같았다. 그 성착취자들이 똑같이 필리핀에 와 있었다. 내게 그랬듯 마치 자신들이 필리핀 소녀들을 돕고 있다는 듯한 표정을 짓고서.

일본 남자들이 해외까지 와서 여자아이들을 사고 있다는 것을 처음 알았다. 그 순간 나는 깨달았다. 내가 겪은 일이 나만의, 내 주변만의 문제가 아닐 수도 있다는 것을. 그동안은 남자들이 나에게 말을 걸어오는 것도 내가 나쁘기 때문이고, 내가 집에 돌아가지 않았기 때문이고, 모부의 기대에 부응하지 못했기 때문이라고 여겼다. 내가 가진 게 이것뿐이라서 그들이 성착취를 하려 하는 거라고 생각했다. 하지만 필리핀에서 그 일본 남자들의 얼굴을 보며, 이것은 더 큰 문제라는 사실을 알게 되었다. 돈이 없거나 일자리가 없는 여자아이들에게 왜 다른 선택지가 없을까, 왜 성매매 외에는 길이 없는 것처럼 보일까, 그렇게 만들어진 세상에 대해 고민하게 되었다. 이 현실을 바꾸고 싶다고 생각했다. 하지만 방법을 알지 못했다. 나는 사회 구조를 배우고 내가 무엇을 할 수 있을지 고민하고자 대학 사회학과에 진학했다.

### 반성매매 투쟁의 출발선에 서다

내가 대학에 갈 수 있었던 건 의무교육이 있었고, 나를 지지해주는 어른을 만났으며, 친족의 도움으로 무이자로 학비를 빌릴 수 있었기 때문이다. 하지만 지금 콜라보에서 만나는 여자아이들 대부분은 중학교 졸업이나 고등학교 중퇴이고 초·중학교조차 제대로 다니지 못해 덧셈이나 곱셈부터 어려워하는 경우가 많다. 나 역시 16살 무렵에는 내 생각이나 경험을 말로 표현할 수도 글로 쓸 수도 없었다. 무엇을 써야 할지 이전에, 내 마음조차 알지 못했다.

그런 시간을 지나 대학에 왔을 때는 '구름 위로 올라왔다'는 기분이었다. 하지만 다른 학생들과 교류하며 더 큰 충격을 받았다. 세상 대부분의 사람은 국내의 학대나 성착취 현실을 전혀 모르고 있었던 것이다. 예를 들어 필리핀 아이들의 성착취 문제에 대해서는 "도와야 한다"라고 말하면서도, 일본에도 길거리나 인터넷 카페에서 생활하는 아이들이 있고 성매매 피해를 당하고 있다고 이야기하면 "소설 속 얘기 같다" "그건 자기 책임이지" "대학은 누구나 노력하면 갈 수 있잖아"라는 반응이 돌아왔다. 그렇게 생각하는 사람들이 성매매의 실태를 모른 채 어른이 되고, 정치에 관여하고 정책을 논하고, 그렇게 이런 사회를 만들어왔다는 것을 깨달았다. 대학에서 알게 된 이들의 반응은 절망감을 주었지만 동시에 '내가 해야만 한다'는 확신을 가질 수 있었다. 그렇게 나는 2011년에 콜라보를 만들었다.

그로부터 15년이 지났지만 성착취 현실은 오히려 더 심각해졌다. 이제 일본에서는 대학생 성매매도 드문 일이 아니게 되었다. 가족 관계나 생활이 그렇게 나쁘지 않은 여성들에게조차 대학 학비나 생활비를 벌기 위한 당연한

'선택지'가 된 것이다.

세계경제포럼의 『세계 성 격차 보고서』(WEF)에서 일본은 2025년에도 148개국 중 118위에 머물러 있으며 여성 대상 폭력과 성폭력 문제가 심각하다. 그중에서도 성 상품화와 성착취는 더욱 교묘한데, 성폭력을 당해도 목소리를 내지 못하는 사회에서 성매매·성착취 피해자가 목소리를 낸다는 것은 훨씬 더 어려운 일이다.

여성 대상 폭력과 성폭력 근절 및 피해자 구제 활동이 있지만 성착취·성매매 피해자의 존엄과 권리 회복을 위한 활동은 여전히 거의 존재하지 않는다. 한국에서는 2000년과 2002년 성매매 여성들이 업자에게 감금당한 채 건물 화재로 사망한 사건을 계기로 여성운동이 일어나 2004년 『성매매방지법』이 제정되었다. 일본에서도 2001년 가부키초 건물 화재로 성매매 여성이 사망했지만 한국과 같은 운동은 일어나지 않았다. 이것이 여성 억압과 성매매를 당연한 오락처럼 용인해온 일본 사회의 현실이다. 전시 '위안부'라는 성노예 제도를 반성하지 않고 차세대 교육과 역사를 기억하는 활동조차 부정하는 일본이라는 나라의 태도를 생각하면 어쩌면 당연한 일인지도 모른다.

## 일본 사회를 바꿔라

콜라보는 "모든 소녀가 의식주와 인간관계를 보장받고, 어려움 속에 있는 소녀들이 폭력이나 착취로 내몰리지 않는 사회"를 목표로 활동한다. 밤거리를 배회하는 여성 청소년들을 찾아 도움을 건네는 아웃리치 활동, 10대 무료 야간 카페 운영, 쉼터에서의 보호와 숙박 지원, 셰어하우스나 아파트 형태의 주거 제공, 취업 및 생활 지원, 당사자 주도의 자조 그룹 활동, 지원자 양성 연수, 정책 제안과 강연회를 진행했다. 이렇게 만난 여성은 1만 명이 넘는다.

  콜라보는 관계 맺는 여성들을 '돕는 쪽과 도움을 받는 쪽'으로 구분하지 않고 '함께 생각하고 함께 행동하기'를 무엇보다 중요하게 여긴다. 한 사람 한 사람이 사회를 바꾸는 주체라는 관점에서 학대나 성폭력 피해 경험이 있는 당사자들과 함께 아웃리치를 하고, 성착취 실태를 사회에 알리며 제언을 이어가고 있다. 그러나 일본에서 이런 당사자운동은 드물다. 콜라보가 설립될 당시, 성착취 피해에 놓인 여성들을 지원하는 체계는 사실상 전무했다. 그래서 당사자들이 직접 경험으로부터 필요하다고 생각한 것들을 스스로 만들어냈고, 여기에 당사자 외의 사람들도 동참하며 체계를 세워왔다.

  가출이나 성착취 문제는 오랫동안 아동의 '비행 문제'로 치부되어왔다. 행정기관에 지원을 요청해도 "집에 돌아가지 못하고 거리를 배회하는 소녀? 그런 게 어디 있냐" "성착취를 당하고 있다는 조사는 없다" "지원할 체계가 없다"

"스스로 해결해라"는 대답만 돌아왔다. 이에 콜라보는 여성 청소년들이 지원 체계와 연결되기 전에 이미 위험에 빠지는 현실, 복지의 부재 또는 기능 부실, 성착취 업자들의 수법과 구조를 알리기 위해 당사자 여성 청소년들과 함께 목소리를 내왔다.

2014년에는 여고생을 성적으로 상품화하는 'JK 비즈니스'[?]의 실태를 유엔에 호소했다. JK는 청소년성착취 이상의 문제다. JK라는 말 자체가 원래 성구매자들이 인터넷에서 사용하던 은어였으나 이것이 퍼져 2000년대부터 여성 청소년들이 스스로를 JK라 칭하게 되었다. 이를 확산시킨 것은 업자뿐 아니라 기업, 미디어, 사회 전체다. 여기에 그치지 않고 JY, JS, JC[??] 등으로 확장되어 점점 더 어린 여자아이의 이미지 비디오[1]와 포르노가 판매되고 있다. JK 비즈니스에 대한 우리의 문제 제기가 국회에 올라가면서 JK 비즈니스 규제 조례가 제정되었으나 그 내용은 착취 구조를 근본적으로 규제하기보다는 여성들을 단속하는 조항에 가깝다. 성착취의 구조는 나이에 따라 달라지는 것이 아님에도 조례는 "18세 미만은 일할 수 없다"고 규제하며 경찰이 종업원 명부를 언제든 확인할 수 있도록 했다. 정작 확인해야 할 것은 구매 남성들의 명부가 아닌가.

2016년부터는 아동·청소년 대상 성착취 실태를 알리는 전시회 「우리는 매매되었다」를 열어, 여성들이 직접 자신의 경험과 배경을 말할 수 있도록 했다. 이런 활동으로 인해 가출과 성착취 문제에 대한 미디어의 보도 방식과

---

| ? | '조시코세(여고생)'의 약자 JK다. |
| ?? | 여자 유치원생, 여자 초등학생, 여자 중학생 |

시민들의 시선이 조금씩 달라졌다. 2018년에는 후생노동성[???]이 청년 여성을 지원할 필요성을 공식적으로 인정했다. 콜라보의 활동을 모델로 삼아 '청년 피해 여성 등 지원 모델 사업'을 제정하고 도쿄 도가 이 사업을 콜라보에 위탁했다. 같은 시기 콜라보는 신주쿠 가부키초와 시부야에서 무료 버스 카페를 시작했고 나는 후생노동성 검토회의 위원으로 위촉되었다. 일본에서는 누구라도 놀랄 만한 전례 없는 사건이었다.

이런 성과의 배경에는 당시 국회의원이던 이케우치 사오리 씨의 역할이 컸다. 그는 국회에서 처음으로 미성년 여성 성착취 문제를 정면으로 제기했고, AV 출연 강요와 JK 비즈니스 같은 문제에 정부 대책을 요구했다. 그의 질문은 국회 안팎에 큰 반향을 일으켰고, 실제로 정책 변화로 이어졌다. 비록 그가 재선하지 못하면서 이후 구체적 법제화까지 이르지는 못했으나 이 질의는 정부가 문제를 심각하게 받아들이게 하는 계기가 되었다.

후생노동성은 모델 사업 제정을 추진했고 당시 성매매에 연루된 여성 청소년 실태를 잘 아는 파견 공무원이 중심 역할을 하면서 순조롭게 진행되었다. 이 과정에서 나는 담당자에게 현실과 현장의 필요를 끊임없이 전달했고 결국 모델 사업은 콜라보가 해온 활동 그대로 구체화되었다. 우리가 해온 일을 정부 사업으로서 자금을 받고 진행할 기회였다. 그러나 그래도 될까? 공적 자금으로 활동할 때 따르는 위험을 생각하지 않을 수 없었다. 지원 여성들의 개인정보 제출을 요구할 가능성과 공공기관에 대한 강력한 불신, 그외 활동의

---

[???] 한국의 보건복지부·고용노동부에 해당하는 일본 행정조직

제약 또한 예상되었다. 하지만 이 기회를 놓치면 수십 년이 지나도 다시는 시도하지 못할지도 모른다는 생각에 응모를 결심했다.

그렇게 2018년부터 콜라보가 모델 사업을 수탁했으나 곧 우려했던 일들이 현실로 나타났다. 가부키초 한복판에서 여성들을 지원하는 버스 카페를 연 것만으로 성매매 업자와 남자들의 항의가 빗발쳤다. '도민 세금으로 운영하는 카페인데 도민인 나를 안 들여보내줬다' '한밤중에 여자애들을 모아 위험한 짓을 시킨다' '콘돔을 나눠주며 성비행을 조장한다'는 터무니없는 불만이 도쿄 도에 쏟아졌다. 도쿄 도는 콜라보 측에서 문의 창구를 따로 개설할 것을 요구했지만 이는 활동을 보호하기 위해 전화번호를 비공개로 유지해온 취지와 배치되는 것이었다.

"도민에게 설명하기 위해 버스 카페 입구에 '도쿄 도 젊은 피해 여성 지원 모델 사업'이라고 크게 게시하라"는 요구는 또 어떤가. 이는 성매매 업자와 성구매자들에게 오히려 여자아이들을 표적으로 만들어 정작 지원이 필요한 이들의 이용을 어렵게 할 것이었다. 염려한 대로 지원받은 여성들의 개인정보 제출 요구도 있었다. 성매매 문제에서 여성만을 처벌하는 사회에서, 공공기관을 두려워하는 여성들이 지원 자체를 포기하게 만드는 꼴이었다. 시민들에게 비판을 촉구하고 변호사와 함께 행정 해석을 만들어가며 버텼다.

코로나 이후 여성들의 빈곤이 더욱 심해지면서 성매매 업자들의 움직임은 활발해지고 이 시기를 지나며 성매매는 여성들에게 더욱 '가까운' 것이 되었다. 감염 확산 방지를 위해 지원 단체들이 활동을 중단하고 거리의 시설들도 문을 닫으면서 갈 곳이 없는 여성들이 전에 없이 거리에 넘쳐나게 되었다. 이런 상황에서 콜라보가 활동을 멈출 수는 없었다. 우리가 오히려 지원 업무를 확대하자 도쿄 도는 빈정거렸으나 어쩌겠는가? 가게가 문을 닫고 아르바이트에서 잘리고 집세를 못 내고 밥을 굶게 된 여성들이 성매매로 흘러드는 이 시기에 그들을 도우려는 이들이 달리 없었다. 당시 거리를 떠돌던 성인 성매매 여성 대부분이 지적장애가 있는 분들이었는데 업자들이 잘 곳을 준다는 미끼를 걸면서 3900엔에 '매수'하는 일도 있었다. 업자가 제공한 잘 곳이란 대기소로 쓰는 원룸이었는데 인원은 열다섯 명이 넘어, 그는 현관 바닥에서 며칠을 지냈다고 한다. 그런 상황에서 콜라보가 20대 이상 여성에게까지 지원 폭을 넓히자 2020년 상담 인원이 연간 1000여 명이 늘었고 우리는 한 해동안 96명에게 770박의 긴급 숙박 지원을 제공했다.

     여성 빈곤율과 자살이 늘어나던 이 해, 유명 예능인이 라디오에서 발언했다. "코로나가 끝나면 완전 재밌어질 겁니다. 꽤나 귀여운 아가씨들이, 잠시지만 미인들이 몸을 팔 거예요. 짧은 시간에 돈을 안 벌면 힘드니까." 비판받긴 했으나 그는 NHK 교육 방송에서 하차하지 않았다. 여성을 성적으로 소비하며 성착취를 부추기는 소리를 재밌다는 듯이 내뱉어도 계속 TV에 나올 수 있는 나라가 일본이다.

## 도쿄 도의 굴복

2021년에는 시범 사업이 본사업으로 전환되었고 2022년에는 일본에서 최초로 여성 지원의 근거가 되는 법이 제정되었다. 이러한 변화로 인해 성착취에 취약한 젊은 여성들에 대한 지원이 법률에 포함되고 예산이 확보되었다. 하지만 변화가 눈에 보이자 공격도 거세졌다. 콜라보 쉼터와 직원 자택 위치를 유포당하고 살해 및 강간 예고에 시달렸으며 회계 부정 같은 허위 주장, 버스 파손 등 직접적인 공격까지 집중되었다.

2022년 말, 도쿄 도가 방해에 굴복해 콜라보에 활동 중단을 요구했다. 이는 가해자들에게 커다란 '성공 경험'이 되었다. 도쿄 도는 "위험하기 때문에" 중단을 요구했다고 설명했다. 그러나 우리는 버스 카페 활동 시간 중 반경 600미터 이내 가해자들의 접근을 금지하는, 이례적으로 광범위한 접근 금지 명령을 받아낸 상태였다. 그동안 전혀 움직이지 않던 경찰도 다음에 가해자가 나타나면 체포하겠다는 태도로 전환하고 있었다. 그럼에도 도쿄 도는 "안전이 보장되지 않는 한 허가할 수 없다"는 주장만 반복했다. 그러면 여성들은 어디로 간단 말인가? 반발했지만 돌아온 것은 콜라보를 침묵시키라는 압력이었다. 점차 전국으로 확장할 수 있기를 바라는 마음으로 현장을 붙들고 한계까지 애써온 이 사업을 지키기 위해 수차례나 합의를 시도하며 분투했지만 도는 점차 저열하게 대응했다. 이 일련의 과정에서 결국 우리가 싸워야 할 가장 두려운 적은 성매매 업자들의 조직적 위협이나 온라인에서 비방과 허위를 유포한 이들보다 이 사회의 정치

권력임을 실감했다.

스스로 '청년 여성 지원 단체'라 칭하는 다른 단체들과도 함께 갈 수 없었다. 그간 공개 비판을 삼가왔으나 사업이 위태로워지는 동안 그들이 드러낸 모습은, 그래도 협력할 수 있으리라는 지금까지의 내 판단을 의심할 수밖에 없게 했다. 콜라보가 현장 실천을 바탕으로 예산을 짜서 어렵게 지원 규모를 확보하는 동안 같은 사업을 수탁한 다른 단체들의 아웃리치 활동이 실제로는 거의 이루어지지 않았음이 밝혀졌다. 콜라보는 의원들까지 가세한 의혹 조작 공격을 받아 감사 대상이 되고, 감사 결과 부정이 전혀 없음이 명확히 증명된 상황이었다. 그런데 정작 감사가 필요했음이 드러난 다른 단체들에 대해서는 도에서 나서서 그들의 부정을 합리화했다. "치안 악화로 거리에서 직접 말을 걸지는 않았다. 대신 9개 도서관과 11개 고등학교에서 전단지를 배포했다" "트위터에서 105명에게 공감 이모티콘으로 답글을 달았다" "야후 지식백과에 단체 상담을 권유하는 글을 직접 작성했다" 같은 보고를 활동으로 인정했다.

애초에 우리 사업에서 아웃리치란 상담 창구가 있다는 사실을 알아도 스스로는 결코 찾아오지 못하는 여성들에게 우리가 먼저 다가가 말을 걸고, 연결을 만들고, 관계를 형성해 지원하는 일이다. 학교나 도서관에 다니지 못하고 편안하게 검색할 여건도 안 되고 상담을 두려워하며 고립된, 가장 위험한 현실에 처한 이들에게 다가가는 것이 핵심이다. 그 의미가 완전히 왜곡된 것이다. 또 동일 금액으로 사업을 수탁한 다른 세 단체의 쉼터 보호 활동 규모는 콜라보의 5분의 1에서 10분의 1에 불과했다. 그럼에도 도쿄 도는 이를 정당한 활동으로 인정했다. 이들 단체는 행정을 비판하지 않는 곳들이었으니, 도가 사업을 어떤 식으로 편리하게 진행하려 했는지를 알 수 있는 대목이다.

해당 단체들의 대표들과 이야기를 나눠본 결과는 씁쓸했다. "우리도 먹고살아야 하니 도쿄 도에 따른다" "행정 비판은 콜라보가 잘하니 맡기겠다" "콜라보가 정치적 발언을 하니 우리가 활동하기 어려워진다" "콜라보 때문에 지원 단체가 공격받는다" 같은 말을 여러 번 직접 들었다. 공개적으로 살해 협박을 받고 있는 것은 우리였음에도.

결국 도쿄 도가 2023년도부터 사업 위탁을 중단하고 보조금 체계로 전환한 데는 콜라보를 배제하려는 의도가 있다고 보인다. 콜라보가 거부해온 지원 대상자 여성들의 개인정보 제출 서약을 요구했으며 성매매 업자와 연결된 남성들이 만든 '자칭' 지원 단체에 도가 물밑 접촉해 우리가 진행하던 예산으로 사업을 하도록 제안한 사실도 드러났다. 이를 기점으로 콜라보는 바뀐 사업에서 손을 뗐다. 애써 확보한 예산을 잃더라도 여성들의 안전과 신뢰를 지키기로 한 것이다. 지난 15년간 비슷한 경험이 반복되었지만, 당사자 활동가로서 나는 매번 깊은 절망을 느낀다.

이후 공적 자금 활용을 포기한 콜라보는 매달 극심한 적자에 시달리지만 시민들의 기부를 바탕으로 어떻게든 활동을 이어가고 있다. 경제적으로 어렵더라도 오히려 더 실질적인 도움, 현장에 필요한 활동을 전할 수 있게 되었다. 시민 기부로 전환한 것은 큰 강점이 되었다. 시민들의 지지, 이것이 우리가 권력에 굴복하지 않고 지금까지 계속할 수 있는 이유다.

    2025년이 저물어가는 지금까지도 살해 협박과 공격은 멈추지 않고 있다.

### 『AV 신법』과의 싸움

'청년 여성 지원 활동 단체를 왜 이렇게까지 공격하는가?' 이해하기 어려울 것이다. 콜라보에 대한 방해가 심각해진 배경에는 내가 『여성지원법』 제정에 참여하고 성착취 실태를 다루는 정부 신법 검토 위원회 구성원으로 활동한 이유도 있었지만, 무엇보다도 『여성지원법』과 동시에 제정된 『AV 출연 피해 방지·구제법』(이하 『AV 신법』)에 정면으로 반대한 유일한 단체가 콜라보이기 때문이다.

    이 법은 성인 비디오 출연 피해자 구제를 표방하면서도 사실상 '돈을 주고받는 성행위=성매매'를 계약이라는 이름으로 합법화하는 내용을 담고 있었다. 콜라보는 이것이 성매매 합법화의 길을 열어줄 것이라고 강력히 반대했다.

    내가 『AV 신법』 법안을 처음 접한 것은 신법이 성립하기 약 한 달 반 전이었다. 그 내용은 '본행위(삽입)'를 포함한 성행위가 계약하에 합법화된다는 것이었고 이는 매우 충격적이었다. 일본의 기존 법체계에서는 삽입을 수반하지 않는 성행위는 '성교 유사 행위'로 분류되어 풍속영업법상 신고만 하면 합법이나 『매춘방지법』 제2조에 따라 금전과 교환하는 성교는 불법으로 간주되고 있었다. 그러나 『AV 신법』은 바로 그 불법 행위를 계약이라는 형식으로 합법화한 것이었다.

자유민주당(자민당)이 제안한 신법 골자는 업자들에게 유리하게 설계되었고, 『매춘방지법』의 정신에도 정면으로 배치되었다. 결국 국가가 공식적으로 성교를 금전 거래 대상으로 인정하며 '합법 AV'를 탄생시키게 된 셈이었다. 무엇보다 충격적이었던 것은 다수의 여성 지원 단체가 이런 내용도 모른 채 법안에 동의하거나 지지하고 있었다는 사실이다.

이에 위기감을 느낀 나는 긴급히 『AV 신법』 반대 행동'을 호소했고 150여 명이 참여한 항의 집회가 열렸다. 이 자리에는 일본의 성매매경험당사자네트워크 도카 멤버들과 AV 출연 피해 당사자들이 함께 목소리를 냈다. 그런데 현장에 성 노동론 지지 단체들이 빨간 우산을 들고 "성 노동자를 차별하지 말라"고 외치며 맞섰다. 우리가 비판하는 것은 성매매 구조와 착취의 현실이다. 그 착취의 대상이 되는 당사자가 아니다. 하지만 정치인, 연구자, 심지어 노동운동 활동가들마저 우리를 '차별주의자'로 취급했다. 반복되는 고립이었다. 한국에서 보내온 성매매문제해결을위한전국연대의 지지 메시지에 가까스로 의지를 다잡았다.

2022년 5월 9일, 신법에 대한 문제의식이 제기되면서 여당과 각당의 실무자 회의에서 처음이자 마지막으로 민간단체 청문회가 열렸다. 나 역시 참석했다. 하지만 이 자리에서 콜라보를 제외한 대부분의 단체는 오히려 "피해자를 위해서" 법안을 추진해달라는 입장을 표명했고 이후 신법 제정을 촉진하는 단체까지 만들어냈다. 반대의 목소리를 낸 민간단체는 콜라보뿐이었다.

더 충격적인 것은 AV 업계 단체인 'AV 인권 윤리 기구'까지 함께 초청되었다는 점이다.[2] 나는 그들이 업계 단체라는 점을 비판했지만 그들은 이를 부정했고, 소송을 두려워한 언론은 내 발언을 보도하지 않았다. 청문회 자리에서 내가 피해 현실과 업계 주장의 괴리를 지적하자 자민당 의원은 "지금은 그들의 의견을 듣는 시간"이라며 내 발언을 막았다. 또 다른 의원은 회의 후 이렇게 말했다. "니토 씨. 자꾸 인권, 인권 그러는데… 이건 정치야."

우리는 이 국면에서, 명확하게 밝힐 수밖에 없었다. "성인이든 미성년이든 관계없이 성매매는 그 자체로 여성 성착취입니다." 그렇게 콜라보는 일본 내에서 유일하게 성매매를 여성에 대한 폭력이라고 주장하는 단체가 되었다.

이때까지 콜라보는 너무도 위험한 국내 환경에서 활동을 지속하기 위해 '여성 청소년 지원 단체'라는 이미지를 내세워 몸을 보호해왔다. 일본 사회에는 '성매매는 개인의 선택일 수 있지만, 미성년자는 안 된다'고 여기는 사람이 많고

성 노동론 주장 조직에서도 미성년 여성 지원은 공격하지
않는 것을 알았기 때문이다. 물론 우리는 피해 여성의 연령은
관계없음을 알고 있다. 실제로는 성인이 된 뒤 콜라보와
만난 여성도 많고 10년, 20년, 30년간 성매매 안에서 쌓아온
그들 고통의 크기를 절감하며 활동해왔다. 그리고 그들
중 대다수가 미성년 시기부터 성매매에 연루되었다. 그런
성착취에 반대하며 함께 목소리를 내줄 연대단체들이 더 많이
생겨나기를 기다렸지만, 『AV 신법』 제정 소식을 듣고는 더
이상 기다릴 수 없었다. 그렇게 명확히 '성매매 합법화 반대'를
내걸게 됨으로써 성매매 업자를 필두로 성산업에서 이익을
얻어온 수많은 사람과 조직으로부터 받게 된 공격은, 실로
끔찍한 것이었다.

### '시장'에 반대하면 죽는다

『AV 신법』이 성립된 이후 처음으로 퍼진 허위 정보는 "콜라보가
『AV 신법』에 찬성해 피해자를 늘리고, 지원 사업으로 이익을
얻고 있다"는 것이었다. 이 주장은 정치 인사 구리시타 젠코가
X(구 트위터)에 올린 글에서 비롯되었고 AV 업계 관계자들이
이를 확산시켰다. 이를 계기로 SNS에서는 "콜라보가 공금을
부정 사용했다" 등의 거짓 정보가 잇따라 생산되었다.
구리시타는 콜라보가 『AV 신법』에 찬성했다는 식으로
몰아붙이며, "『AV 신법』으로 직장을 잃은 상담자가 늘어나면

그것이 콜라보의 실적으로 쌓이고, 이를 통해 개인과 기업의 기부금이나 수탁 사업이 증가한다. 이런 시스템은 반드시 알려져야 한다"라고 주장했다. 그는 실제로 AV 업자들과 함께 활동하며, 여배우와 업자들로부터 정보를 받고 관련 행사에 참여하기도 했다.

허위 정보의 영향은 막대했다. 콜라보에 주문하지 않은 수상한 물건이 배달되는 건수가 수백 건에 달했고 나 개인을 표적 삼은 살해 위협과 강간 예고도 잇따랐다. 콜라보는 지금까지도 이런 괴롭힘을 계속 받아왔는데 피해가 심각해지는 건 항상 당사자들이 성매매 현실에 대해 목소리를 냈을 때였다. 2014년 JK 비즈니스 실태를 고발했을 때, 2016년 「우리는 매매되었다」 전시에서 아동·청소년 성착취 실태를 공개했을 때, 2020년 유튜브에서 '역겨운 아저씨 시리즈'라는 프로그램을 시작해 여성들과 함께 성매매 현장에서 만나는 남성들의 모습을 고발하기 시작했을 때 그리고 우리가 『AV 신법』에 반대하고 『여성지원법』에 관여한 2022년 등이다.

2022년 여름 무렵부터 콜라보와 내가 부정행위를 하고 있다는 듯한 글이 넘쳐났고 그런 내용의 유튜브 동영상 조회수가 수백만 회에 달했다. 구글 등의 검색 사이트에 '콜라보'나 '니토'를 입력하면 '체포' '회계 부정' 같은 단어가 나열된다. 이때는 근 5년을 도쿄 도의 위탁을 받아 활동했기 때문에 위탁 기관을 향한 정보 공개 청구나 감사 청구, 주민 소송 등을 이용한 괴롭힘도 이어졌다. 가해자들은 이를 통해 얻은 정보를 왜곡해 새로운 허위 정보를 유포하거나 우리가 보호한 여성들의 개인정보, 활동 운영 체계 등을 캐내려 했다. 일부 지자체가 보호 중인 여성 청소년의 상세 정보를 가해자에게 공개해 SNS로 유포되는 피해도 발생하고 있으며 이는 피해 여성의 목숨에 직결되는 심각한 영향을 초래하고 있다.

감사 결과 콜라보에 회계 부정은 없었으며 오히려 도의 위탁비로는 도저히 부족해 상당한 금액을 자체 부담하며 활동해왔음이 밝혀졌다. 그럼에도 허위 정보는 계속 확산되었다. 우리가 밤거리 아웃리치 활동으로 여성들을 지원하던 버스 카페 위치가 공개되어 누군가에 의해 버스가 훼손되는 물리적 공격도 있었다. 뚜렷한 테러 수준이 되자 더 이상 방치하면 피해가 계속 확대될 것이라는 판단에 가해자를 고소했다. 그러자 가해자들은 '콜라보와 싸운다'는 명목으로 모금을 진행했고 각기 4000만 엔부터 2억 엔 이상의 금액을 모은 가해자도 있다. 그들은 그 돈으로 콜라보와 콜라보를 지지하는 페미니스트 및 미디어 관계자, 콜라보 변호단의 변호사 등을 상대로 괴롭히기용 소송을 다수 제기했다. 콜라보는 3년 이상 수많은 소송을 떠안게 되어 이에 막대한 비용과 노력이 소모되고 있다. 2025년 8월까지 20건 이상의 관련 재판에서 우리는 승소했다. 아직도 여러 건의 소송이 계류 중이다.

재판에서는 허위 정보 유포 가해자의 동기가 '여성 차별'에 기반한 괴롭힘 목적임을 인정받았으며 가해자들에게 220만 엔, 385만 엔 등의 배상도 명령되었다.

이는 일본 내 명예훼손 소송 기준으로는 고액이지만 그들은 수천만에서 수억 엔 단위의 모금이 있어 손실이 크지 않다. 더 나아가 콜라보가 재판에서 제출한 서류를 유료로 판매하거나 재판 중에도 콜라보 관련 허위 정보 영상을 유튜브에 올리는 등 다양한 형태로 수익을 올리고 있다. 특히 이 동영상 게시로 단 며칠 만에 수백만 엔을 버는 가해자들이 줄줄이 나오는 중이다. 사법 구조가 인권 침해를 전혀 제재하지 못하고 있음을 보여주는 현실이다. 여성혐오의 수익화에 제동을 걸 방안이 필요하다.

### 여자를 공격하면 돈이 생긴다

허위 정보를 믿은 수많은 사람의 폭력은 온라인에 머물지 않았다. 나와 동료들의 자택을 특정하려고 방문하거나 활동 거점 스토킹과 감시, 택배 테러, 암살 암시 편지나 장례식장 예약, 생리대 한 장만 보내오는 괴롭힘도 있었다. 쉼터가 특정된 2023년에는 여러 활동 거점을 폐쇄·이전할 수밖에 없었다. 소요된 수고와 피해도 막대했지만 무엇보다 콜라보가 생긴 이후 수많은 여성과 함께한 추억이 담긴 장소를 이런 식으로 떠나야 한다는 사실이 가슴 아팠다. 콜라보가 지원한 여성들에게 "무슨 일이 생기면 언제든 이곳으로 오라" 전한 말을 지킬 수 없게 되었다.

도쿄 도 사업을 위탁해 수행할 당시부터

괴롭힘은 늘 있었다. 버스 카페 앞에서 남자들에게 둘러싸여 성희롱을 듣는 일은 흔했다. "니토 유메노 나와!" 소리치며 위협하는 이들을 제지하는 사람은 없었다. 거리에서 업자 무리와 고용된 남자들 30명 정도가 순식간에 나를 둘러싸고 "가부키초에서 나가라" "공금 뱉어내" 같은 소리를 외쳤다. 업자들로부터 돈을 받고 오직 행패를 부리러 오는 자들과 여성혐오, 차별 선동으로 표를 모으려는 정치인들이 함께 공세를 펼쳤다. 법원에 요청하여 몇몇 주요 인물에 대해서는 접근 금지 명령이 내려졌으나 결국 도쿄 도와의 연결마저 틀어지며, 거점을 닫게 된 것이다.

하지만 기운을 차려야 했다. "우리가 있는 곳이 콜라보다." 모든 공간을 잃어도 우리가 쌓아온 연대는 빼앗을 수 없다고 서로 위로하며 함께 쉼터 정리를 했다. 둘 곳이 없어진 가구나 가전제품은 지금까지 지원하며 인연을 맺었던 각지의 청년 여성들에게 넘겨주었다. 하지만 테러로 인한 쉼터 폐쇄는 생활 자체가 파괴되는 감각을 안겼고 우리 모두에게 큰 상실감을 남겼다.

또 씁쓸한 것은 이 일이 거대한 성착취 세력의 '승리'가 되었다는 점이다. 2018년 우리가 가부키초에서 버스 카페 활동을 시작했을 무렵에는 구매자와 업자들이 먼저 우리를 보고 피하기도 했다. 언제나 그들이 멋대로 대하고 착취하던 여성들을 도에서 '보호'하는 활동이라는 상징성에 눈치를 본 것이다. 하지만 2023년 도쿄 도가 공식적으로 '방해에 굴복'한 형태로 사업이 전환되자 분위기는 완전히 바뀌었다. 아웃리치 활동에 나서면 업자들이 의기양양하게 길을 가로막았다. "너희 같은 건 아무도 안 지켜줘" 같은 말을 들었고 구매자들도 이전처럼 혹은 그보다 더 당당하게 배회하며 여성을 골랐다. 우리는 조롱의 대상이 되었다. "어, 니토 씨잖아. 고생했어~!" 히죽거리며 동영상을 촬영한다. 여성을 집요하게 끌고 가려는 남성을 제재할 때 폭력을 당하는 일도 늘었다.

괴롭힘의 종류는 참으로 기발했다. 업자와 그 계통의 인물들이 가짜 지원 단체를 만들기도 했는데 그 자칭 '매춘 근절 단체' 이름이 코로보였다. 콜라보를 조롱하는 AV도 발매됐다. 제목은 「가짜 페미니스트의 어둠에 빠진 쾌락 성교!!」로, 여성 자립 지원 단체 'Connbe'의 대표가 AV에 출연하며 "타락해가는" 스토리였다. 콜라보와 똑같은 로고, 콜라보의 활동, 나의 외양을 연상시키는 여성이 주인공이다.[3] 업자들에 이어 AV 배우들도 지원 단체를 세워 여성들에게 식사를 제공하며 "콜라보는 무서운 곳이니 가까이 가지 말라"고 말을 걸었다. 그런 식으로 콜라보 공격을 선동해온 이들이 "가정폭력, 관리매춘, 아동포르노 등으로부터 미성년자를 구제하고 지원하는 활동을 하고 있습니다"라 내걸고 우후죽순 거리로 나서서 우리를 음해했다. 상황이 너무 위험해지면서 구의원에게 이런 혼란을 고지했지만 전혀 조치되지 않았다. 이후 구청 부지에 주차된 그들의 차량에 극우 정당인 일본보수당 스티커가 크게 붙어 있는 것을 증거와 함께 의원에게 알렸을 때, 겨우 구 차원의 제재가 이루어졌다.

## 페미니스트를 테러하면 표가 생긴다

하지만 극우당뿐만이 아니다. 콜라보를 조롱하는 AV를 제작하고 콜라보를 조롱하는 활동 단체를 만든 업계인들 대개가 각 당의 정치 인사 및 현직 의원들과 연결되어 있고 선동에 공모한다. 정당을 초월한 의원들이 너도나도 반성매매 활동 단체와 여성들을 공격하면서 인기를 얻는다면 믿어지는가? 성 노동론 지지 단체의 핵심 멤버로 콜라보 관련 허위 사실 유포와 선동에 앞장섰던 가나메 유키코는 2022년 의원 선거에 입헌민주당 비례대표 후보로 출마하면서 전국의 업소를 돌며 고객 대기실에 선거 포스터를 붙이고 업주 등 관련자들과 대화하는 모습을 홍보 영상으로 제작했다.[4]

       일련의 공격에 상상 이상으로 많은 의원과 후보자가 가담하고 있다. 성착취를 비판하는 페미니스트를 '표현의 자유'를 내세우며 비웃어온 여야 의원들이 도의회에서도, 국회에서도 콜라보의 의혹에 대한 질문을 반복하고 고의적으로 허위 정보를 유포하며 공격에 가담했다. 그들의 연대는 그야말로 초당파적이다. '콜라보와 싸운다'고 내걸어 2억엔대 모금을 받은 콜라보 비방·중상 유포의 중심 인물인 40대 남성 게이머 미즈하라 기요테루는 히마소라 아카네라는 가명과 소녀 애니메이션 이미지를 프로필에 내걸고 활동하는데, 본명도 얼굴도 밝히지 않은 채 도지사 선거에 출마해 10만 표를 얻었다. 그는 콜라보와의 소송 건으로 법원에 소환되어도 출두하지 않았기 때문에 나도 아직 얼굴을 본 적이 없다. 그는 형사사건으로도 기소되었지만 그조차도 돈벌이 수단으로 삼아 수백만 엔의 후원금을 온라인에서 받고 있다. 그를 모방해 돈과 유명세, 표를 위해 여성 차별을 선동하는 자들이 잇따르고 있다. 대부분 중년 남성임에도 어린 여성의 일러스트를 SNS 사진으로 걸고 여자아이 말투를 쓰며 익명으로 활동하는 것이 특징이다.

    선거 포스터나 주택에 배포되는 후보자 전단지, 선거 차량 등에 '콜라보 부정 의혹 추궁'이라고 쓴 아사노 후미나오도 가나가와 현 가와사키 시 의원에 당선됐다. 그는 "이를 위해 국정 진출을 목표로 하며 콜라보를 형사 고발하겠다"고 선언해 지지자 남성들로부터 '콜라보 의혹의 최전선에서 싸우는 정치인'으로 평가받았다. 콜라보는 아사노를 고소했는데 재판에서 그는 지금까지 자신이 뱉은 어떤 주장도 입증하지 못했다. 사이타마 현 소카 시 의원이었던 가와이 유스케는 광대 분장을 하고 버스 카페에 들이닥쳐 "너희 페미니스트들 때문에 남자와 여자가 서로 미워하고 저출산이 되고 있다"고 외쳤다. 동행한 인물은 풍속 리뷰[?]를 직업으로 하는 자였는데, "나는 풍속왕이다!"를 외치며 자위 행위를 묘사하는 말을 뱉었다. 이후 가와이는 콜라보 공격을 발판으로 도지사 선거에 출마해, 벌거벗은 여성이 M자 형태로 다리를 벌린 사진을 선거 포스터로 내걸고 "매춘 합법화로 경제 활성화"를 선전했다. 도지사 선거에 낙선한 뒤에는 외국인 차별을 내세워 사이타마 현 도다 시 의원에 1위로 당선되어 배외주의 확산 활동을 열성적으로 벌이고 있다. 그들은 콜라보 공격을 통해, 차별이 표가 된다는 것을 톡톡히 배운 것이다.

---

?   업소에서 어떤 여성과 어떤 플레이를 했는지 게시하는 것

지금 이들은 차별주의자임이 알려져 시민들의 항의를 받고 있으나, 차별이나 인권 문제에 높은 의식을 가진 사람들을 포함해 일본의 대중은 콜라보가 공격받는 동안 그들의 폭주에 위기감을 갖지 않았다. 여성들이 공격받을 때 이를 여성에 대한 증오범죄로 인식한 사람은 적었다. 같은 가해자에게 표적이 된 남성 의원이 자살하고 이후 외국인 차별이 시작되면서 시민들 사이에 위기감이 확산했다.

### '지켜준다'는 아저씨들에게 속지 마!

2024년 도쿄 도는 익명으로 이용 가능한 복지 공간 '기미마모'[?]를 개설했다. 이는 도쿄역 주변에 모이는 여성 청소년들을 지원하는 목적의 공간이었다.[5] 그러나 막상 가보니 시설 안에는 남성뿐이고, 성매매를 알선하는 성인 남성들이 의자에 누워 잠들어 있었다. 여자아이들이 안심하고 이용할 수 있는 장소가 아님을 언론과 의원들에게 호소했지만 크게 문제시되지 않았고, 몇 달 후 기미마모 시설 내에서 성폭력과 성매매 알선 사건이 일어나 보도되었다.

사건을 계기로 도쿄 도는 전담 관리 인력 배치, 카메라 설치 등의 대책을 마련 중이라고 설명했으나 지원 대상자들이 시설을 이용할 수 있도록 하는 방안은 없었다. 여성들이 어떻게 공적 지원에서 소외되어 성착취로 유인되는지 그 구조를 이해하지 않고 이들을 지원하는 것은 불가능하다.

---

? 君を守りたい(너를 지키고 싶어)의 축약어

이러한 행정의 무지를 틈 타 가해자들이 지원 현장에 침투하고, 지원 단체를 사칭해 범행을 저지른다.

도쿄 도가 콜라보 대신 여성 지원 사업 협력 단체로 선정한 '일본피난처'[??]의 대표는 1950년대생 남성으로, 거리의 성매매 여성을 멸칭으로 부르는 등 여성 비하 발언을 반복해온 인물이다. 이곳의 사무국장이 내담자에게 코카인을 권한 것이 밝혀져 문제가 되기도 했다. 그럼에도 이런 단체들이 주목을 받고, 유력자가 시찰하고, 미디어에 보도된다. 일본피난처가 개최한 행사에는 전 총리의 부인이 주최 측 일원으로 참가해 긍정적으로 보도되었다. 여성 착취 구조는 못 본 척한 채 "[성매매를 하며] 어둠에 빠져버리는 젊은이들이 있다, 꿈을 가지고 한 걸음 내디뎌주기 바란다" 말하며 빙수를 판매하는 따위의 행사를 시민들이 지지한다.

착취 구조에 묶인 여성들 스스로가 내 삶을 살 수 있다고 생각하게 되려면 기존 남성 중심 사회로부터 탈피가 선행돼야 한다. 콜라보와 만나기 전까지 '오늘 어디서 잘지' '무엇을 먹을지' 그날을 살아가는 것만으로 벅찼던 이들은 몸을 팔지 않아도 생활할 수 있는 환경이 마련된 뒤에야 비로소 피해를 인식하는 경우가 많다. 인식한다 해도 상처와 트라우마를 마주하는 일은 쉽지 않다. 쉼터에 와서 지금까지와 앞으로를 생각할 시간이 생겼을 때 고통과 분노를 느끼면서 그제야 심신에 이상이 나타나는 것도 당연하다. 이때 그 고통과 분노를 나누고, 그가 경험한 사회 구조적 폭력을 함께 바라보는 타인과 교류하고, 이 재해석의 과정에서 이들은 자신에게 힘이

---

[??] 니혼가케고미데라日本駆け込み寺. 가케고미데라는 에도시대에 남편과 이혼하려는 여성이 도망쳐 지내던 사찰이다.

있음을 인식해간다.

'여자애들을 보호해준다'고 말하는 아저씨들에게 속아서는 안 된다. 그들이 지키고 있는 건 그들 중심의 사회 구조다. 여자아이들을 약한 존재로 배려 또는 착취하면서 남성 중심 사회에 묶어두며, 여성들을 피해 회복에서 멀어지게 한다. 시민들은 이런 식의 시혜적 지원 체계를 찬양하기를 멈추고 내면화된 여성 차별에 맞서야 한다.

하지만 콜라보가 도쿄 도 지원 사업에서 빠진 후, 거리의 상황은 엄청난 속도로 악화되고 있다.

### 끝없이 확산하는, 현재 진행형의 성착취

2024년 5월 8일, 걸즈 바 근무 및 경영 경력이 있는 25세 여성이 스토커가 된 손님에게 살해당한 사건이 있었다. 당시 가해자 남성이 피해 여성의 가게에 술값을 내기 위해 고급 차를 팔았으며 추산 1500만 엔 이상을 여성에게 바쳤다고 보도되며 스토킹 살해범인 남성에게 동정이 쏠렸다. 이외에도 성매매 여성 살해 사건은 자주 발생하지만 이를 기억하는 사람은 드물다. 피해자가 여고생이라 해도 그다지 주목받지 않는다.

한편 갈 곳 없는 여성들에 대한 단속은 계속해서 강화되고 있다. 2023년 연말, 경시총감이 가부키초를 시찰하는 모습을 언론을 대동해 대대적으로 보도했다. 이때 실제로 경찰이 한 일은 업자 단속이 아니라 가출한 여자아이들의 모습을 보도하거나 체포하는 것이다. 2024년 4월에는 『매춘방지법』의 운용이 여성에게 더 엄격해졌다. 그간에도 손님을 '유인'한 여성은 '권유등죄'로 현행범 체포되어왔지만, 이때 처음으로 한 여성이 '전년도에 손님을 기다린 행위'로 인해 체포된 것이다. 이후 경시청은 정식 보도를 통해 "과거의 손님 기다리기 행위라도 체포될 수 있다"고 알렸다. 이후 여성들의 체포가 늘고 있다.

한편 세계 굴지의 성매매 명소, 신주쿠 가부키초에 모이는 여성들의 연령대는 점점 낮아진다. 콜라보의 지원 활동을 통해 만나는 이들 중에도 12-14세의 여자아이가 많아졌다. 그리고 이들에게 몸을 팔아 숙소와 생활비를 마련하는 건 '당연한 일'로 받아들여지고 있다. 지금도 오쿠보 공원 주변에는 10대부터 50대까지 다양한 연령대의 여성이 있다.

성매매가 각계각층의 여성들에게 더 가까운 것이 되면서 나타난 변화가 눈에 띈다. 코로나 이전, 콜라보를 통해 만난 여자아이들은 자책하면서도 분명 자신에게 닥친 상황에 슬픔과 분노를 드러냈다. 그런데 성매매에 유입된 10대 청소년들이 점차 '괜찮은' 척 말하고 있다. 자살 시도를 반복하고 팔에는 자해 상처가 빼곡한 아이들이 "내가 할 수 있는 건 이 정도밖에 안 되니까"라며 힘들지 않다고 이야기한다. 정치, 행정, 미디어가 성착취를 자연화하고 모든 책임이 여성들에게 있는 것처럼 말해온 결과다. 성산업에 연루된 아이들만이 아니다.

> 원조교제를 하는 여자애들이 있다는 사실이
> 우리 같은 일반 여고생이 성적 대상이 되는 것을
> 억제하잖아요. 어차피 성욕은 통제하기 어려운데,
> 남성의 성욕을 부정하는 건 인권 침해 아닌가요?

일본의 고등학교에서 직접 들은 질문이다. 해당 학급의 청소년들은 "빈곤한 여성은 돈이 필요하고 남성은 성 욕구를 충족시킬 수 있으니 이해관계가 일치한다"고 말하며 성산업이 있어서 성폭력이 억제된다는 주장을 폈다. 정보의 출처를 묻자 인터넷, TV, 만화, 드라마가 다양하게 거론되었다. 그리고 세계사 선생님에게 "매춘은 세계에서 가장 오래된 직업"이라 배웠다는 말까지 덧붙였다. 나는 그들에게 잘못된 정보들을 정정해주고 성폭력은 성욕이 아닌 지배욕에서 비롯된다는 점을 설명했다. 그리고 누군가의 몸을 이용하거나 돈으로 지배함으로써 욕구를 채우는 행위가 '권리'일 수 있는지를 질문했다.

많은 여자아이가 자신에게도 인권이 있다는 것을 모르고 있다. 이는 어른들의 책임일 것이다.

### 여성을 위한 집을 짓자

다양한 공격을 겪고, 거점을 잃고, 여러 건의 송사에 시달리고 있지만 우리는 포기하지 않았다. 하지만 깨달은 것이 있다.

빌린 거점은 언제든 타인이 무너뜨릴 수 있다는 점이다. 앞으로 여성의 인권이 지켜지는 사회를 위해 계속 싸우고 여성 연대를 넓혀나가기 위해, 성착취와 여성 차별에 맞서는 여성들의 활동 거점이 필요하다고 생각했다. 그래서 시작한 것이 여성 인권 센터 건설 프로젝트다.

폭력이 만연하고 정치가 부패한 사회에서 어떤 방해가 있어도 내쫓기지 않는 거점, 밤의 번화가에 여자아이들이 언제든 달려갈 수 있는 장소를 만든다. 신주쿠 가부키초에 독립된 활동 공간을 갖춤으로써 여성들이 남성 사회의 폭력에 휘둘리지 않고 두려움 없이 활동할 수 있게 하는 프로젝트다. 이곳은 투쟁과 지원, 학습과 교류의 거점이 될 것이다.

콜라보를 시작할 때의 나도 학생이었다. 여성들 개개인이 구조에 문제의식을 갖기 시작할 때 노하우를 모르거나 같은 생각을 가신 여성들과 연결되기가 쉽지 않다는 것을 알고 있다. 때문에 젊은 활동가들을 위한 거점이 필요하다. 또한 탈성매매를 지원하고 여성들이 탈성매매 이후의 삶을 살아갈 힘을 여기서 함께 키워나갈 것이다. 이 과제를 바로 지금 해야만 하는 이유가 또 있다. 콜라보 활동에 연대하고 지지해주시는 분들 다수는 오랜 세월 성차별에 맞서 싸워온 선배 여성들로 그중 상당수가 70-80대 이상이다. 지금까지는 그들의 수많은 격려와 연대에 힘입어 버텨왔지만 앞으로 5년, 10년, 20년이 지나 배짱 있는 든든한 선배들이 사라졌을 때에 우리는 스스로를 지킬 수 있어야 한다. 그리고 선배들에게도 이 장소를 경험하게 해드리고 싶다.

우리가 계획하는 여성 인권 센터는 세대를 넘어 여성들이 연결되고 차별에 맞서는, 투쟁하는 여성들의 연대 거점이다. 성착취가 만연하고 여성 차별과 배외주의가 심화되는 일본 사회에, '저곳이 있으니 버틸 수 있다, 할 수 있다'고 여성들에게 용기를 주는 곳이다. 토지 구매와 건설에 필요한 자금을 향후 4년간 마련하기 위해, 전 세계 여성들에게 지원을 호소하며 힘쓰고 있다.

### 모든 여성의 투쟁

여성들을 구원하는 것이 아니라, 여성의 인권을 위해 투쟁하는 사람을 늘리고 싶다. 우리는 포기하지 않고 앞을 바라보고 있다. 나에게 그런 용기를 계속해서 주는 것은 일본에서 함께 목소리를 내온 여성들 그리고 한국에서 만난 활동가와 당사자 여성들이다.

10대 시절, 나는 고독 속에서 내가 성적 소비의 대상으로만 가치 있는 인간이라고 생각하도록 강요당했다. 20대가 되면 '아줌마'가 되어 이 남은 가치조차 없어질 거라 생각했다. 남자에게 호감을 얻기 위해 예뻐지려 노력했고, 의지를 가지는 것은 미움받는 일임을 자각한 뒤부터는 아무것도 모르는 척하며 살아남았다. 동시에 언제나 빨리 사라지고 싶었다.

지금도 이 성차별 사회 속에서 그런 믿음을 가진 여성들을 매일 만나고 있다. 내가 활동을 시작했을 무렵 일본에서는 학대를 경험한 당사자가 목소리를 내는 일조차 드물었다. 여자아이들이 달려가 도움을 청할 쉼터도 없었다. 탈성매매 지원에 나서는 일, 모두가 '오락' '풍속'이라 말하는 성매매를 성착취라 부르며 그 실태를 세상에 알리는 것, 이 모든 것이 처음이었다. 그럼에도 우리는 사람들에게 경험을 전하고 조금씩 지지자를 늘려갔다. 힘든 일이 많았다. 이렇게까지 괴롭힘을 당하게 될 줄 처음엔 상상도 못 했다.

손으로 더듬으며 가시밭길을 헤쳐 나가는 과정에서 불안과 망설임이 밀려올 때마다 항상 함께해준 것은 당사자인 여성들과 담력 있는 활동가 여성들이었다. 우리는 지금도 너무나도 처절한 공격을 계속 받고 있다. 나를 노리는 성매매 업자나 정당 관계자들의 괴롭힘은 날로 과격해져 이제 길거리에서 폭행을 당하거나, 소송 테러를 당하거나, 이사를 해도 집을 특정당하는 등 도망갈 곳이 없는 상황이다. 경찰의 대응도 형편없다. 콜라보 공격을 선동한 이들이 잇따라 의원이 되어 위험은 더 커지고 있다.

그럼에도 나는 도망칠 생각이 없다. 이 현실을 바꾸기 위해 싸울 각오가 되어 있다. 우리가 지금 받고 있는 공격은 한국 여성 인권운동가들이 이미 겪어온 것과 매우 유사하다는 것도 여러분의 경험에서 배웠다. 남성 중심 사회의 압박과 방해는 우리가 성착취 없는 사회를 위해 싸우는 한 계속될 것이다. 이는 일본만의 문제가 아니라 세계적인 역풍이다. 우리는 연대해야 한다.

어린 여성들이 성매매에 너무나 쉽게 유입되는 지금의 구조는 남성 중심 사회가 만들어낸 것이며 모든 여성의 인권 문제다. 성매매를 경험하지 않은 여성들, 가족 관계가 좋거나 대학을 졸업하거나 회사에서 일하는 여성들까지도 성착취 문제에 관심을 갖고, 고통을 상상하며, 구조를 이해하려 노력하는 한국의 상황은 희망적이다. 성매매 속에 고통받은 여성들이 "사실은 이런 일을 겪고 싶지 않았다, 그건 폭력이었다"라고 당당히 말할 수 있으려면, 사회가 그 목소리를 이해할 준비가 되어야 한다. 당사자의 목소리가 퍼지고 더 이상 가해자가 활보하지 못하는 사회를 만들기 위해서는 모든 시민의 관심과 행동이 필요하다. 당신이 이 문제에 관심을 갖고 연대하는 것은 큰 힘이다.

성착취가 만연한 사회 속에서 고독을 느끼고 절망에 빠질 때면, 항상 함께 분노하고 울고 웃으며 목소리를 내고 연대해주는 한국 여러분의 존재가 우리를 다시 일으켜 세워준다. 앞으로도 함께, 계속 싸워나가고 싶다.

# 일본 『AV 신법』

## 사실상의 성매매 허용

2022년, 일본의 『AV 신법』 제정을 앞두고 단 한 번 열린 민간단체 청문회에서 콜라보는 특히 법안 제안 목적에 적힌 "출연자의 자유로운 의사 결정 보장"이라는 문구 삭제를 요구했다. 업자들이 입맛에 맞게 피해를 축소하고 피해자가 목소리를 낼 수 없게 하는 문구이기 때문이다. 현실에서 많은 여성은 관계와 구조 속에서 거절하기 어려운 상황에 놓여 있으며, 피해자 다수가 장애나 정신적 트라우마를 안고 있다. 업자들은 이를 교묘히 이용해 여성이 '스스로 선택했다'고 생각하게 유도한다. 법률에 이런 표현이 들어가면 그런 업자들이 계약을 맺은 것만으로 "본인 의사로 계약했다"고 주장함으로써 피해자를 단념시키는 장치가 된다. 나는 이를 "피사체가 되는 자의 존엄과 인권 보장"으로 바꿔야 한다고 주장했다.

또한 법안이 『매춘방지법』에서조차 금지된 '본행위(삽입)'를 촬영이라는 이유로 합법화하고 있다는 점 그리고 AV를 단순히 '성적 욕망을 자극하는 제작물'로 정의하는 점을 강하게 비판했다. 실제 AV에서는 구타, 목 조르기, 화상, 배설물 강요 등 인간의 존엄을 해치는 학대가 빈번히 발생한다. 그런데 법이 이를 합법 영역 안에 포함시킨 것이다.

그럼에도 모든 정당이 이 법에 찬성했고 일부 표현이 수정된 법안이 2022년 6월, 엄청난 속도로 통과되었다. 비록

"출연자의 자유로운 의사 결정"이라는 문구는 삭제되고 '작품'은 '제작물'로 수정되었지만, 본행위를 포함한 촬영도 계약서에 사전 명시하는 방식으로 허용되었다.

### 정부가 발표한 『AV 신법』의 핵심 내용

**1** 기본 원칙
- 출연자의 성별·연령에 관계없이 AV 출연 계약을 무효화할 수 있는 규정을 마련한다.
- AV 촬영 시 성행위의 강요는 금지된다.
- 공서양속에 반하거나 불법인 행위를 합법화하는 것이 아니다.

**2** 계약 체결에 관한 특칙
- 영상 제작자는 AV를 제작할 때마다 출연자와 개별 계약서를 작성·교부해야 한다.
- 계약 내용에 대해 상세히 설명할 의무가 있다.

**3** 계약 이행에 관한 특칙
- 계약서 교부 후 1개월간은 촬영을 진행할 수 없다.
- 촬영 시 제작자는 출연자의 안전을 보장해야 한다.
- 출연자는 의사에 반하는 촬영이나 불쾌한 행위를 거부할 수 있다.
- 촬영 종료 후 4개월 동안은 영상을 공개할 수 없으며, 출연자는 공개 전에 영상을 확인할 권리가 있다.

**4** 무효·취소·해지에 관한 특칙
- 특정 AV를 지정하지 않고 출연 의무를 부과하거나 출연자에게 불리한 손해배상 조항은 무효로 본다.

- 서면 교부 의무나 설명 의무를 위반한 경우 출연자는 계약을 취소할 수 있다.
- 촬영에 동의했더라도, 공개 후 1년(2024년 6월 22일 이전 체결된 계약은 2년) 이내라면 언제든 계약을 해지할 수 있다.
- 계약 해지 시 출연자는 금전적 손해배상 책임을 지지 않는다.
- 해지 방해를 목적으로 한 허위 고지·협박은 금지되며, 위반 시 처벌된다.

❺ 피해 확산 방지를 위한 장치
- 계약 기간을 초과하거나 계약 취소·해지 이후에도 영상이 공개된 경우 출연자는 판매·배포 중지를 청구할 수 있다.
- 제작자뿐만 아니라 웹사이트 운영자에게도 중지 청구가 가능하다.
- 계약되지 않은 AV에 대해서도 청구권이 인정된다.

❻ 제공자 책임 특례
- 출연자가 웹사이트 운영자에게 배포 중지를 요청할 경우, 운영자가 정보 발신자에게 삭제 동의를 구하는 기간이 기존 7일에서 2일로 단축된다.
- 이를 통해 삭제 절차가 신속히 진행된다.

❼ 영상 제작자에 대한 처벌 규정
- 개인·법인을 불문하고 출연자와 계약을 체결하는 자가 대상이다.
- 임의 해지를 방해하기 위한 허위 고지·협박·혼란 행위: 3년 이하 징역 또는 300만 엔 이하 벌금(법인에는 1억 엔 이하 벌금).
- 계약서 교부 의무 또는 설명 의무 위반: 6개월 이하 징역 또는 100만 엔 이하 벌금(법인에도 동일 적용).

『AV 신법』은 겉으로는 "출연 계약을 무효화할 수 있는 규칙을 정한다"라고 하면서도, 실제 조항에서는 "계약을 체결할 때 영상 제작자는 하나의 AV마다 출연자와 출연 계약서를 작성·교부하고, 계약 내용을 상세히 설명해야 한다"고 규정하고 있다. 결국 규칙에 따라 계약만 체결하면 합법이 된다는 것이다. "성행위 강요 금지" "공서양속에 반하거나 불법인 행위를 합법화하는 것이 아니다"라는 문구는 비판을 피하기 위해 포함된 장치에 불과했으며 실제로는 금전 거래를 통한 성교가 법적으로 허용되는 결과를 낳았다.

이후 성립된 『AV 출연 피해 방지·구제법』 위반 사건에서 첫 유죄 판결이 내려졌다. 그러나 판결에서 문제가 된 것은 "계약 내용을 설명한 서면이나 계약서를 교부하지 않았다"는 절차상의 위반일 뿐, AV 산업이나 성매매 그 자체의 문제는 논의조차 되지 않았다.

사건의 피고인은 AV 제작사 대표였다. 그는 2022년 9월, 세 명의 여성과 AV 출연 계약을 체결하면서 계약 내용을 설명하는 서면이나 계약서를 교부하지 않은 혐의로 기소되었다. 검찰은 음란물 전시죄와 함께 『AV 신법』 위반을 적용했다. 피고인은 음란물 관련 혐의는 인정했으나, 신법 위반에 대해서는 "이 법은 직업 선택의 자유를 보장한 헌법 22조에 위배된다"라며 무죄를 주장했다.

이에 대해 도쿄 지방재판소는 판결에서 "동법은 AV 제작을 처벌 대상으로 삼는 것이 아니며, 직업 선택의 자유를 제한하지 않는다"라고 판단했다. 법원은 피고인에게 징역 2년, 집행유예 3년, 벌금 150만 엔 그리고 약 876만 엔의 추징금을 선고하고 아울러 해당 제작사에도 벌금 30만 엔을 명령했으나 AV 제작으로 막대한 수익을 얻는 업계 현실을 고려하면, 이러한 벌금이 실질적인 제재로 작용하기는 어려워 보인다.

## AV를 수호하는 사람들

『AV 신법』에는 "시행 후 2년 이내, 즉 2024년 6월까지 시행 상황을 검토하여 필요한 조치를 강구한다"라는 조항이 있었다. 그러나 콜라보는 법 제정 직후부터 심각한 공격을 받으며 활동을 유지하는 데 급급했기 때문에, 재검토를 위한 운동을 벌일 수 없었다. 결국 이 재검토는 이루어지지 않은 채 현재에 이르렀다. 그 사이 AV 업계 관계자들이 오히려 활발한 캠페인을 펼쳤다.

그들은 시위와 서명운동을 적극적으로 조직했고, 언론은 이를 "섹시 여배우와 남배우·감독들이 『AV 신법』 개정을 호소하며 국회 앞 시위" "이대로라면 AV가 사라진다!"라는 제목으로 보도했다. 업계 단체가 "『AV 신법』을 개정해 업계를 붕괴 위기에서 구해야 한다"며 서명운동을 진행했고, 유명 방송인이 동참했다. AV 여배우들은 앞치마를 두르고 'AV 부인회'라고 쓰인 띠를 매고 줄지어 선 채 캠페인을 벌였는데 이는 과거 전쟁 시기에 국가가 남성들을 전장으로 내몰고 여성들을 협력에 동원했던 '국방부인회'를 연상시키는 복장이었다. 이 캠페인에는 콜라보 공격에 가담한 AV 여배우들도 함께했다.

AV 업계는 '사이타마 수영복 촬영회'를 둘러싼 논란에도 맞대응했다. 이 촬영회는 미성년자를 포함한 여성들이 수영복 차림으로 성적인 포즈를 취하며 사진을 찍는 행사였는데, 비판이 일자 AV 업계에서 나선 것이다. 이들은 아동성착취 비판에 대한 저항으로 '수영복 퍼레이드'를 열었다. 이 퍼레이드에는 남성 300명과 여성 10여 명이 참가했고, 애프터 파티에 참석한 여배우들에게는 사례금이 지급되었다. 주최한 여성에게는 3일간 약 740만 엔의 후원금이 모였다.

업계 단체인 'AV 산업의 적정화를 생각하는 모임'은 이어 『AV 신법』으로 인해 업계 활동이 어려워졌다며 개정을 요청했다. 인터넷 방송 프로그램에서도 해당 단체의 활동을 중심으로 『AV 신법』 특집이 편성되었다. 이 프로그램에서 해설을 맡은 우사미 노리야는 전직 관료이자 업계 단체의 서명 발기인이며, 현재는 이 모임의 고문으로 활동하고 있었다. 그는 성 노동론의 전형적인 논리를 반복했다. "『AV 신법』으로 여배우들의 일이 줄어들고, 여배우들이 언더그라운드 현장으로 흘러들며, 비즈니스 환경이 악화되는 악순환에 빠져 있다"는 것이다. 그는 또 "자신의 의지로 출연하는 배우는 피해자가 아니다"라고 말하며 '피해자 구제' 문구 삭제를 요구했다. 그는 콜라보 공격을 노골적으로 선동한 인물이기도 하다.

# 국제연대를 통한 당사자운동의 의미

지음  반성매매 활동가, 성매매경험당사자네트워크 뭉치 운영위원장. 2003년 탈성매매 후 2005년부터 본격적인 반성매매운동에 참여했다. 성매매 여성에 대한 낙인을 변화시키는 당사자운동의 가능성을 증명하며 『성매매방지법』 개정과 성평등 사회 실현을 위해 활동한다.

'성매매경험당사자네트워크 뭉치'(이하 뭉치)는 『성매매방지법』이 시행되고 2006년부터 활동을 시작한 당사자 조직이다. 우리는 성매매를 단순히 '개인의 선택'으로 둔갑시키는 사회에 맞서, 성착취 카르텔에 대해 발설하며 성매매 현장을 변화시키는 활동을 하고 있다. 그리고 한국을 넘어 국제사회의 성매매 경험 당사자들과 긴밀한 연대를 통해 성매매가 결코 한 국가만의 문제가 아니며, 세계 여성에 대한 착취라는 것 그리고 구조적 성 불평등의 뿌리이자 열매라는 것을 당사자들의 목소리를 통해 알리고자 했다.

　　　　　　나는 뭉치에서 19년째 활동하고 있다. 그동안 만난 수많은 여성은 한국 안에서뿐 아니라 국경을 넘어 일본, 호주, 중동, 미국 등지로 유입되었다. 해외 현장에서 '한국식'이라는 이름이 붙으면 더 많은 '서비스'를 더 낮은 금액에 제공해야 한다는 의미다. 국경을 넘어 거래되는 여성들의 현실을 들으며, 나는 묻지 않을 수 없었다. "왜 전 세계의 성매매 현장은 이렇게도 닮아 있는가?" 전국의 당사자 활동가들과 함께하며 성구매자들의 희롱(대표적으로 '내 딸 같아서 하는 말인데'), 유흥업소에 와서 직장 동료들 앞에서 부르는 노래(대표적으로 「사람이 꽃보다 아름다워」)가 똑같다는 것을 알았고 2015년 뭉치의 토크콘서트 「전국의 손님은 5명인가」에서 다루기도 했다. 이후 해외 당사자들과 교류하면서 알게 되었다. 평범한 얼굴을 한 채 거리를 걷지만 성매매 현장에만 들어가면 다른 모습을 보이는 성구매자들, 그건 한국만의 일이 아니었다. 전 세계 어디서든, 성매매 현장에서 그들은 같은 얼굴을 하고 있다.

### 착취를 끝내는 세계의 목소리

누구도 '착취해도 되는 공간, 착취해도 되는 사람이 정해져 있다'고 생각하지 않는다. 하지만 현실은 다르다. 성구매자들은 '저곳에서는 저 여성을 착취해도 된다'고 여기고 이를 목적으로 업소에 간다. 국가의 용인·관리하에 이런 공간, 이런 사람이 곳곳에 존재하는 것이 세계의 현실이다. 이 현실이 방치되는 이유는 뭘까? 대표적으로는, 성매매가 착취가 아니라고 생각하기 때문일 것이다. 당사자 활동가로서 나는 수십 년째 풀 길 없는 답답함을 느낀다. 성매매 현장에서는 예나 지금이나 나열하기도 힘들 만큼, 듣는 것만으로도 괴로운 일들이 일상이다. 그런데 여성들에게 가해지는 '이 모든 짓'이 착취가 아니라고 한다. 구타를 당하는 것도 '일'이고 성착취도 희롱도 모욕도 '일'이 되는 현장을 바꾸려 싸우며 끝없이 질문했다. 누가 무엇을 위해 '이 여성들을 마음껏 착취하라'고 허락했을까? 착취자와 피착취자가 명확한 이 폭력의 굴레를 만들어놓고, 도돌이표처럼 여성들에게만 책임을 묻는 사회가 지긋지긋했다.

성구매자와 방관자의 시선으로 성매매를 논하며, 마치 우리를 대변하는 듯 행세하는 입들을 막고 싶어졌다. 나는 성매매 문제가 '그들'의 경험이 아닌 당사자의 목소리로 사회에 전해지길 바랐다. 또한 우리가 겪은 성매매가 세계의 구조적 문제임을 드러내고 싶었다. 이 고민들을 풀어내기 위해 2019년 성평등 모델 국가 연수, 2020-2021년 온라인 국제포럼, 2019년부터 이어온 일본의 당사자들과의 교류, 2022년 국제심포지엄을 거치며 현장의 목소리를 모아왔다.

    1999년 성평등 모델을 최초로 도입한 스웨덴에서 만난 성매매 경험 당사자, 시민단체, 경찰 공무원들은 한목소리로 성매매를 젠더 기반 폭력이라 규정하며 성매매 문제 해결을 위해 수요 차단에 집중하고 있었다. 시민사회 전반에도 성매매·성착취는 결코 허용될 수 없다는 인식이 자리 잡고 있었고 그 안에서 당사자들은 성착취 현실과 법의 한계, 보완점에 대해 적극적으로 목소리를 냈다.

    2016년 성평등 모델을 도입한 프랑스의 성매매 경험 당사자, 시민단체, 정치인들 역시 법 시행 이후 나타난 성착취 현황과 당사자들의 삶의 변화 그리고 향후 과제까지 구체적으로 공유하며 성평등 모델의 의미를 분명히 했다.

    2020년과 2021년 온라인 포럼에서는 독일, 남아프리카공화국, 영국, 뉴질랜드 등 다양한 국가의 당사자 목소리를 들을 수 있었다. 성매매 경험 당사자의 권리를 위해 성매매를 합법화했으나 성구매자의 권리만 남은 독일의 현재, 성매매 금지 국가이지만 인신매매와 성착취가 만연한 남아프리카공화국의 현실 그리고 성매매를 금지하는 법이 존재하지만 한국과 마찬가지로 '성매매공화국'이라 불리는 일본의 이야기는 다양한 깨달음과 고민을 함께 안겼다. 2022년 국제 심포지엄에서는 프랑스 신법 시행 7년을 맞아 제정 이후 현재까지의 상황을 직접 확인할 수 있었다. 그밖에도 여러 방식으로 이어간 당사자들과의 만남을 통해 성매매가 함께 해결해야 할 전 지구적 문제임을 절감했다.

무엇보다 외롭고 답답하게 느껴졌던 반성매매운동 안에서 분노와 갈증이 아닌 연대와 힘을 발견할 수 있는 시간이었다. 성매매가 여성과 사회에 끼치는 악영향을 발설하며 싸우는 이들이 세계 곳곳에 존재한다는 사실이 놀랄 만큼 힘이 되었다. 처음의 어색함을 지나 깊어지는 공감, 웃음 속에 스며든 분노와 위로, 그 모든 순간이 내 활동의 방향을 굳게 다져주었다. 이 글은 바로 그 만남에서 출발한 기록이다. 국경을 넘어선 당사자들의 연대와 우리가 함께 만들어갈 변화의 여정을 담았다. 성매매를 성착취라 단언하고 행동하는 우리가 존재한다는 사실만으로도 세상은 이미 변하고 있다.

## "노르딕 모델, 실제로 어때요?"
### —스웨덴 당사자 활동가에게 묻다

2019년 6월, 스웨덴에 도착했다. 설레는 마음과 함께 살짝 차가운 공기가 기분까지 맑게 해주었다. 숙소에 짐을 풀고 첫 만남을 위해 향한 곳은 스웨덴 성매매 경험 당사자 조직 '인테 딘 호라'[?]의 활동가 네 명과의 자리였다. 커피숍에 자리를 잡고 마주한 우리는 서로 인사를 나누며, 조심스럽게 이야기를

---

[?] Inte Din Hora, 나는 네 창녀가 아니다

시작했다. 인테 딘 호라는 2017년 스웨덴 미투 운동 당시, 성매매를 경험한 이들의 목소리를 세상에 알리는 활동으로 시작됐다. 당사자들이 공개적으로 이름을 밝히고 활동할 수 없는 상황에서 이들은 SNS를 기반으로 지역별로 활동하고 있었다. 우리가 만난 스톡홀름의 대표와 회원들을 통해 스웨덴 내 당사자 조직의 활동 방식과 현장의 이야기를 직접 들을 수 있었다.

"노르딕 모델 국가에서 살아가는 성매매 경험 당사자로서, 현 제도를 어떻게 느끼세요?"

그들에게 물었다. 우선 세계가 여전히 몸살을 앓고 있는 '성매매 합법화' 논쟁에 대해서 그들은 단호했다. "성매매가 정상적인 '일'로 인정되면 성매매되는 여성이 늘어날 수밖에 없다." 노르딕 모델을 채택하고 시행이 상대적으로 자리 잡힌 스웨덴과 같은 국가에서는 "성구매 자체가 쉽지 않기 때문에 성매매가 더 이상 확장되지 않는다"고 그들은 평가했다. 하지만 모델 자체를 긍정한다 해도 한계점은 있었다. "성구매자에 대한 기소가 충분히 이뤄지지 않"고, 별도의 탈성매매 프로그램이 운영되는 것이 아니라 전체 사회복지 시스템 안에서 지원이 이루어지는 데서 크고 작은 차질이 발생하고 있었다. 비슷한 목표를 가진 당사자 활동가라도, 개인이 소속된 사회의 법과 제도의 수준에 따라 '성매매 문제 해결'에 대해 상상할 수 있는 정도가 다르다고 느꼈다. 한국에서는 성매매 피해자도 처벌받을 수 있기 때문에 얼마나 착취당했는지 경·검찰의 판단에 호소할 수밖에 없고,

성구매자와 알선자에 대한 처벌 수위가 낮아 '기소라도 되면 다행'이다. 하지만 스웨덴의 활동가들은 수요의 문제점에 대해 말하며, 강력한 법 집행을 요구하는 단계에 있었다. 제도가 만드는 차이는 이렇게나 크다. 나는 지금도 가끔 인테 딘 호라의 SNS 계정에 들어가 그들의 소식을 본다. 이들은 온라인 공간에서 자신의 성매매 경험을 공유하고 다양한 단체와 연대하며, 성매매의 성착취적 본질에 대해 지역사회에서 강의를 진행한다.

그들에게 스톡홀름에 또 다른 당사자 활동 그룹이 있는지 물었을 때 멀지 않은 곳에 성매매 집결지가 있는데 그곳에 여성들을 지원하는 당사자 활동가가 있다는 이야기를 들었다. '엔젤'이라 불리는 그는 매주 금요일마다 집결지 여성들을 지원하는 일을 25년간 해왔다고 했다. 스웨덴에 성매매 집결지가 있다고? 당시에는 놀랐지만 어쩌면 당연한 일이었다. 이후 다른 폭력 피해자 지원 단체에서도 엔젤을 소개받았다. 성매매 경험 당사자 여성이 각종 낙인 대신 천사라는 이름을 갖게 되기까지의 노고와 시간을 가늠하며, 그를 만나러 갔다.

그의 사무실에서 백발의 선한 미소를 품은 엔젤을 만났다. 한쪽에 전국 각지에서 보내온 아웃리치 물품들이 정리되어 쌓여 있었다. 엔젤, 엘리세 린드크비스트는 추운 날이면 뜨거운 물과 차를 실은 수레를 끌고, 후원받은 털양말 등을 챙겨 현장으로 나간다고 했다. 반갑게 인사를 건네는 우리에게 그는 자신의 경험을 들려주었다.

아동학대 가정에서 자란 엘리세는 5세부터 가출할 당시인 16세 때까지 성적 학대를 당했다. 학대를 피해 가출한 후 성매매로 유입되었을 때 엘리세는 성매매의 문제점을 잘 몰랐다. 오히려 전과 같은 일을 당하는데 돈을 받는 것이 신기했다고 한다. 탈성매매를 하게 된 건 어느 날 성구매자가 칼로 엘리세의 몸을 찌르면서다. 운이 좋게 살아남았지만, 이렇게 살다가는 언제고 죽을 수 있다는 두려움에 알선자로부터 벗어났다. 이후 그는 거리에서 노숙하며 쓰레기통을 뒤져 음식을 먹고, 술과 마약에 중독되어 생활했다.

이런 유년기를 지나 여성 지원 활동에 생애를 바치게 된 엘리세에게 붙여진 별칭 '엔젤'은 어쩌면 본인이 느꼈던 지독한 외로움과 고통을 다른 이들이 겪지 않길 바라는 그의 마음이 당사자들에게 닿았던 게 아닐까 한다. 엘리세의 안내를 받아 스톡홀름 성매매 집결지로 향했다. 성매매가 일상화된 한국인이 상상하는 집결지는 미아리, 자갈마당, 완월동 같은 어둡고 구석진 소위 전통형(전업형), 또는 네온사인이 화려한 유흥업소 밀집 지역 같은 풍경이다. 그러나 스톡홀름 중심부 말름스킬나스가탄 거리의 '집결지'란 은행과 카페가 있는 평범하고 넓은 길 사이, 지하철역과 스톡홀름 시티 콘퍼런스 사이 지점을 말했다. 한국처럼 업장이 밀집한 곳이 아니라, 저녁이 되면 소수의 여성이 거리 성매매를 하러 나오는 장소였다. 자국 여성은 거의 없고[1] 동유럽과 아프리카에서 이주한 여성 몇몇이 거리로 나온다는 설명이 이어졌다.

## 스웨덴의 성매매 집결지

스웨덴은 성구매 금지법으로 인해 이주 여성의 성매매 유입이 적은 편임에도, 수요가 있으니 매매는 발생한다. 밤이 되면 여성들이 지하철역 인근 커피숍 옆에서 간이 의자에 앉아 있거나 서 있다고 했다. 함께 찾은 그 장소에는 1980년 세워진 에리카 조각상이 자리하고 있었다. 스웨덴 시인 군나르 에켈뢰프의 시 '논 세르비암'[?]의 첫 구절이 새겨진 곳을 응시하는 소녀를 형상화한 작품이다.

> Jag är en främling i detta land men detta land är ingen främling i mig!
> Jag är inte hemma i detta land men detta land beter sig som hemma i mig!
> 나는 이 땅에서 낯선 이방인일지라도, 이 땅은 내게 낯선 땅이 아니다. 나는 이 땅에 속하지 않았을지라도, 이 땅은 내 안에서 마치 집처럼 존재한다.[2]

한국인 '위안부' 소녀상을 떠올리며 에리카를 응시했다. 바닥에 앉아 있는 이 소녀는 누구길래 이렇게 애처로워 보일까? 성매매 집결지라 불리는 이곳에, 무엇을 기억하기 위해 세워졌을까? 조각상이 설치될 당시 이곳은 노숙과 범죄, 성매매로 악명 높은 지역이었다고 한다. 여기 머무는 이들은 낙인과 혐오의 시선을 견뎌야 했을 것이다. 조각상이 세워지기 전부터 지금까지

---

?         Non Serviam, 나는 복종하지 않는다.

이곳을 떠날 수 없었던 여성들을 생각했다. 몸은 여기 있지만 이방인이었을 여성들, 사회적 낙인으로 자신의 존재를 드러낼 수 없었던 여성들. 성평등 모델의 선구자이자 세계 성평등지수 5위 국가 스웨덴의 수도, 그럼에도 성매매 집결지가 잔존하는 이유는 간단하다. 이곳을 찾는 성구매자가 존재하기 때문이다.

조각상을 바라보며 문득 한국의 상황이 겹쳤다. 스웨덴에서는 어두운 역사를 기억하기 위해 조각상이 세워졌지만 한국이라면 불가능했을 일이다. 2000년, 2002년 군산 화재 참사 이후 여러 단체가 군산 개복동에 기억 공간을 마련하고자 애썼지만 거부되었고, 상징물 하나도 세울 수 없었다. 한국 사회는 성매매, 여성 착취에 대해 어떤 기억도 기록도 남기고 싶어하지 않는다. 여성들의 경험, 폭력의 기록을 남기면 성매매를 낭만화, 자연화할 수 없기 때문이다. 기억도 반성도 하지 않는 한국 사회는 여전히 비슷한 폭력을 반복하고 있다.

엘리세와 헤어진 뒤에도 귀국하기 전까지 나는 그 거리를 여러 번 걸었다. 성매매 집결지라 불리는 공간에 어떤 사람들이 오가고 어떤 공기가 흐르는지 직접 느껴보고 싶었기 때문이다. 이방인의 눈에 스웨덴은 고요하고 평온한 나라였지만, 집결지 인근의 풍경은 달랐다. 다른 거리에서는 보기 힘든 스트립 바와 성인용품점이 있었고, 술에 취했는지 약물에 취했는지 모를 남자가 횡설수설하며 우리에게 다가와 말을 걸었다. 자세히 알아듣진 못했지만 조롱 섞인 느낌만큼은 뚜렷이 전해졌다. 고요한 풍경 속 이 거리에만은 불쾌함과 긴장감이 뒤섞여 꿈틀대고 있었다. 한번은 대낮에 스웨덴인으로 보이는 한 남자에게 붙잡히기도 했다. 알아들을 수 없는 이국의 언어지만 나는 알 수 있었다. "no!" 몸이 얼어붙은 채로 내가 소리를 지르자 일행들이 달려와 그와 나를 떼어놓았다. 그가 내게 한 말은 성매매 제안이었다. 아시아계 여성이 이 거리에 서 있다는 것만으로 대상이 되는 것이다. 일순이나마 얼어붙었던 자신에게 화가 났다.

우리가 집결지 거리 끝으로 걸어갈 때까지 그 남자는 여전히 그곳을 맴돌고 있었다. '성공'할 때까지 대상을 물색하려는 듯 보였다. 조금 전까지만 해도 욕이라도 해줄 걸 그랬다고 한탄했는데, 막상 떨어진 거리에서도 그의 눈을 내가 먼저 피했다. 한마디도 할 수 없었다. 아시아인, 여성, 그리고 그가 성구매자라는 조건만으로도 순간적인 위계가 형성되면서 몸을 움츠러들게 했다. 지금 돌이켜봐도 분노가 치민다. 왜 그 순간 나는 그에게 맞서지 못했을까? 성구매를 범죄로 규정하고 처벌하는 성평등 국가에서, 그것도 대낮에 사람들이 오가는 거리에서 성구매 제안이 똑바로 내게 던져졌음에도.

스웨덴 연수 동안 다양한 사람을 만났고 한국 실정을 생각하면 한없이 부러운, 긍정적 지표들을 들을 수 있었다. 그들은 성평등 모델의 기반이 되는 법과 정책에서 보완이 필요한 지점을 이야기하면서도 제도 전반을 긍정적으로 평가했다. 스웨덴 여성로비에서 설명한 스웨덴 『성구매금지법』 제정 '비결'은 특히 마음에 남았다. "여성단체를 주축으로 시민단체와 정부(성평등부·행정부·국회의원)가 힘을 합쳐 법 제정을 이뤄냈다." 정부, 국회, 시민사회의 여성들이 손을 잡고 추진하는 것을 그들은 성평등 입법의 '레시피'라 불렀다.

현장 경찰관의 태도 역시 한국과 판이하게 달랐다. 그는 "성구매자가 성착취 대상을 찾을 수 있다면, 경찰인 우리도 찾아낼 수 있다"고 자신감을 드러냈고 성매매 근절이 사회 질서의 문제임을 인지하고 담당 업무에 열의를 보였다. "성매매는 여성 착취, 마약, 폭력 조직과 연결되어 있으며 범죄 조직이 이윤을 창출하는 주요 방식이기도 합니다." 즉 성매매를 적발하고 줄임으로써 다른 연결된 범죄도 함께 줄일 수 있다는 것이다.

거리에서의 불쾌한 경험을 상쇄할 만큼, 스웨덴의 현장 활동가들 분위기는 인상적이었다. 성평등을 중시하는 법과 보편 복지 체계가 잘 갖춰져 있었고 무엇보다 "우리 지역사회 안에서 성착취는 결코 용납되어서는 안 된다"는 시민의식이 자리 잡고 있음이 체감되었다. 한편 스웨덴에는 탈성매매 지원 체계가 거의 존재하지 않았는데, 한국에는 성매매 여성 지원을 위한 별도의 지원 체계가 운영되고 있다는 점이 중요하게 다가왔다. 한국 사회에서는 성매매 여성에게 씌워지는 낙인과 혐오가 강해 일반 복지 서비스만으로는 접근이 어렵기 때문이지만, 우리의 지원 체계는 장기적으로 한국의 제도 변화 과정에서 중요한 자산이 될 수도 있을 것이다.

## 이제 '물랭루주'는 과거가 될 것이다—프랑스

스웨덴 스톡홀름의 고요함을 뒤로하고 프랑스 파리에 도착하니, 도시의 분주함이 몸으로 느껴졌다. 차량도 많고, 거리는 관광객들로 북적였다. 우리는 현지의 한 활동가와 동행하게 되었는데 그는 따뜻하게 우리를 맞이해주었다. 프랑스는 2016년부터 『성구매자처벌법』을 시행했고 우리가 방문한 시점은 법 시행 4년 차였다.

활동가와 함께 버스와 지하철을 갈아타며 도착한 파리 9구의 피갈 지역은 영화로 유명해진 '물랭루주'가 자리한 곳이다. 19세기부터 성매매 관련 업소들이 모여 있었다는 이 거리의 풍경은 낯설지 않았다. 익숙한 풍경, 한국의 여느 성매매 밀집 지역 같았다. 물랭루주는 관광명소가 되었지만 이곳은 낭만이나 예술의 상징이 되어서는 안 되는 장소다. 오랫동안 여성을 다양한 방식으로 소비해온 이곳에는 착취의 흔적이 켜켜이 쌓여 있다. 지금도 남성 전용 사우나, 공연장, 마사지 업소, 비디오방, 스트립 클럽 등이 밀집해 성업 중이다. 당시 나는 대구 성매매 집결지 폐쇄 이후 현장을 어떻게 기록할지 고민 중이었는데, 물랭루주가 여성을 삭제한 채 관광 자원으로 미화된 것을 보며 경각심을 새겼다. 고민이 무색하게 이후 대구의 현장은 아예 흔적조차 남지 않게 지워져버렸지만 말이다.

피갈 거리는 오랫동안 '파리의 밤문화 성지'로 불렸다. 성구매자 처벌법이 시행된 이후 일부 업소는 간판에 성매매 여성의 출신 국가 국기를 붙여 성매매 가능 업소임을 알렸고, 법 시행 3년이 더 지나고도 여전히 성업 중으로 보였다. 동행한 현지 활동가에 따르면 성구매 단속에 적발된 남성들은 여전히 "늘 하던 건데 왜 문제가 되냐"며 억울하고 당황해한다고 한다. 시간이 더 흐른 지금은 상황이 달라졌을까? 파리는 합법과 금지의 경계에 걸친, 과도기의 풍경처럼 느껴졌다. 그러나 법이 제대로 정착된다면 '성구매할 권리'를 공공연히 주장하기는 어려워진다는 것을 스웨덴에서 보았기에, 조금은 마음을 누그러뜨릴 수 있었다.

  프랑스에 가면 꼭 만나고 싶다고 오래전부터 생각했던 당사자 활동가 로젠 이셰를 마침내 만났다. 곱게 묶은 백발의 그는 기대 이상으로 따뜻하고 친근하게 다가왔다. 그는 어린 시절 가정 내 폭력과 성폭력 피해를 겪었고, 이후 성매매를 하면서 그것이 잘못된 일이라고 생각조차 해본 적이 없었다. 스웨덴의 엘리세가 그랬듯 그는 "성폭력을 당하는 것보다는 성매매를 선택하는 것이 낫다"고 여겼다고 한다. 우리는 엘리세와 로젠의 말을 정확히 이해한다. 뭉치의 동료들도 같은 말을 한다. "집에서는 맞고, 밖에 나오면 성폭력을 당했다. 그런데 성매매 업소에 가니 업주가 예쁘다며 잘 대해주니 오히려 낫다고 생각했다." 이런 말들은 결코 성매매를 긍정하는 표현이 아님을 모두가 알 것이다. 오히려 성매매에 유입되는 여성들의 절박한 상황을 새겨야 한다.

  로젠 이셰가 성매매를 그만두게 된 계기는 2011년 어느 날 성매매 중 갑작스럽게 자아가 분리되는 해리성 증상을 겪으면서였다. 무속인을 찾아갔다가 '트라우마'에 대한 질문을 받았고, 그는 비로소 자신의 트라우마를 반추했다. 그 결과 9세 이후 자신이 단 한 순간도 착취로부터 자유로웠던 적이 없음을 깨닫고 탈성매매하게 되었다. 바로 이듬해인 2012년부터 반성매매 활동을 시작한 그는 2014년에는 프랑스 여러 단체와 함께 성구매자 처벌법 제정을 촉구하며 국토를 종주했고, 2016년 승리를 얻어냈다.

"프랑스의 성구매자 처벌법은 성매매 여성에게 어떤 의미인가요?"

당사자 여성이 속한 현장에서 새 법이 갖는 의미를 묻자 로젠 이세는 이렇게 답했다.

"이 법이 시행된 후 여성들은 성구매자의 폭력에 조금이나마 맞설 수 있게 되었습니다. 성구매자가 신고당할 수 있다는 불안감을 갖는 것만으로도 의미가 큽니다."

성매매 현장에서 여성들은 성구매자의 폭력에 늘 노출돼 있다. 구타나 성적 학대는 흔한 일이고 대응하기도 어렵다. 힘으로 제압당하거나 더 심한 폭력을 당할 수 있고, 심지어 목숨을 잃을 수도 있다는 두려움 때문이다. 이 역시 프랑스만의 일이 아니기에 우리 모두 이해하고 있다. 한국에서도 손님에게 한 번도 안 맞아본 성매매 경험자는 찾기조차 어렵고, '이러다 죽을지도 모른다'는 공포를 겪지 않은 여성 역시 드물다.

성평등 모델의 성취는 지금까지 성매매를 여성 개인의 문제로 바라보던 시선에서 벗어나, 사회가 성구매와 성매매 수요에 초점을 맞추도록 했다. 그 결과 이전에는 여성들이 일방적으로 참아야만 했다면 이제는 성구매자들이 법과 사회의 시선을 의식하고 멈춰야 하는 사회로 변해가고 있다. 이 법은 여성들에게 최소한의 안정망이며, 거부할 권리를 말할 수 있는 기반을 조금씩 넓혀주고 있었다.

탈성매매를 고민하는 여성들을 향해 로젠 이세는 이렇게 전했다.

"수치심이나 죄책감을 가질 필요 없습니다. 제게 가해졌던 폭력과 고통을 인정하면서 비로소 성매매로부터 벗어날 수 있었습니다. 우리가 폭력 속에 있었음을 자각하는 것이 탈성매매의 출발점입니다. 더 이상 남성들의 소유물로 여겨지지 않도록, 인간으로서 당연한 권리를 누려야 합니다."

나는 뭉치 활동을 해온 것을 다시금 자랑스럽게 생각하게 되었다. 때로는 낙인과 혐오의 벽 앞에서, 피해 경험만으로 설명되지 않는 복잡한 현실 앞에서 주춤할 때도 있었다. 그러나 그와의 대화를 통해 우리는 멈추지 않고 현실을 드러내며 변화를 만들어가고 있음을 확인할 수 있었다.

전 세계 곳곳에서 당사자 활동가들이 목소리를 내고 있다는 사실은 벅차도록 감동적이었다. 2016년 노르딕 모델을 도입해 막 변화하기 시작하고 있는 프랑스의 현장감은 대단했다. 성매매 경험 당사자, 여성단체뿐만 아니라 여러 시민단체와 여성부 장관, 국회의원들과의 만남을 통해서도 그 의미와 각각의 분투를 생생히 확인할 수 있었다. 법이 실효성을 갖고 작동하도록 끝까지 싸우는 이들이 있다. 프랑스는 결코 과거로 되돌아가지 않을 것이다.

## 서로를 살리는 당사자의 목소리—일본

지금 수년째 양국을 오가며 연대하는 일본 당사자 활동가들과의 만남은 2019년 10월 '일본 반성착취 연구회 초청포럼'에 초대되면서 시작됐다. 도쿄에 도착한 첫날 콜라보(Colabo)의 당사자 활동가들을 만났다. 콜라보는 성착취 피해 청소년 쉼터를 운영하고 거리의 여성 청소년들이 머물 수 있도록 버스 카페를 설치해 거리 상담 및 지원을 하는 단체다. 참석한 모두가 한국어로 자신을 소개하며 낯설어하는 우리를 반겨주었다. 아, 우리도 일본어로 소개를 준비했으면 좋았을걸!

  콜라보의 청소년 당사자 활동가들이 자신의 성매매 경험을 재해석한 전시회 「우리는 매매되었다」에 관한 이야기를 들었다. 성매매 당시 갔던 모텔, 노숙하던 다리 밑, 방황하던 거리, 자해했던 손목 사진 등을 보여주며 담담히 설명하는 당사자들의 마음이 온전히 우리에게 전해졌다. 한국과 다르지 않은 상황, 어쩌면 더 심각한…… 이내 울음이 터져 나왔다. 참으려 했지만 참아지지 않았다. 혹시라도 우리의 눈물이 동정으로 느껴질까 봐 억누르려 했지만 동질감과 공감, 안쓰러움과 미안함이 솟구쳤다. 우리도 뭉치를 소개하고, 준비해 간 선물과 뭉치 배지를 전했다. 그들이 매우 기뻐하며 배지를 달고는 "나도 뭉치"라며 웃었다. 함께 준비한 음식을 나눠 먹고, 내일 다시 만나자 인사했다.

  콜라보의 니토 유메노 대표와 활동가들의 안내로 성매매 업소가 즐비한 신주쿠 일대 성착취 현장을 방문했다. 그날은 비가 많이 내려, 이런 저녁이면 청소년을 노리는 알선자들이 지하도 밑으로 내려와 활동한다고 들었다.
우리가 지하철에서 내리자마자 지하도 곳곳에 포진한 그들을
쉽게 알아볼 수 있었다. 지상으로 올라가니 바깥 거리에도
'스카우터'라 불리는 남성들이 빼곡히 자리하고 있었다.

      스카우터들을 뚫고 도착한 가부키초는 그야말로
성착취 내부자들이 넘쳐나는 장소였다. 대규모의 다양한
성매매 가능 업소와 성구매자들을 위한 '업소 무료 소개소'가
즐비했다. 여성의 신체가 적나라하게 드러난 간판에서부터
여성의 몸을 세분화하고 각종 '서비스'별로 가격을 매긴
메뉴판[?]은 정말 소름 돋았다. 그 길을 걷는 것만으로도 내 몸은
대상화될 수밖에 없었다. 세일러복을 입은 청소년들이 '걸즈
바'라는 손피켓을 들고 업소 앞에서 호객하는 모습이 보였다.
시선을 어디에 둬야 할지 모를 정도로 여성의 몸을 전시하고
소비하는 간판들, 알선자와 성구매자들. 그 많은 이 사이에서
여성은 '존재'라기 보다는 '대상물'로 놓여 있었다. 처음 내
눈으로 가부키초의 현장을 보고 온 밤, 야쿠자가 운영한다는
업소들이 활개치는 이 지역에서 성매매 여성들이 어떤
위치일지 생각하니 잠을 쉽게 이루기 어려웠다.

      다음 날 뭉치와 일본 당사자들의 비공개
간담회가 열렸다. 회장에는 알록달록한 간식들이 준비되어
있었고 간담회 자리에 모인 이들은 반성착취 연구회 연구자들,
콜라보의 당사자와 활동가, 포르노 피해와 성폭력 반대 단체
팝스(PAPS)의 당사자와 활동가들이었다. 우리가 일본어로 번역한
시각 자료를 활용해 뭉치 활동을 전하는 동안 현장의 뜨거운

---

[?]    간단한 에로 키스, 가슴, 팔베개, 엉덩이베개 같은 식이다.

열기가 그대로 전해졌다. 특히 콜라보 당사자들의 반짝이는 눈빛이 진지한 열의를 더했다. 그런데 청중 한 사람이 유독 눈에 띄었다. 모자를 깊게 눌러쓰고 마스크를 한 채 고개를 숙이고 있는 팝스의 한 당사자였다. 우리 이야기를 듣고 있는지조차 알 수 없었지만 자꾸만 신경이 쓰였다. 간담회는 서로를 격려하며 따뜻하게 마무리되었고, 이어진 식사 자리에서 한국과 다르지 않은 현실과 성착취 경험을 당사자에게 들으며 가슴이 먹먹해졌다. 콜라보 당사자들과 한참 이야기를 나누다가 내내 신경 쓰였던 팝스의 당사자 A에게도 말을 건넬 수 있었다. A는 10대 초반부터 성착취 피해를 당했고, AV 영상이 촬영·유포된 이후에는 얼굴을 가리지 않고는 밖에 나올 수 없었다고 말했다. 하지만 그날, A는 처음으로 마스크를 벗고 환하게 웃으며 우리에게 말했다.

"저도 스스로 성착취 피해자라고 말할 수 있게 됐어요. 없었던 일로 하지 않아도 된다고 생각하게 됐습니다. 저도 두 분처럼 강하고, 멋지고, 아름다운 여성이 될 수 있도록 살아가겠습니다. 오늘까지 살아오길 잘했습니다."

뭉치는 "우리가 뭉쳐서 안 되는 게 어딨니"라는 의미를 담은 이름이다. 그리고 이 순간 '우리'는 일본에도 있음을 확인했다. 3일간의 짧은 만남이었지만 눈물을 흘리고 서로 안아주며 끈끈한 연대를 느낄 수 있었.

2024년, 다시 연락이 닿은 A는 우리와 만난 날을 잊지 않고 있었다. 맨얼굴로 환하게 웃는 사진과 함께, 5년 전 주고받았던 메시지를 간직해두었다며 보내 왔다. 마스크 없이 웃는 얼굴이 고마웠고, "살겠다"던 약속을 지켜줘서 감사했다. 지금은 반성착취 활동가로 더 멋진 삶을 살아가는 A와 다시 연결될 수 있음이 기쁘다. 정말로 서로의 존재만으로도 위로와 용기를 주는 그런 '우리'가 되었다.

### 일본의 성매매 경험 당사자 네트워크 '도카'의 탄생

2019년 콜라보 활동가들과 꼭 다시 만나자 약속했지만 코로나로 그 약속은 미뤄지고 있었다. 그러다 2021년 8월, 일본 반성착취 연구진과 콜라보가 뭉치에 회의를 제안했다. 뭉치가 일본을 방문한 이후부터 콜라보는 일본 내 당사자운동에 대해 진지하게 고민했다고 한다. 이에 뭉치에게 도움을 요청했고, 이에 응하여 의견을 나눈 결과 일본의 당사자 그룹 '도카(등불)'가 결성되었다.
燈火

그리고 다음 해 9월 한국에서 도카와 다시 만날 수 있었다. 결성 후 도카의 첫 공식 활동은 2022년 6월 시행된 『AV 신법』[?] 반대 캠페인이었다. 정부, 시민사회, 인권 단체들이 한뜻으로 추진하는 이 문제적인 법에 콜라보와 도카가 반대 목소리를 내면서 그들은 엄청난 공격에 시달리고 있었다. 그들의 이야기를 들으며 일본 사회가 당사자 목소리를 들을 준비가 되어 있지 않다는 구체적 실감으로 염려가 앞설 수밖에 없었다. 갓 목소리를 내기 시작한 이들이 혐오적인 반응과 공격으로 인해 활동 자체를 힘들어하게 될 수도 있었다.

---

? 관련 자세한 내용은 9장과 부록4 참고

하지만 그들의 목소리는 일본 사회에 너무나 필요하다. 다음 날 연구 세미나에서 도카 당사자 활동가가 발표한 일본 현장 실태의 서두만 들어도 자명했다. 모든 것이 '서비스화'된 성착취 형태의 세부 분류부터 용어까지 놀라울 만큼 구체적이었다. 일본의 시장에서 여성들은 살아 있지 않은 존재처럼 부위별 상품으로 판매되고 있었다. 성구매자가 업소 후기를 작성하면 여성들이 매뉴얼에 맞게 댓글을 작성하고 사진 일기까지 업로드하는 시스템이었다.

일본의 거리를 걷다 보면 쉽게 볼 수 있는 여성 청소년을 업자들은 성착취 현장으로 유인한다. "지금 돈 필요해?, Good Job! 지금 OK! 하루도 OK!" 이 가벼운 어법은 물론 광고의 온도 차에도 소름이 끼쳤다. 여성을 유인하는 광고는 "쉽게 돈 벌 수 있다"는 느낌으로 포장되는데 남성 대상 광고를 보면 "싼 가격에 성매매 가능"으로 시작해 세세한 서비스와 가격표가 대령되는 치열한 시장이다. 누구에게 '쉬운' 돈벌이란 말인가? 하물며 경쟁이 과열되다 보니 성폭행 콘셉트 업소까지 생겨났으며 성구매자에게 '말대꾸하지 않는다'를 셀링포인트로 잡은 성매매 로봇 상품이 등장해 "집까지 배달" 서비스를 하고 있다. 듣는 내내 숨이 막히는 느낌이었다. 이런 현장에서 그들이 얼마나 어렵게 활동하고 있을지, 그들의 고단함이 발표장의 공기를 숙연하게 짓눌렀다.

그날 저녁 도카와 뭉치는 숙소에 모여 밤늦도록 이야기 나눴다. 마침 생일인 도카의 회원을 함께 축하해줄 수 있어 더 뜻깊었다. 눈물을 흘리기도 웃기도 했다. 주어진 시간을 아껴가며 서로의 이야기를 들었다.

> 저는 성매매 경험 당사자라는 말을 한 번도 해본 적이 없습니다. 8월부터 도카 활동을 시작했지만, 이곳에 와도 되는지 망설여졌습니다. 그런데 도카와 뭉치의 이야기를 들으며 '나도 말하고 싶다'는 마음이 생겼습니다. 여러분 덕분에 닫혀 있던 마음이 열리는 변화를 느낍니다. 여기 오길 정말 잘했습니다. —도카 회원

> 어제 간담회에서 일본에서의 제 경험을 처음으로 이야기했습니다. 어떤 힘이 저를 움직였는지 모르겠습니다. 일본 성산업의 현실은 너무 심각했고, 제 앞에 있는 분들이 마치 20대 때의 제 모습 같았습니다. 저는 힘이 없었지만, 여러분이 앞에서 싸우고 있다는 사실이 마음을 아프게 했어요. 여러분이 안전하고 건강하기를 바랍니다. 우리의 활동으로 세상이 변화되길 바랍니다. 이 자리를 오래 기억하겠습니다.
> —뭉치 회원

> 혼자라고 생각했는데, 오래 활동한 분들이 굳건히 걸어가는 모습을 보고 저도 힘을 내야겠다고 다짐합니다. 일본에서 살해 협박과

> 공격을 많이 받아왔기에, 오히려 이곳이 더 안전하게 느껴집니다. 뭉치의 말을 떠올리며 활동하고 있습니다. "우리를 공격하는 이들은 우리의 목소리가 두렵기 때문이다."
> −콜라보 활동가

자신의 성매매 경험을 스스로 인정하고 말한다는 것은 결코 쉬운 일이 아니다. 나도 성매매 현장에서 그리고 탈성매매 이후에도 내 경험을 포장했었다. 마치 나는 피해가 덜했던 것처럼, 내가 주체적으로 선택한 일이었던 것처럼. 왜 그랬을까? 사실은 그렇지 않다고 인정하면, 내가 너무 초라하고 가치 없는 존재가 될 것 같았기 때문이다. 결국은 마주하기 두려웠던 것이다.

하지만 우리는 성착취 현장에서 살아남았고, 가장 가까이에서 함께해주는 동료들이 있기에 결국 이렇게 우리 이야기를 할 수 있게 되었다. 너무 아파서 기억에서 지워버리고 싶었던 경험을 나누면서, 스스로에게 향했던 화살을 뽑아낼 수 있었다.

이 만남으로 모두가 해방감을 느꼈으리라 생각한다. 우리 사이에서 통역해주시던 선생님은 이 자리를 "역사적인 순간"이라 부르며 눈물을 훔쳤다. 그랬다. 한일 당사자의 만남은 뭉치의 슬로건 "우리의 존재가 실천이다"의 의미를 다시 떠올리게 했다.

## 국경을 넘어 무한발설!

『무한발설』일본판 출간을 기념해, 도쿄와 오사카에서 북 콘서트를 열었다. 이 책은 성매매경험당사자네트워크 뭉치 이름으로 출간된 첫 책으로, 당사자인 우리의 '발설'로 현장의 폭력을 고발하고 성매매 문제 해결을 이야기하는 기념비적인 책이다. 도쿄 릿쿄대학교 국제 세미나실에는 통역기 200개가 모두 사용될 만큼 많은 청중이 모였다. 복도에는 책 소개와 함께 반성매매 메시지를 담은 전시물이 설치되어 분위기를 더했다. 무대에 오른 우리가 "뭉치 회원들도 함께하고 있다"라고 소개하자 객석에 앉아 있던 뭉치들이 동시에 일어나 청중을 향해 큰 목소리로 외쳤다.

"우리의 존재가 실천이다!"

이 순간은 우리 모두에게 잊지 못할 장면이 되었다. 뭉치의 대표 문구인 이 문장을 통해 일본의 당사자들에게도 힘을 전하고 싶었다. 뭉치의 한 회원은 "한국에서는 얼굴을 드러내지 못했지만 일본에서 가장 큰 목소리로 내가 성매매 경험 당사자이며 뭉치라고 말할 수 있어 기뻤다"고 소감을 전했다.

도카 회원의 연대 발언이 낭독되었는데, 이런 공개된 큰 자리에서 주고받는 연대의 메시지는 또 다른 울림이었다. 같은 공간에서 같은 마음을 나누는 감격에 눈물이 흘러 제대로 듣기 어려울 정도였다. 마음을 가다듬고 객석을 바라보니 20대에서부터 70-80대까지 학생과 연구자, 활동가, 국회의원, 시민단체 회원, 기자 등 다양한 사람들이 진지한 얼굴로 우리의 이야기에 귀 기울이고 있었다.

        이어진 오사카 북 콘서트에도 100여 명이 모였다. 일본 각지에서 먼 길 기차를 타고 온 당사자 여성들도 있었다. 우리의 이야기는 일본 시민들에게 일본 성착취 현실의 변화를 촉구하는 불씨로서 공감대를 형성했다.

        "한국에서 온 뭉치분들이 환하게 웃으며 '우리의 존재가 실천이다' 플랜카드를 움켜쥔 채 인사하는 모습에 엄청난 힘을 느껴 눈물이 났습니다. 저도 어렸을 때 어디에도 도움을 요청할 수 없었던 고립감과 절망감을 느꼈던 적이 있습니다. 저는 성매매 유입 직전에 발길을 돌릴 수 있었지만 종이 한 장 차이였습니다. 이제는 함께 싸우겠다고 다짐했습니다."

        "정책 결정을 하는 제게 '국가와 사회가 법을 어떻게 만들고 집행하는가에 따라 여성들의 입장이 달라진다'는 지적은 큰 책임감으로 다가왔습니다."

        "콜라보에 대한 공격[?] 이야기에 충격을 받았습니다. 한국이라면 전국의 여성단체들이 가만히 있지 않을 것이라는 말이 인상적이었습니다. 일본도 반드시 바뀌어야 한다고 생각합니다."

        『무한발설』 북 콘서트를 위해 일본에 도착했을 때, 먼저 신주쿠 가부키초에서 콜라보 활동가와 반성착취 연구회 연구자들을 만났다. 4년 만에 다시 찾은 가부키초는 변하지 않은 듯, 그러나 어딘가 달라져 있었다. 마침 7월 7일 '다나바타(칠석)' 축제 기간이어서인지 거리 곳곳이 사람들로

---

[?] 일본의 반성매매 활동 단체 콜라보는 테러 수준의 공격을 받고 있다. 이 책 9장 참고

붐볐다. 특히 메이드복이나 세일러복을 입은 여성 청소년들과 유카타를 입은 남성 호스트들이 쏟아져 나온 듯 많았다. 그 사이사이 성구매자들이 섞여 있었다.

    기록을 위해 가져간 카메라를 꺼내는 것조차 조심스러웠다. 인파를 뚫고 걷다 보니 50대 남성들이 메이드복을 입은 여성 청소년을 뒤따르며 연신 싱글벙글 웃는 모습이 눈에 들어왔다. 오쿠보 공원에 들어가자 잘 곳을 마련하기 위해 성구매자를 찾는 여성 청소년들이 보였고 다시 모퉁이를 돌면 흰 셔츠를 입은 남성 수십 명이 담배를 피우며 거리를 서성이고 있었다. 모두 여성을 기다리는 성구매자라고 했다.

    우리는 카메라를 들고 영상을 촬영했지만 그들은 피하지 않았다. 오히려 손을 흔들며 우리를 조롱했다. 이상한 나라에 떨어진 듯한 기분이 들었다. 어쩌면 이곳에서는 내가 이상한 사람일지도 모른다는 착각이 들 정도였다. 수년 전과 다를 바 없이 부끄러움 없이 여성들을 사고, 집단적으로 희롱하는 가부키초의 위태로운 풍경은 공포스럽다. 이 기록을 위해 기억을 되살리는 것만으로도 마치 불쾌한 스릴러 영화 한 편을 보는 듯하다.

    이번 북 콘서트를 통해 더 많은 이가 성매매 문제에 관심을 가지길 기대했다. '이상한 나라 가부키초'가 더 이상 존재할 수 없게 되기를 바랐다. 그리고 이 현실을 살아가는 일본의 많은 당사자 여성에게 우리의 존재가 언제나 든든한 친구가 될 수 있기를.

## 도비타 신치

오사카 북 콘서트가 끝나고, 일본과 한국의 관계자 및 유곽을 연구하고 있는 교수와 활동가들의 안내로 일본의 전통형 성매매 집결지 도비타 신치를 방문했다. 1912년 오사카 난바 신치 유곽이 대화재로 소실되자 1916년 오사카 시는 신치 유곽을 대신해 도비타 지역에 영업을 허가했고, 1918년부터 본격적으로 도비타 신치 유곽 지구의 운영이 시작되었다. 이후 1957년 『매춘방지법』이 시행되면서 요릿집으로 간판들을 바꾸었지만 현재까지도 암묵적 성매매 업소로 운영되고 있다.

버스에서 내리자 전형적인 성매매 집결지 풍경이 눈에 들어왔다. 도시계획에 맞춰 만들어졌기 때문에 겉모습만 보면 한국의 집결지보다 정돈된 느낌이 들었다. 목조와 콘크리트로 지어진 건물에 기와 모양의 지붕, 입구마다 달린 조명……. 하지만 그 정돈된 겉모습 속에 고통이 진동했다.

> 도비타 신치는 일본의 전통적인 유곽 형태 그대로 남아 있습니다. 여성들이 옷을 차려입고 현관 앞에 앉으면 오카상[?]이 남성을 불러 가격을 흥정합니다. 손님과 여성은 2층 방으로 올라가 성매매를 하고, 기본 시간은 15분에서 30분입니다. 샤워 시설이 없습니다. 지방이나 해외 관광객도 많이 옵니다.[3]

걷고 있는 우리를 보자 '오카상'이 부채로 여성의 얼굴을

---

?           어머니라는 뜻. '현관 이모'를 말한다.

가렸다. 우리는 그곳에 앉아 있는 여성의 마음을 알기에
카메라를 꺼내거나 구경꾼의 모습을 취하지 않았다. 불현듯
가부키초에서 카메라를 피하지 않고 당당히 우리를 조롱하던
남성들이 떠올랐다. 일본에서도 낙인은 오직 여성에게, 그리고
성구매자 남성들만이 자유롭다는 것을 단편적으로 알 수
있었다.

     현재는 영업을 하지 않는 '마스미'라는 업소
내부를 둘러볼 기회가 있었다. 이곳은 2층 목조 건물로 1층은
술과 요리를 팔던 공간이었고, 여성들이 출근했는지 확인할
수 있도록 이름이 적힌 명패가 걸려 있었다. 2층으로 올라가는
좁고 가파른 계단을 지나면 작은 방들이 줄지어 있었는데, 방
안에 들어가려면 신발을 벗어야 했고 공간은 매우 협소했다.

     이런 구조는 한국 집결지에서도 쉽게 볼
수 있는데 1층에는 유리방에 여성들을 '전시'하고, 손님을
호객·관리하는 '현관 이모'가 있으며, 2층으로 가면 다닥다닥
붙어 있는 '본방'과 '타임방' 그리고 층별로 하나씩 있는
욕실까지. 내부를 확인하자 이곳이 한국인지 일본인지
파악하기 어려울 정도로 정말 닮아 있었다. 그 이유는 자명하다.
일본이 식민지 시기 한국에 유곽을 세우고 동일한 형태를
만들어냈기 때문이다.

     내부를 둘러보고 나와 우리는 도비타 신치에서
가장 유명한 업소였던 '다이요시 하쿠방(일명 백번집)' 앞으로
갔다. 건물이 정말 으리으리했는데, 현재는 식당으로 영업하고
우리가 방문한 날은 문을 닫아 안을 볼 수는 없었다. 1999년

일본 정부는 이곳을 "일본 건축 양식의 정수"라며 유형문화재로 지정했다고 한다. 문화재가 된 이 유명 성착취 업소는 여전히 성매매 집결지 안에 있으면서도 여성 착취의 역사는 지운 채 위대한 건축물로서 국가의 보존을 받고 있었다. '자랑스러운 전통 건물'과 '삭제할 폭력의 역사'를 분리해 선별 보존하는 국가의 의지를 눈으로 보고 있자니 이 역시도 한국과 그대로 닮았다 싶었다.

도비타 신치를 걷고 다시 모인 뭉치 회원들은 한동안 말을 잃었다.

"그냥, 나 같아서."

"내가 있던 업소 냄새가 나는 것 같아서."

"도비타 신치에 있었던 친구가 떠올라."

저마다 입에서 한마디씩이 뚝뚝 끊겨 흘러나왔다.

일본에서 만난 많은 여성 역시 폭력 속에서 힘겹게 살아왔다. 하지만 그 폭력을 끊고 스스로의 삶을 재해석하며 '나'로 살아가기 위해 오늘도 버텨내고 있다. 일본에서 만난 당사자의 메시지를 전한다.

> 제가 성매매를 '폭력'이라고 말할 수 있게 된 건 뭉치 덕분이에요. 성매매는 고통스러웠지만, 성매매를 빼고는 나를 설명할 수 없었어요. 성매매는 성 노동이 아닙니다. 성매매는 사회로부터 가해지는 폭력이에요.

## 살아오기를 잘했다

나는 탈성매매 초기 다시 업소로 돌아갈까 생각한 적이 있다. 세상과 동떨어진 듯한 느낌 때문이었다. 업소에 있을 때는 나와 같은 처지의 여성이 많았다. 그곳에서 가질 수 있는 꿈은 돈을 벌어 업소를 하나 차리는 것 외에는, 이런 일을 한 적 없었던 것처럼 살아간다는 막연한 상상뿐이었다. 업소에서는 낙인이 존재한다기보다는 그저 '쪽팔린다'는 정도의 감정이었다. 그러나 밖으로 나오자 그 이상으로 내 자신이 너무 초라하게 느껴져 견디기 힘들었다. 성매매했다는 수치심이 밀려왔고 스스로에 대한 혐오까지 생겼다. 게다가 탈성매매 이후 나를 기다리는 일도 많았다. 법적 문제 해결을 위해 만나고 싶지 않은 사람들과 대질심문을 해야 했고, 나를 괴롭히는 사람에게 대응해야 했으며, 내 망가진 건강도 돌봐야 했다. 멈춰버린 학업을 이어가기 위해 검정고시도 준비했다. 마치 10대 중반부터 삶을 다시 시작하는 듯한 기분이었다.

내가 지금을 살아낼 수 있었던 건 함께했던 반성매매 활동가들과 당사자들이 있었기 때문이라고 단언한다. 나는 그들이 내어준 마음을 통해 나 자신을 다시 세울 수 있었다. 그들은 내게 살아갈 힘이 되어주었다. 그래서 나 또한 내가 걸어온 길과 경험을 다른 당사자들에게 전하고 싶었다. 따뜻한 동료애와 자매애가 없었다면 나는 어떤 삶을 살고 있을지 알 수 없다.

나는 당사자들이 겪는 고립의 벽에 균열을 내고 싶었다. 혼자서는 불가능한 싸움을, 함께라면 해낼 수 있다는 것을 보여주고 싶었다. 나의 경험이 더 이상 개인의 수치가 아니라, 구조적 착취의 결과임을 확인하며 나는 당사자 활동가로 살아가기로 했다.

그 길은 국경을 넘어 이어졌다. 국제연대를 통해 만났던 당사자들의 얼굴과 눈물을 나는 잊지 못한다. 말이 통하지 않아도, 우리는 서로의 삶을 알 수 있었다. 나와 같이 팔렸고, 나와 같이 다른 삶을 꿈꾸기 어려웠던, 낙인 속에 갇혀 있던 여성들의 존재를 기억한다. 우리가 특별해서 성착취 현장에 놓인 것이 아니라, 사회와 환경이 우리를 그곳에 갖다 놓았다. 그래서 국제연대는 단순히 경험을 나누는 자리가 아니었다. 혼자라면 감당하기 어려운 절망도 함께라면 견디고 바꾸어낼 수 있음을 확인하는 과정이었다.

이제 나는 사회에 말하고 싶다. 우리의 목소리를 지우지 말라고. 프랑스의 물랭루주처럼 낭만으로 포장하며 여성 착취의 흔적을 지워버리지 말라. 일본의 도비타 신치처럼 여전히 여성들을 착취하는 공간을 역사적 건축물이라며 기념하지 말라. 한국의 성매매 현장 역시 눈만 돌리면 보이는 곳에 아직도 존재한다. 그곳에는 우리와 같은 여성들이 숨 쉬고 있다. 그들의 목소리를 듣고, 바꾸어야 한다.

나는 법과 정책이 여성들의 삶을 어떻게 바꾸는지 직접 목격했다. 성매매 여성들을 처벌하면 할수록 가해자들의 목소리가 커진다. 그렇다면 성매매 여성들은 또다시 침묵해야 할 것이다. 성매매가 정말 문제라면, 성착취 카르텔을 깨부숴야 한다. 성매매는 찬성과 반대의 문제가 아니다. 여성 인권의 문제다. 성평등과 성매매는 결코 공존할 수 없다. 2025년 한국 여성가족부 장관 인사청문회 당시 원민경 후보가 말한 것처럼,[?] 성매매라는 불평등 속에서 우리는 성평등을 이야기할 수 없다.

   나는 여전히 지칠 때가 있다. 내 경험을 또 얼마나 이야기해야 설득할 수 있을까 답답할 때도 있다. 그러나 나는 안다. 변화는 가능하다는 것을. 그래서 나는 전 세계의 성매매 경험 당사자들에게 말하고 싶다. 변하지 않을 것 같던 성착취 현장은 우리의 활동으로 조금씩 균열이 나고 있다. 우리의 고통이 그들의 기쁨이 되지 않도록, 그들이 정해놓은 우리의 위치를 바꿔내자.

   뭉치는 곧 결성 20년을 맞는다. 그동안 한국 사회는 조금씩 변화해왔다. 우리가 서로에게 살아갈 힘이 되어준 것처럼, 앞으로도 국제연대를 통해 더 많은 당사자와 함께 버티고, 살아내자.

   당사자 활동가로 살아오길 잘했다.

   우리 함께라면 성착취 없는 세상은 가능하다.

---

[?] 이후 원 후보는 장관에 취임했고 '여성가족부'는 '여성'이 빠지고 '성평등가족부'가 되었다.

# 당사자 국제연대의 확장!

코로나로 국제연대 활동은 주춤하는 듯하던 2020년, 뭉치는 온라인으로나마 국제 포럼을 속행했다. 다양한 국가의 성매매 경험 당사자들과 각국의 상황과 당사자운동을 논의하고 연대하는 자리였다. 대면을 기대했던 만큼 아쉬움도 컸지만, 이런 시기에 우리가 다시 만날 수 있다는 것만으로도 기쁨이 앞섰다. 2020년, 2021년 온라인 포럼에서 만난 활동가들의 목소리를 짧게나마 소개한다.

### 마리 메르클링거, 독일

> 독일은 햄버거를 사듯이 성매매가 이루어진다. 독일의 많은 이가 성매매를 여성의 선택이라고 생각하고 성 노동이라 부르지만, 내가 경험한바 이 현실에는 오직 남성의 충족만 있고 여성의 충족과는 아무런 관련이 없었다.

**미키 메지, 남아프리카공화국**

어려운 형편에 가장 역할을 하며 한 달만 성매매를 하겠다고 생각했지만, 결국 9년이나 빠져나오지 못했다. 내 나라에서 성매매를 하는 여성들은 신분증을 가진 경우가 드물다. 다른 안정적인 일자리를 구하거나 사회복지 혜택을 받기 어려운 상황에서 성매매를 하게 되는 것이다. 이들 상황을 고려한 탈성매매 프로그램이 반드시 필요하다.

**후슈케 마우, 독일**

독일의 성매매 합법화가 국제사회에서 '모범사례'처럼 소개되는 데 위기의식을 느낀다. 내가 성매매에 유입된 건 10대 때인데 포주가 경찰이었다. 합법화 국가에서는 경찰이 성매매 알선 '일'을 한다. 그래도 문제가 되지 않는다. 성매매가 합법화된 사회에서는 아주 평범했던 사람들도, 누구나 포주가 될 수 있다.

**앨리 마리 다이아몬드, 뉴질랜드**

뉴질랜드는 실질적 합법화 국가인데, 나는 이곳 현장에서 소수민족 출신으로서 특히 인종차별에 맞서는 목소리를 내고 있다. 성매매 경험 당사자의 목소리 중에서도 유색인 여성들은 배제되고 있다.

> 성매매 자체가 차별과 불평등을 전제하는데
> 소수민족 여성들은 그중에서도 더 상황이 가혹하다.

이어 뉴질랜드 알선자들이 소수민족 여성을 착취하는 방식을 전하는 앨리의 울분 섞인 토로를 듣는 동안 한국의 가까운 과거와 현재를 떠올렸다. "이곳을 집이라 생각해, 이제 우리는 가족이야"라고 말하며 성매매를 강요하던 이들의 얼굴, 감금하고 돈을 갈취하면서 "내가 너를 먹여주고 재워준다"며 자신의 선의를 내세우던 얼굴들. 성구매자뿐만이 아니다. 세계의 알선자들 또한 이토록 닮아 있다.

# 11

# 전 세계에서 성구매자가 모이는 나라

---

나오·마쓰모토·사토미  성매매경험당사자네트워크 도카(燈火) 활동가.
성매매가 여성에 대한 폭력이자 성착취임을 분명히
인지하며, 여성들이 안전하게 연결될 수 있는 공간을
지키고자 한다. 성매매 실태를 사회에 알리고 구조를
바꾸기 위한 당사자운동을 이어가고 있다.

## 나오의 이야기

내가 '원조교제'를 시작한 건 아직 철없던 중학교 2학년 때였다. 처음 몸을 돈과 바꾼 날의 기억은 지금도 생생하다. 제일 먼저 든 생각은 "이렇게 쉽게 돈을 벌 수 있구나"였다. 기분 좋은 척만 하면 되고, 참고 견디기만 하면 된다고 생각했다. 참는 건 늘 해오던 일이었으니 어렵지 않으리라 여겼다. 하지만 돌이켜보면 그 순간 내 안의 어떤 것이 부서져버렸다.

집을 뛰쳐나온 뒤 나는 고향에서 편도로 두 시간이 걸리는 낯선 곳에서 생활을 시작했다. 거처가 없어 다리 밑에서 지내며, 생활비를 벌기 위해 각종 업소, 채팅 레이디,[?] 원조교제를 반복하며 버텼다. 어느 날 출근 중인 듯한 회사원이 "5000엔이면 어때?" 하고 다가왔다. 나는 응했다. 그때의 나에게는 그 돈이 절실했다.

가출을 반복하다가 전 남자친구의 집에서 지내게 되었지만, 여전히 생활비가 필요해 인터넷으로 남자를 만났다. 그러다 낯선 사람에게 성폭행을 당했다. 그 기억은 지금도 트라우마다. 강간의 결과로 임신했다. 낳을 수 없어 낙태했다. 매일매일 미래가 막연히 두려웠다. 이렇게 살다 끝나는 건 아닐까 하는 생각이 머릿속을 떠나지 않았다. 하지만 겉으로는 늘 밝은 척했다. 그래야 돈을 벌 수 있었기 때문이다. 나는 점점 두 개의 자아를 오가며 지쳐갔다.

사실 돈만이 목적은 아니었다. 사람들을 만나며 외로움을 달래고, 내가 살아 있다는 걸 증명하고 싶었다. 하지만 폭력은 일상이었다. 맞거나 걷어차이는 건 당연했고, 물건이

---

[?] 남성 이용자와 온라인 화상·음성·문자 채팅을 하는 여성. 시청자 1명 또는 다수와 실시간 스트리밍을 하며 수익을 위해 성적 퍼포먼스가 동반된다. '성산업으로 인식되는 온라인 업종'이다.

날아오는 일도 흔했다. 매일 "오늘은 어제보다 나았어"라고 스스로를 위로하며 살았다.

누구도 믿을 수 없었다. 모부에게 잡힐까 봐 도망친 날들은 괴로웠다. 집에도, 학교에도 내 자리는 없었고 살 이유를 찾지 못해 인터넷에 빠져 살았다. 그곳에서 알게 된 사람들과 대화하거나 만나는 것이 유일한 즐거움이었다.

시설에 들어가거나 보호 조치를 받으면 다시 집으로 돌려보내질까 두려웠다. 그래서 경찰을 보면 늘 도망쳤다. 원조교제를 그만두려 몇 번이나 결심했지만 끝내 그만둘 수 없었다. "이번 한 번만"이라 매번 다짐하고, 그 자리만의 관계라며 스스로를 합리화했다. 원조교제로 만난, 나보다 오래 살아온 사람들이 던지는 말은 이상하게도 마음에 깊이 파고들었다. 몸을 원하는 사람이라 해도 그들이 기뻐해주면 잠깐은 나도 기뻤다. 그러나 심적 고통은 점점 커졌고 늘 무언가에 쫓기듯 두려웠다. 주변의 시선을 의식하며 혹시 나를 바라보는 건 아닐까 싶어 두리번거리는 습관이 지금까지도 남아 있다.

가출과 성매매를 반복한 끝에 나는 '예비범 소년[??]'으로 분류돼 소년원에 보내졌다. 그곳에서는 내가 가출하고 성매매를 한 원인을 내 정신적 문제라 지적했다. 스스로의 문제로 받아들이고 마주하라고 강요했다. 소년원에서 나오기 위해 모부와 좋은 관계를 연기했다. 그리고 그곳에서 콜라보를 만났다.

소년원에서 유메노 씨의 강연을 듣고 내가

---

[??] 범죄 우려가 있다고 분류된 청소년

성착취를 당하고 있었다는 걸 깨달았다. 눈물이 멈추지 않았다. 나를 사는 남자들을 '역겹다'고 생각해도 된다는 사실을 처음 알게 됐다.

소년원에서 나온 뒤 모부 곁으로 돌아왔지만 내 삶은 금세 예전으로 미끄러지듯 돌아가고 있었다. 더 이상 이렇게 살 수 없다는 생각에 유메노 씨에게 연락했고, 콜라보에서 지내게 됐다.

유메노 씨를 만나면서 조금씩 성착취에서 벗어났다. 안정된 의식주를 확보하고, 낮에 일하며 생활했다. 아웃리치 활동에 참여해 밤거리에 있는 청소년들에게 "콜라보 같은 곳이 있다"고 말을 걸었다. 그러면서 내 과거를 마주하고 받아들이기 시작했다. 그리고 성착취의 현실을 알리고 목소리를 내는 활동을 이어갔다.

콜라보와 함께하면서 나는 성착취가 단순히 개인의 비행이나 잘못이 아님을 알게 됐다. 성착취를 일삼는 어른이 많지만 그것이 '역겹고 잘못된 일'이라는 점조차 일본 사회는 인정하지 않는다는 사실도 깨달았다. '성매매를 하는 여자 잘못'이라 말하며 그 배경에 깔린 사정을 아무도 보려 하지 않았던 것이다. 싫은 일은 싫다고 말해도 된다는 것, 가족이라 해도 나를 소중히 여기지 않는 사람을 억지로 소중히 여길 필요가 없다는 것도 콜라보에서 배웠다. 콜라보에 오기 전, 나는 내 의견을 말하지 못했다. 말하면 어른들은 화를 냈고 결국 그들이 원하는 대로 움직이게 되었다. 하지만 콜라보 활동가들, 거리에서 만나는 다른 여자아이들과 교류하면서, 의견을 말해도 괜찮고 누구도 나를 바보 취급하지 않는다는 안도감을 처음으로 느꼈다.

그러나 오랫동안 참아온 만큼 마음 한편에서는 "이제는 놀고 싶다"는 생각도 들었다. 콜라보에서 알게 된 친구들과 시부야에서 술을 마시고 아침에 집에 돌아오는 생활을 반복했다. 솔직히 말하면, 예전의 나로 돌아가고 있었다. 그 모습을 보면서도 유메노 씨와 활동가들은 내 이야기를 묵묵히 들어주고 앞으로 어떻게 해야 할지 함께 고민해주었다. 하지만 나는 그들의 말에 귀를 닫고 반항했다. 그러다 결국 콜라보를 떠났다. 다시 고향으로 돌아가 밤거리를 떠돌았다. 이번에도 본가에는 갈 수 없었고 생계를 위해 성매매를 다시 시작했다. 공공기관에서는 "미성년자니까 집에 돌아가야 한다"고만 말했다.

그럴 때도 유메노 씨는 나를 기다려주었다. 그래서 다시 돌아올 수 있었고 성매매에서 벗어날 수 있었다. 그 길은 결코 쉽지 않았다. 상처는 지금도 남아 있다. 그렇기에 나처럼 다시 성매매를 시도하거나 자신과 마주하기 두려워 도망치는 사람들도 결국 대부분은 돌아온다. 위급할 때 의지할 수 있고, 항상 편이 되어주며, 함께 고민해준다는 믿음이 있기 때문이다. 지금은 콜라보를 만나 이렇게 웃고 공감할 수 있는 동료를 얻게 된 것이 정말 다행임을 알고 있다.

내가 성매매에서 벗어난 지금도 이 사회에서 여성 청소년들이 살아가기 힘든 현실은 여전하다. 많은 여자아이가 여전히 성매매를 해야만 하는 상황에 내몰리고 있다. 나는 집이 아니어도, 이들이 돌아갈 수 있는 안전한 공간이 더 많아지길 바란다. 콜라보 같은 곳이 곳곳에 생겨나길 바란다. 몸을 팔지 않아도 되는 선택지가 당연히 존재하는 사회를 만들고 싶다. 그리고 나와 같은 고민을 겪는 아이들이 목소리를 쉽게 낼 수 있는 세상을 위해 나는 오늘도 내 목소리를 내고 있다.

### 마쓰모토의 이야기

내가 콜라보를 알게 된 건 SNS 덕분이었다. 성매매를 경험하며 그 고통을 공유할 공간이 필요해 SNS를 시작했는데, 그렇게 알게 된 대부분의 성매매 당사자는 페미니즘에 관심이 많았다. 그들은 매일 SNS를 통해 성산업의 잔혹함과 현실, 남성 중심 사회에서 여성이 살아가기 어려운 점을 이야기했다.

나 역시 유흥업소에 출근할 때마다 겪는 억압과 상처를 익명의 세계에서 나누곤 했다. 모두가 "여기서 어떻게 하면 벗어날 수 있을까"를 어렴풋이 고민하고 있었다. 그 와중에 늘 이름이 오르내리던 단체가 콜라보였다. 처음엔 "그런 활동을 하는 사람들도 있구나" 정도로만 여겼다. 여성이 부당하게 억압받는 뉴스를 접할 때마다 절망감과 무력감이 밀려왔지만, 그럴 때 나는 그저 SNS에 "세상이 절망적이다" 같은 말을 쏟아낼 뿐이었다. 그런데 점차 콜라보가 다른 존재로 느껴지기 시작했다. 그들은 우리가 하고 싶은 말을 대신 전해주는 것 같았다. 콜라보처럼 성구매자를 정면으로 비판하는 단체는 처음이었다. 콜라보는 성매매를 경험한 나에게, 남성들이 멋대로 만들어낸 왜곡된 나, 성구매자가 만들어낸 '성매매 여성'인 나를 깨뜨려주는 존재가 되었다.

콜라보의 활동을 알수록 나는 성산업 속에서 순응하며 살아가던 스스로의 모습을 마주하게 됐다. 당시 나는 모든 걸 포기한 채 '돈을 벌게 해주니 어쩔 수 없지. 이건 다 내 탓이야. 그러니 모든 걸 참고 견뎌야 해'라는 생각이었다. 하지만 시간이 지나면서 다른 질문이 머릿속을 맴돌았다. '왜 내가 이렇게까지 참아야 하지? 문제의 시작은 어디였지? 정말 나만의 잘못일까? 혹시 나와 비슷한 처지의 사람이 있다면, 과연 그 사람에게도 '모두 네 탓'이라고 말할까?' 이런 인식의 변화만으로도 조금은 희망을 품을 수 있었다. 무엇보다 내 스스로가 '아직 나는 완전히 무너진 게 아님'을 느낄 수 있었기 때문이다.

그렇다고 콜라보가 운영하는 버스 카페 같은 지원 시설을 이용하지는 않았다. 하지만 성매매에 갇힌 여자아이들을 구하려는 사람들이 있다는 사실만으로도 큰 위로가 됐다. 과거의 나와 같은 아이들이 구원받고 있을 거라 생각하니, 이 활동은 꼭 필요하며 나도 무엇인가 하고 싶다는 마음이 생겨났다.

어느 날 심야에 유흥업소에서 퇴근해 어두운 방 안에서 무심코 구인 광고를 뒤지다가 SNS를 열었는데, 콜라보가 활동가를 모집한다는 글이 눈에 띄었다. 내가 업소에서 일하며 필사적으로 공부해 취득한 자격증을 살릴 수 있는 자리였다. 무엇보다 콜라보의 활동을 조금이라도 거들 수 있다면 좋겠다고 생각했다. 하지만 현실을 돌아보면 나는 빚만 잔뜩 지고 어떤 뒷배경도 없는 사람이었다. 성매매를 완전히 그만두면 정말 모든 걸 잃을까 봐 두렵기도 했다. 그럼에도 나는 곧장 새벽까지 지원 서류를 작성해 이력서를 보냈다. 그리고 면접 연락을 받았다. '아무 경험도 없는 내가 뭘 할 수 있을까? 그래도 사무나 뒤처리 같은 건 도울 수 있지 않을까.'

면접 자리에서 나는 내 성매매 경험을 솔직히 털어놓았다. 그때 유메노 씨가 조용히 말했다.

"그건 당신 탓이 아니잖아."

그 말을 듣자마자 생각했다.

'어? 그렇구나. 이런 말을 해주는 사람이 있구나. 나는 생전 처음 들어본다.'

예전엔 왜 나는 친구들이 평범하게 학교생활을 즐길 때 밀실에서 남자와 성행위를 해야 할까, 어쩌다 이런 환경에서 자랐을까 원망하기도 했다. 하지만 결국 '모든 게 내 잘못'이라는 결론으로 흐르곤 했다. 유메노 씨의 한마디는 그런 나를 바꿔놓았다.

나는 내 일이나 가정환경, 가난 같은 걸 모두 숨긴 채 '평범한 사람'인 것처럼 살아야 한다고 믿고 있었다. 그러나 조금씩 생각이 바뀌었다. "언제까지 이런 생활을 이어가야 해? 이렇게 살다가 죽고 싶지 않아." 성매매에서 벗어나기 위해 해결해야 할 현실적인 문제가 많았지만, 내 삶을 함께 고민해준 존재가 바로 콜라보다. 이는 그저 겉치레 말만으로 되는 일이 아니었다. 나는 그들과 모든 것을 함께 이야기하며, 활동가의 길을 걸을 용기를 얻었다. 지금의 내가 있게 된 건 그들과의 이 대화 덕분이다.

### 사토미의 이야기

나는 성매매를 그만둔 상태에서 콜라보를 만났다. 페미니즘에 관심이 있어 다른 활동을 하다가 콜라보에서 활동가로 일하고 싶어 연락을 했다. 그때까지 나는 내 성매매 경험을 '피해'라고 생각하지 않았다. 하지만 면접에서 유메노 씨가 "당신은 다르다고 생각해? 그렇지 않아. 그건 피해였어요"라고 말했을 때, 나는 그 자리에서 울음을 터뜨렸다.

그 순간부터 콜라보의 활동과 도카 멤버들을 만나면서 "성매매에 들어가는 경로는 달라도, 그 안에서 겪는 경험은 모두 같다"는 말을 들었다. 또 "성매매를 했던 사람은 누구나 300번쯤은 다시 돌아가고 싶다는 생각을 한다더라"는 이야기를 들으며 공감했다. 우리가 정말로 같은 경험을 해왔음을 알게 되었다. 이런 대화를 하며 나는 내 성매매 경험과 천천히 마주했다. 그 과정에서 내가 받은 상처, 그것이 얼마나 슬프고 아팠는지, 내가 성착취 구조 속에서 이용당하고 있었다는 사실을 조금씩 인식하게 됐다.

나는 모부님이 모두 계셨고, 학대도 없었다.

부유하진 않지만 가난하지도 않은 '평범한' 가정에서 자랐다. 대학까지 다녔고, 외모가 특별히 화려하지도 않았으며, 말도 나름대로 잘했다. 언뜻 보면 성매매와는 전혀 상관없는 사람처럼 보였을지도 모른다.

그런 내가 성매매에 발을 들이게 된 데는 성 노동론의 영향이 컸다. 대학생 때 트위터에서 처음 페미니즘을 알게 되었을 때, 세상이 확 넓어지는 것 같았다. 그 과정에서 "성 노동은 노동이다"라는 말을 알게 되었고 "아, 그럴 수도 있겠구나"라고 쉽게 받아들였다. 내가 즐겨 본 영화들에 많은 '섹스 워커'가 등장했던 것도 영향을 준 것 같다.

하고 싶은 일이 있어 취직하지 않고 아르바이트를 하며 지내던 나는 어느 날 인터넷으로 걸즈 바에 지원했다. 꿈을 이루기 위해 돈이 필요했다. 업자는 나를 차에 태워 풍속업소로 데려갔다. 그때까지 '섹스 워커'에 대한 나쁜 인식이 없고 오히려 자부심을 가질 수도 있는 하나의 직업이라고 생각한 것이 진입 장벽을 낮춘 큰 이유가 됐다.

실제 '일'을 시작했을 때는 낯선 사람과 성적 행위를 하는 것도 전혀 아무렇지 않다고 스스로를 속였다. 그러나 막상 출근하려 하면 공황 발작처럼 토할 것 같은 증상이 나타났다. 그사이 다른 일이 조금 안정되면서 풍속업소는 그만두게 됐다. 하지만 그만두기 전 성병에 걸렸다. 풍속업소에는 질병이나 임신, 폭력의 위험이 늘 도사리고 있었고 그 위험에 비해 벌이는 터무니없이 적었다. 그럼에도 나는 내 경험을 고통이나 피해로 인식하지 않았다.

이제는 정확히 말할 수 있다. 성 노동론은 성매매가 아닌 선택지가 있는 아이들에게도 성매매를 '선택'하도록 부추긴다. 피해가 더 넓게 퍼질 뿐 아니라 '지원자'가 많아져 단가는 점점 낮아지고, 성매매 구조가 강화되며, 결국 그 안에서 벗어나기 점점 더 어려워진다. 더 절박한 상황에서 성매매를 하게 된 아이들의 상황도 더 고통스러워진다. 기뻐하는 건 업자와 성구매자뿐이다.

이 구조를 바꾸려면 무엇보다 법률이 바뀌어야 한다. 지금 성매매 경험 당사자의 목소리는 너무 작고 그마저도 사회에서 들리지 않는다. 내 이야기가 성매매 구조를 바꾸는 데 도움이 된다면, 나는 계속해서 말하고 싶다. 그것이 내가 이 활동을 이어가는 이유다.

### 당사자 네트워크의 설립

우리가 성매매 경험 당사자로서 목소리를 내기 시작한 건 한국의 활동가와 당사자 네트워크 뭉치와의 만남이 계기였다. 뭉치라는 단체의 존재를 처음 알게 된 건 2016년이었다. 그해 콜라보와 연결된 여성 청소년들이 성매매의 실태를 알리기 위해 「우리는 매매되었다」 전시회를 열었다. 그 자리에 한국의 성매매문제해결을위한전국연대 활동가가 방문해, '한국에는 뭉치라는 당사자 단체가 있다'는 메시지를 남겼다. 하지만 그 무렵 우리는 해당 전시로 인해 일본 사회로부터 거센 비난과

공격을 받으며 버티고 있었기에 바로 그들과 직접 만나지는
못했다.

    그러다 이듬해인 2017년 9월, 성매매 경험
당사자들과 함께 서울을 방문했다. 그곳에서 청소년들과
성착취 피해 여성들을 지원하는 현장을 둘러보았다. 일본으로
돌아와서는 그 경험을 우리 실천으로 이어갔다. 또 일본군
위안부 피해자 할머니들을 만나면서, 성착취 피해자는 언어가
달라도 서로의 눈빛과 얼굴만으로도 아픔을 공유할 수 있다는
것을 깨달았다. 목소리를 내는 일이 얼마나 중요한지도 그때
실감했다.

    이후 콜라보와 한국 활동가들은 교류를 깊게
이어갔다. 일본과 한국의 성착취 실태를 함께 공유하고, 당사자
주도의 지원 방식을 논의하는 심포지엄을 열기도 했다. 2018년
11월에는 10대 여성 인권센터와 함께 서울 이화여대에서
「우리는 매매되었다」 전시를 이번에는 한·일 합동으로
개최했다. 한국의 경험 당사자들도 일본을 방문해 콜라보의
쉼터에서 당사자들과 교류를 나눴다.

    2019년 7월, 우리는 서울에서 스터디 투어를
열었다. 일본 각지에서 청년 여성 지원 활동을 하거나 성매매
문제에 관심 있는 의원, 성매매를 경험한 여성들이 한국의
사례를 배우기 위해 참여했다. 이 투어는 일본 전국으로
활동을 확산시키는 데 큰 도움이 되었다. 같은 해 10월, 한국의
뭉치 언니들이 일본을 다시 방문했다. 콜라보의 쉼터에서
지내는 당사자 10대 여성들은 가출과 학대, 학교와 복지

기관에서의 끔찍한 대우, 성매매에 이르기까지의 경험을
털어놓고 싶어했는데 뭉치의 언니들은 세세한 이야기를 듣지
않아도 그 마음을 이해해주었다. 함께 김밥을 만들고 싶다는
일본 여자아이들의 부탁에, 서툰 손놀림으로 김밥을 정성껏
말아주고 서로 눈물을 흘리며 뜨겁게 포옹했던 순간은 지금도
잊을 수 없는 기억으로 남아 있다.

     이후 코로나 시기에도 우리는 대면과 온라인을
오가며 꾸준히 교류했다. 일본에는 당사자들이 안전하고
편안하게 이야기 나눌 수 있는 공간이 거의 없었다. 뭉치와의
만남은 콜라보 외부의 사람과 성매매 경험을 공유하고 상처를
이해받은 최초의 경험으로, 살아갈 희망을 주었다.

     일본에서는 인권운동가, 노동운동가, 미디어
종사자, 연구자 상당수가 성 노동론을 따르고 있다. 우리는 이런
현실에 오랫동안 절망감을 느껴왔다. 성구매자뿐 아니라 이런
성 노동론 활동가들은 우리에 대한 허위 정보를 뿌리며 공격을
지속한다. 그들은 우리 같은 경험 당사자가 성매매의 실태를
이야기하면 그들의 논리가 무너질까 봐 두려워한다.

     성매매 문제는 여전히 '여성 스스로의 책임'으로
치부되기에 당사자가 목소리를 내는 일에는 큰 위험이 따른다.
성매매의 폭력성이나 구조를 이야기하면 "성 노동자를
차별한다"는 낙인으로 찍어 누르고 주제를 바꿔버린다. 우리는
여러 나라의 사례를 배우며, 이것이 전 세계적으로 성매매
구조를 유지하기 위해 반복되어온 방식임을 알게 되었다.
성착취 구조와 여성을 성매매로 끌어들이는 사회적 장치로부터

시선을 돌리게 하여, 구조를 유지해온 이들이 착취의 책임에서 벗어나는 수법이다. 이 사실을 깨닫고 우리는 성매매 실태를 시민들에게 알리는 것이 얼마나 중요한지 더욱 절실히 느꼈다.

일본 시민 대다수는, 심지어 성 노동론을 지지하는 사람들조차 성매매의 실상을 모른다. 당사자들이 경험을 말하기는 너무 위험하기 때문에 우리의 목소리는 잘 들리지 않는다. 미디어나 책에 실리는 대부분의 내용은 남성 작가가 손님을 가장하거나 '이해자'인 척 접근해 여성들의 이야기를 받아 적은 것이다. 그런 글들은 남성의 시선에서 편리하게 정리된다.

우리는 성매매 속에 있을 때 그 경험을 피해라고 말하기 어려웠다. 피해임을 인정하면 살아남을 수 없기 때문이었다. 하지만 대개의 시민은 그런 현실을 상상조차 하지 않는다. '풍속업소'의 이면을 호기심 섞인 시선으로 엿보듯 다루는 책, 만화, 드라마에 어린 시절부터 노출된 사람들은 성매매 여성이 '스스로 그 직업을 택한' '돈을 많이 버는' '문란한' 사람이라고 이미지화한다. 대중문화 작품에는 살기 위해 몸을 파는 여성의 이야기도 등장하지만 언제나 성매매 자체는 사회의 '필요악'이자 불운한 여성들의 '선택지'로 포장된다. 일본 사회의 다수는 성매매를 용인하는 구조 안에 서 있다.

우리 대부분[1]은 10대 때 콜라보와 인연을 맺었고 2015년 무렵부터 성매매의 실태를 더 많은 사람에게 알리고 싶어 활동을 시작했다. 그때는 '우리가 겪은 피해를 다음 세대에 물려주지 않으려면 목숨을 걸고라도 얼굴을 드러내고 모든 걸 말해야만 한다'는 생각도 했다. 상황이 너무 나쁘니 절망스럽고 조급한 마음이었다.

"우리가 나쁜 일을 한 것도 아닌데, 왜 얼굴을 드러낼 수 없는 걸까?"

이후에도 답답할 때가 있었다. 이런 내 물음에 뭉치의 언니들은 이렇게 말했다.

"우리가 부끄러운 일을 해서 얼굴을 드러낼 수 없는 게 아니야. 사회가 너무 안전하지 않기 때문이야."

우리는 지난 10년 가까이 한국의 활동에서 많은 것을 배웠다. 당사자와 활동가 동료들을 만나며 용기를 얻었다. 뭉치와의 만남은 우리에게 큰 전환점이 되었다. 그 계기로 우리는 일본에서도 반성매매 당사자운동을 시작할 수 있었다. 이제 우리가 겪은 것을 이야기하겠다.

### 일본 내 풍속점 실태

일본의 성매매 업소는 종류가 많다. [도표1]은 대표적인 업장을 '서비스'의 단계에 따라 약한 수위부터 나열한 것이다. '리프레'는 리프레시 살롱의 줄임말로, 구매자가 개인실에서 마사지나 동침 같은 서비스를 받는 업소다. 아이치 현(2015), 도쿄 도(2017) 등 일부 지역은 콜라보의 문제 제기로 규제 조례를 제정했지만 여전히 많은 지역에서는 18세 미만이 일할 수 있다. 추가 요금에 따라 노출이 심한 옷 착용, 여성을

**도표1** 풍속점 종류

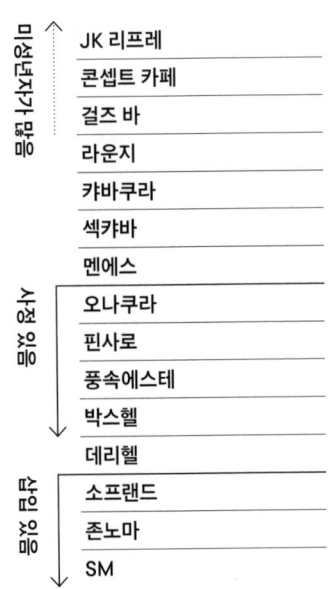

껴안거나 만지는 옵션을 넣을 수 있고 그 이상을 제공하는 업소도 있다. 겉으로는 마사지 업소로 영업한다.

### 여고생 비즈니스와 걸즈 바

2010년대에는 여고생을 가치 높은 상품으로 내세우는 'JK 리프레' 'JK 산책' 같은 JK 비즈니스가 도쿄 아키하바라를 중심으로 전국에 퍼졌다. '여고생(조시코세)'을 뜻하는 JK는 원래 성구매자들이 쓰는 은어였으나 20여 년 전부터는 여고생들이 스스로 그렇게 지칭하기 시작해 지금은 산업이 되었다.

　　　　'JK 산책'은 산책을 명목으로 여고생을 노래방이나 호텔로 데려가는 서비스로 도쿄 번화가에 교복 차림 여자아이와 팔짱을 끼고 걷는 중년 남성이 흔했지만 이를 문제 삼는 곳은 콜라보 외에 거의 없었다. 2014년 콜라보는 이 실태를 책으로 고발하고 외신 기자회견을 열었다. 이후 도쿄 도와 일부 도시에서 규제 조례가 마련되었고 2017년 7월 1일, 도쿄 도는 18세 미만 여성에게 남성 고객 접대를 시키는 'JK 비즈니스'를 금지하는 조례(「특정 이성 접객 영업 등에 관한 규제 조례」)를 시행했다.

     이와 함께 도쿄 도는 "STOP JK 비즈니스!"라는 경고 문구가 담긴 전단과 사이트를 제작해 도립 고등학교 전체에 배포했는데 "취업과 진학에 악영향을 미친다" "미래에 위험하다"는 경고가 적혀 있었다. 학교로 배포된 이런 캠페인은 아이들에게 '네가 조심해야 한다'는 메시지를 주는 데 그쳤다. 도지사 고이케 유리코부터가 문제의 책임을 업자와 구매자에게 묻지 않고 "청소년 스스로 성 피해로부터 자신을 지킬 힘을 길러야 한다"고 강조했다. 그 결과 JK 비즈니스에 유입된 청소년들은 스스로를 탓하게 되었고 피해가 드러나면 퇴학당할까 두려워하는 아이들은 더욱 침묵하게 되었다.

     경찰청도 "STOP! 리얼 JK"라는 제목으로 JK 비즈니스의 위험을 알렸다. 그러나 유엔과 미국 국무부 보고서가 지적했듯, 문제의 본질은 빈곤과 학대, 사회적 고립으로 인해 교육과 복지에서 밀려난 여자아이들이 성매매로 끌려 들어가는 구조에 있다. 더 근본적으로는 여고생을 'JK'라는 성매매 은어로 포장해 상품으로 소비하는 일본 사회에 있다. 하지만 정치도 언론도 이를 문제 삼지 않은 결과 업자들은 규제받은 'JK 산책'과 'JK 리프레' 대신 'JK 카페'로 영업하기 시작했다. 겉으로는 음식점이지만 실상 파는 것은 같고, 성매매로 유입되는 입구 역할을 한다. 이후 JK 자체를 전면에 내걸 수 없게 되면서는 콘카페(콘셉트 카페)로 바뀌었고 2025년 현재까지 활발히 운영되고 있다.

콘카페에서는 18세 미만도 일할 수 있으며, 손님을 맞는 직원들은 학생·간호사·천사·버니걸·메이드·악마 등 다양한 콘셉트의 의상을 입는다. 시급이 일반 아르바이트보다 조금 높고, 출근 시간이 자유롭다는 이유로 여자아이들에게 인기다. 전국 콘카페 정보 사이트 '카페룬'에는 2025년 8월 기준 3353개 점포가 등록돼 있으며 70만 건이 넘는 아르바이트 지원 기록이 올라 있다. 특히 아키하바라 일대에서는 400건 이상의 구인 정보가 검색되며, 그 수가 편의점 숫자의 다섯 배를 넘는다.

매장 안에서 직접적인 성행위가 이루어지는 건 아니지만 "어린 여자아이와 이야기하고 싶다"는 남성이 몰리며 이들이 종업원 여성을 만지는 일은 흔하다. 신주쿠 가부키초 거리에는 보통 50-80명, 많을 때는 200명 정도의 여자아이가 목에 "1시간 2000엔" 같은 팻말을 걸고 호객한다. 회사원이나 학생 신분의 남성들이 친구나 동료와 함께 와서 여자아이를 고르고, 업소에 가기 전부터 몸을 만지는 광경도 드물지 않다. 생활에 어려움을 겪는 여자아이들은 업소에서 알게 된 손님과 호텔에 가거나, 업주에 의해 범죄 조직 남성과 성행위를 강요받기도 한다.

'걸즈 이자카야'나 '걸즈 바'도 흔한 업태다. 걸즈 이자카야는 시급이 약 1500엔으로 일반 이자카야보다 조금 더 높아 '괜찮은 알바'라고 생각하고 면접을 보는 아이들이 많다. 고용된 이들은 노출 의상이나 수영복을 입고 손님을 접대하며 업장에 따라 다양한 서비스 게임이 있다. 예를 들어 '추로스 게임'은 여성 종업원과 양쪽에서 추로스를 물고 다가가 입을 맞추는 서비스인데 손님이 1000엔을 내고 게임을 하면 상대 여성은 500엔을 받는다.

걸즈 바는 법적으로 카운터 너머에서만 술을 서빙해야 하지만 실제로는 옆에 앉거나 몸을 만지는 일이 많다. 미성년자에게 술을 강요하는 곳도 있으며 다트 게임 등을 하면서 손님에게 끌어안기거나 기타 신체 접촉을 허가하기도 한다.

**18세 이상 여성 고용 업장**

'라운지'와 '캬바쿠라(카바레 클럽)'는 종업원 여성이 손님 옆에 앉아 술을 곁들이며 접객하는 가게다. 라운지는 보통 요금대가 높으며, SNS에 올라오는 직원 여성들의 '반짝이는' 생활을 동경해 최근 일하고 싶어하는 젊은 여성이 늘고 있다. 외모와 화술 등 채용 기준이 까다롭다.

'섹캬바'는 '섹시 캬바쿠라'의 줄임말로, '가슴 펍'이라고도 불린다. 기본 서비스는 드레스 속에 손 넣기, 상반신을 노출해 가슴을 만지게 하기, 딥키스다. 손님이 술에 취해 성기에 손을 넣는 등의 행위를 하기도 한다.

'멘에스(남성 에스테틱)'는 마사지 업소 형태로 운영된다. 손님은 종이 팬티만 착용한 채 시술을 받으며 여성은 몸매가 드러나는 옷을 입고 서혜부 등 성기에 닿을 듯한 부위를 아슬아슬하게 마사지한다. 가게에서 "가슴을 더 밀착하라" 등의 지시가 내려오기도 한다. 손님의 성기를 직접 만지는 것은 금지지만 팁을 받고 해당 서비스를 제공하는 업소가 점차 늘고 있다.

'오나쿠라(오나니 클럽)'는 개인실에서 여성이 남성을 사정시키거나, 여성이 손님 앞에서 자위를 하게 하는 곳이다.

'핀사로(핑크 살롱)'는 구강성교가 기본 서비스다. 손님은 별다른 준비 없이 이용하며, 성병 위험이 크다. 어두운 플로어에 작은 박스석이 늘어서 있고 여성들이 10분 간격으로 손님 곁에 붙어 교대로 서비스를 제공한다. 술도 함께 나온다.

'풍속 에스테'는 멘에스와 비슷하지만 한층 과격한 업태다. 딥키스와 신체 접촉이 허용되며, 대부분의 업소에 여성이 전라로 응대하는 '올누드' 옵션이 있다. 구강성교는 금지되어 있으나 마사지의 연장선에서 손으로 사정시키는 서비스를 제공한다.

'박스헬(점포형 헬스)'과 '데리헬(배달형 헬스)'은 모두 기본적으로 구강성교, 핸드잡, 스마타[?] 같은 서비스가 포함된다. 본행위(삽입)는 원칙적으로 금지지만 실제로는 가능한 경우가 많다. 손님의 전신을 핥거나 반대로 그런 행위를 참아야 할 때도 있다. 점포형은 가게의 개별 룸에서 접객을 하지만

---

?     남성 성기로 여성의 허벅지나 엉덩이 사이를 마찰하는 성행위

배달형은 고객의 자택이나 러브호텔로 이동해 서비스를 제공한다. 차량으로 픽업을 받기도 하고 전철로 스스로 이동하기도 하는데, 이동 시간은 근무 시간에 포함되지 않는다. 호텔이나 자택에서의 접객은 특히 위험하다. 폭행이나 강간을 당해도 즉각 도움을 받을 수 없고 협박이나 폭력을 견뎌야 할 때도 있다. 실제로 살인 사건이 발생한 사례도 있다. 스마타는 표면상 삽입이 아닌 행위지만, 많은 손님이 우발적(으로 가장한) 삽입을 시도한다. 이때 콘돔을 사용하지 않는 경우가 많아 성병 감염이나 임신 위험이 높다.

   '소프랜드'는 욕조가 딸린 개인실에 손님이 들어오면 여성이 술이나 음료를 대접한다. 이어 침대에서 대화를 나누며 '분위기'를 만들고, 딥키스하며 '탈의 서비스'[??], 이후 여성도 탈의한 후 몸을 밀착하며 손님을 씻기는 서비스를 제공한다. 로션 등을 이용하거나 '음란의자' 아래에서 남성기나 항문을 핥거나 일부는 앉은 채 삽입을 하기도 하는데 여성이 다칠 위험이 높다. 다음 단계로 욕조에 함께 들어가 다시 몸을 씻겨주는데 이때 '잠망경'[???]을 지시받는 경우가 많다. 다음 단계는 소프랜드의 특징적 서비스인 '매트플레이'로, 에어매트 위에서 전신에 로션을 바르고 여성이 몸으로 손님을 감싸며 진행한다. 여러 가지 곡예 같은 기술이 있으며 체력 소모가 크다. 매트 위에서 본방이 이루어지는 경우도 많으며 이후 침대에서도 서비스가 이어진다.

   최근에는 'NS(노스킨)' 즉 콘돔 없이 성관계를 허용하는 업소가 늘고 있다. 일부 가게는 여성에게 성병 검사를

---

| ?? | 양말과 속옷까지 모든 옷을 여성이 벗겨주며 벗긴 의복을 수건으로 감싸 바구니에 넣는 것 |
|---|---|
| ??? | 욕조 밖으로 성기를 내밀게 한 뒤 구강성교를 하는 것 |

요구하는데 비용은 전액 여성이 부담한다. NS 업소는 기본 질내 사정을 허용하고 손님은 검사를 받지 않으므로 성병 전파 위험이 크다.

'존노마'는 오사카의 도비타 신치로 대표되는
^(ちょんの間)
요정으로 일본의 전통 유곽 형태가 거의 남아 있다. 여성이 정갈하게 차려입고 현관 앞에 앉아 있으면 밖에서 흥정을 끝낸 손님과 2층 방에서 '본행위'를 진행한다. 콘돔 착용 규정은 있으나 샤워 시설은 없어 여성은 화장실에 설치된 호스로 질 내부를 씻는다. 지방이나 해외에서 오는 관광객 성구매자가 많다.

'SM 업소'에서는 헬스에서 제공하는 서비스에 더해 채찍질, 구속, 묶기 같은 신체 폭력이 이루어진다. 배설이나 욕설 등도 일어나며 부상을 입는 일도 많다.

이처럼 수요에 맞춰 업종이 세분되어 있고 새로운 서비스는 계속 생기고 있다. 일본 사회는 여성이 금전의 대가로 거래되고 그 결과 각종 폭력을 당하는 상황을 사실상 공인하고 있다. 동시에 여성들이 성매매에 발을 들이는 진입 장벽은 매우 낮다. 성매매가 지나치게 당연시되고, 사회적으로 여성이 처한 위치가 취약하며, 이를 악용하는 업자들과 수법이 다양하기 때문이다.

온라인에서도 성매매 형태가 존재한다. 메일 레이디나 채팅 레이디가 대표적이다. 처음에는 속옷 사진이나 나체 사진을 보내는 것부터 시작해 점차 수위를 높인다. "사진만 보내도 돈을 벌 수 있다" 등의 광고를 보고 등록하는 학생이 많은데 등록 과정에 신분증을 제출하기 때문에 개인정보가

업자에게 넘어가거나 영상이 녹화될 위험도 있다. 여러 명을
동시에 상대하는 경우도 있으며 여성이 제공하는 행위에 따라
포인트를 부여하고 이에 비례해 금액을 지급받기에 압박이 크다.
구매자와 직접 접촉하지 않으니 안전하다고 생각해 시작하는
여성이 많지만 설령 단 한 번이라도, 이 경험은 우리에게 큰
상흔을 남겼다.

    '원데리'라 불리는 불법 알선 조직도 여전히
활동 중이다. 이들은 잠잘 곳과 식사, 일자리를 제공한다며
미성년자를 성착취로 끌어들인다.

    최근 몇 년 사이 일본에서 보편화된 '파파가쓰'는
직역하면 아빠활동(パパ活)이다. 여성들이 남성과 식사 및 데이트를
하고 금전이나 선물을 받는 형태다. 한 번의 식사나 데이트에 큰
금액을 받기도 하고 월 단위 계약으로 사실상 성매매에 가까운
관계를 맺는 사례도 늘고 있다. SNS에는 "파파가쓰로 육체관계
없이 돈 벌었다"며 지폐 다발 사진이 다수 올라오는데 그중
상당수 계정이 여자인 척하는 스카우터나 알선업자다.

### 너무 많은 업소 그리고 홍보 경쟁

일본에는 성매매 업소(풍속점)가 수없이 많은데, 업소를
운영하려면 『풍속영업 등의 규제 및 업무의 적정화 등에 관한
법률』(풍영법)에 따라 영업 개시 신고나 허가 신청을 해야
한다. 풍영법은 풍속업소 운영자에게 영업 시간, 영업 구역,

금지 행위 등을 규정하고 있다. 그 목적은 "풍속 영업으로 인한 주변 생활환경의 악화를 막고, 청소년을 건전하게 육성하는 것"이라고 명시하는데, 거래되는 여성의 인권에 대한 고려는 전혀 반영되어 있지 않다.

"성풍속 관련 특수영업"으로 신고된 풍속점은 2020년 12월 기준 3만2066개$^2$로 여기에 캬바쿠라, 걸즈바, 콘카페 등을 더하면 약 10만 개, 미신고 업소까지 합하면 헤아릴 수 없이 늘어난다.

그만큼 홍보 경쟁도 치열하다. 전국 풍속점 정보를 모아둔 사이트도 여럿 있는데 가게와 연동해 운영된다. 사이트에 접속하면 "지금 바로 놀 수 있는 여자" "30분 이내 배달해드립니다" 같은 문구와 함께 여성의 정보를 얻을 수도 있다. 광고에는 여성의 신체 사이즈와 선호하는 플레이, 성향, 성감대, "손님을 좋아하게 될 가능성이 있는지" 등의 정보가 적혀 있다.

영업을 위해 여성에게 요구되는 대표적인 것이 '사진일기'다. 여성이 스스로 사진과 함께 온라인에 일기를 올리는 형태인데 출근일마다 업데이트하는 여성이 많다. 예를 들면 "오늘 ○○님을 만나서 기뻤어요. ○○분 코스로 이용해주셔서 감사합니다. ○○님의 ○○는 오늘도 활기차서 정말 좋았어요. 또 기다릴게요"와 같이 성적인 표현을 섞은 감사 메시지다. 수익을 위해 접객한 손님 수대로 하루에 여러 개씩 올리거나 성적인 사진과 함께 올리도록 업소가 요구하기도 한다. 이러한 홍보 압박은 여성 간에도 경쟁이 되어 선택받기 위해 점점 과격하고 개인적인 표현을 쓰거나 성구매자가 원할 것 같은 모습을 연출하게 된다.

이런 경로로 한번 게재된 사진은 거의 영구적으로 남는다. 사진을 올리지 않더라도 업장에서 얼굴을 본 손님에게 스토킹을 당하거나 비방과 중상에 시달리기도 한다. 성구매자가 풍속점 정보 사이트를 검색하다가 지인을 발견한 뒤 이 정보를 퍼뜨리는 일도 드물지 않다. 이때 성구매자 남성들은 풍속 사이트를 찾아다니는 것을 주변에 알려도 아무렇지 않지만 풍속 사이트에 올라왔다고 알려진 여성은 가혹한 차별과 손가락질을 당한다.

성매매 여성의 개인정보와 사생활을 파헤치는 일을 게임처럼 즐기는 남성들도 있다. 신원이 드러난 뒤 여성이 협박을 받거나 강간·살해를 당해도 "성매매를 했으니 어쩔 수 없다"고 여기는 이들의 목소리가 높다. 실제로 그런 사건이 발생했을 때 항의의 목소리를 내는 시민단체도 거의 없다. 그 일을 하고 있는 건 콜라보뿐이다.

지금 일본의 이 끔찍한 성착취 실태를 당사자와 함께 전하고 있는 조직은 콜라보뿐이다. 『여성지원법』 제정을 위한 정부의 검토회에서도 성착취 문제를 당사자와 연결해 발언한 단체는 콜라보 외에는 없었다. 성매매를 구조적 여성 차별로 인식하고 이를 고발하며 그 배후의 남성 중심 사회를 비판하는 단체는 콜라보가 거의 유일하다.

일본의 여성단체 다수는 성매매 현장을 직접 본 적도 없다. 사회운동과 여성 지원 활동을 주로 상류층 여성이 주도해왔다. 성매매 당사자를 지원한 경험이 있는 단체조차 콜라보가 사회의 주목을 받기 전까지는 당사자들을 '외로워서 몸을 판 여자애들' 정도로 대했다. 일부 청년 여성 지원 단체가 '성착취'라는 표현을 쓰기 시작하고 '성매매는 여자아이들의 정신적 문제가 아니'라고 인식하게 된 건 당사자 여성들과 콜라보가 꾸준히 문제를 지적하고 사회 인식을 바꿨기 때문이다. 그러나 이들 단체 가운데 상당수는 자금 확보를 목적으로 성매매를 언급할 뿐, 여전히 업자들의 수법이나 구조를 비판하지 않는다.

이런 상황 속에서 콜라보는 성매매를 명확히 성착취로 규정하고 현장에 직접 들어가 당사자와 연계하며 구체적인 지원 체계를 만들고 있다. 동시에 성적 착취 구조를 바꾸기 위한 투쟁을 이어가고 있다. 이 때문에 콜라보는 일본 사회에서 '과격 단체'로 취급된다. 성착취와 여성 차별에 정면으로 맞서며 이를 정치·행정 문제와 연결해 발언한다는 이유로, 다른 여성단체들조차 콜라보와 거리를 두기도 한다. 행정 비판 같은 '정치적 발언'을 하면 활동이 어렵다는 이유로 구조적 문제를 지적하지 않는 단체가 비영리나 민간 영역에도 많다.

특히 성매매 문제는 배후에 반사회적 조직이 얽혀 있고, 소비자인 남성들의 공격을 받을 위험이 크기 때문에 더더욱 기피된다. 인권 단체들조차 성매매 문제를 정면으로 다루는 것을 두려워한다. 실제로 2022년 이후 이어지고 있는 콜라보에 대한 허위 정보 유포, 비방, 활동 방해 그리고 이를 보호하지 않는 행정이 여성단체들을 더욱 위축시키고 있다.

콜라보가 공격을 받는 이유는 성착취 문제를 정면으로 다루고 반성매매 입장을 분명히 내세우기 때문이다. 무엇보다도 성매매에서 벗어나기를 원하는 현장의 당사자들을 실질적으로 지원하고 있기 때문이다.

### 모든 폭력을 서비스합니다

2022년 8월, 후쿠오카 시 나카스에서는 '최저가'를 내세운 오나쿠라 업소가 개점 5주년을 맞아 "980엔 성매매"라는 기념 캠페인을 열었다. 당일 가게 앞에는 당당한 남성들이 길게 줄을 섰고, 하루 만에 1024명이 방문했다며 업소가 감사 인사를 발표했다.

성매매한 여성은 숨어야 하지만, 성구매자들은 떳떳하다. 떳떳한 성구매자들이 무엇을 사고 있는지 조금 더 이야기하겠다.

일본의 업소에서 제공되는 성적 서비스에는, 앞서 설명한 기본 코스 외에도 다음과 같은 '옵션'들이 있다. 업소마다 옵션의 종류와 범위는 제각각인데 예를 들어 24시간 영업하는 '초저가 풍속점 산큐' 홈페이지를 보면 "베이직 플랜"을 다음과 같이 소개하고 있다.

- 키스, 딥키스
- 전신 립 (전신을 핥는 행위)
- 생펠라 (콘돔 없이 하는 구강성교)
- 고환 핥기
- 식스나인 (서로의 성기를 동시에 자극)
- 스마타
- 손가락 삽입 (여성의 질에 손가락을 넣는 행위)
- 구내사정 (구강 안에서 사정)

이 기본 항목 외에도 '무료 옵션'으로 기재된 행위는 다음과 같다.

- 즉각구강성교 (남성기를 씻지 않고 바로 하는 구강성교)
- 즉각성교(샤워 없이 삽입을 포함한 성행위)
- 이라마치오(여성을 무릎 꿇린 채 구강 깊숙이 성기를 강제로 찌르는 행위)
- 생애널(콘돔 없이 항문에 삽입해 사정. 내부 사정과 외부 사정 옵션을 선택할 수 있음)
- 항문 핥기(씻지 않고 핥기 선택할 수 있음)
- 발가락 핥기(씻지 않고 핥기 선택할 수 있음)
- 노팬티·노브라로 방문
- 휴대폰 사진 촬영 (얼굴 노출 여부 선택)
- 휴대폰 동영상 촬영 (얼굴 노출 여부 선택)
- 청소펠라치오(정액을 청소하듯 입으로 처리)
- 성수(소변을 뿌리거나, 마시거나, 마시게 하는 행위)
- 삼키기(정액 삼키기), 얼굴 사정, 얼굴 위 승마(얼굴 위에 성기를 올리는 행위)
- 절정 직전 멈추기 플레이
- 파이즈리(가슴 사이에 성기를 끼워 문지르기)
- 로터·바이브·전동 마사지기 사용
- 아이마스크, 목줄, 수갑, 입마개, 밧줄 묶기
- 장미 채찍, 스팽킹, 뺨 때리기
- 소변 샤워, 얼굴 사정, 소변 마시기
- 온수·우유·요구르트· 무화과·공기 관장, 강력 펌프식 관장, 코 관장

3부 "성매매를 근절하라"–당사자 투쟁과 국제연대

이 가운데 상당수는 여성에게 고통과 동시에 굴욕을 안기는 행위다. 특히 '코 관장'은 콧구멍을 기구로 벌린 뒤 액체를 흘려 넣는 행위로, 일부 마니아들에게 '비강 강간'이라고 불린다. 한 성구매자는 블로그에서 "여성을 울부짖게 만들고, 마음과 몸을 산산조각 내고 싶을 때 필수"라고 표현하기도 했다.

폭력을 서비스라 말하는 이런 옵션들은 여성의 고통을 상품화한 극단적 사례다. 그밖에도 배변 관련, 구토 및 침 관련, 각종 도구, 강제와 폭력 행위 백여 가지가 옵션 상품이 되어 있다. 예를 들어 '황금 바르기'는 대변을 여성의 몸에 바르는 행위다. '시간아 멈춰라 코스'(구매자가 지시하면 여성이 움직임을 멈추는 연기) 같은 식으로 행위 통제를 구매하거나 '생리 출근' '가정부 플레이' 같은 것을 요구할 수도 있다.

이런 것을 누가 살까? 성구매자는 고등학생부터 회사원, 경찰, 군인, 교수, 변호사, 국회의원, 사업가, 연예인에 이르기까지 다양하다. 우리가 상대했던 손님 중에도 무슨 일이 생기면 연락하라며 명함을 건네거나, 아이 사진을 보여주며 자랑하는 '좋은 아빠'가 많았다. 그들은 성구매하러 온 자신을 전혀 부끄럽게 여기지 않았다. 사회적 지위가 있는 남성들만이 아닌, 생활이 어려운 남성이나 장애를 가진 남성들도 여성을 산다. 정신적·지적·신체적 장애가 있는 손님도 적지 않았고, 목욕이나 양치 습관이 없는 등 극도로 비위생적인 사람도 많았다. 이 다양한 남성 모두가 우리에게 자신의 욕망과 환상을 강요했다. 그러다 때로는 훈계를 덧붙였다. "왜 이런 일을 해? 계속 이러면 모부님이 슬퍼하실 거야."

### 모든 여성의 모든 것을 팝니다

서비스 종류뿐 아니라 업소 콘셉트도 끝이 없을 정도로 다양하다. 임신부 전문 업소, 모유 업소, 생리 여성 전문 업소 같은 것이 있고 '데드볼'이라는 가게는 "아가씨 레벨 일본
<sub>Dead Ball</sub>
최하위"라는 문구를 내세워 "꽝"인 여성을 모은 "지뢰 가게"로 불리며 "회식 벌칙 게임으로 이용해주십시오"라 홍보한다. 여성을 소개한 표현은 다음과 같은 식이다.

> 쬐끄만 아줌마
>
> 다리에 넒은 화상 있습니다
>
> 약간 경차 정도 크기는 되지 않나! 싶은 여성이 들어왔습니다

이렇게 "다른 가게에서 채용 안 되는 여자를 모은 가게"라고 내세우면 구매자들은 그런 여성을 사는 일 자체를 즐기고, 이곳 여성들은 인간이 아닌 취급을 받는다.
        이런 구조 속에서 수많은 여성이 온갖 방식으로 팔리고 있다. 일본의 성산업은 중학생부터 중년 여성까지, 다양한 캐릭터·외모·체형, 장애나 질병, 임신·생리 여부를 가리지 않고 모든 여성을 상품화한다.

> 보육학교 출신 지적 장애 ○○양, 아르바이트 첫 도전!!
> 장애인 수첩을 가진 여자아이지만 의사소통은 가능합니다!
> 플레이는 뭐든지 다 OK! 이해하지 못하는 것도 많을 거라
> 생각하지만, 상당히 순종적이고 항상 밝게 사람과 어울리길
> 좋아합니다♪ 당신의 색깔로 물들여 주세요☆

> 본점은 러브돌이 아닌 살아 있는 인간을 '로봇'으로 제공합니다. 여성을 움직이는 오나홀(자위 도구)로 제공하는 새로운 발상의 업소입니다. 일반 풍속에 싫증 난 분, 여성과의 대화가 서툴거나 불편한 분, 기다리셨습니다! 대화할 필요가 없습니다. 상대는 로봇이니까요.
>
> 지금까지 풍속을 즐기며 뜻대로 되지 않았던 적이 있지 않으신가요? 풍속에서 일하는 여성은 대부분 젊고, 분위기를 살피며 애쓰려 하지만 완벽히 맞추기는 어렵습니다. 때로는 여성의 잡담을 끝없이 들어야 하고, 욕망을 드러내기도 망설여집니다. 겨우 마음이 맞는 사람을 찾아도 업계 베테랑이라 신선함이 부족하죠. 그래서 생각했습니다. 말하지 않아도, 고객님의 욕망을 그대로 쏟아부을 수 있는 상대를 준비하자. 싫은 반응을 걱정할 필요도 없고, 쓸데없이 대화에 시간을 할애할 이유도 없습니다. 말하기가 서툰 분이라도 풍속의 '훌륭한 문화'를 부담 없이 즐기실 수 있습니다. 고객님의 다양한 욕망을 충족시켜 드리기 위해, 완벽한 플레이를 해낼 '미인 로봇'을 준비했습니다. 어떤 변태 업소에서도 실현하지 못했던 '진짜 나'를 마음껏 드러내세요. 상대는 인간이 아니라 로봇이니까요.

업소 광고문 일부

## 전 세계에서 성구매자가 모이는 나라 일본에서 성착취에 맞서다

일본의 성매매 현장은, 구매 경험이 있거나 현장을 목격하는 일본 남성들에게는 익숙할 것이다. 그러나 이 현실을 인권 침해로 인식하거나 착취 구조에 관심을 갖는 사람은 거의 없다. 『매춘방지법』은 성매매 여성을 여전히 "스스로 성매매를 선택한 여성" "타락한 여성"으로 취급하고 있다.

벗어나기 위해 공공기관에 상담하려 해도 적절한 대응을 받기 어렵고, 성매매 경험을 안전하게 털어놓을 수 있는 상담 기관조차 거의 없다. 여성들을 성매매로 내모는 구조가 있음에도 대다수 시민이 "여성의 자유의지"라는 업자의 논리를 그대로 믿는다. 환경이 이렇기 때문에 많은 당사자 여성 역시도 "성매매는 내 선택이었다"고 믿게 된다.

한 성폭력 피해자 지원 센터는 고등학교 수업에서 "동의가 없고, 돈이 없다면 그것은 성폭력입니다"라고 가르쳤다. 이 내용은 미디어에서 호의적으로 보도됐다. 하지만 이 메시지는 "돈을 주면 성폭력도 괜찮다" "동의만 있으면 자유의지의 성노예도 가능하다"는 왜곡된 인식을 학생들에게 심어줄 수 있다. 성폭력 피해자를 지원하는 전문 인력의 인식이 이런 상태다.

이러한 현실을 바꾸기 위해 현장을 경험한 당사자로서 실태를 알리고 구조를 비판하는 이들이 있다. 하지만 곧바로 성 노동론을 주장하는 학자나 업자 측 활동가의 거센 공격을 받는다. 예컨대 한 여성이 자신이 겪은 성매매의 폭력성을 경험담으로 개인 SNS 계정에 적는다. 그러면 그 게시물이 공개적으로 인용되며 '성 노동자 차별이다' '여성의 주체성을 부정한다'는 비난이 쏟아지면서 과거 게시물을 뒤져 게시자의 신상을 특정하려 하고 비방과 중상을 반복한다. 활동가들이 직접 메시지를 보내 "당신의 게시물이 차별을 조장한다" "당신 때문에 다른 당사자가 상처받았다" "성매매에 대한 오해로 당사자가 위험해진다"며 압박한다. 급기야는 '만나자'는 활동가의 요구에 응한 면담 자리에 여러 명이 몰려와 성 노동론 자료를 제시하며 게시자의 '차별 발언'을 비난하고 게시물과 계정을 삭제하도록 설득한다. 그때까지 자신의 경험을 누구에게도 말하지 못하던 당사자 여성 개인은 "내가 이상했구나" "내가 차별을 하고 내 삶을 부정하고 있었구나"라고 믿게 되기도 한다.

성 노동론을 지지하는 이들은 성매매 현장에서 벌어지는 현실적 폭력에 대해 언급하지 않고, 착취 구조에도 주목하지 않는다. 차별에 반대하고 장애인 인권운동에 관여하는 활동가들조차 일본에서는 대부분 성 노동론을 따른다. 성매매 현장은 블랙박스처럼 가려져 있고 사람들은 무슨 일이 일어나고 있는지 알려 하지 않는다. 성매매가 여성의 인권 문제로 포착된 적은 거의 없다. 좌파나 리버럴을 자처하는 남성들의 성매수 경험이 적지 않은 사실과도 무관하지 않을 것이다. 그들은 자신이 가해자, 여성 차별주의자임을 직면하기를 두려워하면서도 스스로 인권 감수성이 높은 사람이라 믿고 싶어한다. 그래서 성착취 실태를 외면하고 "그건 여성들의 자유"라며 문제를 덮어버린다.

많은 여성이 성매매에 휘말리는 배경에는 낮은 임금, 싱글맘으로 아이를 키우며 생계를 이어가야 하는 처지, 사회 전반에 만연한 성희롱, 빈곤과 학대, 고립, 질병과 장애로 인한 취업의 어려움 등이 있다. 하지만 복지 체계로 연결되기는 쉽지 않고 이용 가능한 지원도 턱없이 부족하다. 그 틈새를 파고드는 것이 지금까지 보아온 각종 업자들의 교묘한 수법이다.

여성들을 성매매로 내모는 사회 구조가 존재하고, 이를 묵인·용인하는 사람들에 의해 성매매는 유지되고 확대된다. 점점 더 일상적이고 친숙한 것이 된다. 일본에서는 너무나 쉽게 여성을 살 수 있다. 지금 일본에는 전 세계에서 몰려드는 성구매자가 넘쳐난다. 스웨덴과 프랑스처럼 성평등 모델을 채택한 나라의 남자들도 일본에 와서 여성을 산다. 나라 전체가 남성의 온갖 욕망을 충족시켜주는 성 백화점이다.

이런 사회에서 여성들의 인권과 존엄은 짓밟히고 있다. 이 현실을 더 많은 사람에게 알리고, 성매매라는 인권 침해가 여성에게 '선택'으로 포장되지 않는 사회를 만들기 위해 목소리를 낼 것이다. 당사자의 목소리가 세상에 스며들기는 결코 쉽지 않음을 경험으로 알고 있다. 사회 일반의 인식과 격차를 절감할 때마다 당사자들이 지쳐 무력감에 입을 다물게 되는 것이 일본의 현실이다. 그런 와중에도, 비슷한 처지에서 목소리 내기를 포기하지 않은 세계 곳곳의 활동가들이 우리에게 버팀목이 된다. 국내에는 반성매매의 목소리가 지극히 작아 한계를 느낀다. 하지만 시야를 넓히면, '세계 곳곳에서 같은 일이 벌어지고 있다' 그리고 동시에 '우리와 같은 생각으로 행동하는 사람들이 있다'라는 사실이 떠오르고,

"멈춰 있을 때가 아니다."

용기를 얻는다.

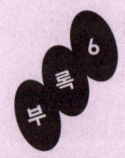

# 여자아이 빚 만들기

### 지하돌과 호스트클럽

일본에서 여성을 성매매로 유인하는 방식은 끝없이 다양하고 점점 더 일상이 된다. 거리 곳곳에는 '풍속업소 아가씨 구인' 차량이 음악을 크게 틀어놓고 돌아다닌다. 길에서 무료로 나눠주는 휴지에도 풍속점 구인 광고가 실려 있다. 여성들은 거리를 걷기만 해도 자연스럽게 성매매 구인 정보를 접하게 된다.

> "짧은 시간에 많이 벌 수 있다!"
> "하루에 10만 엔 가능!"
> "쉽게 고수익!"

이런 문구가 화려하게 적혀 있는데, 여성들은 이런 메시지를 보고 호기심을 갖고 정보를 찾아보게 된다. 구인 사이트뿐 아니라 SNS에도 스카우터가 숨어 있다. 일자리를 소개해준다며 메시지를 보내고, 부드러운 말로 여성들을 유인한다. 번화가 거리에 서서 젊은 여성들에게 집요하게 말을 거는 것도 알선자들이다. "라인 교환하면 1000엔 줄게" "얘기만 해도 3000엔" 같은 말로 유혹하며 카페로 데려간다. 이들 스카우터는 대개 개인이 아닌 조직으로 움직인다.

가부키초에만 매일 밤 100-200명이 알선을 위해 거리를 누빈다.
가부키초를 걷고 있으면 어떤 여성은 10미터마다 알선자에게
붙들린다. 이런 알선은 불법이다. 하지만 단속은 거의 없다.

　　　　　광고와 길거리 알선 외에 흔한 유인 수법은 그루밍이다.
'멘지카'나 남성 콘카페·호스트 클럽에서 일하는 남자들이 길에서 또는
SNS로 여성에게 접근한다. "첫 방문은 1000엔이면 되니까 놀러
오라"며 가게나 이벤트에 초대하고, 연락처를 교환하며 친밀감을
쌓는다. 이후 이들은 해당 여성이 그를 연인처럼 믿게 만들어 그의
가게나 이벤트에 계속 돈을 쓰게 한다. 호스트나 멘지카에게 하루
수십만 엔을 쓴 사례도 흔하다. 호스트 클럽에 빚을 지면 이 여성들을
통제하여 성매매를 하도록 한다. 2023년 신주쿠 오쿠보 공원에서
성매매로 체포된 여성 140명 중 약 40퍼센트가 호스트, 멘지카 혹은
남성 콘셉트 카페에 진 빚을 갚기 위해 성매매를 하고 있었다.

### 호스트 알선의 '매뉴얼'

호스트클럽 등에서 여성을 속여 빚을 지우고 성매매로 유인하는
수법은 수십 년 전부터 있었고 국회에서도 거론된다. 그러면 이들은
'일부 악질 호스트의 일탈'로 곧장 문제를 축소하고, 업자와 손을 잡고
피해자가 아닌 업계를 보호하는 겉치레 대책을 시행한다. 이런 남성
업소에서 일하며 여성 손님을 성매매 알선한 남성이 체포된 적도
있지만 전문 스카우터, 호스트, 남성 콘카페 업자는 조직화되어 있고
이중 극소수만 본보기로 잡힐 뿐이다. 체포되었다 해도 그는 곧 가게로
돌아와 같은 일을 반복한다.

　　　　　한편 여성의 경우는 어떨까? 2024년도에 1998년생
호스티스 여성에게 징역 8년6월, 벌금 800만 엔의 실형 판결이

---

? 　　　남성 지하 아이돌

내려졌다. 검찰 구형은 징역 13년, 벌금 1200만 엔이었다. 여성의 죄목은 여러 남성에게 접근해 연애 감정을 품게 해 돈을 갈취하고, 그 매뉴얼을 판매한 것 등이다. 그런데 여성은 다수 남성에게 사취한 막대한 금액을 '좋아하게 된' 호스트에게 건네고 정작 자신은 캡슐호텔에서 통조림을 먹는 생활을 했다고 알려졌다. 해당 여성의 사례는 세간을 떠들썩하게 만들었지만 남자 호스트들은 이미 수많은 여자아이를 대상으로 이런 행위를 하고 있다. 그들은 체포되지도, 이처럼 무거운 형벌을 받지도 않는다.

   호스트 알선자들이 각종 방식으로 여성을 성매매에 끌어들인 뒤 빠져나가지 못하게 하는 수법도 다양하다. "돈을 더 벌려면 성형을 해보라" 권하고 결탁 관계의 성형업자를 소개해 고액의 수술비를 빚으로 지게 하거나 집이 없는 여성에게 부동산 중개업자나 보증 회사를 연결해주며 생활 기반을 장악하는 식이다. 이렇게 성매매업자, 성형업자, 대출업자, 부동산업자, 호텔 등이 서로 합심해 여성이 빠져나오기 어려운 구조를 만든다. 그러다 보면 심리적으로도 매여버린다. 어떻게든 돈을 모아 벗어나겠다며 주간 아르바이트를 시작했다가도 그곳에서 성희롱이나 성폭력을 겪고 "어차피 이럴 거면 돈을 받고 당하는 게 낫지 않을까" 체념하기도 한다.

   근본적으로, 호스트를 이용한 성매매 알선과 성착취는 오랜 수법이고 방치되어왔으며, 무엇보다 남자에게 당한 여성의 잘못으로 여겨졌다. 그런데 이 문제가 주목받기 시작한 건 최근 몇 년 사이 이들이 '의지할 가족 없는 여성' 외의 여성에게까지 타깃을 넓혔기 때문이다. 복지나 교육에서 배제된 여성만이 아닌 '일반' 여성이 호스트의 먹잇감이 되자 그 부친들이 "내 딸을 유흥업소에 팔다니"라며 분노한 것이 사회적 관심을 모았다. 여성의 인권 침해가 아닌, 딸 가진 아버지의 피해에 주목한 셈이다.

최근 호스트클럽 단속 중 발견된 매뉴얼에는 밤문화에 익숙하지 않은 직장인과 학생 여성을 어떻게 포섭해 알선하는지, '남자친구'가 되어 여성을 함정에 빠뜨리는 수법이 정리되어 있었다. 2025년 6월에는 호스트클럽에 빚 있는 여성을 전국의 성매매 업소로 알선한 스카우터 그룹이 적발됐다. 이들은 "일본 최고"를 목표로 했던 거대 사업체로 전국 1800개 업소에 5년간 7만8000명의 여성을 알선해 60억 엔을 벌어들였다고 보도됐다. 경시청 보안과장은 다음과 같이 인터뷰했다.

> 매뉴얼에는 "풍속녀는 사람이 아니다"라고 쓰여 있고 여성을 물건, 상품으로 팔고 있다. 이 평화로운 일본 안에서 여성이 착취되고, 인신매매와 같은 인간 거래 구조에서 경매 형식으로 거래되고 있다. 게다가 그것이 악질적 비즈니스로 성립되어 있다는 사실에 충격을 받았다.

무슨 소리인가? "인신매매와 같은"이 아니라 인신매매 그 자체다. 게다가 수십 년간 지속된 이런 수법을 경찰이 몰랐을 리 없다. 그들은 알고 있다.

# 주

### 들어가며

1. 1995년, UN은 여성과 소녀의 권리 보호에 초점을 맞춘 가장 중요한 국제회의 중 하나인 제4차 세계 여성 회의를 중국 베이징에서 개최했다. 이 회의에서 회원국들은 여성인신매매방지연합CEDAW을 강화하고 그 이행을 촉구하는 베이징행동강령을 채택했다. 그러나 베이징 플랫폼의 목표가 "여성 인신매매 근절과 성매매 및 인신매매로 인한 폭력 피해자를 지원"임에도, 네덜란드 정부에서 '강제 성매매'라는 용어를 도입해 준비 문서에 포함시킴으로써 성매매 언급에는 대부분 '강제'라는 수식어가 붙게 되었다. CATW(The Coalition Against Trafficking in Women), 2025, Failed Promises: The History of Legal Prostitution and Sex Trafficking in the Kingdom of the Netherlands 참고
2. 낸시 프레이저 2023

### 1장

1. Crowhurst and Skilbrei 2018
2. Di Nicola 2021
3. 금지와 합법의 혼합 모델
4. 뉴질랜드는 '비범죄주의'로 분류되기도 한다. 관련 논의는 5장 참고
5. APRAMP 누리집 apramp.org 참고
6. "The differing EU Member States' regulations on prostitution and their cross-border implications on women's rights", Policy Department for Citizens' Rights and Constitutional Affairs Directorate-General for Internal Policies, EU, 2021.09.
7. "Action Plan against Trafficking in Human Beings", 2009
8. Second National Action Plan to Prevent and Combat Human Trafficking 2016-2020
9. 이범석 2017
10. MacKinnon and Waltman 2025

### 2장

1. World Bank 2016; Asian Development Bank 2017
2. UNDP 2021; Lao Statistics Bureau 2020
3. 도이머이(Đổi Mới) 개혁은 1986년 베트남 공산당 제6차 당대회에서 채택된 일련의 경제·사회 개혁 정책으로, 중앙집권적 계획경제에서 시장지향적 혼합경제로 전환하는 것을 목표로 하였다. 농업 부문에서는 집단농을 해체하고 가구 단위의 생산을 허용했으며, 산업 부문에서는 민간 기업 활동과 외국인 직접투자(FDI)를 장려한 이 개혁은 1990년대

이후 빠른 경제 성장과 빈곤율의 급격한 감소를 이끌었으며 제조업·서비스업·관광업의 비중 확대 계기가 되었다. 동시에 농촌 지역과 소수민족 공동체에서는 불평등과 성별 격차가 심화되는 부작용도 발생했다.
4 ECPAT International 2014; Hoang 2015
5 Phongpaichit 1982; Truong 1990
6 ECPAT International 2014; U.S. Department of State 2024
7 Asian Development Bank 2018
8 ECPAT International 2018; ChildSafe Movement 2019
9 ECPAT International 2014, 2018
10 U.S. Department of State 2024; UNICEF 2020
11 Enloe 1990; Tyner 2009
12 Tyner 2009
13 한국관광공사 2024
14 한국여성정책연구원 2020
15 같은 곳. 한국 성인 남성 1500명 중 42.1%가 일생에 한 번 이상 성구매 경험이 있다고 응답했다. 2013년 56.7%, 2016년 50.7%에서 꾸준히 하락 추세를 보였지만 여전히 성인 남성의 절반 가까이가 성매매 경험을 가진 셈이다.
16 "베트남 한국공장 불이 꺼지면 가라오케 불이 켜진다"『한겨레』 2019.07.31.
17 "'가이드가 알아서 소개해줘'……낯 뜨거운 '나이트 투어'"『SBS 뉴스』 2025.10.09.
18 이 내용은 2021-2024년 라오스 여성연맹(Lao Women's Union)과 함께 진행한 여성폭력 피해자 지원 사업 과정에서 확인한 내부 자료를 바탕으로 했다.
19 IOM 2020; UNODC 2020
20 UNICEF 2016; ECPAT International 2019
21 U.S. Department of State 2024
22 외교부 보도자료 2008
23 U.S. Department of State 2010; 2011; 2015
24 손덕수 1987, 박정미 2014에서 재인용
25 박정미 2014
26 "성착취 관광 지적 잇따르자… 라오스 한국 대사관, 자국민 경고"『여성신문』 2025.09.19.

## 3장

1 CATW 2025
2 "Dramaserie over Yab Yum in de maak, gebaseerd op verhalen van oprichter Theo Heuft", Dutch FilmWorks, 2023.12.18.
3 "Rotlichtgröße Bert Wollersheim - vom Friseur zum Bordellbetreiber", NRZ, 2012.04.07.
4 "성공의 비밀은 인신매매…독일 사창가 황제의 최후"『중앙일보』 2019.06.30.
5 "Operation targeting human trafficking and money laundering: 13 arrests in Romania and Netherlands" European Union Agency for Criminal Justice Cooperation,

| | |
|---|---|
| | 2025.07.21. |
| 6 | "Negen vrouwen in gedwongen prostitutie: tot 11 jaar cel geëist tegen leden van mensenhandel organisatie", OPENBAAR MINISTERIE(네덜란드 검찰청), 2025.05.26. |
| 7 | 대표적 성 노동 옹호 단체 Hydra 외에도 Kassel, Kober, Madonna, Sperrgebiet, Nitribitt, Tamara와 여성 인권 단체 Amnesty for Women이 공동 서명했다. |
| 8 | Schwarzer 2013 |
| 9 | BesD(Berufsverband erotische und sexuelle Dienstleistungen), 2013년 설립된 성 노동자 단체 |
| 10 | "Wer sind die "Sexarbeiterinnen" wirklich?", EMMA, 2014.09.02.; "Prostitution—who gives advice to our government?", EMMA, 2014.09.04. |
| 11 | 서명사로 오른 5명의 이름은 "익명의 다수 성매수자"를 대변하는 이름으로 해석된다. freieroffensive.blogspot.com |
| 12 | 같은 곳 |
| 13 | Schwarzer 2013-2014; Rabe 2014 |
| 14 | SISTERS e.V. Positionspapier 2015; Terre des Femmes Stellungnahmen 2014 |
| 15 | Stuttgarter Zeitung 2014; Die Zeit 2014 |
| 16 | Mau 2022 |
| 17 | "Orgasmus-Verfahren eingestellt: Jetzt kritisiert eine Ex-Prostituierte das Amtsgericht Waiblingen", ZVW, 2020.06.01. |
| 18 | "Der Staat als Zuhälter", KONTEXT: Wochenzeitung, 2020.02.26. |
| 19 | 틸라 샌더스 외, 『매춘의 사회학』, 고경심 외 옮김, 한울, 2022. |
| 20 | TAMPEP international Foundation, "Sex work in Europe A mapping of the prostitution scene in 25 European countries", 2009.09.01. TAMPEP는 1993년 설립하여 유럽연합의 지원하에 유럽 전역에서 활동해온 민간단체 네트워크이자 보건·인권 프로젝트다. 이들의 주요 목적은 HIV/AIDS 및 성병 예방으로 특히 이주 여성 성 노동자를 대상으로 감염 위험을 줄이고, 예방 및 보건 서비스 접근을 지원하는 것이었다. 하지만 TAMPEP는 성매매를 노동으로 전제하고 보건 중심 접근을 한다는 점에서 성매매 폐지주의 입장의 활동가들로부터는 착취 구조 비판이 약하다고 지적받았다. 그러나 '성 노동'을 지지하는 입장에서도 성매매 합법화가 이주 여성을 성매매 시장으로 유인하고 절대다수의 성매매 여성이 취약한 상황에 있다는 사실은 가려질 수 없음을 알 수 있는 보고서다. |
| 21 | National Public Prosecutors' Office 2011 |
| 22 | "Als model gelokt, voor de camera misbruikt", de Volkskrant, 2024.06.22. |

23  네덜란드 사법 및 안전 상임위원회 보고서, 2024.10.10.
24  GRETA 2023
25  IWF 2025, 2022년 기준으로도 네덜란드는 유럽연합에서 가장 높은 비율(32%)을 차지했다.
26  Aidsfonds 2018. 이 조사의 진행 주체들은 현재 네덜란드의 법과 정책이 성매매 종사자를 더 취약하게 만든다고 강조하는데, 그 해결책으로 성매매를 비범죄화해서 모든 성매매 종사자가 노동법의 보호를 받고 폭력의 위험을 줄여야 한다고 말한다. 노동법의 보호와 같은 국가의 안전망 시스템에 들어가기 위해서는 등록이 필수일 수밖에 없는데, 이들이 주장하는 비범죄화의 실체는 도대체 무엇인지 여전히 이해할 수가 없다.
27  BVNM(노르딕모델연방협회)는 '노르딕모델연합'을 전신으로 하여 2023년 설립되었다. 독일 내 약 36개의 회원단체가 있으며, 성매매 여성 비범죄화를 포함한 노르딕 모델 도입 촉구를 목적으로 한다(bundesverband-nordischesmodell.de).
28  BVNM 누리집, "Kommentare und Stellungnahmen zur Evaluation des ProstSchG".
29  같은 글
30  KOK 누리집, "2024 KOK REPORT DATA COLLECTION IN THE CONTEXT OF TRAFFICKING IN HUMAN BEINGS AND EXPLOITATION IN GERMANY".
31  GRETA 2024
32  Mau 2022
33  "Reporterin im Pascha", EMMA, 2013.01.01.

## 4장

1  Walkowitz 2024 참고
2  반성매매를 말하는 페미니스트에 대한 멸칭으로 최근 수년간 사용되고 있는 이 말에는 두 가지 전제가 포함된다. 첫째는 성매매에 반대하는 페미니스트가 성 노동자를 관련 논의에서 배제한다는 것, 둘째는 성매매에 반대하는 페미니스트가 모두 급진주의 페미니스트라는 것이다. 내가 이 용어를 멸칭으로 보는 이유는 반성매매 페미니스트에 대해 부정적 판단을 불러일으킬 수 있는 두 가지 요소(성 노동자 배제 및 미국에서 '백인 중심 페미니즘'으로 비판받는 급진주의 페미니즘) 모두 오류에 기반하고 있기 때문이다. 다시 말해 성 노동자를 배제하며 급진적 페미니즘 입장에서 성매매를 비판하는 관점은 전체 반성매매운동에서 아주 소수에 불과함에도 반성매매운동 전체를 이르는 말로 이 용어가 이름표처럼 활용된다.
3  성매매에 대한 신폐지주의 접근은 다양한 이름으로 불리는데, 이 중 가장 잘 알려진 것으로는 폐지주의(abolitionist)와 급진적 여성주의(radical feminist)가 있다. 이 글은 현재 미국에서 페미니스트 정치로서 작동하는

반성매매운동이 성산업 비판에
초점을 맞추며 급진주의 이후에
등장한 것으로 보기 때문에
신폐지주의라는 용어를 채택했다.
4   Steinem 1983 참고
5   MacKinnon 1989
6   Anderson 2002; Dworkin 1993; MacKinnon 2009
7   Anderson 2002
8   Dworkin and MacKinnon 1988
9   Bracewell 2016
10  Rubin 1984; Vance 1993
11  급진주의 페미니즘과 성급진주의 페미니즘 간의 명칭 혼란을 막기 위해 이후 성-긍정주의라는 명칭으로 통일한다.
12  Marr 2012
13  Rubin 1984
14  McClintock 1992
15  European Parliament 2014
16  성매매 산업 전체 비범죄화를 성매매 합법화의 일종으로 보는 이유 관련 내용은 5장 참고
17  Amnesty International 2016
18  이러한 사례 중 하나로 주디스 그랜트(Judith Grant)의 1993년 단행본과 2006년 논문이 있다.
19  Helmore 2019
20  Parreñas 2006 참고
21  Baker 2019 참고
22  Berg 2021; Hoang 2015; Parreñas 2006 참고
23  Bernstein 2010; Jackson et al. 2017 참고
24  Bernstein 2012; Bracewell 2016 참고
25  인구비율 자료 출처: New York City Population FactFinder, 접속일: 2025.07.26. 체포현황 자료 출처: NYPD ARREST DATA, 접속일: 2025.07.25.
26  Statista; US Census Bureau 자료 기반, 접속일자: 2025.07.25.
27  Bernstein 2007 참고
28  같은 글
29  Hadden 2003
30  ACLU 2020
31  Camacho 2023 참고
32  The Sentencing Project 2021
33  NAACP 2005
34  Bernstein 2010
35  Marcus et al. 2023; Terwiel 2020 참고
36  Kessel 2022 참고
37  Spivak 1988
38  Treisman 2021
39  Barber 2022
40  Geanous et al. 2023
41  Waller 2024
42  D'Emilio 2008[1983]
43  Warner 1999
44  Bivins 2008
45  일단 기독교 윤리는 자본주의의 출발 자체에서 중요한 역할을 담당했다. 자본주의 초기 자신이 구원을 받았는지 아닌지 확인할 길 없던 개신교 공동체 구성원들은 열심히 일하고 낭비나 쾌락을 절제하며 '정직하게 축적한 부'가 신의 소명을 다했다는 증거라고 여겼다(Weber 2011[1904]). 이렇게 출발한 자본주의 정신은 더 빠르게 큰 자본을 취하기 위한 다양한 착취로 이어졌는데 그중 하나가 극단적 착취의 한 형태였던

노예제다. 이후 침례교 및 흑인 목사 등을 중심으로 기독교도는 하나님의 뜻을 따라 노예제에 반대해야 한다는 의식이 1800년대 후반부터 미국 전역으로 퍼지게 되면서(Boles 2025; Zimmerman 2011:569-570) 기독교 공동체가 흑인 노예제 폐지에 주도적 역할을 했다. 즉 노예제를 만든 자본주의 정신과 노예제 폐지운동을 이끈 윤리의식 모두가 종교적 도덕률을 근간으로 하고 있다고 볼 수 있다.

46  Lavin 2024
47  Urban 2025
48  Bernstein 2010; Jackson et al. 2017
49  The Economic Times 2025
50  Berg 2021
51  Koyama 2012
52  Walkowitz 2024:97-99 참고

## 5장

1   European Parliament 2014
2   Mossman 2007
3   European Parliament 2014
4   같은 글
5   이나영 2015
6   이나영 2015
7   같은 글
8   Amnesty International 2016
9   Abel et al. 2007
10  Mossman 2007; Pheonix 2007; Abel et al. 2007
11  Mossman 2007; Abel et al. 2007
12  Cooke and Sontag 2017; Economist Jul. 11, 2003; Healy 2013; CBC Sep. 20, 2016 참고
13  McCarthy et al. 2012 참고
14  Healy et al. 2010
15  Schelzig 2002
16  임웅 2007
17  Naucke 1984; 김성천 2001: 305-306에서 재인용
18  조국 2003; 김학태 2008; 원미혜 2005; 유숙란 2008; 이경재 2007; 정재훈 2013
19  Abbott et al. 2000
20  'Nordic Model Now' 누리집 참고
21  European Parliament 2014
22  NSWP 2016; ICRSE 2017
23  Kavemann 2007
24  정재훈 2013
25  Cho et al. 2013
26  Anderson 2017
27  Behrendt 2016
28  일례로 2005년 뉴질랜드 마누카우시의 보고서는 시내의 길거리 성판매자 수가 네 배가량 늘었다고 밝힌다.

## 6장

1   Trine Rogg Korsvik and Ane Stø 2013
2   Cap International 2017
3   Trine Rogg Korsvik and Ane Stø 2013
4   스웨덴 외무부 2019
5   Trine Rogg Korsvik and Ane Stø 2013
6   같은 글
7   스웨덴 성평등청 누리집 참고
8   스웨덴 성평등청 누리집, 스웨덴 정부 공식 보도자료(2024.10), 인신매매 방지를 위한 시민사회

9    플랫폼 누리집 등 참고
9    프랑스는 1946년 4월 13일 공창제(성매매 집결지 운영 제도)를 공식적으로 종료하는 법률 Loi n°46-685를 통과시켰다. 이 법은 1804년부터 이어져 온 성매매 규제 정책(공창제)을 철폐하고, 합법적으로 운영되어온 모든 성매매 업소 운영을 금지하고 강제로 폐쇄하는 것이었다. 이 법의 시행으로 파리 195개 업소를 포함해 약 1400개의 성매매 업소가 문을 닫았다.
10    프랑스 의회는 하원과 상원의 양원제를 채택하고 있다. 법안은 하원과 상원을 오가며 동일한 형태로 통과되어야 하며 합의에 실패할 때에는 혼합위원회를 구성하여 타협안을 마련한다. 그래도 합의가 안 되면 헌법에 따라 국민의회(하원)가 최종 결정 권한을 가지게 된다. 2013년 12월, 하원은 1차 표결에서 찬성 268표, 반대 138표로 해당 법안을 통과시켰다. 그러나 2015년 3월 상원은 성구매자 처벌 조항을 삭제하고, 호객 행위 처벌을 부활시켰다. 정부와 여성단체들은 이를 "여성에 대한 이중 처벌"이라고 강하게 비판했다. 같은 해 6월 하원이 법안을 원안대로 회복시켰지만 10월, 상원은 다시 성구매자 처벌을 거부했다. 2016년 2월 하원이 세 번째로 원안을 회복시켰고 3월 상원이 또다시 성구매 금지를 거부했다. 2016년 4월 6일, 하원에서 '최종 권한'을 행사해 법안을 통과시키고 4월 14일 법이 공포되었다.
11    Cap International 2017, 법 설명서
12    메리 힐슨, 『노르딕 모델』, 김영미·주은선 옮김, 삼천리, 2010.
13    FACT-S 2025

## 7장

1    SOU(스웨덴 정부보고서) 1981:71, Prostitutionen i Sverige
2    SOU 1995:60, Kvinnofrid
3    Proposition 1997/98:55, Kvinnofrid
4    SOU 2010:49, Förbud mot köp av sexuell tjänst. En utvärdering 1999-2008
5    헌법재판소 2006.06.29. 선고 2005헌마1167 전원재판부 결정. 헌법재판소는 성매매에 제공되는 사실을 알면서 건물을 제공하는 행위를 처벌하는 『성매매처벌법』의 규정이 집창촌에서 건물을 소유하거나 그 관리 권한을 가지고 있는 자의 재산권을 침해하는 것이 아니라고 판단한 결정에서 『성매매처벌법』의 입법 배경에 대해 이같이 설시했다.
6    성매매알선등행위의처벌에관한 법률안(대안)의 제안 이유
7    이얼·김성돈 2010
8    대법원 2013.05.16. 선고 2012도14788, 2012전도252 전원합의체 판결, 이른바 부부강간 사건
9    헌법재판소 2016.03.31. 선고 2013헌가2 전원재판부 결정 중 다수의견

| 10 | 헌법재판소 2016.03.31. 선고 2013헌가2 전원재판부 결정 중 재판관 김이수, 재판관 강일원의 일부 위헌의견 |
| 11 | 헌법재판소 2016.03.31. 선고 2013헌가2 전원재판부 결정 중 다수의견 |

## 8장

| 1 | "백래시에 빠진 남자 청소년 성교육 대안 모색..29일 세미나 개최" 『팍스뉴스』 2018.11.26. |
| 2 | "인권위, "약자 향한 혐오표현, 혐오범죄 더 이상 안 돼"" 『비마이너』 2016.05.31. |
| 3 | 손희정, 『페미니즘 리부트』, 나무연필, 2017. |
| 4 | "'조주빈 40년' 만든 여성 "두려움에 떨며 살 바엔 마녀 될 것" 『한겨레21』 2020.11.28. |
| 5 | "국내 최대 불법 음란사이트 '소라넷' 폐지 뒤엔 'DSO'가 있었다" 『여성신문』 2017.03.07. |
| 6 | 옌스 판트리흐트, 『남성해방』, 김현지 옮김, 노닐다, 2023. |
| 7 | ""나는 여자 안 때린다"고 말하는 남자들뿐이라면 세상은 바뀌지 않는다" 『HUFFPOST』 2019.10.26. |
| 8 | 옌스, 앞의 책 |
| 9 | "전 세계 국가 ¼ 성평등 '백래시'… 민주주의 약화와 연관" 『연합뉴스』 2025.03.06. |

## 9장

| 1 | 이미지 비디오에는 살색 수영복을 입고 벌거벗은 것처럼 보이는 여아를 목욕시키거나, 그의 몸에 하얀 아이스크림이나 음료를 흘리거나, 여아에게 바나나를 빨게 하는 등의 장면이 담겨 있다. |
| 2 | 이들은 "AV 출연 강요는 단 한 건도 없었다" 등 현실과 전혀 동떨어진 발언을 하며 업계를 '비즈니스' 차원에서 옹호한다. 『AV 신법』은 이들이 말하는 허울뿐인 자율 규제를 참고해 만들어졌다. |
| 3 | 이 AV는 비판을 받아 대형 스트리밍 사이트와 아마존에서의 발매 중단이 잇따랐지만 제작사는 자사 사이트와 직판처를 통해 판매를 지속하며 이벤트도 개최했다. AV 배우와의 악수 및 촬영, 속옷 경매 등이 진행되었으며 참가 특전으로 콜라보와 똑 같은 로고와 '일반사단법인 빈곤 여성 자립 지원 단체 Connbe'라고 적힌 명함이 배포되었다. |
| 4 | 유튜브에 공개된 가나메 유키코의 선거 영상에서는 "(저는) 성풍속에서 일하는 사람들의 일자리를 빼앗거나 현장의 목소리를 듣지 않고 곤경에 빠뜨리는 방식에 반대해온 입장입니다. 2-3년 후 『매춘방지법』 개정이 계획되고 있습니다. 그래서 손님들이 처벌 대상이 되지 않도록 막으려고 선거에 나섰습니다."(구마모토 편), "2년 후 『AV 신법』 개정입니다. 성교를 금지하려는 사람들, 그렇게 생각하는 의원도 있어서 풍속에서 일하는 사람들이 곤란해지는 일은 그만둬주길 바랍니다"(기후 편), 스스키노(홋카이도) 편에서는 AV |

프로덕션을 방문해 『AV 신법』으로 인해 어려워졌다는 업자의 말에 "제가 의원이 되면, 노력하겠습니다. 제대로 현장의 목소리를 들어주세요" 등의 발언을 했다. 그가 말하는 '현장의 목소리'는 물론 업자들의 목소리다.
5   도쿄 도 여성 지원 사업에서 피해자의 신원 보호를 중시해온 콜라보를 배제한 것에 대한 비판을 받고 만든 시설이다.

## 10장

1   스웨덴 국적 여성은 소수가 성매매를 하더라도 대개 온라인 플랫폼을 이용한다고 설명했다.
2   Gunnar Ekelöf, "Non serviam".
3   도카,「한·일 반성착취 연대를 위한 연구 교류 세미나」, 2022.

## 11장

1   10대부터 성매매를 시작해 오랜 세월을 그 안에서 보내고, 40대가 되어서야 콜라보와 연결된 사람도 있다.
2   일본경찰청 생활안전국 보안과 2020

# 참고문헌

## 들어가며

CATW(2025), Failed Promises: The History of Legal Prostitution and Sex Trafficking in the Kingdom of the Netherlands.

낸시 프레이저, 『좌파의 길』, 장석준 옮김, 서해문집, 2023.

## 1장

Crowhurst, I., Skilbrei, M.-L.(2018), "International comparative explorations of prostitution policies: lessons from two European projects", *The European Journal of Social Science Research*, Vol. 31, No.2, 142-161.

Di Nicola, A.(2021), "The differing EU Member States' regulations on prostitution and their cross-border implications on women's rights", European Parliament.

MacKinnon, A.C.·Waltman, M.(2025), "Legal Prostitution: A Crime Against Humanity?", *Harvard International Law Journal* Vol.66, 154-228.

이범석「성매매특별법의 성과와 성매매방지 및 지원에 관한 연구」『교정복지연구』 50, 169-195, 2017.

## 2장

Asian Development Bank(2017), Lao People's Democratic Republic: Sustainable tourism strategy, Manila: Asian Development Bank.

―――― (2018), Cambodia: Tourism sector assessment, strategy, and road map, Manila: Asian Development Bank.

ChildSafe Movement(2019), Protecting children in travel and tourism: Training program for drivers, Phnom Penh: Friends International.

ECPAT International(2014), The commercial sexual exploitation of children in East and Southeast Asia: Developments, progress, challenges and recommended strategies for civil society, Bangkok: ECPAT International.

―――― (2018), Offenders on the move: Global study on sexual exploitation of children in travel and tourism, Bangkok: ECPAT International.

―――― (2019), Global study on sexual exploitation of children in travel and tourism. Bangkok: ECPAT International.

Enloe, C.(1990), *Bananas, beaches and bases: Making feminist sense of*

Hoang, K. K.(2015), *Dealing in desire: Asian ascendancy, Western decline, and the hidden currencies of global sex work*, University of California Press.
IOM(International Organization for Migration) (2020), Counter-trafficking data and research on children and young people, Geneva: IOM.
Lao Statistics Bureau(2020), Statistical yearbook of the Lao PDR 2020, Vientiane: Lao Statistics Bureau.
Phongpaichit, P.(1982), *From peasant girls to Bangkok masseuses*, International Labour Organization.
Truong, T. D.(1990), *Sex, money and morality: Prostitution and tourism in Southeast Asia*, Zed Books.
Tyner, J. A.(2009), *The Philippines: Mobilities, identities, globalization*, Routledge.
U.S. Department of State(2010), Trafficking in persons report 2010, Washington, DC: U.S. Department of State.
─── (2011), Trafficking in persons report 2011, Washington, DC: U.S. Department of State.
─── (2015), Trafficking in persons report 2015, Washington, DC: U.S. Department of State.
─── (2024), Trafficking in persons report 2024, Washington, DC: U.S. Department of State.
UNDP(United Nations Development Programme) (2021), Human development report 2021/2022, New York: UNDP.
UNICEF(2016), The sexual exploitation of children in Southeast Asia, Bangkok: UNICEF East Asia and Pacific Regional Office.
─── (2020), Situation analysis of children in Cambodia 2020, Phnom Penh: UNICEF.
UNODC(United Nations Office on Drugs and Crime) (2020), Patterns and trends of children trafficking in Southeast Asia, Vienna: UNODC.
World Bank(2016), Lao PDR: Tourism sector assessment, Washington, DC: World Bank.
박정미, 「성 제국주의, 민족 전통, 그리고 "기생"의 침묵: "기생관광" 반대운동의 재현 정치, 1973~1988년」 『사회와 역사』, 101, 405-438, 2014.
캐슬린 배리, 『섹슈얼리티의 매춘화』, 정금나·김은정 옮김, 삼인, 2002.
한국관광공사, 2024 해외 출국자 통계.
한국여성정책연구원, 『2019 성매매 실태조사』, 2020.
R. W. 코넬, 『남성성/들』, 안상욱·현민 옮김, 이매진, 2013.

## 3장

Aidsfonds(2018), Sekswerk, stigma en geweld in Nederland.

CATW(2025), Failed Promises: The History of Legal Prostitution and Sex Trafficking in the Kingdom of the Netherlands.

GRETA(2023), EVALUATION REPORT NETHERLANDS: Third evaluation round

―――― (2024), EVALUATION REPORT GERMANY: Third evaluation round

IWF(Internet Watch Foundation) (2025), IWF Annual Data & Insights Report 2024.

National Public Prosecutors' Office(2011), Operation Sneep: "The frayed edges of licensed prostitution".

Schwarzer, A.(2014), *Prostitution-Ein deutscher Skandal: Wie konnten wir zum Paradies der Frauenhändler werden?*, KiWi-Taschenbuch.

WODC(2002), Het bordeelverbod opgeheven; prostitutie in 2000-2001. Den Haag: WODC, Onderzoek en Beleid nr. 200.

―――― (2007), Prostitutie in Nederland na opheffing van het bordeelverbod. Den Haag: WODC, Onderzoek en Beleid nr. 249.

―――― (2015), Prostitutie in Nederland anno 2014. Den Haag: WODC, Cahier 2015-1.


4장

ACLU(American Civil Liberties Union) (2020), A Tale of Two Countries: Racially Targeted Arrests in the Era of Marijuana Reform.

Amnesty International(2016), Amnesty International Policy on State Obligation to Respect, Protect and Fulfil the Human Rights of Sex Workers. POL 30/4062/2016.

Anderson, Scott A.(2002), "Prostitution and Sexual Autonomy: Making Sense of the Prohibition of Prostitution", *Ethics*, 112(4):748-80.

Baker, Carrie N.(2019), "Racialized Rescue Narratives in Public Discourses on Youth Prostitution and Sex Trafficking in the United States", *Politics & Gender*, 15:771-800.

Barber, H.(2022), "Sex Trafficking Cases Climb in New York City--but NYPD Is Accused of Turning a Blind Eye", *Telegraph*, October 12.

Bernstein, E.(2007), *Temporarily Yours: Sexual Commerce in Post-Industrial Culture*, University of Chicago Press.

―――― (2010), "Militarized Humanitarianism Meets Carceral Feminism: The Politics of Sex, Rights, and Freedom in Contemporary Antitrafficking Campaigns", *Signs*, 36(1):45-71.

Berg, H.(2021), *Porn Work: Sex, Labor, and Late Capitalism*, The University of North Carolina

Press.
Bivins, Jason C.(2008), *Religion of Fear: The Politics of Horror in Conservative Evangelicalism*, Oxford University Press.
Boles, Richard J.(2025), "Slavery and Religion", *Routledge History of Religion and Politics in the United States Since 1775*, Routledge.
Bracewell, L. N.(2016), "Beyond Barnard: Liberalism, Antipornography Feminism, and the Sex Wars", *Signs*, 42(1):23-48.
Camacho, A.(2023), "The Moral Panic of the Mafioso: The Rise of the Prison Industrial Complex and the Attack on Brown Communities", *Latino Studies*, 21:541-65.
D'Emilio, J.(2008[1983]), "Capitalism and Gay Identity", *Queer Economics*, 181-193, Routledge.
Dworkin, A.(1993), "Prostitution and Male Supremacy", *Michigan Journal of Gender and Law*, 1:1-12.
Dworkin, A., MacKinnon, A.C.(1988), *Pornography and Civil Rights: A New Day for Women's Equality*, Organizing Against Pornography.
Geanous, J., Moore, T., Worrell, G.(2023), "This NYC Avenue Is Overrun by Brazen Brothels Operating in Broad Daylight", *The New York Post*, July 29.
Global Desk(2025), "Porn Ban in US? GOP Senator Pushes Bill to Make All Porn Illegal Nationwide, and It's Moving Forward", *The Economic Times*, August 13.
Grant, J.(1993), *Fundamental Feminism: Contesting the Core Concepts of Feminist Theory*, Routledge.
—— (2006), "Andrea Dworkin and the Social Construction of Gender: A Retrospective", *Signs*, 31(4):967-93.
Hadden, S.E.(2003), *Slave Patrols: Law and Violence in Virginia and the Carolinas. Cambridge*, Harvard University Press.
Helmore, E.(2019), "How AOC and a Queer Candidate for DA Could Create a Sex Work Revolution", *The Guardian*, June 23.
Hoang, K.K.(2015), *Dealing in Desire: Asian Ascendance, Western Decline, and the Hidden Currencies of Global Sex Work*, University of California Press.
Jackson, C.A., Jennifer J. R., Barbara G. B.(2017), "Strange Confluence: Radical Feminism and Evangelical Christianity as Drivers of US Neo-Abolitionism", *Feminism, Prostitution and the State*, Routledge.
Kessel, A.(2022), "Rethinking Rape Culture: Revelations of Intersectional Analysis", *American Political Science Review*, 116(1):131-43.
Koyama, E.(2012), "Not So Quick

to Call Sex Worker Activists 'Pimps': Criminal Charges Do Not Tell the Full Story".

Lauri, M., Carbin, M., Linander, I.(2023), "The Rise of Carceral Feminism in Sweden: Analysing Political Debate and Policy on Men's Violence against Women", *Women's Studies International Forum*, 99:1-9.

Lavin, T.(2024), *Wild Faith: How the Christian Right Is Taking over America*, Grand Central Publishing.

MacKinnon, C.A.(1989), *Toward a Feminist Theory of the State*, Harvard University Press.

—— (2009), "Trafficking, Prostitution, and Inequality", Harvard Civil Rights-Civil Liberties Law Review 46:271-309.

Marr, S.(2012), "Pimps Will Be Pimps Whether Male or Female or Posing as 'Sex Worker Activists' & Other Conflicts of Interest(Part 1 of 2)".

McClintock, A.(1992), "Screwing the System: Sexwork, Race, and the Law", *Boundary 2*, 19(2):70-95.

NAACP(National Association for the Advancement of Colored People) (2025), "Criminal Justice Fact Sheet", July 28.

Parreñas, R. S.(2006), "Trafficked: Filipino Hostesses in Tokyo's Nightlife Industry", *Yale Journal of Law & Feminism*, 18:145-80.

Policy Department C: Citizen's Rights and Constitutional Affairs(2014) Sexual Exploitation and Prostitution and Its Impact on Gender Equality. PE 493.040. Brussels: European Parliament.

Rubin, G.(1993), "Thinking Sex: Notes for a Radical Theory of the Politics of Sexuality", *The Lesbian and Gay Studies Reader*, Routledge.

Spivak, G. C.(1988), "Can the Subaltern Speak?", *Marxism and the Interpretation of Culture*, Macmillan Education.

Steinem, G.(1983), *I Was a Playboy Bunny: From Outrageous Acts and Everyday Rebellions*, Holt, Rinehart, and Winston.

Terwiel, A.(2020), "What Is Carceral Feminism?", *Political Theory*, 48(4):421-42.

The Sentencing Project(2021), The Color of Justice: Racial and Ethnic Disparity in State Prisons.

Treisman, R.(2021), "A 'Relic' and 'Burden': Manhattan District Attorney to Stop Prosecuting Prostitution", *NPR*, April 21.

Urban, H. B.(2025), "Conspiracy, Disinformation, and Media", *The Routledge History of Religion and Politics in the United States Since 1775*, Routledge.

Walkowitz, J. R.(2024), "The Idea

of Sex Work", *Radical History Review,* 149:81-110.
Waller, D.(2024), "Crackdown on Roosevelt Avenue in Queens Targets Sex Trafficking, Alleged Brothels", CBS, October 16.
Warner, M.(1999), *The Trouble with Normal: Sex, Politics, and the Ethics of Queer Life*, Harvard University Press.
Weber, M.(2002[1904]), *The Protestant Ethic and the Spirit of Capitalism*, Roxbury Publishing Company.
Zimmerman, Y.C.(2011), "Christianity and Human Trafficking", *Religion Compass,* 5(10):567-78.
안창혜, 「성매매 '합법화'와 '비범죄화' 논의 재고: 독일과 뉴질랜드의 사례를 중심으로」 『한국여성학』, 33(3):199-233, 2017.


## 5장

Abbott, K. K., Keohane, R. O., Moravcsik, A., Slaughter, A., Snidal, D.(2000), "The Concept of Legalization", *International Organization*, 54(3):201-419.
Abel, G., Fitzgerald, L., Brunton, C.(2007), "The Impact of the Prostitution Reform Act on the Health and Safety Practices of Sex Workers", Report to the Prostitution Law Review Committee, Department of Public Health and General Practice University in Octago, Christchurch.

Amnesty International(2016), *Amnesty International Policy on State Obligations Respect, Protect and Fulfil the Human Rights of Sex Workers.*
Anderson, E.(2017), "Five Things to Know about Prostitution in Germany", The Local, Mar 21.
Behrendt, M.(2016), "City as Brothel, How Berlin Let Prostitution Spread Near Schools", Worldcrunch, Jun 13.
Behrendt, M., Büscher, W.(2016), "Halb Berlin ist ein Bordell", Welt, Jun 2.
CBC(2003), "What Canada Can Learn from Swedish and German Prostitution Laws", Sep 20.
Cho, S.Y., Dreher, A., Neumayer, E.(2013), "Does Legalized Prostitution Increase Human Trafficking?", *World Development*, 41:67-82.
Cook, J. and Sontag, M. L.(2017), "Criminal Law: Prostitution", *The Georgetown Journal of Gender and the Law*, VI:459-490.
Economist(2003), "Sex for Sale, Legally", Jul 11.
European Parliament(2014), *Sexual Exploitation and Prostituion and Its Impact on Gender Equality.*
Healy, C.(2013), "Legalizing Prostitution: New Zealand's Example", Fair Observer, Sep 2.
Healy, C., Bennachie, C., Reed, A.(2010), "History of the New Zealand Prostitutes' Collective",

*Taking the Crime out of Sex Work: New Zealand Sex Workers Fight for Decriminalisation*, Polity Press, 45-55.

ICRSE(2017), *Professed Protection, Pointless Provisions: Overview of the German Prostitutes Protection Act*, Amsterdam: ICRSE.

Kavemann, B.(2007), *The Act Regulating the Legal Situation of Prostitutes: Implementation, Impact, Current Developments*, Sozialwissenschaftliches FrauenForschungsInstitutan der Evangelischen Fachhochschule Freiburg.

McCarthy, B., C. Benoit, M. J., Kolar, K.(2012), "Regulating Sex Work: Heterogeneity in Legal Strategies", *Annual Review of Law and Social Science*, 8:15.1-15.17.

Mossman, E.(2007), *International Approaches to Decriminalising and Legalising Prostitution*, Ministry of Justice.

Naucke, W.(1984), "Über deklaratorische, scheinbare und wirkliche Entkriminalisierung", *Goltdammers Archiv*, 131:199-217.

NSWP(2016), "Mandatory Registration and Condom Use Proposed in Germany", NSWP, Feb 19.

—— Phoenix, J.(2007), "Regulating Prostitution: Difference Problems, Different Solutions, Same Old Story", *Community Safety Journal*, 6(1):7-10.

Schelzig, E.(2002), "Perks for the Oldest Profession", The Washington Post, May 12.

김성천, 「비범죄화」 『중앙법학』, 2, 301-323, 2001.

원미혜, 「성매매 감소와 성판매자의 인권을 위한 모색」 『황해문화』, 46, 96-118, 2005.

유숙란·오재림·안재희, 「한국, 스웨덴, 독일의 성매매 정책 결정과정 비교분석: 성매매 관련 공공 논쟁을 중심으로」 『한국여성학』, 23(4), 49-86, 2007.

이경재, 「매춘성매매.에 관한 다양한 견해」 『법학연구』, 18(1), 171-196, 2007.

이나영, 「여성주의 '성노동' 논의에 대한 재고」 『경제와사회』, 84, 132-157, 2009.

이나영, 「성판매자 비범죄화를 위한 시론」 『페미니즘연구』, 15(1), 211-247, 2015.

정재훈, 「독일 성매매 합법화 이후 실태와 정책 비교」 『이화젠더법학』, 5(1), 1-21, 2013.

조국, 「성매매에 대한 시각과 법적 대책」 『형사정책』, 15(2), 255-288, 2003.

학태, 「EU에서의 성매매와 한국의 성매매 규제에 관한 연구」 『EU연구』, 23, 89-115, 2008.

## 6장

Cap International(2017), Loi française du 13 avril 2016 visant à renforcer la lutte contre le système prostitutionnel et à accompagner les personnes

prostituées: Principes, objectifs, mesures et processus d'adoption d'une loi historique.
Direction régionale aux droits des femmes et à l'égalité (DRDFE) de la Préfecture d'Ile-de-France(2021), Repérer et accompagner les personnes en situation de prostitution: Guide pratique à destination des professionnels.
Ekberg, G. S.(2018), Swedish Laws, Policies and Intervention on Prostitution and Trafficking in Human Beings: A Comprehensive Overview.
FACT-S(2025), La situation de la prostitution en France: Analyse sur l'impact de la loi du 13 avril 2016 & Recommandation.
Korsvik, T. R., Stø, A.(2013), *The Nordic Model*, the Feminist Group Ottar.
Utrikesdepartementet(2019), Officiell Rapport Om Svensk Sexköpslagstiftning.
스웨덴 정부 공식 보도자료 government.se/press-releases
인신매매 방지를 위한 시민사회 플랫폼 manniskohandel.se/en/what-we-do
tjänst. En utvärdering 1999-2008.
이얼·김성돈, 「성적 자기결정권의 형법적 의의와 기능」 『법학논총』, 34(2), 401-427, 2010.

---

## 7장

SOU(1981) Prostitutionen i Sverige.
SOU(1995) Kvinnofrid.
Proposition(1997) Kvinnofrid.
SOU(2010) Föbud mot köp av sexuell

# 성매매 뿌리 뽑기
―세계의 현장에서 발견한 변화의 전략들

| | |
|---|---|
| 1판 1쇄 인쇄 | 2025년 12월 2일 |
| 1판 1쇄 발행 | 2025년 12월 22일 |

| | |
|---|---|
| 기획 | 성매매문제해결을위한전국연대 |

| | | | |
|---|---|---|---|
| 지은이 | 니토 유메노 | 신박진영 | 조정민 |
| | 도카 | 이하영 | 지음 |
| | 신그리나 | 조안창혜 | 황금명륜 |

| | |
|---|---|
| 편집 | 이두루 |
| 디자인 | 우유니 |

| | |
|---|---|
| 펴낸곳 | 봄알람 |
| 출판등록 | 2016년 7월 13일 2021-000006호 |
| 전자우편 | we@baumealame.com |
| 인스타그램 | @baumealame |
| 트위터(X) | @baumealame |
| 홈페이지 | baumealame.com |

| | |
|---|---|
| ISBN | 979-11-89623-25-8 (03300) |